·高职高专财经系列规划教材·

国际贸易概论

主　编　郭世静　邵运川

苏州大学出版社

图书在版编目(CIP)数据

国际贸易概论/郭世静,邵运川主编.—苏州:苏州大学出版社,2011.2
高职高专财经系列规划教材
ISBN 978-7-81137-664-7

Ⅰ.①国… Ⅱ.①郭… ②邵… Ⅲ.①国际贸易－高等学校:技术学校－教材 Ⅳ.①F74

中国版本图书馆 CIP 数据核字(2011)第 023324 号

国际贸易概论
郭世静 邵运川 主编
责任编辑 施 放

苏州大学出版社出版发行
(地址:苏州市十梓街 1 号 邮编:215006)
丹阳市兴华印刷厂印装
(地址:丹阳市胡桥镇 邮编:212313)

开本 787mm×960mm 1/16 印张 22.5 字数 447 千
2011 年 2 月第 1 版 2011 年 2 月第 1 次印刷
ISBN 978-7-81137-664-7 定价:32.00 元

苏州大学版图书若有印装错误,本社负责调换
苏州大学出版社营销部 电话:0512-65225020
苏州大学出版社网址 http://www.sudapress.com

高职高专财经系列规划教材

编　委　会

总　序

21世纪是我国全面建成小康社会，实现中华民族伟大复兴的新时期。在这一新的历史发展阶段，教育作为发展科学技术和培养人才的基础，在经济建设和社会发展中具有重要的地位，中央和地方各级政府都把教育摆在了优先发展的位置，“以教兴国”、“以教兴市”已成为社会的共识。当然，随着我国教育的改革与发展，我国的教育体系和教育观念正在发生根本性的转变，精英化教育模式正在被大众化教育模式所替代，经院派教育正在向素质教育和应用性、复合型教育发展。新的世纪、新的目标，我们的教育事业确实面临着更艰巨的任务：提高全民族的素质，造就数以亿计的高素质劳动者、数以千万计的专门人才和一大批拔尖创新人才。

职业教育是我国教育体系的重要组成部分，是国民经济和社会发展的重要基础，推进职业教育的改革与发展是实施科教兴国战略、促进经济和社会可持续发展、提高国际竞争力的重要途径，是调整经济结构、提高劳动者素质、加快人力资源开发的必然要求，是拓宽就业渠道、促进劳动就业和再就业的重要举措。上世纪末兴起与发展的我国高等职业教育，既是我国高等教育大众化进程的产物，更是职业教育层次提升的必然要求。随着我国高等职业教育从无到有，从试点到大规模发展，高等职业教育的办学理念与培养目标定位已日渐清晰，作为一种新的教育类型，其人才培养的特色已越来越被社会所认可与接受。

高等职业教育的特色在于实践性与应用性。这是传统的普通高等教育所缺乏的，也是学校教育在面向社会过程中最难突破的，但这恰恰是高等职业教育的生命力所在。也许自高等职业教育在我国兴起的那一刻起，高职教育的决策者、高职院校的管理者与从教者，就注定被赋予了教育改革的重任。高等职业教育的每一次探索，每一次创新，必定是一个改革的过程。

体现高职教育特色的教材建设是高职院校实现人才培养目标和保证人才培养质量的重要环节，拥有一套能满足高等职业教育特点的特色教材，是许多高职院校在开展教学改革与人才培养模式创新时所急切希望解决的问题。由高等职业教育的办学特色所决定，适合于高职教育的教材也应当具有鲜明的实践性与应用性。高职院校在这几年的教育实践中，积累了丰富的符合高职教育发展规律的教学经验，较深入地开展了课程教学改革与创新，并把这些经验与教改成果应用于教材建设。在此基础上，我们编撰了"高职高专财经系列规划教材"，整套丛书涉及经济学科与管理学科的各专业基础课程和管理、财会、贸易、物流、营销、电子商务等各专业的专业教材。

编撰特色化的高职教材，是一项艰难的工作。对于高职教育教学中的一些难点问题，如基础理论的适度性问题，知识点、能力点及岗位针对性的把握问题，理论教学模块与实践教学模块的处理问题，案例教学与课程系统性关系问题，主修课程与辅修课程在教材内容上的取舍问题，等等，虽然我们尽所能对其作了较为妥善的处理，但这些问题本身还在探索之中，不完善的方面在所难免。我们真诚地希望与从事高等职业教育的各位同仁一起，不断研究经济社会发展的新变化，不断探索高职教育教材建设的新特点，不断开创高职教育办学的新路子。

本系列教材的编撰与出版，得到了苏州大学出版社的大力支持，在此我们表示衷心的感谢。

乔桂明

前　言

中国加入世贸组织后,我国的外贸事业得到了空前发展,国际贸易专业人才的需求量日益增加,对人才综合素质的要求也不断提高。为了满足不断发展的外贸需求,也为了适应高职高专国际经济与贸易专业教学改革的要求,我们特编写本教材——《国际贸易概论》。

《国际贸易概论》是国际经济与贸易专业必修的一门专业基础课程,也是外经贸从业人员进修、提高专业技能所必修的课程,是为培养学生掌握和理解国际贸易基础知识、基本理论、基本政策等而开设的一门课程。

在本教材的编写过程中,考虑到高等职业教育的特点,力求做到实用性与简明性并存。我们在系统介绍国际贸易的基本知识、基本理论、基本政策的同时,尽可能地吸收该领域的最新成果。同时,该教材更加注重理论联系实际,突出应用型人才培养的特点,强化实践动手能力。为此,教材每章都配有篇前案例导入课程,中间穿插了各种思考题或是拓展性材料,篇后还附有与内容联系紧密的小材料和复习思考题,以增强教材的启发性和思辨性,有利于学生加深对相关问题的理解,开阔视野,培养独立思考及分析和解决实际问题的能力。

本书难易程度适中,主要供高职高专院校经济类专业的学生使用,也可作为成人高等学历教育的教材,还可作为涉外经济工作者研究国际贸易问题的参考用书。

本书共十二章,由江苏食品职业技术学院经济贸易系的郭世静和邵运川老师任主编,江苏食品职业技术学院经济贸易系徐波老师、江苏财经职业技术学院经济贸易系的胡佳佳老师任副主编。编写本书的人员安排是:郭世静编写第一、二、三、四、十章,邵运川编写第五、六、十一、十二章,徐波编写第七、八、九章。本教材由江苏食品职业技术学院的刘笑诵老师和江苏宏大胶业有限公司业务经理马飞审定。

在本书的编写过程中,我们参考了大量国内外优秀教材,对此,在本书的参考文献中已经一一列出,并对其作者表示由衷的感谢。同时,由于江苏宏大胶业有限公司等企业的支持,我们在编书的过程中得到了外贸业务中第一手的资料和实践中的最新信息,采纳了中肯的编写意见,体现了我们校企合作的初衷,这也成为本教材的特别亮点,在此一并致谢。

本教材是各高职高专院校有关老师集体智慧的结晶。尽管我们在该教材的编写过程中已经付出了很大的努力,但由于水平有限、时间仓促,难免有不足之处,恳请各位读者谅解,并希望您将宝贵意见和建议及时反馈给我们,以便再版时修正。

编　者

2010 年 11 月

Contents 目录

第六章　关税措施

第七章　非关税措施

第八章　鼓励出口与出口管制的措施

第九章　国际贸易条约、协定与世界贸易组织

第十章　区域经济一体化

第一章

导　论

学习目标

知识目标：掌握国际贸易的概念、基本分类和有关统计指标，了解国际贸易的产生和发展，熟悉国际贸易的研究对象和研究方法。

技能目标：通过本章的学习，能够运用国际贸易的基本概念看懂各种数据公报，分析国际贸易的具体案例。

篇前案例

2009 年，由于经济危机的持续影响，我国全年货物进出口总额 22 073 亿美元，比上年下降 13.9%。其中，货物出口 12 017 亿美元，下降 16.0%；货物进口 10 056 亿美元，下降 11.2%。进出口差额（出口减进口）1 961 亿美元，比上年减少 1 020 亿美元。

全年非金融领域新批外商直接投资企业 23 435 家，比上年减少 14.8%。实际使用外商直接投资金额 900 亿美元，下降 2.6%。其中，制造业占 52.0%，房地产业占 18.7%，租赁和商务服务业占 6.8%，批发和零售业占 6.0%，交通运输、仓储和邮政业占 2.8%。

全年非金融类对外直接投资额 433 亿美元，比上年增长 6.5%。

全年对外承包工程业务完成营业额 777 亿美元，比上年增长 37.3%；对外劳务合作完成营业额 89 亿美元，增长 10.6%。

附：中国 2005—2009 年货物进出口总额。

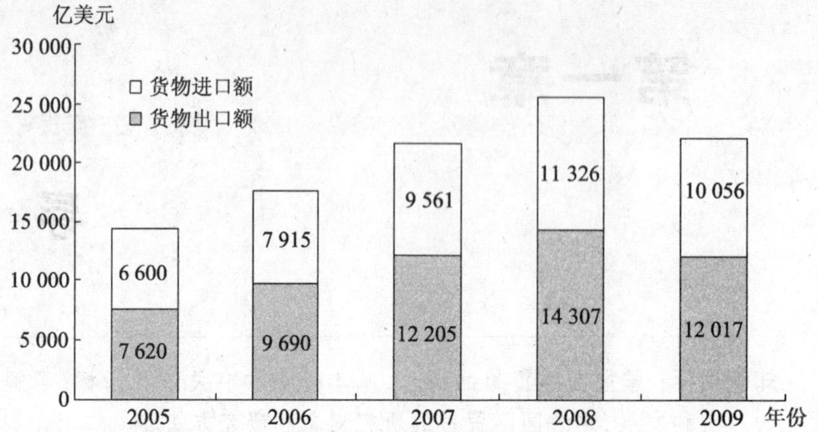

摘自：2009 年国民经济和社会发展统计公报

思考：

1. 中国近年来货物进出口总额的变动成什么趋势？说明了哪些问题？
2. 我国的外经贸内容和结构发生了什么变化？
3. 我国外贸的发展对国民经济的发展有什么作用？

第一节　国际贸易概述

一、国际贸易的概念

国际贸易(international trade)是指世界各国(地区)之间商品和劳务的交换活动，是各国之间分工的表现形式，反映了世界各国在经济上的相互依靠。

这种世界各国在经济上相互依存体现在：货物贸易(鞋帽纺织品、瑞士的手表、手机、DV 等电子产品、农产品贸易如热带水果、石油贸易等)、服务贸易(国际餐饮如肯德基、销售如沃尔玛超市、金融如美国花旗银行、旅游、教育如中国的客座教授、文化如影音产品哈利波特系列等服务)、资本和劳动力的国际间流动(迅速发展的跨国公司如可口可乐、IBM)、货币和资本市场的开放(欧盟欧元流通)等。

国际贸易亦称“世界贸易”，反映了世界各国贸易的总和。如果从一个国家(或地区)范围来看，就被称为对外贸易或国外贸易；而在一些海岛国家，比如日本，这种交换活动又常被称为“海外贸易”。

二、国际贸易研究的主要内容

国际贸易是经济学的一个分支，是专门研究国际间交换关系和商品运动规律的一门学科。这门学科从研究商品、服务包括生产要素在国际间流动的原因、动向及其流动结果入手,揭示国际贸易在产生、发展和贸易利益分配过程中的特点与一般规律。

具体地讲,国际贸易研究的内容主要有以下几个方面:

(一)国际商品运动规律

各个历史发展阶段,特别是资本主义阶段国际商品流通的一般规律性。如研究国际价格形成和变动的基本规律、国际市场价值规律、国际供求关系等。

(二)国际贸易格局

主要分析国际分工形成的原因、条件、内容与特点,世界各国以及各贸易集团在国际分工中的地位、作用和特点,研究以国际分工为基础和社会生产力发展下所形成的当代国际贸易格局及其未来发展趋势。

(三)国际贸易的理论与学说

概括地说,国际贸易理论与学说可以划分为自由贸易理论与保护贸易理论两大派系。自由贸易理论包括:古典学派代表亚当·斯密的绝对成本学说和大卫·李嘉图的比较成本学说,约翰·穆勒对比较成本学说进行补充和完善而提出的相互需求学说,现代学派赫克歇尔和俄林创立的较为完整的要素禀赋理论,以及当代自由贸易理论。保护贸易理论主要包括:晚期重商主义学派代表托马斯·孟创立的贸易差额论,汉密尔顿和李斯特的保护贸易学说,凯恩斯学派的对外贸易乘数理论,普雷维什的"中心—外围"论,以及当代新保护贸易理论。除此之外,在新的历史条件下,还在上述两种理论的基础上衍生出了关于区域发展和跨国公司的理论。这些国际贸易理论与学说对不同历史时期的贸易形态、贸易原因、贸易条件、贸易利益、贸易政策及其效果和贸易与经济发展的关系等问题进行了研究、分析和论证,其中不乏科学的成分和有价值的理论,是有借鉴意义的。

(四)国际贸易的政策与措施

不同的国际贸易理论指导下的对外贸易实践,会产生各种各样具体的贸易政策和措施。自由贸易理论认为,应当尽量消除妨碍贸易发展的各种措施,如削减关税和非关税壁垒;而保护贸易理论则认为,应当根据本国产业发展的需要,采取关税和其他非关税措施,限制某些产品的进口,鼓励某些产品的出口。各种政策措施对进口和出口的影响程度是各不相同的,究竟采用哪种措施,或者是几种措施结合起来使用,达到某方面的目标,就需要进行专门的研究分析。现代国际贸易的实践表明,国际贸易市场上既存在竞争,又存在不同国家之间的合作。于是不同国家又会通过签订各种协定、条约或参加某些国际经济组织来对自己的行为进行约束和规范。这些协定、条约和国际经济组织究竟会给成员国带来多少具体的经济利益或损失,通常需要研究人员进行专门的分析研究。事实告诉我们,国际经济贸易关系涉及各国的长远利益,因此各国采取的贸易政策措施通常贯穿着政治和军事上的考虑,因此在研究国际贸易政策与措施时,不能单纯从经济的角度,还应该从政治、经济的角度去看问题。

三、国际贸易的产生与发展

(一) 国际贸易的产生

国际贸易是在一定历史条件下产生和发展起来的。国际贸易的产生必须具备以下条件:一是有剩余的产品可以作为商品进行交换;二是商品交换要在各自为政的社会实体之间进行。因此,社会生产力的发展和社会分工的扩大是国际贸易产生和发展的基础。在原始社会初期,人类处于自然分工状态,生产力水平很低,人们在共同劳动的基础上获取有限的生活资料,仅能维持本身生存的需要。因此,没有剩余产品,没有私有制,没有阶级和国家,也就没有国际贸易。

国际贸易的产生是与人类历史上三次社会大分工密切相关的:第一次社会大分工是畜牧部落从其他部落中分离出来,牲畜的驯养和繁殖使生产力得到了发展,产品开始有了少量剩余。于是在氏族公社之间、部落之间出现了剩余产品的交换,这是最早发生的交换。这种交换是极其原始的偶然的物物交换。随着生产力的继续发展,手工业从农业中分离出来,出现了人类社会第二次大分工。手工业的出现,便产生了直接以交换为目的的商品生产。商品生产和商品交换的不断扩大产生了货币,商品交换逐渐变成了以货币为媒介的商品流通。随着商品货币关系的发展,产生了专门从事贸易的商人,于是出现了第三次社会大分工。生产力的发展,交换关系的扩大,加速了私有制的产生,从而使原始社会日趋瓦解,这就为过渡到奴隶社会打下了基础。在奴隶社会初期,由于阶级矛盾形成了国家。国家出现后,商品交换超出国界,由此便产生了国际贸易。

(二) 国际贸易的发展

不同历史时期的国际贸易的发展水平,主要取决于各个历史时期的社会经济发展水平。经济发展水平决定着各国国际贸易的发展规模,制约着国际贸易的商品结构。

1. 古代的国际贸易

早在公元前3500年前后,人类文明就开始在中东产生。当时,世界其他地方还比较落后,处于亚欧非三大洲之间的中东就已经比较发达。除了基督教、犹太教和伊斯兰教三大宗教发源于中东以外,农业、城市、贸易也最早从中东开始。

到公元100年左右,古典时代进入鼎盛时期,地中海的罗马帝国、中东的帕提亚帝国、印度的贵霜帝国以及中国的汉王朝分别发展成为各地区强大的政治经济实体。最初的"国际贸易",更确切地说是"地区间贸易"也由此产生。当时各地区之间交换的物品主要有罗马的亚麻布、金银铜锡、玻璃,印度的香料宝石和中国的丝绸。其中主要的产品是丝绸,主要的通道是欧亚大陆之间的"丝绸之路"。然而,从公元2世纪末开始,世界各文明古国均程度不同地出现了动荡。汉王朝和罗马帝国相继灭亡,东西方的贸易也随之断断续续,时盛时衰。

在13—14世纪,东西方之间通过陆路和海路进一步发展了贸易。陆上通道主要是原来的"丝绸之路"。此时正值中国元朝时期,元帝国三次西征,疆界扩至黑海南北两岸和波斯湾地区,打通了从中国直至欧洲的通道。海上通道则主要从地中海,经红海和印度洋到印度,或从波斯湾经阿拉伯海到印度。欧洲从东方进口的商品主要有中国的丝绸、瓷器、茶叶,印度的珠宝、蓝靛、药材、地毯以及东南亚的香料。这些商品在欧洲人的消费中占据了越来越重要的地位。但欧洲能向东方出口的产品却不多,除了出口羊毛、呢绒和金属制品外,不得不支付大量的黄金与白银。

在15世纪前,整个国际贸易建立在自然经济的基础上,按自愿交换的原则进行。贸易在自然经济中的地位并不重要,只是人们经济生活中的一个补充。因此,当时各国之间、各洲之间的贸易还处于不连续不稳定的状态。

2. "地理大发现"时期的国际贸易

如果说,15世纪前的贸易主要局限于各洲之内和欧亚大陆之间的话,那么,15世纪的"地理大发现"及由此产生的欧洲各国的殖民扩张则大大发展了各洲之间的贸易,从而开始了真正意义上的"世界贸易"。

"地理大发现"产生于15世纪末。欧洲人最早的远洋探险大约是在1431年。当时有一个葡萄牙航海家成功地到达了大西洋东北部的亚速尔群岛,1492年回到了葡萄牙。此后,通过一系列的远洋探险,意大利人哥伦布率领的西班牙船队于1492年发现了美洲新大陆。

达·迦马率领的葡萄牙船队于1497年绕过好望角,到达南亚西海岸,打通了欧洲通往印度的新航路。麦哲伦率领的西班牙船队在1519年经过大西洋,经南美海峡进入太平洋,到达亚洲的菲律宾群岛。随后,欧洲国家又陆续开辟了一系列通往四方的新航道,发现了大片前所未闻的新土地。"地理大发现"的结果,实际上是把原来各自发展的各国联系起来了,真正意义上的世界贸易或全球贸易也由此发展起来了。

"地理大发现"对欧洲经济进而对世界贸易发展的影响主要包括以下两个方面:

(1) 使欧洲的经济发生了巨大的变化,出现了商业革命。所谓的商业革命表现为商业性质、经商技术以及商业组织方面的巨大变化。"地理大发现"后,各国地理与资源上的差异使得国际中流通的商品种类与数量大大增加,许多以前从来没有见过的商品如咖啡、烟草、可可等出现在欧洲市场上,并且立即成为欧洲人喜爱的商品。与此同时,欧洲的产品也有了更大的推销市场。贸易的扩大促进了专为交换而生产的专业化分工,各国不同价格的产品所带来的巨大利润进一步推动了为牟利而进行的国际贸易。

(2) "地理大发现"引发了长达两个世纪的殖民扩张和殖民贸易,推动了洲与洲之间的贸易。"地理大发现"以及由此带来的西欧殖民扩张,虽然残酷,但在客观上极大地推动了洲与洲之间的贸易,从而初步形成了一个以西欧为中心的世界贸易市场。

尽管"地理大发现"以后,世界贸易已从单纯的互通有无变成了以牟利为主的商业行为，但决定贸易流向的仍然是各国的自然资源和各自固有的生产技能的差异。各国主要出口本国特有的产品，进口本国不生产的东西。这段时期国际贸易的主要方式是暴力控制下的殖民贸易。

3. 工业革命后的世界贸易

从18世纪60年代开始，欧美国家逐渐形成了资本主义的生产关系并先后发生了工业革命。通过工业革命，欧美发达国家的生产力大大提高，经济体制和经济结构发生了巨大的变化。到1914年第一次世界大战爆发时，欧洲、北美、日本和澳大利亚都先后完成了工业化过程，从自然的农业手工业经济过渡到资本主义工业经济。整个世界形成了以欧美国家为主的现代工业经济为一方和以其他国家组成的农业手工业等传统经济为另一方的格局。

资本主义的生产方式和工业革命对世界贸易的影响是极其深远的。工业革命对世界贸易的影响主要表现在三个方面。第一，工业革命大大提高了劳动生产力，促进了生产。人们在满足了本国本地区的消费需求外，可以有大量的剩余产品用来与别国交换。工业化了的欧洲需要为他们的剩余制造品寻找市场，也最终改变了与亚洲贸易中长期处于逆差的地位。第二，工业革命大大促进了交通的发展，铁路、轮船、汽车以及电报电话的应用将整个世界连接成一体，国际贸易变得更加迅速方便。第三，最重要的是，工业革命使世界从单一的农业社会转向以工业生产为主的现代经济社会。与农产品和其他初级产品不同，工业产品的种类数以万计，变化无穷无尽，且随着科技的不断进步而日新月异。任何一国都不可能达到农业社会时的那种“自给自足”。各国都只生产一部分产品，然后用自己的产品与外国的产品进行交换。国际范围内的分工和交换即国际贸易逐渐成为现代经济中必不可少的一部分。

经过工业革命，世界日益成为一个经济整体，并形成了一个以西欧、北美国家生产和出口制成品，其余国家生产和出口初级产品并进口欧美制成品的国际分工和世界贸易格局。世界贸易的基础已不仅仅是各国的天然资源。各国生产技术不同而产生的成本差异成为决定贸易模式的重要因素。

4. 战后世界贸易的迅速发展

从1914年第一次世界大战爆发到1945年第二次世界大战结束，是世界经济和国际贸易波动和萧条的时期。两次世界大战和几次大的世界性经济衰退，大大削弱了欧洲各国的经济和军事实力，也极大地影响了世界贸易。第一次世界大战后，国际贸易总额缩减了40%，直到1924年才略超过战前水平。紧接着是1929年至1933年的大萧条，世界贸易量又一次大幅度下降。加上这一时期各国实行的贸易保护政策，国际贸易一直处于萎缩状态，到第二次世界大战爆发前的1937年，世界出口总额也只有254.8亿美元，尚未恢复到1929年的水平（327.5亿美元），甚至仍低于1924年的水平（275.95亿美元）。这种状态直到第二次世界大战结束后才得到改变。

第二次世界大战后,世界经济又一次发生了巨大变化,国际贸易再次飞速增长,其速度和规模都远远超过19世纪工业革命以后的贸易增长。从1950年到2008年的58年中,全世界的商品出口总值从610亿美元增加到161 270亿美元,增长了将近265倍。远远超过了工业革命后乃至历史上任何一个时期的国际贸易增长速度。而且,世界贸易实际价值的增长速度(年平均增长6%左右)超过了同期世界实际GDP增长的速度(年平均增长3.8%左右)。这意味着国际贸易在各国的GDP中的比重在不断上升,国际贸易在现代经济中的地位越来越重要。

战后世界贸易飞速发展的原因是多方面的,主要包括以下几个方面:

(1) 战后较长的和平时期。经过两次世界大战,西方各主要工业国家都饱受战乱之苦,都不再愿意轻易卷入大规模的战争。战后各国通过建立联合国以及各种多国政治、经济和军事联盟以减少爆发世界大战的危险。20世纪90年代初冷战结束后,各国之间的政治经济关系得到进一步改善,有利于经济与贸易的发展。

(2) 战后出现的第三次科技革命和20世纪90年代出现的信息产业革命。第二次世界大战后,以美国为先导出现了以原子能、电子、合成材料、航天技术和生物技术为代表的新的技术革命,这场新的科技革命又产生了一系列新的产业,包括原子能工业、半导体工业、石油工业、化学工业、电子工业、宇航工业、生物工业等。从某种意义上说,这也是一次新的产业革命。新产业在发达工业国家的产生和发展,一方面意味着大量新的工业产品的出现,国际贸易的产品变得更加丰富,制造品越来越成为国际贸易中的主要产品,另一方面也意味着国际分工的日益扩大和深入。随着新产业的不断出现,任何一国都不可能在所有的产业上都具有优势。发达国家中新兴产业的发展也意味着其他产业的相对衰落,从而使国际贸易更加成为必要。进入20世纪90年代以后,以互联网为代表的现代信息技术又进一步推动了这场规模大、范围广、影响深的技术革命向更深层次发展。信息技术革命不仅创造了另一个新的产业,还为现代贸易提供了新的信息交流和交易方式。

(3) 经济发展带来的收入增长促进了消费结构的变化。战后的和平环境和科技革命使世界经济出现了空前迅速的发展。经济快速增长不仅反映了一国生产能力的增加,也表现为人们收入的增加。从战后到20世纪末,大多数工业国家和新兴工业国家的人均收入成倍增长。而收入的增长则促进了人们消费结构的变化。在满足了基本生活品以外,人们对制造品包括耐用消费品等的需求欲望和购买能力都大大提高。对高质量和不同品种的新产品的需求也大大刺激了各国之间的贸易尤其是工业制成品贸易的发展。

(4) 战后国际经济秩序的改善。战后各国痛定思痛,决心建立国际经济新秩序。以布雷顿森林协定为基础的国际货币体系相对稳定,有利于国际贸易发展。在《关税与贸易总协定》框架下的一轮又一轮降低关税的谈判以及1995年世界贸易组织的建立不仅大大降低了各国的贸易壁垒，还建立了一个多边的解决贸易纠纷的机制，为国际贸易提供了一个相对稳定、公正和自由的环境。

总之，第二次世界大战结束到现在，世界经济发生了天翻地覆的变化。科技革命、制度变迁和经济发展使得世界各国的经济日益融为一体，经济全球化已成为主要趋势。作为经济全球化的基础，国际贸易与投资的自由化在20世纪末得到了很大的发展，并将继续成为21世纪世界经济发展的主要方向。

小资料：中国对外贸易的发展

我国的国际贸易史可谓是源远流长，早在一千多年以前的西汉，我国就有了从古都西安到波斯、阿富汗、土耳其等国的陆路通商要道——“丝绸之路”。当时，中国商人主要以丝绸、茶叶和瓷器等换取宝石和香料等。我国的海上贸易在唐朝时即很发达，沿海的广州、扬州、明州(宁波)、登州(山东蓬莱)等，是亚非各国来往贸易的重要城市和港口，当地设有“市舶使”管理对外贸易。明朝时，郑和七次下西洋，曾至红海和非洲进行贸易。这些都是我国贸易史上的闪光篇章。可是，由于中国封建生产关系的稳定性和历代王朝重农抑商的经济政策，中国的对外贸易始终没有发展起来。

从古代的“丝绸之路”到鸦片战争这一漫长的历史时期，中国的国际贸易一直处于停滞徘徊的状态，直到帝国主义列强用大炮强行轰开了中国的大门。1949年，新中国的成立使中国终于摆脱了帝国主义列强的统治。但在以美国为首的西方国家对中国的长期封锁和贸易禁运下，以及后来在“闭关自守”思想的影响下，我国的对外贸易一直未能正常发展。在“文化大革命”结束时，我国1976年的出口总值仅为68.6亿美元，占世界出口总值不到1%，排名第34位。1978年改革开放以后，我国的国际贸易才开始进入一个迅速发展的阶段。从1978年到1998年这短短的20年中，我国的对外贸易总额从200亿美元增加到3 200多亿美元，增长了16倍多。其中，出口总额从97亿美元增加到1 838亿美元，增长了18倍多；进口总额从109亿美元增加到1 402亿美元，增长了近13倍。从1980年到1998年我国的出口额增长了10倍，同时我国进口额增长了7倍，都远远高于世界进出口增长的2.8倍的水平。1998年，我国在世界进出口贸易中的比重为3%，居世界第10位，中国在国际贸易中的地位日益提高。

2001年12月11日，中国昂首迈进了世界贸易组织的大门，成为世贸组织的第143个成员国，自此，中国的对外贸易发展更加迅速。2004年全年我国对外贸易额高达11 547.4亿美元，比上年增长35.7%，相当于“入世”之前2001年全年贸易规模的

2.3 倍。2004 年当年进、出口贸易规模分别突破 5 000 亿美元,其中出口 5 933.6 亿美元,进口 5 613.8 亿美元,全年实现贸易顺差 319.8 亿美元。2008 年中国的出口总额跃居世界第 2 位,仅次于德国。中国的对外贸易在沉默了一千多年后,终于在 20 世纪末开始有了真正的大发展。

四、国际贸易与经济增长

纵观历史,不难发现,一国参与国际贸易的程度与其经济发展水平有密切关系。从整个世界来说,战后是贸易发展最快的阶段,经济增长最快的时期。从具体国家和地区来说,战后实现经济起飞步入新兴工业行列的亚洲四小龙,与其迅速增长的对外贸易也有不可分割的联系。对外贸易一方面反映了经济发展的水平,另一方面也作为增长的动力,推动了经济的发展。

联合国贸易与发展组织 1992 年的《贸易与发展报告》研究了国际贸易与经济增长的关系。研究报告根据开放程度将 34 个国家分成 3 组,并对每一组的经济发展状况进行了比较,结果表明:外贸最开放的国家,出口增长最快,经济增长率最高(见表 1-1)。

表 1-1 不同开放程度下的对外贸易与经济增长(1973—1989 年)

组别	开放程度	平均出口增长率(%)	年平均 GDP 增长率(%)
I	低关税和非关税壁垒	8.5	5.1
II	中等或高关税,低非关税壁垒	7.8	4.6
III	中等或高关税,高非关税壁垒	3.5~3.7	3.6~4.4

美国经济学家杰弗里·萨克斯和安德鲁·沃纳在 1995 年的一项实证研究中发现,在决定经济增长的诸多要素中,开放是最重要的因素之一。萨克斯和沃纳将“开放”定义为对贸易和国际收支的不干预和对本国经济的放松管制。国际贸易是经济开放中的重要组成部分。这里的国际贸易并非只是出口,更包括开放市场扩大进口。如果用一国的进口值与该国 GDP 的百分比作为衡量一国贸易开放度的话,那么证据显示,贸易开放度高的国家,经济增长速度较快。在 1970—1984 年期间,贸易开放程度接近 20% 的国家,GDP 年平均增长率超过 3%;开放度在 15% 左右的国家,GDP 平均增长速度在 1%~3%之间;而开放度在 10% 左右的国家,GDP 平均增长速度则低于 1%。1984—1995 年的数据显示了类似的结论。不同的是,20 世纪 80 年代后期以来,经济增长对贸易开放程度的要求更高了,对于开放程度在 15% 左右的国家,经济增长速度并不快,而 GDP 保持 30% 以上高速增长的国家,平均贸易开放程度则达到 30%。萨克斯和沃纳的研究结果还发现,在所研究的 78 个发展中国家里,开放经济比封闭经济的人均 GDP 增

长速度平均高出3个多百分点:封闭经济中人均GDP的年平均增长率为0.7%,而开放的发展中国家人均GDP的年平均增长率可达到4.5%。同样,开放的发达国家的人均GDP增长率(2.3%)也高于较封闭的发达国家(0.7%)。照这样计算的话,人均GDP相同的两个国家,可能会由于开放与封闭的不同选择,35年以后,一国(开放经济)的人均GDP会是另一国(封闭经济)的两倍。由此可见,国际贸易不仅仅是国际间商品交换,而且在经济发展中起着极为重要的作用。

中国自1978年实行改革开放以来,对外贸易与经济水平同步增长。从1980年到1985年(第六个五年计划期间,简称"六五"期间),中国出口年平均增长率为8.7%,进口平均每年增长19%,同期GDP年平均增长率也高达10.1%。"七五"期间(1986—1990),外贸体制开始改革,政策上也实行了出口退税等措施,结果是,出口大大增加,年平均增长率高达18%,但进口年平均增长率只有5.5%,GDP年平均增长率约为7.9%。"八五"期间(1991—1995),尤其是邓小平1992年南方谈话后中国掀起新一轮更为深入的改革开放浪潮,出口和进口年平均增长率都分别达到19.36%和20.06%,同期的GDP也高达12%。到了"九五"期间(1996—2000),尽管中国继续开放,但国际经济形势有所变化。1997年开始的亚洲金融危机对中国的对外贸易产业产生较大的影响,致使出口和进口的年平均增长率分别下降到11.38%和12.02%,GDP的年平均增长率也降为8.3%。由此可见,一国的国际贸易增长率和国内经济发展速度有相当密切的联系。

无论是从世界贸易的发展速度,还是从外贸与经济增长的关系中,我们都可以看到对外贸易在各国经济中的重要地位。这种影响还将随着科技的发展和经济的全球化而不断提高。

五、国际贸易的特点

国际贸易与国内贸易都是商品从生产领域向消费领域的转移过程,但由于国际贸易在国与国之间进行,必然存在较多困难和风险,因此具有其自身的特点。

(一)国际贸易的困难多

1. 国际间贸易障碍多

国际贸易涉及国家之间的重大经济利益,为了争夺国际市场、保护本国工业和国内市场,各国往往采取关税和非关税的贸易壁垒来限制外国商品的进口。各种贸易壁垒都或多或少地给国际贸易的顺利进行增加了困难。

2. 语言、法律和风俗习惯的不同,使国际贸易的交易难度加大

现在国际贸易中最通行的商业语言是英语,而有的地区如东欧、北欧则通用德语;法国和中西非国家则通用法语;西班牙和中南美的大部分国家则通用西班牙语。由于各国法律规定不同,在国际贸易中一旦发生了贸易纠纷,就要根据国际规则进行仲裁,

这比解决国内贸易纠纷要难得多。此外，各国风俗习惯和宗教信仰的不同也给国际贸易的进行带来许多不便。

3. 对国外市场和贸易对手的资信情况调查不易

要想打入和占领国际市场，就必须对国外市场进行深入的调查研究，而对国外市场的情报收集是十分困难的。另外，为保证贸易的可靠性，还必须对贸易对方的资金和信用情况进行了解，这种调查也是十分困难的。

4. 交易技术困难较多，交易接洽不便

国际贸易所遵循的一些国际贸易惯例并不是国际条约，通常具有很大程度的任意性和不稳定性。因此，一旦出现贸易纠纷，往往不容易得到解决。国际贸易中的交易磋商一般是通过贸易函电和贸易谈判进行的，不仅费时费力，而且不一定能顺利达成协议。

（二）国际贸易的复杂程度高

（1）各国的货币和度量衡标准复杂。在国际贸易中，具体采用哪国的货币作为计价单位，采用哪国的度量衡作为计量单位，以及不同的计量单位间如何换算等问题，都会使国际贸易的复杂程度提高。

（2）各国的贸易法规和商业习惯不同。为了使国际贸易顺利进行，必须对贸易国的贸易法规、海关制度和商业习惯加以了解，这也提高了国际贸易的复杂程度和难度。

（3）国际贸易的支付方法复杂。由于各国的货币制度、外汇管理制度和汇率制度存在不同，而且国际贸易中难以做到货款的当面收付，买卖双方的货款结算必须通过银行或其他金融机构进行，这就使国际贸易的支付方法显得十分复杂。

（4）国际贸易的运输和保险情况复杂。国际贸易的运输距离长，中间环节多，情况复杂多变。在签订运输协议时，必须考虑较多的问题，如双方责任、装运和提货手续以及索赔和仲裁等问题。同时，对国际贸易中货物的保险问题，如投保的地点、保险的责任和保险的理赔等方面也比国内贸易复杂。

（三）国际贸易的风险大

（1）信用风险。在国际贸易中，买卖双方从开始接洽，经过报价、还价、确认而后订立合同，再到卖方交货、买方付款，需要经过相当长的一段时间。在此期间，买卖双方的财务和经营情况可能发生了较大的改变，有时可能会危及合同的履行。

（2）商业风险。国际贸易中进口商往往以各种理由拒绝收货，这对出口商来说就是商业风险。进口商拒收的理由多是由货样不详、交货期晚、单证不符等情况造成的。对出口商而言，这些理由在货物被拒收前是无法确定的。拒收后，虽可交涉弥补，但损失已经发生。

（3）运输风险。国际贸易中货物的运输距离遥远，其运输风险也随之增加。这些风险有的可以通过投保，由保险公司承担，但有的风险是保险公司不承担的，必须由买方或卖方承担。

(4) 价格风险。国际贸易中买卖双方签订合同以后,如果在卖方进货前,货物价格上涨,则卖方要承担价格上涨带来的风险。如果在买方收到货物后,货物的价格下跌,则买方要承担价格下跌带来的风险。在国际市场中,由于价格的变化多端使其价格风险更大。

(5) 外汇风险。在国际贸易中,由于是采用某一种货币单位进行交易的,因此在浮动汇率的制度下,各国的外汇在供求关系的不平衡等因素的影响下会时涨时落。如果在签订合同后,该种货币升值,那么会造成买方的风险,贬值则会造成卖方的风险。

(6) 政治风险。如果一些国家的对外贸易政策或国内政局发生重大变化,就会使与之有关的国际贸易直接或间接地承担风险。

六、国际贸易的研究方法

(一) 坚持正确的指导思想

研究国际贸易需要以马克思主义和邓小平理论为指导。只有这样,我们才能在批判和借鉴西方国家经贸理论的基础上,建立起自己的更加科学合理的国际贸易学科理论体系。邓小平关于建设有中国特色社会主义的理论是我国发展对外经贸事业的理论基础,是指导我国参与国际经济生活和国际贸易所必须贯彻执行的基本理论。

(二) 实证分析与规范分析相结合

实证分析是对研究对象"是什么""为什么""怎么样"的探讨,即试图对研究对象的内在规律作出解释。经济学中的实证分析就是对经济或社会现象的内在规律或机理进行客观分析,提出逻辑一致的解释性结论,并对这种解释性结论进行适当的经验检验。

规范分析是研究经济活动"应该是什么"以及社会经济问题应该是怎样解决的。这种方法以一定的价值判断为基础,提出某些准则作为经济理论的前提和制定政策的依据,并考察如何才能符合这些准则。实证分析为经济理论提供分析基础,而规范分析为其提供社会意义。

(三) 动态分析与静态分析相结合

动态分析是以客观现象所显现出来的数量特征为标准,判断被研究的现象是否符合正常发展趋势的要求,探求其偏离正常发展趋势的原因并对未来的发展趋势进行预测的一种统计分析方法。

静态分析是在假定其他条件不变的前提下,以某些经济变量为自变量(非时间),研究作为函数的另一些经济变量随作为自变量的经济变量取值的变化而变化的规律。

(四) 定性分析与定量分析相结合

定量分析是依据统计数据,建立数学模型,并用数学模型计算出分析对象的各项指标及其数值的一种方法。定性分析则是主要凭分析者的直觉、经验,凭分析对象过去和现在的延续状况及最新的信息资料,对分析对象的性质、特点、发展变化规律作出判断的一种方法。

定性分析与定量分析应该是统一的,相互补充的;定性分析是定量分析的基本前提,没有定性的定量是一种盲目的、毫无价值的定量;定量分析使之定性更加科学、准确,它可以促使定性分析得出广泛而深入的结论。

第二节　国际贸易的主要分类

一、按商品的形态分为有形贸易和无形贸易

传统的国际贸易和对外贸易仅指有形商品的交换,是通常所说的狭义的国际贸易和对外贸易。而广义的国际贸易和对外贸易,则是指商品和劳务的交换,包括有形贸易和无形贸易。

有形贸易(visible trade),是指有形的、具有实物形态的且可以看得见的商品进口和出口,在通过一国海关时必须向海关申报,海关依据海关税则对出口或进口的商品征税,并列入海关的每日统计。

1974 年修订本《联合国国际贸易标准分类》把国际贸易货物分为 10 大类,63 章,233 组,786 个分组和 1 924 个基本项目。这 10 类货物分别为食品及主要供食用的活动物(0),饮料及烟类(1),燃料以外的非食用粗原料(2),矿物燃料、润滑油及有关原料(3),动植物油脂及油脂(4),未列名化学品及有关产品(5),主要按原料分类的制成品(6),机械及运输设备(7),杂项制品(8),没有分类的其他货物(9)。在国际贸易统计中,一般把 0 到 4 类货物称为初级产品,把 5 到 8 类货物称为制成品。

无形贸易(invisible trade)又称劳务或服务贸易,是指非实物形态的商品(即劳务)的输出与输入,在通过一国海关时不必申报,也不列入海关统计。无形贸易包括:伴随着实物商品和人的国际间移动而发生的劳务收支(如中国的厨师到美国开餐馆,付出了劳务,赚的是外汇),技术使用费(如微软的操作系统,所卖的软件都要提取一定额度的技术使用费)、货物运输费、保险费、客运费、旅游费用(如外国游客来我国办理行李的托运、投保、坐车以及旅游景点的服务费用收取,都属于劳务输出);资本的国际间移动产生的投资收益项目(如国外跨国公司来华投资办厂所产生的利润、利息、红利、租金等);其他收支项目(驻外机构经费、侨民汇款、专利费等)。

二、按商品的流向分为出口贸易、进口贸易和过境贸易

出口贸易(export trade),又称输出贸易,是指本国将自己生产或加工的商品劳务输

往国外市场销售,输出不供外销的商品则不属于对外贸易。例如,运出国境供驻外使领馆使用的货物和旅客为个人使用而带出国境的货物,均不列入出口贸易货物。若运出国境供驻外使领馆使用的货物在国外又出售了,或旅客为个人使用带出国境的货物在国外又出售了,则均要列入出口贸易货物。

进口贸易(import trade),又称为输入贸易,是指一国从国外市场购进外国商品或劳务在本国国内市场销售。同样,输入后不进入销售的货物则不属于输入贸易货物。例如,外国使领馆运进供自用的货物和旅客带入供自用的货物均不列入进口贸易货物。若外国使领馆运进供自用的货物又在所驻国销售了,或旅客带入供自用的货物又在进入国销售了,均要列入进口贸易货物。

输入本国的外国货物未经加工再输出时,称为复出口贸易(re-export trade),是出口贸易的变形。在欧洲大陆和拉丁美洲的一些国家,复出口是指外国商品输入本国未经加工,也未进入市场却又输往国外。但在英美等国,复出口还包括进口商品虽已进入本国市场,但未经过加工又运往国外。复出口在很大程度上同经营转口贸易有关。

输出到国外的本国货物未经加工再输入时,称为复进口贸易(re-import trade),是进口贸易的变形。例如,出口后退货、未售出的寄售贸易货物退回国内等,海关将此类情况列为复进口。

过境贸易(transit trade),又称为通过贸易,指某种商品从甲国经由丙国向乙国输送销售,对丙国来说,就是过境贸易。这种贸易对丙国来说,既不是进口,也不是出口,而仅仅是商品的过境。有些内陆国家同非邻国的贸易,其货物不得不通过第三国过境。过境国通常对过境贸易商品实行严格的海关监管。例如,蒙古与韩国之间的货物贸易,其商品就不得不经过中国或俄罗斯境内。

思考:我国A外贸公司向马来西亚B公司销售一批新品种优质杂交稻谷种子,并转让种植技术,价格是普通稻谷种子的3倍。班轮运到新加坡港,再通过陆路运至马来西亚目的地。后因我国国内谷种供应紧张,我国另一家C公司又把这批谷种购回一部分在国内销售。

1. 对马来西亚、中国来讲,哪种情况属于正常的进口、出口?哪种情况属于复出口、复进口?

2. 对新加坡来讲又属于什么贸易?

3. A公司在这笔交易中,哪些属于有形贸易,哪些属于无形贸易?

三、按贸易关系分为直接贸易、间接贸易、转口贸易

直接贸易(direct trade)是指商品消费国与生产国之间直接进行买卖商品的行为。商品从生产国直接卖给消费国,对生产国而言是直接出口,对消费国而言是直接进口。

间接贸易(indirect trade)是指商品消费国与生产国通过第三国进行买卖商品的行为。商品通过第三国卖给消费国,对生产国而言是间接出口,对消费国而言是间接进口。对第三国而言分两种情况:一种称为转口贸易(entrepot trade),它是指第三国中间商从生产国购入商品又销往消费国,也称中转贸易;另一种称为中介贸易,即商品消费国与生产国进行商品买卖的过程中有第三国的中介人参与。国际上从事转口贸易的往往是地理位置优越、运输便利、贸易限制较少的国家和地区,例如伦敦、鹿特丹、新加坡、中国香港特别行政区等。但从事中介贸易主要是一些国际性中介机构和商人。

值得注意的是,即使商品是直接从生产国运往消费国去的,只要两者之间并未直接发生交易关系,而是由第三国转口商分别同生产国和消费国发生交易关系,就不属于直接贸易,而是间接贸易。

思考: 间接贸易与转口贸易有什么联系与区别?

四、按贸易体制分为双边贸易和多边贸易

双边贸易(bilateral trade)是指两国政府之间商定的贸易规则和调节机制下的贸易。两国政府往往通过签订贸易条约或协定来规定贸易规则和调节机制,要求两国在开展贸易时必须遵守贸易条约或协定中的规定。双边贸易所遵守的规则和调节机制不适用于任何一个签约国与第三方非签约国之间开展的贸易。例如,在《中美贸易条约》下开展的中美贸易就是一种双边贸易。

多边贸易(multilateral trade)是指在多个国家政府之间商定的贸易规则和调节机制下的贸易。同样,多个国家政府之间也需要通过签订贸易条约或协定来规定贸易规则和调节机制,而且这些贸易规则和调节机制也不适用于任何一个签约国与其他非签约国之间的贸易。例如,世界贸易组织中的国家间所开展的贸易就属于多边贸易。

五、按贸易形式不同分为一般贸易与加工贸易

一般贸易是指我国境内有进出口经营权的企业单边进口或单边出口货物的交易形式,但投资设备、捐赠等除外。

加工贸易是指国内企业从境外保税进口全部或部分原辅材料、零部件、元器件、配套件、包装物料等,经加工或装配后,将成品或半成品复出口的交易形式。该项业务主要包括来料加工和进料加工两种贸易方式。从两种贸易方式的对比来看:① 从效益的角度来讲,由于来料加工中方不参与原辅料及成品销售环节,经营效益相对偏低;而进料加工中供需双方直接见面,无论是原辅材料采购,还是最终成品销售,中方企业均享有“货比三家”的主动权,价格磋商透明度高,便于中方企业谋求最大的利益。② 从风险的角度来讲,由于来料加工中方不需对外付汇,其相应承担的资金、市场等风险较

低,而进料加工企业则必须自行承担上述各类风险。③ 从发展的角度来讲,绝大多数加工贸易企业在起步阶段都选择来料加工形式,随着外销市场的逐步扩大,企业为谋求更大利润,多选择进料加工方式。

一般贸易在我国发展最好的地区是长江三角洲(长三角:上海、南京、苏州、无锡、常州、扬州、镇江、南通、泰州、杭州、宁波、湖州、嘉兴、绍兴、舟山 15 个城市);发展加工贸易的主要地区是珠江三角洲(珠三角:广州、深圳、珠海、佛山、江门、中山、东莞、惠州、惠阳、惠东、博罗、肇庆、高要、四会 14 个县市)。

第三节 国际贸易的基本统计概念

一、总贸易和专门贸易

总贸易(general trade)也称一般贸易,是指以国境为标准划分的进出口贸易。凡进入国境的商品一律列为进口,一定时期内的进口总额称为总进口;凡离开国境的商品一律列为出口,一定时期的出口总额称为总出口;总进口与总出口之和为一国的总贸易。美国、日本、英国、加拿大、澳大利亚、俄罗斯和中国等国采用总贸易这种划分标准。

专门贸易(special trade)也称特殊贸易,是指以关税区为标准划分的进出口贸易。凡运入关税区的商品列为进口商品,一定时期内的进口总额称为专门进口额;凡运出关税区的商品列为出口商品,一定时期内的出口总额称为专门出口额。专门进口额加上专门出口额为专门贸易额。法国、德国、意大利和瑞士等国采用专门贸易这种划分标准。

另外,过境贸易一般都不列入总贸易或专门贸易统计。

总贸易与专门贸易分别说明不同的问题。总贸易是说明一国在国际商品流通中所处的地位和所起的作用;而专门贸易则说明一国作为生产者和消费者在国际贸易中具有的意义。

各国都按自己的统计方法发布数字和向联合国报告,联合国在公布各国对外贸易统计资料时分别注明,以 G 代表总贸易值,S 代表专门贸易值。目前,采用总贸易的约有 90 个国家或地区,采用专门贸易的约有 83 个国家或地区。我国对外贸易统计有海关和商务部两种渠道,国外转口一般不列入海关统计,但列入商务部统计。

小资料：关境与国境

国境指一国领土的范围，关境指一国海关管辖的范围。两者有三种关系：

1. 国境 = 关境：正常情况下

2. 国境 < 关境：关税同盟存在的国家（如欧盟）

3. 国境 > 关境：一国设置自由贸易区、保税仓库等（如中国目前存在15个保税区和39个出口加工区，位于国境之内、关境以外）

二、对外贸易额、对外贸易量与贸易差额

（一）对外贸易额与世界贸易额

对外贸易额是指以货币表示的一国进出口贸易金额，也称对外贸易值（value of foreign trade）。一定时期内一国从国外进口商品或劳务的全部价值，称为进口贸易总额或进口总额；一定时期内一国向国外出口商品或劳务的全部价值，称为出口贸易总额或出口总额。这两者之和即为进出口贸易总额或进出口总额。这是反映一国对外商品贸易规模的重要指标之一，一般都用本国货币表示，也有用国际上习惯使用的货币表示。联合国编制和公布的世界各国对外贸易额的统计资料，是用美元表示的。例如，2009年中国的出口额为12 017亿美元，进口额为10 056亿美元，进出口总额为22 073亿美元。

把世界上所有国家的进口总额或出口总额按同一种货币单位换算后相加，即为国际商品贸易额——世界进口总额或世界出口总额。由于一国的出口对另一个国家而言即为进口，所以从世界范围来看，所有国家进口的合计理应等于所有国家出口的合计。但是由于各国一般都按FOB（离岸价）价格统计出口额，按CIF（到岸价）价格统计进口额，多出了运费和保险费，因而世界进口贸易总额总是大于世界出口贸易总额。世界贸易进出口总额没有任何独立的经济学意义，通常所说的国际商品贸易额是单指世界出口贸易总额而言。

（二）对外贸易量

以货币所表示的对外贸易额经常受到价格变动的影响，因而不能确切地反映一国对外贸易的实际规模，更不能用于将不同时期的对外贸易作直接比较。就一种商品而言，采用计量单位统计商品数量来进行比较，十分方便。但就一国全部进出口商品而言，成千上万种商品的计量单位不同，无法用统一计量单位表示。所以，在实际工作中，往往采用剔除通货膨胀因素的货币单位来计量，即以一个固定的年份为基期计算的进

口或出口价格指数去除当时的进口或出口贸易总额。得到相当于按不变价格计算的进口或出口贸易额。通过这种方法计算出来的进口或出口贸易额已经剔除了价格变动的影响,单纯反映对外贸易的量,所以又称为对外贸易量(quantum of foreign trade)。这样,以某年为基期的进口或出口贸易量同各个时期的进口或出口贸易量相比较,就可以得出比较准确地反映贸易实际规模和相对变动的贸易量指数,其计算公式为:

贸易量 = 贸易额/价格指数

进口贸易量 = 进口贸易额/进口价格指数

出口贸易量 = 出口贸易额/出口价格指数

(三) 贸易差额

贸易差额(balance of trade)是指一定时期内一国出口总额与进口总额之间的差额,用以表明一国对外贸易的收支状况。一国的进出口贸易收支是其国际收支经常项目中最重要的组成部分,故贸易差额状况对一国的国际收支有重大的影响。当出口总额超过进口总额时,称为贸易顺差,我国也称其为出超,通常以正数表示。反之,当进口总额超过出口总额时,称为贸易逆差,我国也称其为入超,通常以负数表示。如出口总额与进口总额相等,则称为贸易平衡。

一国在同类商品上既有出口也有进口,将一定时期内该种商品的出口量和进口量相比较,若出口量大于进口量,即为净出口(net export);若进口量大于出口量,即为净进口(net import)。这两个指标反映的是该国在某种商品的贸易上是处于出口国的地位,还是处于进口国的地位。

资料:

我国 2000 年进出口总额为 4 743 亿美元,其中出口为 2 492 亿美元,进口为 2 251亿美元;2005 年进出口总额为 14 221 亿美元,其中出口为 7 620 亿美元,进口为 6 601 亿美元;2009 年进出口总额为 22 073 亿美元,其中出口为 12 017 亿美元,进口为 10 056 亿美元。若以 2000 年为基期,假定 2005 年进、出口价格指数分别为 155%和 151%;2009 年进、出口价格指数分别为 160%和 162%。

计算:

1. 2000、2005、2009 年贸易差额分别是多少?是顺差还是逆差?
2. 分别计算 2005、2009 年对外贸易额的增长率。
3. 分别计算 2005、2009 年对外贸易量,是净进口还是净出口?

三、国际贸易商品结构和地理方向

(一) 商品结构

广义的对外贸易与国际贸易结构,是指商品、劳务在一国进出口或世界贸易中所占的比重。

狭义的对外贸易与国际贸易结构,是指商品贸易在一国进出口贸易或世界贸易中所占的比重。

对外贸易商品结构是指一定时期内一国进出口贸易中各类商品的构成,即某大类或某种商品的进出口贸易与整个进出口贸易额之比,以份额表示。可以反映出该国的经济发展水平、产业结构状况、科技发展水平等,如表 1-2 所示。

表 1-2　2008 年 10 月中国进出口商品构成表　　金额:亿美元

商品构成(按 SITC 分类)	出口		进口	
	金额	增减(%)	金额	增减(%)
总　值	12 023.3	21.9	9 863.4	27.6
一、初级产品	648.8	32.0	3 222.8	66.3
0 类 食品及活动物	268.1	10.6	119.8	25.4
1 类 饮料及烟类	12.3	13.9	13.8	34.3
2 类 非食用原料(燃料除外)	94.7	30.0	1 468.1	57.2
3 类 矿物燃料、润滑油及有关原料	268.7	64.6	1 530.7	82.2
4 类 动植物油、脂及蜡	4.9	106.2	90.4	54.1
二、工业制品	11 374.5	21.4	6 640.6	14.7
5 类 化学成品及有关产品	686.4	42.2	1 047.9	18.9
6 类 按原料分类的制成品	2 241.0	23.2	926.1	9.1
7 类 机械及运输设备	5 676.3	22.9	3 783.3	13.2
8 类 杂项制品	2 757.7	13.3	849.1	21.2
9 类 未分类的商品	13.2	-27.1	34.2	85.0

数据来源:中华人民共和国海关统计

从上表可以看出,我国目前主要进出口工业制成品,初级产品的份额较低。另外,在工业制成品中,机电产品的份额最大。

国际贸易商品结构是指一定时期内出口的各大类商品或某种商品在整个国际贸易中所占的份额,即出口的各大类商品或某种商品贸易额与整个世界出口贸易量之比,以比重表示。它可以反映出整个世界的经济发展水平、产业结构状况、科技发展水平等。

例如,2005 年的世界商品贸易中,农产品、矿产品、制成品、纺织品与服装、其他加工出口额分别为 8 520 亿美元、14 780 亿美元、73 120 亿美元、4 790 亿美元、8 480 亿美元,分别占世界出口总值 125 350 亿美元中的 6.8%、11.8%、58.3%、3.8%、6.8%。世界服务贸易出口达 24 150 亿美元,占世界总出口的比重为 19.6%,比上年略有下降。

(二) 地理方向

对外贸易地理方向(direction of foreign trade)对一国而言,它是指一定时期内该国对外贸易总值、出口值、进口值的国别地区分布情况,即该国的出口商品流向哪些国家或地区,进口商品是从哪些国家或地区流入的,通常以各个国家(或地区)在该国进出口总量中的比重来表示。它表明了该国同世界各国、各地区的经济贸易联系程度,如表 1-3 所示。

表 1-3　2009 年中国的对外贸易地理分布

国家和地区	出口额(亿美元)	进口额(亿美元)	所占份额(%)
欧盟	2 363	1 278	16.5
美国	2 208	774	13.5
日本	979	1 309	10.4
东盟	1 063	1 067	9.7
中国香港	1 662	87	7.9
韩国	537	1 026	7.1
印度	297	137	2.0
中国台湾	205	857	4.8
俄罗斯	175	213	1.8
其他	2 528	3 308	26.3

数据来源:中国国家统计局网站

国际贸易地理方向(direction of international trade)也称国际贸易地区分布,是指各洲、各国(或地区)的国际贸易额在世界贸易总值中所占的比重或地位,它表明了各洲、各国(或地区)参与国际商品流通的水平。它可以计算出该国同世界各国、各地区的经济贸易联系程度。

例如,2006 年世界进出口总额分别为 120 620 亿美元、123 800 亿美元,国际贸易地理方向(各国的进出口总额在世界进出口总额中的比重)前十位的国家和地区为:德国(7.4%、9.2%)、美国(15.5%、8.6%)、中国(6.4%、8.0%)、日本(4.7%、5.4%)、法国(4.3%、4.1%)、荷兰(3.4%、3.8%)、英国(4.9%、3.7%)、意大利(3.5%、3.4%)、加拿大(2.9%、3.2%)、比利时(2.9%、3.1%),前十位总和分别为55.9%、52.5%。

四、国际贸易条件和对外贸易系数

(一) 贸易条件

贸易条件(terms of trade, TOT)又称贸易比价或交换比价,是指一国在对外贸易中,出口一单位商品(价格、购买力、要素)所能换回的进口商品(价格、购买力、要素)数量之间的比率。作为一个“交换效率”指标,它是衡量一国获取贸易利益空间大小的重要指标。

贸易条件的变化不仅可以反映一国贸易获利程度的高低,也可以反映一国出口竞争力的优劣。在国际贸易中,贸易条件主要有以下几种:

1. 净贸易条件

净贸易条件也称商品贸易条件,是指出口价格指数与进口价格指数之比。它的经济含义是指一国与其他国家进行商品交换的比率,即一国一定数量的出口商品能换回多少数量的进口商品。其表达式为:

$$N = (Px/Pm) \times 100$$

上述公式中:N 为净贸易条件;Px 为出口价格指数;Pm 为进口价格指数。

计算实例:

某国贸易条件以2000年为基期(100),2009年出口价格指数下降5%,进口价格指数上升10%,那么该国2009年的贸易条件为:

$$N = (1-5\%)/(1+10\%) \times 100 = 86.36$$

这表明该国在2000—2009年间,贸易条件从100下降到86.36,即与2000年相比,2009年贸易条件恶化了13.64。

2. 收入贸易条件

收入贸易条件是在净贸易条件的基础上,考虑贸易量因素,反映了一国进口能力的变化与出口变化之间的关系。计算方法为:

$$I = (Px/Pm) \times Qx$$

上述公式中:I 为收入贸易条件;Qx 为出口数量指数。

计算实例:

假定某国以2000年价格及出口量为基期(100),2009年出口价格指数为80%,进口价格指数为120%,出口商品数量指数为150。试计算该国2009年的净贸易条件和收入贸易条件。

净贸易条件 $=(80\%/120\%) \times 100 = 66.7$

收入贸易条件 =(80%/120%)×150 = 100

可以看出,尽管贸易条件恶化了,但由于出口量的上升,本身的进口能力并没有受到削弱。

3. 单项因素贸易条件

单项因素贸易条件是在净贸易条件的基础上,考虑劳动生产率提高或降低后贸易条件的变化。其计算公式为:

$$S = (Px/Pm) \times Zx$$

上述公式中:S 为单项因素贸易条件;Zx 为出口商品劳动生产率指数。

单项因素贸易条件往往被看做结构变动的信号。原因在于经济增长与劳动生产率的提高是并行的,当一国的经济增长时,其劳动生产率也开始上升。劳动生产率的上升意味着同样数量的劳动力投入可以获得更多的产出,也就是说出口量将进一步增加,这将迫使净贸易条件发生恶化。如果发生了这样的情况,即净贸易条件恶化的程度大于劳动生产率上升的程度,那么意味着单项因素贸易条件发生了恶化。根据该贸易条件的经济含义,表明该国的人均实际收入降低了。这说明,该国在经济增长的同时,发生了人均实际收入降低的情况,也就是所谓的贫困化增长的现象。此时,就不能不把造成陷入这种状态的贸易类型停下来,而转向其他类型的贸易,这就是单项因素贸易条件被视为需要进行结构变动的信号的原因。

4. 双向因素贸易条件

双向因素贸易条件不仅考虑到出口商品劳动生产率的变化,而且考虑到了进口商品的劳动生产率的变化。其计算公式为:

$$D = (Px/Pm)(Zx/Zm) \times 100$$

上述公式中:D 为双向因素贸易条件;Zm 为进口商品劳动生产率指数。

(二) 对外贸易系数

对外贸易系数指一国货物与服务进出口额与其国民生产总值(GNP)或其国内生产总值(GDP)之比。传统的对外贸易系数指一国货物进出口额与其国内生产总值或国民生产总值之比,又称对外贸易依存度。外贸依存度可以分为出口依存度和进口依存度。出口依存度是指一国在一定时期内的出口额占 GDP 或 GNP 的比重,进口依存度则是一国在一定时期内的进口额占 GDP 或 GNP 的比重。

思考: 2004 年美国出口额为 1.15 万亿美元,GDP 为 11 万亿美元;中国出口额为 5 933 亿美元,GDP 为 1.7 万亿美元。请问:中美两国的出口贸易依存度是多少,从中说明什么问题?

外贸依存度越大,表明该国对国际经济的依赖程度越深;外贸依存度越低,表明该国在国际经济和国际贸易领域中没有相应的地位。但是,外贸依存度也不是越高越好。

外贸依存度过高，国内经济发展容易受到国外经济影响或冲击，世界经济不景气对本国经济冲击较大，如表 1-4 中我国 2008 年外贸系数的下降。

表 1-4　1985—2008 年中国的对外贸易系数

年份	1985	1986	1987	1988	1989	1990	1991	1992
依存度%	24.8/26.1	24.4	23.3	23.2	24.4/34.2	29.4	29.6	29.3/35.7
年份	1993	1994	1995	1996	1997	1998	1999	2000
依存度%	32.6（32.0）	46.1（44.7）	40.1（38.6）	36.0（34.3）	37.0（34.9）	34.3（31.8）	36.5（33.4）	44.0（39.7）
年份	2001	2002	2003	2004	2005	2006	2007	2008
依存度%	44.1（39.1）	50.2（43.9）	60.4（52.2）	69.8（59.8）	64.0/62.4	65.7	61.7	58

注：表中数据根据国家统计局公布的资料整理而成

影响我国外贸系数变动的因素包括：

（1）我国外贸系数增幅与我国进行外汇体制改革有较大关系。

例如，1986 年 7 月 15 日，美元与人民币汇率从 1∶3.2 下调至 1∶3.37，使外贸系数从 1985 年的 24.8% 上升到 26.1%；1989 年 12 月 16 日，美元与人民币汇率下调为 1∶4.722，1990 年外贸系数上升到 29.4%；而 1994 年 1 月 1 日，人民币汇率并轨，从 1∶5.762 下调为 1∶8.687，下调幅度达 51%，使外贸系数从 1993 年的 32.6% 上升至 46.1%，上涨幅度达 41.4%；1995—1998 年，人民币汇率相对稳定并有小幅度升值，则使外贸系数小幅度下降；1999—2004 年，因外贸快速增长才使外贸系数上升 2005 年 7 月 21 日，人民币汇率形成机制改革后，美元与人民币汇率从 1∶8.2765 上升至 1∶8.11，使外贸系数从 2005 年 64.0% 下降到 62.4%。所以，我国外贸系数与人民币汇率变动有较大关系。

（2）我国进出口贸易中，加工贸易和转口贸易所占比重较大时，外贸系数一般偏高；当一般贸易比重较高时，则外贸系数较为平稳。

（3）由于外贸增长速度快于 GDP 增速，分子比分母增长快，故外贸系数也随之增大。但 2005 年修订了 1993—2004 年的 GDP，提高了 GDP，使外贸系数均有所下降，见表 1-4 中括号内的数字。

本章小结

导论部分是本门课程的入门篇章，主要是针对国际贸易学科本身以及所涉及的各种概念性的东西所作的综合性的阐述，主要内容如下：

1. 国际贸易学是经济学的分支学科，是经济学中不可缺少的组成部分，是国际经济学的重要内容。其研究对象主要是国际商品运动规律、国际贸易格局、国际贸易的理论和学说以及国际贸易的政策和措施。

2. 国际贸易的基本分类有五种，分别是有形贸易和无形贸易，出口贸易、进口贸易和过境贸易，直接贸易、间接贸易和转口贸易，多边贸易和双边贸易，一般贸易与加工贸易。

3. 国际贸易的统计概念是我们学习的另一个非常重要的基础，主要有总贸易与专门贸易，对外贸易额、对外贸易量和贸易差额，国际贸易商品结构和地理方向，贸易条件及对外贸易系数。

阅读材料

从贸易大国走向贸易强国

2008 年，中国进出口额 25 616.4 亿美元，增长 17.8%，中国作为贸易大国的地位已经确立。

但是，贸易大国并不等于贸易强国，中国人均对外贸易额还不到 850 美元，而据世界贸易组织统计，美国是 8 427 美元，日本是 7 136 美元，韩国是 7 920 美元，世界人均 2 400 美元，可见，中国对外贸易可持续发展的任务还相当艰巨。

回首中国对外贸易改革发展的历程，走过的道路很不平坦，成绩来之不易。新中国建国初期的 1950 年，中国进出口总额为 11.35 亿美元。到 1973 年达到 109.76 亿美元，用了 23 年的时间跨上了百亿美元的台阶。1988 年中国进出口总额达到 1 027.84 亿美元，用了 15 年时间跨越了千亿美元的台阶。然后又用了 16 年的时间，跨越了万亿美元的大关，其中 2001 年中国外贸进出口额为 5 100 亿美元，仅用短短的 3 年便翻了一番，2004 年达到 11 547 亿美元，2008 年达到 25 616.4 亿美元。这是中国深化改革开放的成果，也是中国积极参与经济全球化，推进自由贸易，与世界各国谋求共同发展和繁荣的结果。

毫无疑问，中国已成为贸易大国，但仍非贸易强国。虽只有一字之差，但足以表明差距。突破万亿美元大关，对于中国对外贸易事业来说，是一个历史性的标志，一个新的起点。

在当今经济全球化的大潮推动下，国际贸易已成为世界各国政治、经济、文化交往的重要领域和平台，成为人们社会经济生活中须臾也不能缺的内容。那么，为什么各国都追求贸易的增长？为什么贸易可以拉动各国的经济发展？为什么贸易使双方都能获益？其获益的源泉何在？为什么有些国家还要实行市场保护来限制贸易的开展？国际贸易与国际投资之间关系如何？两者之间如何相互影响？为了解答这些问题，必须对国际贸易的相关理论和政策进行系统的学习。中国加入世界贸易组织以后，中国将作为一个经济实体更全面地融入全球经济中。所以，中国同其他国家和地区间的商品、服务等方面的交易将会扩大，引进外资和对外投资也将上一个新的台阶。因此，熟悉国际贸易的基本理论和基本政策，了解国际贸易领域的规则和发展动态非常必要。

资料来源：中华人民共和国商务部网站

复习思考题

1. 什么是国际贸易？国际贸易学的研究对象是什么？
2. 对外贸易与国际贸易的差异在哪里？
3. 总贸易与专门贸易的区别在哪里？
4. 如何看待贸易差额？举例说明。
5. 某国以2000年为基期，贸易条件指数为100，到2010年，出口商品平均价格下降了20%，进口商品平均价格上升了10%，出口数量指数为120，问该国的贸易条件是改善了还是恶化了？
6. 如何看待外贸依存度？

第二章

国际分工与世界市场

学习目标

知识目标：掌握影响国际分工的主要因素，掌握国际价值和国际价格的形成及影响因素，了解国际分工的发展阶段与国际贸易的关系，了解世界市场的产生与形成。

技能目标：能够运用国际分工的相关知识分析不同国家目前在国际分工中的地位，分析石油等重要商品的国际价格的形成机制。

篇前案例

18 世纪后期，规模巨大的洲际贸易发展了起来。很早以前，阿拉伯和意大利商人已在欧亚大陆一地区和另一地区之间贩运大部分奢侈品——香料、丝绸、宝石和香精。直到 18 世纪末叶，这种有限的奢侈品贸易由于新的、体积庞大的必需品的交换而转变为大规模贸易。大西洋贸易的情况尤其如此，因为美洲种植园为供应欧洲生产了大量烟草和蔗糖后，又生产了大量咖啡、棉花及其他商品。这种种植园实行单一经营，进口自己所需要的一切物品，包括谷物、鱼、布匹和金属产品等，同时还需输入大量的劳动力。这就导致了繁荣一时的三角贸易：欧洲的朗姆酒、布匹、枪炮及其他金属产品运到非洲，非洲的奴隶运到美洲，美洲的蔗糖、烟草和金银运到欧洲。这一时代新的、大规模的全球性贸易同样发生在西欧与东欧之间：西欧得到种种原料，尤其是做面包用的谷物。西欧由于人口增加和大量可耕地转变为牧场，谷物的需要量很大。在从事波罗的海谷物贸易的主要港口但泽，黑麦、大麦和燕麦的价格在 1550—1600 年分别上涨了 247%、187% 和 185%。这种情况促使谷物及其他原料的出口量大大增加，因此，波兰和匈牙利销往西欧的出口商品的价格在这数十年间通常两倍于进口商品的价格。波兰、匈牙利、俄国还有巴尔干半岛各国得到了纺织品、武器、金属产品以及殖民地商品，作为回报，它们提供了谷物、牛、兽皮、船用补给品和亚麻。

思考：
1. 18 世纪后期洲际贸易是如何促进国际分工发展的？
2. 为什么会形成欧洲、美洲和非洲之间的洲际贸易和分工？
3. 为什么但泽的谷物和波兰及匈牙利出口商品价格会上涨？

第一节　国际分工

一、国际分工的含义

国际分工是指世界上各国（或地区）之间的劳动分工，是国际贸易和各国（或地区）经济联系的基础。它是社会生产力发展到一定阶段的产物，是国民经济内部分工超越国家界限进一步发展的结果，是生产社会化向国际化发展的趋势。

同各国独自的社会分工相比，国际分工具有以下的特点：

其一，社会分工是指社会不同部门之间和各部门内部的分工，是各种社会形态所共有的；而国际分工是在生产力发展到一定阶段才出现的，特别是在资本主义大机器工业建立以后才形成的。

其二，国内社会分工的商品交换受国内价值规律的制约；而国际分工的商品交换，则受国际价值规律的制约。

其三，国内社会分工的商品交换是通过国内贸易进行的；而国际分工的商品交换则是通过国际贸易进行的。

其四，国内的商品交换受到的限制比较少，相对来说，是比较自由的；而国际分工之间的商品交换则受种种限制，如：对外贸易政策、各国的货币政策、贸易壁垒、限制性商品惯例等。

二、国际分工的发展阶段

小资料：“丝绸之路”与“郑和下西洋”

材料 1：“丝绸之路”是中国古代经由中亚通往南亚、西亚以及欧洲、北非的陆上贸易交往的通道，由于大量的中国蚕丝和丝织品经由此路西传，所以被称为“丝绸之路”。考古发现，“丝绸之路”基本形成于公元前 1 世纪的中国汉朝，当时的“丝绸之路”南道可西行到现在的阿富汗、乌兹别克斯坦、伊朗，最远可到达埃及的亚历山大城；另一条路经过巴基斯坦、阿富汗喀布尔，到达波斯湾；如果从喀布尔南行，可以到达现在的巴基斯坦卡拉奇，转海路也可以到达波斯和罗马等地。

在公元前2世纪到公元2世纪，沿着“丝绸之路”，自西向东，有四大帝国并列其间，也就是欧洲的罗马、西亚的安息（伊朗古代奴隶制国家）、中亚的贵霜（统治中亚及印度北部的帝国）、东亚的中国汉朝。“丝绸之路”的形成使得这些古代文明有了直接的交流和影响，此后，任何文明的发展不再是相对孤立地进行了。

通过“丝绸之路”复杂的网状道路系统，东西方频繁地往来。中国古代文献中记载的一批带有“胡”字的植物，如胡桃、胡瓜、胡椒、胡萝卜等，大多来自西方。到公元7世纪至9世纪的唐朝，“丝绸之路”最为繁荣，中国和西方国家的交流呈现出令人眼花缭乱的景象。西方的珍禽异兽、珠宝香料、玻璃器皿、金银货币，西亚和中亚的音乐、舞蹈、饮食、服饰等源源传入中国。与此同时，中国的物产和技术也经过“丝绸之路”传到各地，像丝绸、农桑、造纸术、漆器、冶铁、手工艺品等，为世界文明作出了重大的贡献。

公元9世纪之后，随着欧亚大陆政治经济格局的变化，特别是航海技术的进步，海运在贸易中的作用日益彰显，这条传统的陆路古道逐渐走向衰落。到10世纪中国宋朝时期，“丝绸之路”已经很少被作为贸易的途径了。

材料2：1405年7月11日（明永乐三年），明成祖命郑和率领庞大的240多艘海船、27 400名船员组成的船队远航，访问了30多个在西太平洋和印度洋的国家与地区，加深了中国同东南亚、东非的友好关系。郑和船队每次都从苏州刘家港出发，一直到1433年（明宣德八年），一共远航了7次之多。最后一次，宣德八年四月回程到古里时，郑和在船上因病逝世。

郑和曾到达过爪哇、苏门答腊、苏禄、彭亨、真腊、古里、暹罗、阿丹、天方、左法尔、忽鲁谟斯、木骨都束等30多个国家和地区，最远曾到达非洲东岸，并有可能到过澳大利亚。

这些记载都代表了中国的航海探险的高峰，比西方航海家达伽马和哥伦布等人早80多年。当时明朝在航海技术、船队规模、航程之远、持续时间、涉及领域等均领先于同一时期的西方。

郑和航行前后达28年，他访问了30多个国家和地区。每到一地，郑和赠给各国国王厚礼，以示友好，船队带去丝绸、瓷器、铜铁器、金银和其他手工业品交换当地的特产。随行官员随时记录见闻。回航时，各国派使同来，赠珍宝特产给明皇帝，并与中国商人交换。友好的交往，扩大了贸易，也增进了了解。

讨论：

1. 中国古代的丝绸之路、明代的郑和下西洋等创举，为什么没有促使古代中国同这些国家之间的国际分工大规模地开展，并形成相对稳定的格局？

2. 为什么说国际分工的发展同资本主义生产方式紧密相连？

国际分工的发展大体上可以分为以下四个阶段：

（一）资本原始积累时期的国际分工——萌芽阶段

在15—17世纪，欧洲航海者开辟新航路和“发现”美洲新大陆之后，世界市场和世界贸易的迅速扩大促进了生产力的发展和手工业向工场手工业生产的过渡，也促进了在工场手工业生产基础上国际分工的产生和发展。

在这一时期，西欧殖民主义者以各种暴力和非经济的强制手段，在美洲、亚洲和非洲等地进行掠夺。他们在这些地区不仅以极低的价格收购茶叶、丝绸、象牙、宝石及其他贵重金属和农产品，还在当地开矿山、建立各类庄园和种植园，迫使当地劳动力为其开垦土地和开采矿石，建立了早期资本主义国家的国际专业化生产，形成了宗主国与被殖民国家之间的分工，这实际上也是最早的一种国际分工。1699年，英国贸易与种植园高级专员说：“我们的意图就是要把种植园安排在美洲，那里的人们应该专门生产那些英国不生产的产品。”这是当时国际分工的真实写照，也就是资本主义国际分工的萌芽阶段。

（二）第一次产业革命时期的国际分工——形成阶段

18世纪开始了第一次产业革命，由于机器的发明及其在生产上的应用，生产力空前提高，分工空前加深。这次科技革命首先在英、法等国进行，它们发展为工业国，而其他广大国家则处于农业国、原料国的地位。

这一时期，英国成为世界工业的中心，成为世界的工厂。由于是英国首先完成了产业革命，到19世纪中期，英国的工业产品50%以上销往国外市场，成为世界工业品的主要供应者。同时，许多国家成为其原料的供应地。英国的商船几乎垄断了世界的航运。

小资料：英国——世界工厂

在《马克思恩格斯全集》中曾有这样一句话：“英国是农业世界的伟大的工业中心，是工业太阳，日益增多的生产谷物和棉花的卫星都围绕着它运转。”

而当时英国一位学者对英国在国际分工中的地位，也作过如下生动的描述：“在实质上，世界的五分之一是我们的自愿进贡者；北美大平原和俄国是我们的谷物种植园，芝加哥和敖德萨是我们的谷仓，加拿大和波罗的海诸国是我们的森林，我们的羊群和牧场在澳洲，我们的牛群在美洲，秘鲁把它的白银提供给我们，加利福尼亚和澳洲把自己的黄金提供给我们，中国人为我们种茶，而印度的咖啡、茶叶和香料运到我们的海岸，法国和西班牙是我们的葡萄园，地中海沿岸是我们的果园，我们从北美合众国以及其他国家获得棉花。”

这些都是英国当时在国际分工体系中处于中心地位的真实写照。

在这一时期，国际分工体系的一头是以英国为首的老牌资本主义国家，一头是沦落为世界农村的广大亚非拉国家和殖民地国家。这就是资本主义国际分工的形成阶段。

（三）第二次产业革命时期的国际分工——发展阶段

19世纪末至20世纪初开始的第二次产业革命，特别是发电机、电动机和内燃机的发明及其广泛应用，使生产力更加提高，分工更加精细。这次产业革命是在英、美、德等国进行的，其他国家在引进技术与机器设备的推动下，某些基础设施与某些轻工业和采矿业有一定发展，但仍不同程度处于初级产品供应国的地位。

在这一时期，资本主义从自由竞争资本主义阶段发展到垄断资本主义阶段，资本主义生产迅速发展，资本输出成为主要经济特征之一，它把资本主义生产扩大和转移到殖民地、半殖民地国家去，将它们完全纳入了国际分工的体系之中，使得工业发达国家和初级产品生产国之间的分工更加深化。

与第一次产业革命时期相比，这一时期的国际分工中心已经由英国一个国家变为一群国家，其中包括美国、西欧国家、加拿大和日本等资本主义国家。在这些国家和初级产品生产国之间的分工更加深化的同时，互相之间也形成了互为市场的以经济部门为主的国际分工关系。

例如，美国在这一时期成为世界谷物生产大国，荷兰和丹麦专门生产农产品（以肉类和乳品为主），芬兰以生产木材和木材加工业为主，比利时以生产钢铁为主，挪威则专门生产铝，等等。

这一时期，随着国际分工体系的逐步形成，世界各国对国际分工的相互依赖性也不断加深。参与国际分工的各个国家都有许多生产部门首先是为世界市场生产的。

小资料：德国的国际分工

罗森·卢森堡就德国对国际分工的依赖性作过如下的描述：“德国的产品大部分是输往其他国家及其他大陆，以供他国居民的需要，其数额且逐年不断增大。德国的铁制品不仅销售到欧洲邻近诸国，而且远达南美和澳洲。皮革及皮革制品由德国输往所有欧洲国家，玻璃制品、砂糖、手套输往大不列颠王国；皮革输往法国、英国和奥匈……麦酒、化学颜料、药品、金属制品、棉制品和毛制品以及服装、铁轨等行销全世界所有经商的国度。

……另一方面，德国国民不论是在生产还是在日常消费方面，每一步都需要依赖其他国家的产品。我们吃俄国谷物制成的面包，肉类从匈牙利、丹麦及俄国进口；我们消费的大米从东印度和北美运来，烟草是从荷属东印度群岛和巴西获得，从西非获得可可豆，从印度获得胡椒，从美国获得猪油，到中国买茶叶，从意大利、西班牙、美国买到水果，从巴西、中美、荷属东印度群岛买到咖啡……"

——罗森·卢森堡.国民经济学入门

这一时期，国际分工一方面将食品和原料的生产集中在广大的亚、非、拉国家，另一方面又把工业生产集中在欧洲、北美和日本，从而造成了宗主国和殖民地国家、工业品生产国和初级产品生产国之间的分工日益加深，形成了国际分工新的格局。这就是资本主义国际分工的发展阶段。

（四）第三次产业革命时期的国际分工——深化发展阶段

20世纪40年代和50年代开始的第三次产业革命，是人类文明史上继蒸汽技术革命和电力技术革命之后科技领域里的又一次重大飞跃。它以原子能、电子计算机和空间技术的广泛应用为主要标志，是涉及信息技术、新能源技术、新材料技术、生物技术、空间技术和海洋技术等诸多领域的一场信息控制技术革命。这次产业革命不仅极大地推动了人类社会经济、政治和文化领域的变革，而且也影响了人类生活方式和思维方式，使人类社会生活和人的现代化向更高境界发展。从这个意义上讲，第三次产业革命是迄今为止人类历史上规模最大、影响最为深远的一次科技革命，是人类文明史上不容忽视的一个重大事件。

第三次产业革命导致了一系列新兴工业部门的诞生，如高分子合成工业、原子能工业、电子工业和宇航工业等。这对国际分工的类型深化产生了广泛的影响，使国际分工的形式和趋向发生了很大的变化，使国际分工的形式从过去的部门间专业化分工向部门内专业化分工方向迅速发展，其主要表现是不同型号规格的产品专业化、零配件和部件的专业化、工艺过程的专业化。任何一个工业发达、技术进步的国家也不可能生产出自己所需的全部工业产品。当今世界，少数经济发达国家成为资本（技术）密集型产业国，广大发展中国家成为劳动（土地）密集型产业国，它们各自内部以及相互之间又形成更细致的分工。国际分工体系在这一时期已经基本囊括了世界上所有的国家。这就是资本主义国际分工深化发展的阶段。

今后，随着信息科技革命的进展，国际分工更会向前发展。国际分工是不依赖于人们的意志为转移的客观过程。它具有双重性：进步性和落后性。一方面，它打破了民族闭关自守状态，把各个国家和民族在经济上联系起来，促进了生产的国际化、专业化和世界生产力的发展；另一方面，国际垄断资本强制地使落后国家的经济依附于西方发达国家，使落后国家沦为西方发达国家的经济附庸。在这种国际分工的基础上形成的西方发达国家与落后国家的经济贸易，从来就不是按平等互利的原则进行的，西方发达国家总是通过各种形式剥削和掠夺经济落后的国家，从而对落后国家的生产力发展起了阻碍作用。近年来，发展中国家为建立国际经济新秩序及本国经济的发展，已在积极争取和改变旧的国际分工体系，建立新的平等互利的国际分工体系。

三、国际分工的类型

国际分工按不同的分类方法有不同的类型。

（一）按参加国际分工的国家的自然资源和原材料供应、生产技术水平和工业发展情况的差异来分类

按此方法可划分为三种不同类型的国际分工形式：

1. 垂直型国际分工

这是经济技术发展水平相差悬殊的国家之间的国际分工。发达国家和发展中国家之间的分工体系就是垂直分工。二战后美国把劳动密集型和对环境污染的产业逐步转移到日本，日本经济发展起来之后又转移到亚洲“四小龙”，“四小龙”发展起来之后又转移到中国大陆和其他国家，这个产业转移过程恰恰是一个垂直分工体系的形成过程。

垂直分工分为两种。一种是指部分国家供给初级原料而另一部分国家供给制成品的分工形态，如发展中国家生产初级产品，发达国家生产工业制成品，这是不同国家在不同产业间的垂直分工。一般产品从原料到制成品，须经多次加工。经济越发达，分工越细密，产品越复杂，工业化程度越高，产品加工的次序就越多。加工又分为初步加工（粗加工）和深加工（精加工）。只经过初步加工的为初级产品，经过多次加工最后成为制成品。初级产品与制成品这两类产业的生产过程构成垂直联系，彼此互为市场。另一种是指同一产业内技术密集程度较高的产品与技术密集程度较低的产品之间的国际分工，或同一产品生产过程中技术密集程度较高的工序与技术密集程度较低的工序之间的国际分工，这是相同产业内部因技术差距所引致的国际分工。如现在的来料加工、来件装配等就属于这种分工。从历史上看，19 世纪形成的国际分工主要是前一种垂直型国际分工。当时英国等少数国家是工业国，绝大多数不发达的殖民地、半殖民地成为农业国，工业先进国家按自己的需要强迫落后的农业国进行分工，形成工业国支配农业国、农业国依附工业国的国际分工格局。迄今为止，工业发达国家从发展中国家进口原料而向其出口工业制成品的前一种垂直型的国际分工情况依然存在，不过后一种垂直

型的国际分工已发展成为当前发达国家与发展较快的发展中国家之间分工的主要形式。由此可见,垂直型的国际分工仍然是工业发达国家与发展中国家之间的主要分工形式。

2. 水平型国际分工

这是经济发展水平相同或接近的国家(如发达国家以及一部分新兴工业化国家)之间在工业制成品生产上的国际分工。发达国家在同一个层次上进行竞争,比如美国生产波音飞机,西欧五国联合起来组建公司生产空中客车,通过多年的努力,现在空中客车和波音飞机在世界飞机市场上大体打了个平手。当代发达国家的相互贸易主要是建立在水平型国际分工的基础上的。水平分工可分为产业内与产业间水平分工。前者又称为"差异产品分工",是指同一产业内不同厂商生产的产品虽有相同或相近的技术程度,但其外观设计、内在质量、规格、品种、商标、牌号或价格有所差异,从而产生的国际分工和相互交换,它反映了企业的竞争和消费者偏好的多样化。随着科学技术和经济的发展,工业部门内部专业化生产程度越来越高,部门内部的分工、产品零部件的分工和各种加工工艺间的分工越来越细。这种部门内水平分工不仅存在于国内,而且广泛地存在于国与国之间。后者则是指不同产业所生产的制成品之间的国际分工和贸易。

由于发达资本主义国家的工业发展有先有后,侧重的工业部门有所不同,各国技术水平和发展状况存在差别,因此各类工业部门生产方面的国际分工日趋重要。各国以其重点工业部门的产品去换取非重点工业部门的产品。工业制成品生产之间的分工不断向纵深发展,由此形成水平型国际分工。

3. 混合型国际分工

把"垂直型"和"水平型"结合起来的国际分工方式就是混合型国际分工。德国是"混合型"的典型代表。它与第三世界的分工是"垂直型"的,向发展中国家进口原料,出口工业品;而与发达国家的分工则是"水平型"的。在进口中,主要是机器设备和零配件。其对外投资主要集中在西欧发达资本主义国家。

(二) 按分工是在产业之间或产业内部分类

按此方法可分为两种:

1. 产业间国际分工

这是不同产业部门之间生产的国际专业化。第二次世界大战以前,国际分工基本上是产业间国际分工,表现在亚、非、拉国家专门生产矿物原料、农业原料及某些食品,欧美国家专门进行工业制成品的生产。

2. 产业内部国际分工

这是指国际分工依据同一产业内部产业链条的不同环节来进行。具体而言,产业链条可以分为三大环节:技术环节、生产环节和营销环节。

第三次科学技术革命对当代国际分工产生了深刻的影响,使国际分工的形式和趋向发生了很大的变化，突出地表现在使国际分工的形式从过去的部门间专业化向部门内专业化方向迅速发展起来。这主要是由于科技进步使各产业部门之间的级差化不断加强，不仅产品品种规格更加多样化，而且产品的生产过程也进一步复杂化。这就需要采用各种专门的设备和工艺，以达到商品的特定技术要求和质量要求；而一般来说，需要专用设备的数量不多，但精度要求较高。同时，为了达到产品的技术和质量要求，还必须进行大规模的科学试验和研究，这就需要大量的科研费用。在这种情况下，只有进行大量生产才能在经济上处于有利地位。但这些往往又与一国的有限市场、资金设备以及技术力量发生了矛盾，这就促使各国部门内部生产专业化迅速得到发展。

经历了多年的经济转型和产业升级，发达国家逐渐着力于研发和品牌营销，控制核心技术和经营技巧，而把加工制造环节转移出去，生产结构呈现出典型的“哑铃”型；而发展中国家则在全球价值链中寻求自己的发展空间，明确自己的发展定位，承接着这种产业环节转移，着力于加工制造环节。如耐克公司掌握产品设计、关键技术，授权越南、中国等国外生产厂商按其产品规格、技术标准生产产品，自己则在全球建立营销网络，进行产品的广告宣传、销售及提供售后服务。

产业内部国际分工主要有三种形式：

第一，同类产品不同型号规格专业化分工。在某些部门内，某种规格产品的国际生产专业化，是部门内国际分工的一种表现形式。

第二，零部件专业化分工。这是许多国家为其他国家生产最终产品而生产的配件、部件或零件的专业化。目前，这种国际生产专业化在许多种产品的生产中广泛发展。

第三，工艺过程专业化分工。这种专业化过程不是生产成品而是专门完成某种产品的工艺，即在完成某些工序方面的专业化分工。技术含量高的工序、附加值高的零部件一般由发达国家来完成，发展中国家承担的大多是低附加值的初级零部件生产，或者是主要部件依靠进口、承担最后加工装配的工序。以化学产品为例，某些工厂专门生产半制成品，然后将其运到一些国家的化学工厂去制造各种化学制成品。

四、影响国际分工的主要因素

影响国际分工发展的因素主要源于自然条件和社会经济条件。自然条件是指国家的地理环境、气候条件、资源条件和国土面积的大小等，社会经济条件是指本国的科技水平、知识的分布状况、生产力的发展水平、人口的多少、国内自身市场的发展情况和社会经济结构的差异等。其中，生产力的发展是促使国际分工发展的决定性因素，科技的进步是国际分工发展的直接原因，而国际分工的性质则是由国际生产关系所制约的。

（一）自然条件是国际分工发展的基础

所有的经济活动都必须建立在一定自然条件的基础上，国际分工也是如此。如石油和某些特定的矿产品只能由大量拥有这类矿产资源的国家生产和出口，一些特定种类的农作物因需要特殊气候而只能在特定的地域种植。在很长一段时期内，一个国家的自然条件状况很大程度上决定着其在国际分工中的地位和作用，如中东的丰富石油资源使其成为世界石油的主要供应者。具体来说，自然条件主要从两个层次上影响国际分工，首先是为各国生产活动提供物质基础；其次在生产力水平相当时，自然条件的差异直接影响各国在国际分工的地位和状况。

但是，随着科学技术和生产力水平的发展，自然条件对国际分工的作用正逐步减弱。自然条件只提供国际分工的可能性，并不提供现实性。要把这种可能性变成现实性，还需要一定的生产力条件。在影响国际分工的众多因素中，自然条件只是其中的一个方面，并且它的影响要通过社会经济方面的因素作用才能体现出来。在生产力水平相对较低时，自然条件对国际分工的作用相对较大；随着科技水平的提高，自然条件对国际分工的作用下降，但其仍然是国际分工的必要基础。

（二）社会生产力是国际分工发展的决定性因素

1. 国际分工是生产力发展的结果

正是由于生产力的不断发展，各种自然资源才能被开发出来，并被加工成各种产品。由于生产力水平的不断提高，社会经济达到了一定的规模，生产方不得不到世界范围内寻找原料供应基地及产品销售市场；在这种情况下，国与国之间联系的日益紧密，交通运输工具的发展，这些都为国际分工与合作创造了有利的条件。

2. 生产力水平的高低将决定一个国家在国际分工中的地位

第一次产业革命后，英国首先完成了工业革命，生产力得到巨大的发展，英国也因此成了“世界工厂”，并在国际分工中占据了主导地位。第二次产业革命后，美国、日本和西欧部分资本主义国家相继完成了产业革命，生产力得到迅速发展，与英国一起成为国际分工的中心力量。第二次世界大战后，一些新兴的工业化国家和地区如亚洲“四小龙”等经济迅速发展；一些殖民地、半殖民地国家在取得政治上的独立后，努力发展民族经济，生产力得到较快的发展，它们在国际分工中的地位逐步提高。

3. 生产力的发展决定国际分工的广度、深度和形式

随着生产力的发展，各种经济类型的国家和经济集团都加入到国际分工的行列。国际分工已把各个国家、地区和集团紧密地结合在一起，形成了世界性的分工。各国参加分工的形式从“垂直型”向“水平型”过渡，出现了多类型、多层次的分工形式。

首先，科学技术水平高低是生产力水平高低的主要标志，直接影响各国参加国际分工的能力和条件，决定其在国际分工中的地位和作用。其次，科学技术的推广应用，大幅度地提高了劳动生产率，提高了资源利用率，加速了各国生产社会化和国际化，这促使各国必须在更大范围内参与国际分工，否则其国内经济也难以发展。再次，科学技术的发展带动了一大批新兴产业的建立，引起国际间的产业结构调整，使一些传统产业从一个国家（或地区）转向其他国家（或地区），从而直接导致国际分工结构的变化。而这

些新兴产业内部分工更加紧密,往往超越国界,形成新的“水平型”分工,而新兴产业和传统产业之间则又形成某种“垂直型”分工。最后,科学技术的发展使各国之间的通信和交通运输更加方便,地球上的空间距离相对缩短,这使国际贸易更加便利,反过来又促使国际分工的广度和深度进一步发展。

4. 生产力的发展决定了国际分工的产品内容

随着生产力的发展,国际贸易中的工业制成品、高精尖产品不断增多,中间产品、技术贸易大量出现,服务部门分工也出现在国际分工之中。

(三) 人口、劳动规模和市场制约着国际分工的发展

人口的多少直接对劳动力的供给产生影响,进而影响国际分工。世界各国人口分布的不平衡,使分工和贸易成为一种需要。人口稀少、土地广阔的国家往往偏重发展农业、牧业、矿业等产业,而人口多、资源贫乏的国家往往大力发展劳动密集型产业。一般说来,人口稠密的国家和地区可以发展劳动密集型产品与别国产品相交换,而人口稀少、自然资源或资本资源丰富的国家则可用这两类资源密集型的产品与前一类国家的产品相交换。于是,在国家间就有了交换产品、进行国际分工和国际贸易的必要。

劳动规模或生产规模也制约和影响着国际分工。现代化大规模的生产使分工成为必要的条件;这种分工跨越了国界,就产生了国际分工。随着劳动规模的越来越大,分工越来越细,任何一个国家都不可能包揽所有产品的生产,必须参与国际分工。

国际分工的实现和发展还受制于市场的大小。世界市场几乎与国际分工同步发展。在一个国家和地区,市场规模越大,该国参与国际分工的可能性就越大,实现国际分工的程度也就越高。

(四) 资本国际化是国际分工深入发展的重要条件

国际资本移动会带动其他生产要素随之流动,会对一个国家和地区的经济发展起到巨大的促进作用,从而加速当地的专业化分工。19 世纪末以来,资本输出成为重要的经济现象,尤其是二战以后,跨国公司的兴起极大地扩大了资本输出的规模。跨国公司通过对外投资把生产过程分散到世界各地,资本在国际间不断流动,这对国际分工的深化起了重要作用。

(五) 国际生产关系决定了国际分工的性质

既然国际分工是社会分工超出国界的结果,那么社会生产关系超出国界就必然会形成国际生产关系。国际生产关系主要包括生产资料所有制的形式、各个国家各个民族在世界物质和劳务生产中的地位以及它们在国际分配、交换和消费中的各种关系。

生产资料所有制的形式是最重要的国际生产关系,是国际生产关系的基础,它决定着国际间商品的生产、分配、交换和消费。在当代国际分工中,资本主义的生产关系居支配地位。

资本主义国际分工带有强制、畸形和剥削的性质与特征,这同资本主义国家内部的

经济关系一样，是建立在生产资料资本主义私人占有、工人阶级与资产阶级的阶级对立基础之上的，并伴随着国际资本对国际工人阶级的剥削。

在水平型国际分工中，从表面上看是资本与资本之间的分工，但实质上却包含着各国垄断资本与工人阶级之间的对立，或者说是国际资产阶级与国际工人阶级之间的对立，前者剥削后者创造的剩余价值。当然，由于参加水平型国际分工的国家生产力水平大体相近，它们在国际分工中也有相互合作的关系。在垂直型国际分工中，由于发达国家与落后国家之间的生产力水平差别较大，一方面这种分工带有互补互利的性质，虽然发展中国家参加这种国际分工在一定程度上是被动的，但也是必要的，比它们完全不参加这种分工还是要有利一些；另一方面这种垂直型分工包含着双重剥削和掠夺：一是发达国家资本对落后国家民族的剥削，二是发达国家资本和落后国家资本对其劳动人民的剥削。这种双重剥削在第二次产业革命及其以前的国际分工中的表现是十分残酷的，在当代国际分工中不仅并没有被消除，甚至在某些方面更加复杂和沉重，广大发展中国家所面临的外贸条件恶化问题就是其突出表现之一。

（六）上层建筑可以推进或延缓国际分工的形成与发展

上层建筑指建立在经济基础之上的政治法律制度和社会意识形态，军队、警察、法庭、政府部门和党派等国家机器都属于上层建筑。上层建筑对国际分工的促进作用主要表现在：① 建立超国家的经济组织，如世界贸易组织，制定一整套管理政府贸易行为的规则，调节相互的经济贸易政策，促进国际分工的发展；② 制定自由贸易政策和法令，推行自由贸易，加快国际分工的步伐；③ 通过殖民统治，强迫殖民地建立符合国际分工的经济结构；④ 发动商业战争，签订不平等条约，使战败国接受自由贸易政策。

上层建筑对国际分工也可起延缓作用，如制定保护贸易政策、闭关锁国，会阻碍国际分工的发展。另外，通过建立关税同盟、共同市场、经济联盟等经济集团以及加强内部分工的做法，也会在不同程度上延缓世界性国际分工的发展。

从当代国际分工的现实来看，上层建筑的影响不是在削弱，而是有所加强，主要表现在以下两个方面：

首先，二战后，各国政府广泛加强了对本国经济的宏观调控，政府运用经济、法律手段干预经济，包括调整产业结构、支持跨国经营等，这些都不可避免地会影响国际分工。

例如，二战后日本通过实行强有力的产业政策，建立起具有竞争力的国际化产业体系。20 世纪 80 年代以来，由于日元升值，日本与主要贸易伙伴之间的贸易摩擦不断升级，因此日本政府开始实行以国际协调为目标的调整政策，逐步开始由出口导向型经济向扩大内需的方向变化。这反映了政府行为对国际分工的影响。

其次，随着世界经济中区域一体化和全球一体化的发展，政府组织间的联系日益密切。如西方七国首脑定期举行会议，欧盟成员国家、独联体国家、东盟国家以及其他区域一体化组织的活动日趋频繁，对这些国家之间的分工合作也产生了不同程度的影响。

此外,在当代国际分工中使用军事手段虽然受到国际社会的普遍反对,但有些国家仍然使用或威胁使用这种手段来维护其既得利益。总之,上层建筑对国际分工的影响是不可忽视的。

案例分析

变中国制造为中国"智"造

"Made in China"(中国制造)遍及全球,中国拥有了"世界工厂"的地位。但是,世界对"中国制造"毁誉参半,中国对自己的"世界工厂"地位褒贬不一。

据称,在国际上将中国称为"世界工厂"的说法最早源自2001年日本通产省发表的白皮书。再往前追溯,英国、美国和日本以其强大的创新和制造能力,也曾先后扮演过"世界工厂"的角色,源源不断地制造出各种产品、机器和设备。英国于19世纪中期成为"世界工厂",它创立了以蒸汽机为动力、分工合作与规模生产的近代工厂,掌握了国际分工的主动权,是全球制造中心和财富集散中心。

类似英国,美国也是通过执新一轮工业革命之牛耳而成为"世界工厂"的。美国用一系列知名品牌来标识自己"世界工厂"的地位,创立了"泰勒制"与"福特流水生产线",奠定了现代工厂的基础。战后的日本则是通过"重化学工业化"、"加工贸易立国"和"技术立国",成为新兴的"世界工厂"。它不仅实现了企业生产方式的革命,如"丰田模式",还实现了资本主义组织方式的革命,即所谓"日本式经营",如终身雇佣、年功序列和企业内工会等。

就英、美、日的历史经验来看,"世界工厂"一般应具备这样一些条件:该国的工业生产能力、研发能力、技术创新能力和经营管理水平已位于世界同类企业和行业的前列;工业品出口额必须占到世界总额的较大比例,能影响甚至决定世界市场的供求关系、价格走向及未来市场的发展趋势;该国的工业生产不仅为世界大规模地提供各类物品,而且为世界贡献了批量科学技术及全新的管理经验,使世界工业文明跃上新的台阶。

可以说,与昔日"世界工厂"相比,当今中国的"世界工厂"无论是从质还是从量的方面衡量都仍有相当大的差距。"Made in China"长期以来似乎是廉价产品的代名词。中国目前拥有自主知识产权核心技术的企业比例很低,诸多行业的对外技术依存度超过50%,而作为前"世界工厂"的美国和日本,这一比例却仅占5%左右。很多无自主品牌、无自主设计、无核心技术的"三无"中资企业,仅靠代工生产来赚取微薄的利润。

以芭比娃娃与iPad这两个极具代表性的"代工产品"为例。目前世界上大部分芭比娃娃都由中国制造,若以10美元一个售价来计算,拥有该品牌的美国获利8美元,而中国企业只能拿到35美分的加工费。标有“Made in China”的iPad在美国最低售价约499美元一台，但每卖出一台iPad，富士康和深圳工厂仅得9美元。由代工芭比娃娃到代工iPad，“中国制造”的代工技术显著升级，但中国从中获取的毛收益比重却在下降。

在国际分工体系的角逐中，昔日“世界工厂”英美日占据国际分工链的高端。作为今日“世界加工厂”的中国，既要瞻“前”，还要顾“后”。“前”有发达国家的贸易壁垒与技术鸿沟；“后”有印度、墨西哥与东欧等地的成本追兵。中国必须思变，实现由“中国制造”上升到“中国智造”，从“世界加工厂”转变为“世界创造基地”。

资料来源：2010年9月17日8:05新华网

讨论：

1. 中国为什么被称为“世界制造工厂”？
2. 你认为中国制造目前存在着哪些问题，又该如何解决？

五、国际分工与国际贸易

（一）国际分工是国际贸易的基础

社会分工是商品经济的基础，也就是交换的基础。通过频繁的交换，各个生产者之间和各个地区之间建立了经常性的市场联系。没有分工，就没有商品交换。商品交换的深度、广度和方式都取决于生产和分工的发展水平。同样，国际分工也是国际贸易的基础。在国际商品交换的背后，隐藏着各国商品生产者之间的分工。如果没有国际分工，就没有国际贸易。国际贸易是随着国际分工的发展而发展的。

国际分工从以下几方面影响国际贸易的发展：

1. 国际分工影响着国际贸易的发展速度

从发展速度来看，在国际分工发展快的时期，国际贸易也发展快；相反，在国际分工发展缓慢的时期，国际贸易也发展较慢或处于停滞状态。因此，国际分工是当代国际贸易发展的主动力。在资本主义自由竞争时期，由于形成了以英国为中心的国际分工体系，英国成为世界工厂，对外贸易高涨，在资本主义世界对外贸易中的比重从1820年的18%提高到1870年的22%，并且贸易的增长还超过了生产的增长。

据统计，1800—1913年，世界人均生产每十年增长率为7.3%，而世界人均贸易额每十年增长率为33%，显然大大快于世界生产的发展。相反，1913—1938年，世界生产发展缓慢，国际分工处于停滞状态，国际贸易量在这个时期年平均增长率只有0.7%。二战后，国际分工又有了飞速的发展，国际贸易的发展速度也加快了，并快于以前各个时期。1948—1973年，国际贸易量年平均增长率为7.3%；1973—1980年，国际贸易量年平均增长率有所下降，但仍然超过二战以前。1980年以后，国际贸易的发展速度处于回升阶段，到2004年国际贸易量增长率达到9%。

2. 国际分工影响着国际贸易的地区分布

国际分工发展的过程表明,在国际分工处于中心地位的国家,在国际贸易中也占据主要地位。

从18世纪至19世纪末,英国一直处于国际分工中心国家的地位,它在资本主义世界对外贸易中一直独占鳌头。如上所述,英国在资本主义世界对外贸易总额中所占比重1820年为18%,1870年上升到22%。随着其他国家在国际分工中地位的提高,英国的地位在逐步下降,但直到1925年它在国际贸易中仍占15%。19世纪末以来,西欧、北美及日本等发达资本主义国家成为国际分工的中心国家,它们在国际贸易中一直居于支配地位。发达资本主义国家在世界出口中所占比重1950年为60.8%,1980年为62.6%,1991年又上升到72.4%,2002年有所下降,为63.6%。

3. 国际分工影响着国际贸易的地理方向

各国对外贸易的地理方向与各国间分工的程度成正方向变化。19世纪国际分工的主要形式是宗主国同殖民地等落后国家之间的垂直分工,即前者出口工业品,后者出口农矿产品。这种分工形式决定了当时国际贸易主要在殖民地同宗主国这两类国家间进行。

各个国家对外贸易的地理方向与它们的经济发展及在国际分工中所处的地位是分不开的。

第一次科技革命后,形成了以英国为核心的国际分工。这种国际分工的结果是英国对世界贸易的垄断。这次科技革命在欧美各国完成后,英、法、德、美四国在国际贸易中的地位显著提高,它们在世界贸易中所占的比重从1750年的34%提高到1860年的54%。二战后国际分工发生了变化,从出口制成品和进口原料为主变为生产专业化协作为主,即从垂直分工为主变为水平分工为主。国际贸易的地理方向也随之发生了变化,变为以发达国家间的贸易居主导地位,而发达国家同发展中国家间的贸易则居次要地位。1913—1984年,前者在整个世界贸易中的比重从43%上升到52%,,而后者从52%下降到17.1%。发达国家之间工业部门内部分工成为国际分工的主导形式。因而,西方工业发达国家的对外贸易得到了迅速发展。它们的对外贸易增长速度超过发展中国家,在世界贸易中占主导地位。

4. 国际分工影响着国际贸易的商品结构

国际分工的发展使国际商品结构与各国的进出口商品结构不断发生变化。二战后,这种变化表现在以下几个方面:

(1) 工业制成品在国际贸易中所占比重超过初级产品所占比重。二战前,由于殖民主义宗主国与殖民地落后国家的国际分工以垂直型分工为主,故初级产品在国际贸易中的比重一直高于制成品。从1953年起,工业制成品贸易在国际贸易中所占比重超过初级产品贸易所占比重。到2003年,工业制成品所占比重已达到74.5%,而初级产品所占比重则降到22.5%。

（2）发展中国家出口的工业制成品增加。随着发达国家与发展中国家分工形式的变化，发展中国家出口的工业制成品不断增加，所占比重从1970年的18.5%提高到2000年的69%。发展中国家出口制成品在世界贸易中所占比重也在增长。

（3）中间性机械产品的比重提高。随着国际分工的深化和跨国公司在国际分工中地位的提高和作用的加强，工业内部和企业内部的贸易增加，中间性机械产品在整个机械工业制成品贸易中的比重不断提高，在各主要发达国家制成品贸易中占70%以上。

（4）服务贸易发展迅速。近年来，服务贸易特别是在发达国家有了迅速的发展。服务贸易在各发达国家对外贸易中都占很大比例。世界服务贸易额从1967年的700亿—900亿美元剧增到2006年的27 100亿美元。

5. 国际分工影响着国际贸易利益的分配

国际分工可以使全世界的资源开发得到合理的配置，从而提高劳动生产率。各国按比较优势进行生产，通过国际贸易，各国都会因劳动的节约而获得贸易利益。在资本主义国际分工体系占据主导地位的情况下，发达资本主义国家享有国际贸易的大部分利益。

国际分工可以扩大整个国际社会劳动的范围，发展社会劳动的种类；可以使贸易参加国扬长避短，发挥优势，有利于世界资源的合理配置；可以节约全世界的劳动时间，从而提高国际社会的生产力水平。因此，国际分工的发展是一个进步的过程。但是，由于国际分工的产生与发展是在资本主义生产方式内进行的，它一方面代表了生产力发展的进步过程，另一方面也体现了资本主义社会的生产关系。传统的国际分工虽然在殖民主义国家间的分工比较平等，但在殖民主义国家与殖民地半殖民地、落后国家间的分工却是不平等的中心与外围的关系。前者控制，后者被控制；前者剥削，后者被剥削；前者通过这种不平等的分工关系占去大部分贸易利益。因此，国际分工也成为旧的不平等的国际经济贸易秩序的重要组成部分。

帝国主义国家凭借自己在市场上的独占地位，在国际贸易中高价卖出，低价买进，进行不平等交换；通过对外贸易转嫁经济危机，把国际贸易中的利益大部分甚至全部占为己有，使殖民地、落后国家的贸易条件不断恶化，大大影响了这些国家的经济发展。

二战后，随着世界政治经济环境的变化，随着发展中国家在政治上取得独立和民族工业的不断发展、在国际政治经济舞台上的不断斗争，发展中国家在国际分工中的地位有所改善，贸易利益随之增多，但是还未发生根本性和实质性的变化。

6. 国际分工的发展使世界经济生活不断国际化

国际分工的发展，促进了各国对外贸易的发展，导致各国对外贸易依存度不断提高，国际贸易的重要性不断增强，国际分工已成为各国国民经济运转的一个必需条件。

在此情况下，国际分工的发展使各国对外贸易的依存度不断提高。主要表现在：

(1) 随着国际分工的发展,尤其是二战后国际分工的深入发展,整个世界贸易依存度和各国对外贸易的依存度都在不断提高。世界出口依存度已从1950年的8.5%提高到2003年的20.8%。美国对外贸易的依存度从1970年的8.2%提高到2005年的21.1%。2006年,经济合作组织出口额占其国民生产总值的比重已达36.1%。这都表明,随着国际分工的深入发展,世界经济和贸易在不断地国际化和全球化,世界经济生活在不断地国际化。

(2) 随着国际分工的深入发展,国际分工已成为各国国民经济运转的一个必需条件,国际贸易的重要性有了显著的提高。不同类型国家的外贸依存度都有了程度不同的增长。从1950年到2000年,发达资本主义国家的外贸依存度从7.7%增长到22%。2000年,发展中国家对外贸易依存度达到37%,超过了发达国家。

7. 国际分工影响着各国对外贸易政策的制定

一个国家对外贸易政策的制定,不仅取决于它的工业发展水平及其在世界市场上的竞争地位,而且取决于它在国际分工中所处的地位。

例如,第一次产业革命后,英国首先完成了产业革命,其工业化水平最高,商品竞争力最强,它需要以工业制成品的出口换取原料和粮食的进口,所以实行自由贸易政策。美国和西欧其他一些国家工业发展水平落后于英国,它们为了保护本国的幼稚工业,避免遭到英国产品的冲击,便采取了保护贸易政策。第二次产业革命后,资本主义从自由竞争阶段过渡到垄断阶段,垄断代替了自由竞争。帝国主义通过资本输出把殖民地和半殖民地卷入到资本主义生产中去,使后者成为前者的商品销售市场、投资场所和原料来源地,使国际分工进一步深化。在对外贸易政策上,从自由贸易政策和保护贸易政策过渡到帝国主义的超保护贸易政策。

8. 国际分工的发展使贸易方式向多样化的方向发展

国际分工的发展使贸易方式向多样化的方向发展,贸易方式从单一的买卖,向来料或进料加工、贸易补偿和易货贸易等多种贸易方式发展。

(二) 国际贸易是国际分工实现的条件

国际商品交换的种类、数量和方式等对国际分工有重大影响。国际贸易的发展对国际分工起着强有力的推动作用。没有国际贸易,国际分工也难以进行。因此,国际贸易是国际分工实现的条件。同时,国际贸易的发展、世界市场的形成和扩大,对国际分工的发展起着有力的推动作用。

1. 国际贸易是国际分工的纽带

自国际分工出现以来,随着科学技术的进步和生产力的高度发展,各国之间的分工向纵深发展,国际社会经济形成一个多肢的有机整体。这个有机体越是向前发展,它的各个部分、各种经济之间的联系就越是扩展、越加复杂。因而,国际商品交换作为国际经济有机体的联结系统,也就更加成为这个有机体不可分割的部分,它的纽带功能也就日益加强。这就是说,国际商品交换作为国际社会经济有机体的经络系统和循环系统,既在推动自己存在的基础——国际分工的深化过程中不断强化自身的功能,同时又推动着互为市场、互相依靠的国际社会经济多肢体系向高级阶段发展。

2. 国际贸易的规模和发展速度制约着国际分工的发展

(1) 国际商品交换的规模影响国际分工的规模。在参加国际分工的条件下,一个国家或企业的资金在循环过程中每个环节的分配额,一方面取决于生产本身的特点,另一方面则取决于商品流通状况。如果国际商品交换渠道通畅,商品适销对路,则会扩大国际分工规模;反之,则会缩小国际分工规模。

(2) 国际商品交换的发展速度影响国际分工扩大的深度。国际商品交换的发展速度影响着参加国际分工企业的资金周转速度。在生产技术管理水平和劳动生产率不变的情况下,产品的生产时间是一定的,从而决定资金周转时间的因素就是流通时间。如果国际贸易迅速扩大,参加国际分工企业的资金通过流通过程所需要的时间就短,如企业产品在国际市场出售迅速,生产所需要的原材料、零部件购买方便、供应及时,就会大大缩短流通时间。这样,就可以减少企业在流通环节占用的资金,把更多的资金用于生产和扩大生产规模;同时,可使等量的资金发挥更大的作用。其结果,均有利于企业的发展,扩大国际分工的深度。

(3) 国际贸易可以协调参与国际分工主权国家的分工利益。国际商品交换可以把各种不同经济制度的国家结合在一起,实现它们的分工利益。国际商品交换是各国通过国际分工分别生产不同商品,在不同国家商品生产者之间进行的一种经济行为。但是,国际商品交换并不需要特定的国家商品生产者和所有者。也就是说,尽管生产商品的国家不同,但都可以通过国际贸易交换产品,实现国际分工下的比较利益,促进各国经济发展。

(4) 国际贸易引导国际分工的发展方向。在国际分工下,各国的商品生产是为国际交换而进行的生产。因此,各国生产的商品在使用价值上是否符合消费者的需要,它们的价值能否得到国际社会的承认,成为各国生产者时刻关心的重要问题。如果各国商品生产者不了解国际消费者的需要,或者了解不全面,生产的商品就不易销售,生产就会萎缩,分工就会中断。国际消费者的需求是通过世界市场的价格变动而反映出来的。价格信息通过国际商品交换传递到各国生产领域,各国生产企业据此作出有关生产和分工的决策。围绕该决策,各国企业的生产和供应部门等都要作出相应的反应,围绕决策目标采取行动,导致分工形式和方向的变化。

第二节　世界市场

世界市场也叫国际市场，是指各个国家或地区之间以商品流通为主要内容的经济交往活动的总和。它包括由国际分工联系起来的所有各个国家的商品和劳务交换。根据在世界市场上流通的内容，可将世界市场分为商品市场（有形市场）、资金市场、技术市场和服务市场等类型。世界市场也是国内市场在范围上的延伸，它是伴随着社会生产力水平的提高与国际分工的发展而发展起来的。

世界市场这一概念是由其外延和内涵两方面构成的。世界市场的外延指的是它的地理范围。世界市场的内涵指的是与交换过程有关的全部条件和交换的结果，包括商品、技术转让、货币、运输和保险等业务，其中商品是主体，其他业务是为商品和劳务交换服务的。

一、世界市场的形成和发展

世界市场的形成与发展是和资本主义生产方式的产生与发展密切联系在一起的。

世界市场是随着地理大发现而萌芽，随着第一次产业革命的胜利而迅速发展，最后又随着第二次产业革命的进展而最终形成的。

（一）世界市场的萌芽时期

这个时期包括16、17世纪和18世纪的大部分年份。15世纪末和16世纪初期的地理大发现促进了西欧各国的经济发展。马克思和恩格斯指出："美洲的发现，绕过非洲的航行，给新兴的资产阶级开辟了新的活动场所。东印度和中国的市场、美洲的殖民化、对殖民地的贸易、交换手段和一般的商品的增加，使商业、航海业和工业空前高涨。"地理大发现使世界市场进入萌芽阶段。

（二）世界市场的迅速发展时期

这个时期从18世纪60年代到19世纪70年代。在这个时期内发生了产业革命，资本主义生产方式成为占统治地位的生产方式，世界市场进入迅速发展的时期。

（1）大机器工业需要一个不断扩大的市场。大机器工业只有在经常扩大生产、不断夺取新市场的条件下才能存在。大机器工业的发展取决于市场的规模。资本家为了追求高额利润，经常要超越已有的市场范围，到国外去寻找新市场，不断夺取广泛的市场，为大工业开拓更广阔的领域。

（2）大机器工业不仅需要一个不断扩大的世界销售市场，也需要日益扩大的原料供应来源。这样，供市场交换的商品种类日益增多。

（3）资本主义大机器工业的发展使工业和人口不断地向城市集中，形成许多大机器工业中心和大的商品销售市场。这些商品不但要从本国各地区运来，而且往往要从世界市场上源源不断地输入。

(4) 资本主义大工业的发展和世界人口的移动，扩大了世界劳动市场，也是扩大世界商品销售市场和原料商品来源的重要因素。

(5) 大工业的发展促进了铁路、轮船、通信事业的发展，为扩大各国国内市场和世界市场，加强国内和国际间的经常性的经济联系所需要的交通运输工具提供了物质技术基础。

(三) 世界市场的形成

世界市场的形成开始于19世纪80年代，结束于20世纪初。这个时期，垄断代替了竞争，发生了第二次产业革命，资本主义生产力得到飞跃性的发展，资本输出成为争夺世界市场的一个重要手段。世界市场形成的标志为：

1. 多边支付体系的形成

多边贸易是指两国间贸易在进出口相抵后总有余额，用对某些国家的出超支付对另一些国家的入超，在若干国家之间进行多边支付与结算的贸易。

由于国际分工的发展，世界城市和农村的出现，西欧大陆和北美这些经济发达国家从经济不发达的初级产品生产国购买了越来越多的原料和食物，出现了大量的贸易逆差。与此同时，英国继续实行自由贸易政策，从西欧大陆和北美的新兴工业国输入的工业品持续增长，贸易呈现大量的逆差。但英国又是经济不发达国家工业品的主要供应国，呈现大量的贸易顺差。这样，英国就用它对经济不发达国家的贸易顺差所取得的收入来支付对其他经济发达国家的贸易逆差。而经济不发达国家，又用对西欧大陆和北美的贸易顺差来弥补对英国的贸易逆差。英国此时成为多边支付体系的中心。这个体系为所有贸易参加国提供购买货物的支付手段，同时使国际之间债权债务的清偿、利息和红利的支付能够顺利完成，有助于资本输出和国际间短期资金的流动。

2. 国际金本位制度的建立与世界货币的形成

在这一时期，建立了国际金本位制度。它也是世界多边贸易多边支付体系发挥作用的货币制度。这个制度的作用，主要有两个：① 它给世界市场上各种货币的价值提供了一个互相比较的尺度，并能使各国货币间的比价(汇价)保持稳定；② 它给世界市场上各国的商品价格提供一个互相比较的尺度，从而使各国的同一种商品的价格保持一致，把各国的价格结构联系在一起。

世界市场的发展与世界货币的发展是紧密联系在一起的。只是在世界市场充分发展和在参与世界市场进行交易的人们普遍感到必须有一个在任何国家都能够通用的一般等价物以后，作为国际间的交换媒介和作为世界货币的黄金的职能，才能充分展开。一般来说，作为世界货币的黄金，有三种职能：第一是作为国际上一般通用的支付手段；第二是作为国际上一般的购货手段；第三是作为国际间财富的一般体现物。其中最重要的作用是充当支付手段以平衡国际收支差额的职能。这几项职能都是与世界市场上商品的买卖、资本的转移和无形项目的交易直接或间接地联系在一起的。可见,黄金被最后确立为世界货币,是世界市场形成的标志,是资本主义生产方式和交换方式国际化的表现,也是本时期内世界市场的基本特征之一。

3. 资本主义的各种经济规律制约着世界市场的发展

资本主义社会中各种固有的规律诸如基本经济规律、经济发展不平衡的规律、价值规律等在世界市场上居于主导地位,制约着世界市场的发展。

4. 形成了比较健全固定的销售渠道

在世界市场上,形成了大型的固定的商品交易所、国际拍卖市场、博览会;建立健全了航运、保险、银行和各种专业机构;建立了比较固定的航线、港口、码头;等等。这一切都使世界市场有机地结合在一起。

在世界市场上,参与交换的国家一般可分为发达市场经济国家、发展中国家和经济转型国家。世界市场交换的对象随着市场的发展而不断丰富,从以货物为主,发展到货物和服务并重,并且出现了知识产权和生产要素的跨国界流动。世界商品市场的经营主体既包括专门从事贸易活动的流通企业、从事生产和贸易的工贸企业,也包括国家机关和部门,它们从事政府采购等业务。除了这些直接参与贸易的经营主体外,货物贸易的交换还离不开运输、保险、银行和咨询等部门的服务。

二、世界商品市场

世界商品市场是指世界各国之间所进行的商品交换,即通过国际间的买卖而使各国国内市场相互联系起来的交换领域。按交易进行的形式,它可分为有固定组织形式的市场和无固定组织形式的市场。

(一) 有固定组织形式的世界商品市场

它是指在固定场所按照事先规定好的原则、规章和程序进行商品交易活动的市场。这种市场主要包括:商品交易所、国际拍卖、国际贸易博览会和展销会等。

1. 商品交易所

商品交易所是世界市场上进行大宗商品交易的一种典型的具有固定组织形式的市场。它与普通市场不同,其经营活动是根据交易所法和交易所规定的条例进行的。商品交易所一般具有以下特点:① 必须在规定的时间和地点进行交易;② 必须通过交易所内特定的交易人员间接进行交易;③ 通常是根据商品的品级标准或样品进行交易。成交后,无须交割实物,卖方只是把代表商品所有权的凭证转让给买方。

世界最早的交易所是1531年在比利时的安特卫普建立的。商品交易所主要设在发达国家的城市。交易所交易的商品主要是大宗初级产品,如谷物、棉花、食糖、油料、黄麻、橡胶、羊毛、茶叶、可可、咖啡、有色金属等。国际上有50多种农产品和原料是在交易所进行交易的,其成交额占世界出口贸易额的15% ~20%。世界上最大的商品交易所设在美国的纽约和英国的伦敦。世界性的大宗商品交易所,每天开市后第一笔交易的成交价格,即所谓的开盘价格和最后一笔交易的成交价格,即所谓的收盘价格,以及全天交易中的最高、最低价格,均被刊载于重要的报纸上,作为市场价格动态的重要资料。因此,世界性商品交易所价格,即交易所牌价,一般被公认为是世界市场价格的重要参考数据。在交易所中进行商品买卖,必须严格遵守交易所的规章制度,其一般方法是在大厅里口头喊价公开交易。有资格进场做交易活动的,应是交易所的会员。会员除进行自己的商品交易外,往往还充当经纪人,替非会员进场交易,以获得佣金收入。

在交易所中进行的商品买卖,基本可以分为实物和期货交易两种。实物交易可以是现货交易,也可以是未来交货;期货交易是指对正处于运输途中,或者需经一定时间后才能装运的货物的期货合同进行的交易。实物交易的特点是进行实际商品的买卖活动,合同的执行是以卖方交货、买方收货付款来进行的。期货交易绝大多数只是期货合同的倒手,因此人们又把这种交易称为纸合同交易。目前,交易所期货合同交易从性质上看主要有两类:一是投机,即买空卖空,从两次交易中的价格差额中牟利;二是在期货市场上抛出或购进期货合同,以临时替代实际货物的交易,转移价格变动的风险,这就是套期保值,又叫"海琴"交易(hedging)。目前,商品交易所进行的交易中约80%是期货交易。

2. 国际拍卖

(1) 拍卖的概念。

拍卖(auction)是由专营拍卖业务的拍卖行接受货主的委托,在一定的时间和地点,按照一定的章程和规则,以公开叫价竞购的方法,由拍卖人把货物卖给出价最高的买主的一种现货交易方式。以拍卖方式进入世界市场的商品,大多数为品质不易标准化、易腐烂不耐贮存、生产厂家众多、产地分散或需要经过较多环节才能逐渐集中到中心市场上进行交易的商品,如羊毛、鬃毛、毛皮、茶叶、烟草、蔬菜、水果、鱼类、工艺品、地毯、石油、黄金等,一些外国政府在处理库存物资或海关及其他机构处理罚款没收货物时,也常采用这种交易方式。

(2) 拍卖的特点。

① 拍卖是在一定的机构内有组织地进行的。拍卖一般都是由拍卖行定期组织,集中在一定时间和地点,买卖某种特定商品。

② 拍卖是一种公开竞买的现货交易。成交后,买主即可付款提货。

③ 拍卖具有自己独特的法律和规章。拍卖不同于一般的进出口交易,在交易磋商的程序和方式、合同的成立和履行等问题上,都有其特殊的规定。拍卖行也各有其不同的章程和规则。

(3)拍卖的出价方法。

① 增价拍卖。这是一种最常见的拍卖方式。拍卖人按照拍卖目录规定的顺序，宣布预定的货物起叫价，由竞买者按规定的增价额度竞相加价，当主持人认为无人再出更高价格时，即以击槌方式宣布成交，将货物卖给出价最高的买主。

② 减价拍卖。减价拍卖又称荷兰式拍卖(Dutch auction)，是由拍卖人先宣布最高价，无人接受就逐渐降低叫价，直到有竞买者认为已降到可以接受的价格，并以规定的方式表示接受时为止。

以上两种方法都是公开竞买并当场成交的。

③ 密封递价拍卖。密封递价拍卖又称招标式拍卖，具体做法是由拍卖人公布每批商品的具体情况和拍卖条件，然后由买主在规定的时间内将自己的出价递交拍卖人，再由拍卖人选择条件最适合的达成交易。这种方式已失去了公开竞买的性质，采用这一方式，拍卖人有时要考虑价格以外的其他因素。有些国家的政府或海关在处理库存物资或没收货物时往往采用这种拍卖方法。

小资料：国际著名拍卖市场的所在地

羊毛：伦敦、利物浦、开普敦、墨尔本、悉尼。

毛皮：纽约、伦敦、蒙特利尔、哥本哈根、斯德哥尔摩、圣彼得堡。

茶叶：伦敦、加尔各答、科伦坡、科钦。

烟草：纽约、阿姆斯特丹、不来梅、卢萨卡。

3. 国际贸易博览会、展览会

国际贸易博览会又称国际集市，是开展国际贸易和经济交流的重要场所，是指在一定的地点定期举办的有众多国家、厂商参加，展销结合的国际市场。它是由区域性的集市发展演变而成的一种定期定点的展销市场。举办博览会的目的是使参加者展示科技成就、商品样品，以便进行宣传，发展业务联系，促成贸易。展览会一般是不定期举办的，它与博览会的区别在于只展不销，通过展览会促成会后的交易。

从商品和举办范围来看，博览会和展览会大致可分为以下几种：

(1) 综合性国际博览会。它是有许多国家和厂商参加的，包括工、农、林、牧、服务业等各方面产品均可参展并洽谈交易的博览会，如历史悠久的米兰、莱比锡、巴黎等地的国际博览会。世界著名的国际博览会一般多属综合性的博览会。这种博览会规模较大，产品齐全，且会期较长。

(2) 样品国际博览会。这是一种看样成交的集市。参展国家、厂商，以参展样品达成交易。国际上较大的莱比锡博览会、里昂博览会的正式名称就是样品集市。

(3) 主要工业部门产品国际博览会。这类博览会规模较大,是各种新技术、新产品荟萃展销的市场。每年在世界各地举办的航空航天、汽车、电子、自动化设备等博览会都属于这种博览会。

(4) 一般工业部门产品展销会和集市。这类博览会规模可大可小,展品多属衣帽鞋类、玩具、照相用品等。

(5) 专业性国际博览会。这是指仅限于某类专业性产品参展和交易的博览会,其规模较小,会期也较短。世界上比较著名的专业性国际博览会,如科隆博览会,每年举行两次,一次展销纺织品,一次展销五金制品。

再如,计算机代理分销业展览会(Computer Distribution Exposition, COMDEX)。它创办于1979年,每年秋季在美国拉斯维加斯举办,已有20多年的历史。

COMDEX展览会是目前世界上规模较大、影响力较强的IT展会,COMDEX的组织者以其领先的技术产品、良好的组织运作和优质的服务展示活动,每年都吸引着数以千计来自世界各地的参展企业,并已成为世界性的专业品牌展览会。

(6) 国别展览、展销会。这是指一个国家在另一个国家举办的综合性展览会或各行业各类产品的展销会。

(7) 独家公司展览、展销会。这是指大企业跨国公司专门为本企业的产品举办的展览、展销会。

小资料:广交会

中国进出口商品交易会,俗称"广交会",创办于1957年春季,每年春秋两季在广州举办,迄今已有50余年历史,是中国目前历史最长、层次最高、规模最大、商品种类最全、到会客商最多、成交效果最好的综合性国际贸易盛会。自2007年4月第101届起,广交会更名为"中国进出口商品交易会"。

中国进出口商品交易会由48个交易团组成,有数千家资信良好、实力雄厚的外贸公司、生产企业、科研院所、外商投资、独资企业、私营企业参展。

中国进出口商品交易会贸易方式灵活多样,除传统的看样成交外,还举办网上交易会。广交会以出口贸易为主,也做进口生意,还可以开展多种形式的经济技术合作与交流,以及商检、保险、运输、广告、咨询等业务活动。来自世界各地的客商云集广州,互通商情,增进友谊。

（二）没有固定组织形式的世界商品市场

除了有固定组织形式的世界商品市场外，通过其他方式进行的国际商品交易，都可以纳入没有固定组织形式的世界商品市场。这种市场可以大致上分为两大类：一类是单纯的商品购销；另一类则是与其他因素结合的商品购销形式，如三来一补、投标招标、易货贸易、租赁贸易等。

三、当代世界市场发展的主要特征

（一）世界市场上国家类型的多样化

二战后，在世界市场上出现了三种类型的国家，即发达市场经济国家、发展中国家（或地区）和社会主义国家。在国际贸易中，发达市场经济国家约占70%，发展中国家（或地区）约占20%，社会主义国家约占10%。

（二）国际贸易方式的多样化

随着世界科学技术日新月异的进步和社会生产力水平的迅速提高，国际分工进一步向深度和广度发展，国际间在资金、技术和劳务等方面的经济合作方式加强，出现了许多新的国际贸易形式，主要有补偿贸易、对外加工装配贸易和租赁贸易等。

（三）国际贸易商品结构的复杂化

首先，二战前，初级产品与工业制成品在世界贸易中所占比重基本保持在60%以上与40%以下。二战后，工业制成品所占比重逐年上升，现在已超过70%，初级产品所占比重逐步下降，现在已低于30%。其次，在世界工业制成品贸易中，高技术产品贸易增长最快，目前已占据主要地位，在发达国家制成品出口中，高技术产品高达60%。再次，在世界初级产品贸易中，燃料贸易额虽然仍然很大，但其比重显著下降，由20世纪70年代的20%左右下降到80年代的11%左右。我国在1949年后的几十年间，同样也出现了初级产品在出口中所占比重不断下降的状况。2006年，我国出口中工业制成品已占94.5%。这也可以看出我国经济发展水平在不断提高。正是由于科技水平的提高，商品生产对原料的消耗相对降低，而对原材料的加工程度和综合利用程度大幅度提高，才出现了当今世界的国际贸易商品结构的发展变化趋势。

（四）区域集团化趋势加强

所谓区域集团是指同一区域的一些国家在维护共同利益的基础上为加强经济合作，通过某种形式（如条约、协定或其他组织方式）组成的贸易集团，以巩固和扩大集团内部市场，增强经济实力，加强对外部世界的竞争力。目前，世界上成立了20多个区域性集团，包括120多个国家和地区，其中三个较大的区域性集团是以欧盟为中心的欧洲区，以美国为轴心的北美自由贸易区，以及包括中国、日本、东盟和亚洲新兴工业国在内的东亚经济圈。应该看到，区域贸易集团是与经济的国际化进程同时并进的，是经济国际化的产物，而且它的建立对世界市场格局也产生了重大影响。

（五）跨国公司迅速发展

二战后跨国公司的迅速发展，有力地推动了国际市场和国际贸易的发展。跨国公司在全球范围内所进行的国际化生产范围越广，生产的分工协作越细，所引起的国际贸易总额就会越大。

（六）市场竞争激烈化

在新技术推动下，国际贸易得到了迅速发展，使世界市场由卖方市场转向买方市场。于是，世界市场的竞争比以前更加激烈。各国为了争夺世界市场，采取了各种各样的手段。例如，目前的世界市场的竞争已从价格竞争发展到非价格竞争。所谓非价格竞争，是指通过提高商品的质量和性能、更新花色品种、改进装潢、改善售前售后服务和加强广告宣传等手段和方法，来提高产品的信誉和知名度，以增强商品的竞争力。一位经济学家曾对美国250多家公司在国外的销售情况作了调查，其结果是，把价格作为竞争手段的不到100家，其余150多家都是把非价格竞争放在重要的地位，以此作为它们最有效的竞争手段。

（七）电子商务成为一种新型的交易方式

随着信息技术，特别是网络通信与计算机技术在国际经贸领域的运用，传统的国际贸易交易方式日益受到挑战，电子商务作为一种新型的交易方式在国际贸易领域越来越显示出它的优势。利用现代信息技术，逐步实现国际贸易活动的网络化、信息化、无纸化，已经成为当代国际贸易的一大趋势。

许多国家和国际组织充分认识到电子商务的重要性，积极制定电子商务发展规划和相关法律法规，为实施电子商务创造环境。

美国是最早开展电子商务的国家，它于1997年颁布了联邦政府促进、支持电子商务发展的《全球电子商务框架》，提出了发展电子商务的五项原则、1 997项政策建议。英国政府于2000年开始建设“电子政府”。日本于1997年制定了《改善电子商务环境》等有关文件，并于2000年正式启动电子政府工程。新加坡于1998年发表了《电子商务政策框架》，并于2002年1月公布了“资讯通信科技21世纪蓝图”，希望将新加坡发展成为一个国际电子商务枢纽。与此同时，为了解决网络发展带来的种种法律问题，许多国家在立法上积极采取措施。据联合国贸易与法律理事会（UNCITRAL）统计，截至2000年9月底，已经有十余个国家和地区通过了综合性的电子商务立法。

世界贸易组织从1998年起将电子商务作为全球贸易的一部分来对待，并于同年3月发布了《电子商务和世界贸易组织的角色》的报告，强调电子商务对世界各国，尤其是对发展中国家提供了巨大的发展潜力和机遇。联合国贸易与法律理事会于1996年6月通过了《联合国国际贸易法委员会电子商务示范法》，为逐步解决电子商务的法律问题奠定了基础，为各国制定本国电子商务法规提供了框架和示范文本。经济合作与发展组织、欧盟等一些地区性组织也正积极制定各项电子商务的政策法规。此外，亚太经合组织(APEC)在1999年的部长会议上通过了“APEC电子商务行动计划”。2001年10月,在上海召开的第13届部长级会议上,各成员部长们充分认识到电子商务在全球的发展前景,并认为就此制定一个法规和政策框架以促进电子商务的充分发展并创造出新的贸易机会非常重要,与此同时还批准了成立电子商务工商联盟的倡议。这些都表明电子商务已成为国际贸易发展中新的交易方式。

第三节 国际价值与国际价格

一、国际价值

(一) 国际价值的含义

国际价值是在国内价值的基础上形成的,它也是由抽象的社会劳动所决定的。国际价值形成的最重要条件,就是以国际分工为基础的世界市场的形成和发展,它是由各个国家国内价值转化而来的。国内价值,又称国别价值、国民价值,是指一国范围内社会必要劳动时间决定的价值,是以该国货币为表现形式的。国际价值是相对于国内价值而言的,是在国内价值的基础上形成的国际性一般社会劳动的凝结。

(二) 国际价值的形成

国际价值与国内价值,作为一般人类劳动的凝结物,在质上是完全相同的,但在量上是不同的。由于国际价值与国内价值的形成基础和实现条件不同,因而有着不同的表现形式和独特的运动规律。在国内市场上,价值规律要求以国内社会必要劳动时间决定商品的价值,并按商品的国内价值或生产价格进行交换;在国际市场上,价值规律则要求以世界劳动的平均单位(在世界经济的一般条件下生产某种商品所需要的世界平均必要劳动时间)决定商品的价值,并按商品的国际价值或生产价值进行交换。由于各国的经济发展程度不同,不同国家在相同劳动时间内所生产的同种商品的量不同,因而相同的劳动可能生产出不同的国际价值。

从生产商品的劳动强度上看,各国商品生产者生产条件的差异被抽象掉。在国内市场上,生产一种商品的中等强度劳动是形成该商品价值的基础。中等强度以下的劳动,在生产该商品时所耗费的劳动多于社会必要劳动,其多余的劳动不能作为价值实现;中等强度以上的劳动,则会改变单纯以劳动的持续时间来计量的价值尺度。而构成商品的国际价值则是在国内价值的基础上,通过国际市场的交换,按照生产该商品所耗费的国际社会必要劳动时间再次均衡而成的。

从生产商品的劳动生产率来看,各国之间存在着明显的差异。劳动生产率较高的国家能以同样的劳动时间或同量劳动生产出较多的产品;反之,劳动生产率较低的国家则生产较少的产品。也就是单位产品包含的劳动量在劳动生产率较高的国家较少,而在劳动生产率较低的国家则较多。如果把各国单位产品中包含的劳动量加以国际范围的平均化,那么这种世界单位产品中包含的平均劳动量,就体现了商品的国际价值,这就是决定商品国际价格的基础。在这种条件下,生产率较高的国家,虽然其单位产品中包含的平均劳动量较少,从而其国别价值较低,但也要按国际价值来实现。如果该国的商品生产者为争夺国际市场,把商品的价格降到与商品的国别价值相等,则会在实现商品国别价值的同时,夺取竞争中的有利地位。如果该商品生产者不降低商品价格而按国际价值出售,那么就会实现比国内更多的价值即国际超额价值。

世界各国之间不仅存在着商品整体生产条件的绝对差异,更重要的是各国内还存在着各种商品个体生产条件的相对差异。相对差异主要有两种:一是一国的商品整体生产条件差,但国内商品的个体生产条件有的差,有的强;或一国的商品整体生产条件强,但国内的商品个体生产条件有的强,有的差。二是一国的商品整体生产条件差,其国内所有商品的个体生产条件也都差;或一国的商品整体生产条件强,其国内所有商品的个体生产条件也都强。古典经济学家斯密依据前一种差异提出了绝对成本学说,李嘉图依据后一种差异提出了比较成本学说,马克思则在全面分析这两种差异的基础上提出了国际价值理论,解决了李嘉图所未能解决的问题。

由于各国商品生产条件的差异是普遍存在的,因此各国国内商品的国别价值与国际价值之间必然存在着或多或少的差距。出于取得国际比较利益和维持国内生产和生活的目的,各国只选择那些相对价值较低的即国别价值低于国际价值的商品拿到国际市场上去交换,对相对价值较高的商品则绝不会拿到国际市场上去。否则,不但实现不了其价值,而且还会赔本。

思考: 假设世界上只有A、B、C、D四个小麦生产兼输出国,其中A国允许小麦自由地输出入,其他三国不允许小麦自由地输出入。如果在某一年内,A国生产小麦5 000万吨,其中出口1 000万吨;B国生产小麦1 500万吨,出口500万吨;C国生产小麦600万吨,出口200万吨;D国生产小麦400万吨,出口100万吨。根据国际商品的概念,只有自由地输出入的商品及参与国际贸易的商品(如各国的出口商品),才能计入国际商品的数量。这样,该年国际小麦量是5 000 + 500 + 200 + 100 = 5 800(万吨)。如果这年国际小麦需求量也为5 800万吨(包括A国国内消费量4 000万吨,但不包括其他三国的国内消费量),且A、B、C、D四国每吨小麦生产所耗费的死劳动和活劳动总量分别是40、50、60和45劳动小时,经计算,这年小麦的国际价值为41.64小时/吨。

讨论:

1. 为什么会形成小麦的国际价值?

2. 为什么小麦的国际价值接近于A国的国内价值?除此之外还有哪些影响因素?

（三）影响国际价值量的因素

1. 国际分工和世界市场联系的广度与深度

在资本主义社会以前和资本主义社会初期，随着地区性对外贸易的发展，已出现了地区性的国际价值。随着广阔的资本主义世界市场的形成和国际贸易的巨大发展，形成了世界性的国际价值。二战后，资本国际化、生产国际化和跨国公司的大量出现，地区经济一体化的不断扩大和演化，国际分工向广度和深度的发展，世界市场的日益扩大，使各国的国民价值更多地体现出来。

2. 劳动生产率

劳动生产率可用同一劳动在单位时间内生产某种产品的数量来表示。同一时间生产的产品数量越多，则劳动生产率越高。劳动生产率也可用生产单位产品所需的劳动时间来表示。生产单位产品所需的劳动时间越少，则劳动生产率越高。

国际价值量随国际社会必要劳动时间的变化而变动。因为商品的国际价值量是由生产这种商品的国际社会必要劳动时间决定的。生产商品的国际社会必要劳动时间变了，商品的国际价值量也会发生变化。国际社会必要劳动时间是随着世界各国的社会必要劳动时间的变化而变化的。假如各国的社会必要劳动时间缩短了，则国际社会必要劳动时间也将随之缩短；反之，则增加。各国生产商品的社会必要劳动时间是随着劳动生产率的改变而改变的。

劳动生产率的变化，必然会引起生产商品的社会必要劳动时间的变化，从而引起商品价值量的变化。劳动生产率越高，单位时间内生产的商品越多，则生产单位商品所需要的社会必要劳动时间就越少，单位商品的价值量也越小；反之，劳动生产率越低，单位时间内生产的商品越少，则生产单位商品所需要的社会必要劳动时间便越多，单位商品的价值量便越大。由于劳动生产率又受到劳动者的熟练程度、生产资料尤其是生产工具的装备水平、生产组织状况、科学技术发展和应用程度、原材料优劣以及各种自然条件等影响，因此国际价值也间接地受到这些因素的影响。

3. 劳动强度

国际价值量还受各国劳动强度的影响。劳动强度是指劳动的紧张程度，也就是指同一时间内劳动力消耗的程度。单位时间消耗的劳动多，劳动强度就大；反之，则小。所以，劳动强度与价值量是成正比的。如果所有国家的劳动强度同时均等地提高，新的较高的劳动强度，就会成为普遍的社会的劳动标准强度，从而也影响国际上的劳动标准强度，进而影响国际价值量。

4. 主要贸易国的生产水平

如果绝大多数国际贸易商品是在大致相同的正常的各个国家的社会必要劳动时间下生产出来的，则国际社会必要劳动时间就是该商品各个国家的社会必要劳动时间。在这种情况下，商品国别价值与国际价值基本上是一致的。如果世界市场的某种商品，大量的是由多数具备平均生产条件的国家生产出来的,少量商品是由较佳或较劣生产条件的国家生产的,那么商品的国际价值量就只能根据多数平均生产条件的国家所生产的国内价值来确定。如果世界市场的某种商品,大量的是由生产条件较差的国家提供的,尽管也有少量商品是由生产条件较好或处于平均水平的国家生产和出口的,但国际上还是要根据生产条件较差的国家的国内价值来调节。如果世界市场的某种商品,大量的是由生产条件较好的国家提供的,则国际价值就会受生产条件较好的国家的国内价值所支配。

二、国际价格形成和变动的基本规律

(一) 国际价格的含义和特点

1. 国际价格的含义

商品在国际市场交换中所实际形成的价格是商品的国际价格,也是商品国际价值的货币表现。在国际市场上,商品的国际价格只以国际价值为基础,并根据国际价值进行交换。这是国际价格形成和变动的基本规律。

国际价格又称国际市场价格或世界市场价格,是指在一定条件下世界市场上进行交换的商品价格。它以世界货币(如美元、日元、英镑和欧元等)作为其表现形式,并反映商品的国际价值。商品和劳务的国际价格是国际价值的货币表现。通常国际价格是指国际市场上在一定时期内客观形成的具有代表性的成交价格。具有代表性的成交价格通常是指:① 某些国际性的集散中心、集散地商品的市场价格;② 某些商品主要出口国(或地区)具有代表性的出口价格;③ 某些商品主要进口国(或地区)具有代表性的进口价格;④ 某些重要商品的拍卖价格和开标价格等。

2. 国际价格的特点

国际价格具有不同于国内价格的特点:① 国际价格完全由市场本身的力量来调节。即使在西方市场经济发达国家,国内商品的定价完全由市场调节的也只占80%左右,非市场性的政府指导定价仍占相当比重。而在世界市场上,不论交易主体是属于市场经济体制类型国家的企业,还是计划经济体制类型国家的企业,进行交换的商品价格的决定都必须服从市场定价的原则,即必须遵循国际价值规律,受世界市场的供求关系调节。② 国际商品的价格构成项目较多,相比较而言,同一商品的国际价格要高于国内价格。国内商品的价格是由生产成本和盈利以及必要的流通费用组成的;但在国际市场上,商品的价格除了上述几部分外,还包括关税、国际运输和保险费用等。③ 国际价格的表述一般使用价格术语。国内价格的表述包括计量单位、单位金额和货币名称三部分,例如,大米价格可表述为每吨400美元。而在国际市场上,商品价格的表述则包括四部分,前三部分与国内价格一致,第四部分则为价格术语。仍以大米价格为例,在国际贸易中,进口大米到达上海的价格,表达为每吨420美元CIF上海。所谓价格术语，一般是指用三个英文字母的缩写来表示价格的构成以及交易双方在有关手续、费用和风险方面的责任划分。在三个英文字母后面必须标明装运港（启运地）或目的港（目的地）以构成一个完整的概念。在国际贸易中，目前已形成了较为规范的价格术语及其惯例。具体可查阅国际贸易实务方面的有关书籍。

（二）决定和影响国际价格的因素

1. 国际价值

国际价值是国际价格的基础，决定着国际价格的长期变动。在世界市场上，一个普通玩具汽车不论需求如何大大超过供给，其价格也不会高于一辆汽车的价格，因为生产汽车所耗费的世界社会必要劳动大大超过玩具汽车。当一种新产品在世界市场刚刚出现时，由于还在实验阶段或是小批量生产，耗费的世界社会必要劳动时间较多，包含的国际价值较高，所以价格昂贵。随着劳动生产率的提高和批量生产，商品的国际价值降低了，价格就便宜了。

例如，1854 年铝在实验室里进行生产，每千克售价高达 2 400 马克，相当于每千克黄金的价格；后来由于技术进步和批量生产，铝价大幅度下降。

2. 供求关系

供求关系是国际价格的直接决定因素，决定着国际价格的短期变动。由于各国参与国际贸易的主要目的是为了获取相对利益或比较利益，当国内发生供求失衡时，各国主要在国内采取措施加以调节，但当国内供求失衡危及其整个生产和生活，而国内又在短期内难以加以解决时，就只有通过国际贸易加以解决，这时的贸易目的就成为调节国内供求关系了。在世界市场上，当某种商品供不应求时，其国际价格则偏高；当供过于求时，其国际价格则偏低。供给减少，需求增加，都会引起国际价格上升；供给增加，需求减少，都会引起国际价格下跌。

例如，1996 年 3 月中旬，悉尼羊毛市场的标准价格为每千克 570 澳大利亚分，与高价格时的 1995 年 8 月相比，降低了 184 澳大利亚分，价格暴跌 24.4%。主要原因是：一方面是澳大利亚羊毛库存迅速增加；另一方面是最大购买者中国和日本等国在 1996 年 1 月中旬后因进口成本上升，减少了对澳大利亚羊毛的购买量。

3. 垄断

某些发达国家或跨国公司，利用自己的经济实力或超经济力量，操纵某些商品在国际市场上的供给或需求，强制性地以高于国际市场价值的垄断高价出售自己的商品，以低于国际市场价值的垄断低价购买他国的商品，以赚取高额垄断利润。与通过市场竞争形成的市场价格不同，由国际垄断因素形成的垄断价格完全是由自然或人为的情况决定的，因此，它更使国际价格偏离国际市场价值。

4. 国际间贸易联盟

世界经济一体化或区域经济集团化是世界经济发展的趋势，它对世界各国经济的发展产生了重大影响。在世界经济一体化或区域经济集团化的过程中，一些具有共同经济利益、地域相互邻近的国家为了取得共同的利益，抗衡其他国家的市场竞争，提高其整体竞争能力，它们组成经济联盟。参与经济联盟的国家，普遍实行统一的互惠政策。其他国家同它们进行商品交换时，因享受不到那些优惠待遇甚至要遭到其统一政策的抵制，就有可能高价买进、低价卖出，从而使国际价格严重背离国际价值。

5. 各国货币汇率的变动

由于各国货币币值的稳定性不一样，常会出现有些国家的货币升值，有些国家的货币贬值，而且升贬的程度各不相同。因此，即使各国其他条件不变，国际市场价格也会随币值的升贬而变化。

此外，各国的国内政策和外贸措施及对经济的宏观干预等，都会对国际价格产生影响，从而使国际价格经常处于与国际价值不一致的状态中。

商品国际价格与国际价值的背离，必然会引起商品的不等价交换，从而引起国际间的剥削。但必须弄清，由一国或多国供求关系失衡引起的国际价格的波动或不等价交换，是国际价值规律运动的一种正常表现形式。这种不等价交换是暂时的，且从长远看会互相抵消，故不会引起国际间的剥削。只有因各种垄断因素如国际垄断组织和国际贸易联盟等引起的国际价格偏离国际价值的不等价交换，才会引起国际间的剥削。它直接违背了国际价值规律的要求，损害了他国的利益。但这并不等于说在这种条件下国际价值规律不再起作用，或者说等价交换的原则已经失效。因为实际上，国际垄断组织形成的垄断不能全面代替自由竞争，并且还与竞争并存；不仅在国际垄断组织内部或垄断组织之间，而且在垄断组织与非垄断组织之间，都存在着激烈的竞争。更为重要的是，垄断组织在确定价格时并不能随心所欲漫天要价，而必须考虑到价格与国际市场供求关系的因素。这就在一定程度上对国际垄断价格起到制约作用。垄断价格的上限，取决于国际市场对商品的需求量。垄断价格的下限，取决于生产费用加平均利润。可见，由国际垄断因素造成的国际价格与国际价值的偏离，是在国际价值规律范围之内进行的，垄断价格在其界限内的波动，也是国际价值规律运动的表现形式，只不过这是一种不正常的表现形式。至于那些借助于政治或经济上的优势，以欺诈或暴力的手段推行超经济的强制性的不等价交换的剥削，则超越了国际价值规律的研究范围，这里不再赘述。

资　料：

让中国人第一次认识“价格歧视”来自微软。在美国标价100美元左右的Windows 98在中国卖1 980元；Office 97在美国约300美元，而在中国的价格是8 760元（中文专业版)；在美国免费赠送的 Windows 98 和 Office 2000 测试版，到中国分别标价 188 元和 200 元，堂而皇之地与正式版软件并排摆在柜台之上销售……当时微软遭遇了空前的批评，微软几乎成为跨国公司在中国形象最为黑暗的代表。

很快，微软开始了改变。据台湾《电子时报》调查结果显示，日本、韩国、美国、澳大利亚、英国及以色列等国家零售市场上，Windows XP 家用版及专业版均价为 1 700 元与 2 400 元。在中国大陆市场这两款产品的价格则分别约为 1 550 元和 1 940 元，价位是 8 个受调查地区中最低的。

讨论：

1. 为什么同一商品在不同国家售价不同？
2. 微软后来为什么调整了对华销售时的价格策略？

三、国际价格的种类

价格的形成取决于市场，在资本主义自由竞争时期，世界市场上的一种商品只有一种价格。在当代，由于垄断、国家垄断和超国家经济组织的存在和发展，世界市场已分化为垄断性领域、国家或超国家垄断调节领域和世界"自由市场"领域。与此相适应，国际价格也呈现了多元化。

(一) 按国际市场的性质分类

1. 世界"封闭市场"价格

"封闭市场"价格是买卖双方在一定的约束关系下形成的价格，商品在国际间的供求关系一般对它不会产生实质性影响。

垄断资本主义代替自由资本主义以后，在私人垄断和国家垄断的强大力量下，世界市场分解为若干个相对孤立的市场，国际价格的统一性遭到严重破坏，形成各种不同的垄断性价格。

(1) 调拨价格。又称转移价格，是跨国公司内部母公司与子公司、子公司与子公司之间销售商品和劳务的一种内部价格。这种价格不是按照生产成本和正常的营业利润或国际价格水平来确定的，不受国际市场供求关系的影响，只服从于跨国公司全球战略目标的需要。

(2) 垄断价格。垄断价格是垄断组织凭借其在生产领域和流通领域的垄断地位而规定的高于国际价值或低于国际价值的价格。垄断组织可以利用垄断价格取得垄断利润。

垄断价格分为两种，一种是卖方垄断价格，另一种是买方垄断价格。卖方垄断价格是高于商品的国际价值的价格，按这种价格销售产品，国际垄断组织可以获得垄断超额利润。买方垄断价格是低于商品的国际价值的价格，国际垄断组织按照这种价格从发展中国家购买一定的商品，如原料、食品和中间产品等，可以降低生产费用，取得最大的利润。

（3）国家垄断或管理价格。在世界市场上，不仅国际垄断组织对商品价格进行操纵和控制，而且发达资本主义国家也通过采取各种国内政策和对外贸易政策措施来干预、管理或影响国际价格。国家垄断价格或管理价格正是在国家机构或超国家机构的垄断干预措施的影响下形成的。

（4）区域性经济集团内的价格。在这些区域性的经济贸易集团内部，形成了区域性经济贸易集团内部价格，如欧共体共同农业政策中的农产品价格等。

（5）国际商品协定下的协定价格。国际商品协定是某些商品的出口国和进口国之间为稳定价格和保证贸易发展而缔结的政府间的多边贸易协定。在国际商品协定中，通常采用最低价格和最高价格限价的办法来稳定商品价格。

2. 世界"自由市场"价格

世界"自由市场"价格是指在国际间不受垄断或国家垄断力量干扰的条件下，独立经营的买者和卖者之间进行交易的价格。它是在世界"自由市场"领域里（以现货和期货市场为代表）通过买卖双方公开竞争而形成的，因而能较客观地反映商品的国际供求关系。

3. 公开价格

国际市场上存在着许多种商品价格。在对外贸易活动中，必须根据一定时期有代表性的国际价格来确定进出口商品价格，而不能随便拿一种价格就作为国际价格。有代表性的国际价格具备以下条件：① 在国际贸易中心市场上经常性的、商业性的、大宗商品的进口和出口交易价格，或者在主要出口国形成的出口价格和主要进口国形成的进口价格；② 可以用可自由兑换的货币支付的价格；③ 在国际贸易中进口业务和出口业务互不联系的商业合同价格。

（二）按对国际贸易交易的作用分类

在对外贸易中常见的并对国际贸易交易有实际意义的国际价格，主要有以下三类：

1. 实际成交价

这种价格通常是指世界上具有代表性的买卖双方的成交价格。在国际市场上，具有代表性的成交价格主要有以下四种：① 在"自由市场"以外，由买卖双方直接成交的价格；② 商品交易所价格；③ 拍卖价格；④ 开标价格。

2. 参考价格

参考价格是指各种报刊、价目表和样本上公布的商品售价。参考价格不是具体成交价，在许多情况下，参考价格被称为基价。

3. 外贸统计价格

外贸统计价格是指海关和外贸部门进行贸易额统计时所用的价格。

本章小结

1. 本章首先介绍了国际分工的含义、发展阶段、类型和影响因素；然后讨论了国际分工同国际贸易的关系，认为国际分工是国际贸易的基础，而国际贸易是国际分工实现的条件。

2. 在国际分工的基础上形成了国际贸易，而国际贸易进行的场所即为世界市场。本章介绍了世界市场的概念、形成与发展，讨论了当代世界市场发展的特征。

3. 在世界市场上交易时形成的价格是国际价格，其基础是国际价值。本章介绍了国际价值的概念和形成、影响国际价值量的因素，讨论了决定和影响国际价格的因素。

阅读材料

我国电子信息产业积极参与国际分工

我国电子信息产业早在20世纪80年代初期就在有限领域开放市场，20年来，电子信息产业主动积极参与国际分工与合作，大体上经历了产品出口、科技兴贸、实施"走出去"战略和国际并购四个阶段，从加快出口、劳务输出、承包工程到国外投资办厂、合资合作、设立研发机构、收购兼并，已全方位参与国际竞争，对于拉动行业经济增长、提高企业综合竞争力起到了重要的作用。

1984年，出口产品主要以黑白电视机、收音机、扩音机、计算器等低档产品为主，而近5年来，高技术产品比例不断提高，计算机、通信类产品已占主导地位，2004年1—10月，计算机与通信类产品出口达988亿美元，占电子信息产品出口总额的60%以上。出口产品的技术含量和附加值不断提高，出口额排名在前几位的产品基本上为高新技术产品。

鉴于我国电子信息产品市场相当广阔、开放程度不断加大、投资环境日益改善、政策法规日益国际化，同时又具有雄厚的制造业基础和低资源成本的优势，我国已成为全球新一轮电子信息产业转移的首选之地，《财富》全球500强中IT企业有90%在华投资。截至2003年年底，电子信息产业利用外资超过960亿美元，电子信息产品出口额占行业销售收入的60%以上，外商在华投资企业的销售收入、工业增加值、利润等主要经济指标均超过全行业总量的75%。

我国正在成为全球电子信息产品的重要制造基地之一。在计算机领域，我国生产的台式个人电脑占全球的19.2%，显示器占全球的62%，并且我国已成为全球最大的笔记本电脑生产基地。我国移动通信产业已成为最具吸引力的外商投资领域，近5年外商投资累计近200亿美元。整机生产规模不断扩大，为整机配套的基础产品制造企业吸引外商投资超过100亿美元。2003年我国的手机产量占全球的35.2%，我国已成为全球最大的手机生产基地。在集成电路领域，2000年贯彻实施国务院18号文件精神以来，国外公司加快了在我国内地对IC业的投资，截至2003年年底，协议投资额140亿美元，实际使用93.5亿美元。

电子信息产业在不断吸引外商直接投资的同时，注重提高利用外资的质量和效益，把利用外资与产业结构调整升级、引进先进技术与增强自主研究开发能力结合起来。在新一轮国际产业转移中，跨国公司研发设计中心和运营中心向中国转移的步伐正在加快。如微软、英特尔、富士通、西门子和诺基亚等全球500强企业纷纷在我国境内建立研发中心，投资额大多在500万美元到1亿美元，并且逐步由建立地区中心向建立全球中心发展，研发重点也由单纯的产品开发延伸到核心技术研发领域。在中国推进研究开发和人才本地化已成为跨国公司实行其全球化战略的重要组成部分，也是跨国公司后续投资的理性选择。

资料来源：中华人民共和国商务部网站

复习思考题

1. 什么是国际分工？国际分工与国际贸易有什么关系？
2. 影响国际分工的主要因素有哪些？
3. 当代世界市场有哪些特征？
4. 分析我国目前在国际分工中的地位。
5. 国际价值是如何形成的？影响国际价值量的因素有哪些？
6. 影响国际价格的因素有哪些？

第三章

自由贸易理论

学习目标

知识目标：掌握绝对成本学说、比较成本学说、要素禀赋理论和里昂惕夫之谜，了解相互需求理论和二战以后的新贸易理论。

技能目标：明确各种理论产生的背景和作用，学会用理论内容解决现实问题。

篇前案例

关于贸易，自古就有很多不同的说法，例如以下几种：

1. “兼相爱，交相利。”——墨子

2. 荷马史诗《伊利亚特》和《奥德赛》描述：一个奴隶等于四条公牛，一个铜三角鼎等于二十条公牛，这里间接表现出当时人们已经意识到交换的好处。

3. 柏拉图(Plato，公元前427—公元前347)对分工和交换的观点：

(1) 每个人都有多方面的需求，但人生来只有某种才能，因此一个人不可能自足自立。

(2) 一人做几件事，不如一人专心做一件事，如果一人专门做一种他最感兴趣的事情，他生产出来的必定较好较多。所以，一国要有专门从事各行各业的人。

4. “上帝没有把所有的产品都赠给地球的每个部分，但他把礼物分布在不同的地区，到头来人们会力求建立起地区之间的社会关系，因为他们需要互相帮助。上帝使贸易产生，从而使所有的人都能共同享受地球上的果实，而无论这些果实是在何处生产的。”——宗教贸易观

思考：

1. 根据上述的几种观点，贸易是有利的吗？是双赢还是单赢？

2. 贸易利益的来源是什么？

第一节 古典贸易理论

一、绝对优势理论

思考:为什么鞋匠不为自己制作衣服,而是向裁缝购买?而裁缝也不为自己制作鞋子,而是向鞋匠购买?

绝对优势理论的提出者亚当·斯密(Adam Smith,1723—1790)是英国著名经济学家,也是资产阶级经济学古典学派奠基人之一。他的代表著作是1776年出版的《国民财富的性质和原因的研究》(简称《国富论》)。

小资料:亚当·斯密小传

亚当·斯密,英国古典政治经济学的主要代表人物之一。生于苏格兰哥尔克第的一个海关职员家庭,先后就读于格拉斯哥大学和牛津大学。1748年受聘于爱丁堡大学,讲授修辞学、文学。1751年受聘于格拉斯哥大学,先讲授逻辑学;后任道德哲学教授。1764年,亚当·斯密以私人教师身份跟随布克列公爵赴欧洲大陆旅行,结识了重农学派主要代表魁奈和杜尔哥等人,且深受影响。1776年,亚当·斯密发表代表作《国民财富的性质和原因的研究》(《国富论》),首先对如何进行贸易才能有效地积累财富和发展经济提出了系统完整的命题。其思想代表了英国新兴的产业资产阶级的利益和要求,主张国内和国际间实现贸易的自由。1778年,亚当·斯密被任命为苏格兰海关税务司司长。他一生中的最后三年又被任命为格拉斯哥大学校长。

(一) 历史背景

亚当·斯密生活的时代正是英国从资本原始积累让位于资本主义时代,新兴工业资产阶级要求开拓对外贸易,以便从海外获得廉价原料,并为其商品寻找海外市场,要求从根据重商主义理论建立起来的对外贸易管理制度政策下解放出来,实行自由贸易,以扫清新兴工业资本发展的道路。

亚当·斯密的经济自由主义思想就反映了这一时代要求。亚当·斯密在《国富论》一书中秉承他的"看不见的手"的经济学观点,对重商主义贸易理论进行了有力的批判，提出了国际贸易的绝对成本学说。亚当·斯密鼓吹分工对提高劳动生产率、增加国民财富的意义，主张在国内实行经济上的自由放任政策，奠定了他的自由贸易政策主张的理论基础，后人将其理论称为“绝对成本学说”。

小资料：绝对成本学说

如果一件东西在购买时所费的代价比在家里生产时所费的小，就永远不会想要在家里生产，这是每一个精明的家长都知道的格言。裁缝不想制作自己的鞋子，而向鞋匠购买。

在每一个私人家庭的行为中是精明的事情，在一个大国的行为中就很少是荒唐的了。如果外国能以比我们自己制造还便宜的商品供应我们，我们最好就用我们有优势的产业生产出来的物品的一部分向他们购买。

——亚当·斯密. 国富论

（二）绝对成本学说的核心内容

1. 基本假设

像其他所有的经济分析一样，为了在不影响结论的前提下使分析更加严谨，在研究国际贸易时，亚当·斯密将许多不存在直接关系和不重要的变量假设为不变，并将不直接影响分析的其他条件尽可能地简化。

（1）“2×2×1 模型”，即两个国家，生产两种产品，使用一种生产要素——劳动。

（2）两国在不同产品上的生产技术不同，存在着劳动生产率上的绝对差异。

（3）劳动力在一国内是完全同质的，两国的劳动力供给固定且处于充分就业状态。劳动力在国内可以自由流动，在两国间不能自由流动。

（4）不存在技术变化，每种产品的国内生产成本都是固定的，劳动的规模报酬不变。

（5）各国间实行自由贸易政策，市场完全竞争。

（6）不考虑除生产成本以外的其他成本。

（7）各国间进行物物交换。

2. 主要内容

亚当·斯密从生产成本的绝对差别出发，认为各国的对外贸易利益取决于各国生产商品的绝对成本优势。所谓绝对优势（absolute advantage）是指，如果一国相对另一国在某种商品的生产上有更高的效率，则该国在这一产品上有绝对优势。如果 A 国生产 X 产品比 B 国的劳动生产率要高，而 B 国生产 Y 产品比 A 国的劳动生产率要高，那么，A、B 两国各自集中生产其享有绝对利益的产品，然后向各自的贸易伙伴出口，这样做会使双方比不进行贸易要消费更多的商品，而扩大消费正是贸易的基本目标。

一个国家出口的应是在本国国内生产效率高的商品，进口的应是在国外生产效率高的商品。交易的结果是使交易双方都能获得好处，而不是像重商主义者所认为的国际贸易只能使单方面有利。

据表 3-1 可知分工前，英、法两国分别在铜与小麦的生产率上各具有绝对的成本优势，以斯密的观点，英国应该分工生产铜，法国应分工生产小麦。因为事先假设两国生产两种产品的劳动具有同等素质，且可在国内自由流动，所以转移分工后，在投入的劳动总量没有增加的情况下，两种产品的产量分别从原来的 2 个单位增加到现在的 3 个单位，展现了分工带来的利益。又因为假定两国间的劳动是同质且无差别的劳动，产品交换完全依成本的差异来进行。两国间铜和小麦的交换比例是 1∶1，双方按照这一比例向对方换回自己未生产的产品。交换后的利益如表 3-1 所示，英、法两国分别得到了一个单位的铜和一个单位小麦的增加量。

表 3-1　分工前后单位产品的生产成本、产量变化和交换后的利益

状态	国家	铜			小麦		
		（人/年）	单位	增加量	（人/年）	单位	增加量
分工前	英国	100	1		200	1	
	法国	200	1		100	1	
	合计	300	2		300	2	
分工后	英国	100 + 200	300/100 = 3		—	—	
	法国	—	—		200 + 100	300/100 = 3	
	合计		3			3	
交换后	英国		2	1		1	
	法国		1			2	1

正是两国通过国际分工和国际贸易所节省的劳动时间，增加了产品的产量和消费量，国际贸易使参与国际分工的两国都获得了利益。

思考：请根据绝对利益论的基本观点以及英国、葡萄牙生产呢绒和酒的绝对成本水平来判断两国间的分工和贸易可能性（见表 3-2）。

表 3-2　英国和葡萄牙的绝对成本差异

单位:人/年

	1 单位呢绒	1 单位酒
英　国	100	120
葡萄牙	110	140

(三) 绝对优势理论简评

亚当·斯密第一次从生产领域阐述了国际贸易的基本原因,首次论证了国际贸易不是"零和博弈",而是一种"双赢博弈",揭示了国际分工和专业化生产能使资源得到更有效的利用,通过国际贸易,对两国都有好处。

用自由贸易思想取代重商主义者管制贸易的思想,反映了当时英国工业资产阶级通过扩大对外贸易进行经济扩张的要求,为从理论上扫清资本主义发展的障碍,对社会生产力的发展曾起过积极作用,为商品经济世界提供了思想准备,并有助于说明某些政府破除自《国富论》发表后 100 年间设置的许多无效的国际贸易壁垒。因此,亚当·斯密被认为是西方古典国际贸易理论的先驱。

但是,亚当·斯密的阐述是建立在参加贸易的国家间互相拥有产品的绝对优势的基础上的,但这只是国际贸易中的特例。也就是说,他的理论只能解释经济发展水平相近国家之间的贸易,而无法解释绝对先进和绝对落后国家之间的贸易,带有巨大的局限性,因此还不是一种具有普遍意义的贸易理论。

二、比较优势理论

根据亚当·斯密的绝对优势理论,如果一个国家在两种产品的生产上均处于绝对优势的地位,另一个国家均处于劣势地位,则这两个国家之间不会进行贸易。因此,国际贸易只会发生在发达国家之间或发展中国家之间,而发达国家与发展中国家之间是不会发生贸易的,这显然与现实不符。那么,经济发展状况悬殊的国家间到底能否进行国际贸易?而这种贸易的结果是一方得利还是双方得利呢?下面我们来介绍大卫·李嘉图的比较优势理论。

思考:假设世界上打字最快的打字员同时是一名脑外科医生,那么,他应该自己打字还是雇佣一名秘书?

(一) 历史背景

大卫·李嘉图(David Ricardo,1772—1823)是英国另一位著名经济学家。他在 1817 年出版的主要著作《政治经济学及赋税原理》中,提出了以比较成本理论为基础的国际贸易学说。

小资料：大卫·李嘉图小传

大卫·李嘉图，英国资产阶级古典政治经济学的杰出代表和完成者，生于英国犹太族大资产阶级家庭。他14岁就结束了正规教育并到他父亲的交易所从事证券交易活动。20岁时，他和异教徒女子普利丝娜恋爱，遭到了父亲的坚决反对。为此，他与家庭脱离关系。1793年，他和普利丝娜结婚，独立经营交易所业务，到1797年即成为大富翁。此后，他把主要精力转向研究自然科学，如数学、物理、化学、矿物学和地理学等。1799年，他读了亚当·斯密的《国富论》，对经济学产生了兴趣，并于1817年出版了《政治经济学及赋税原理》，此书被誉为继亚当·斯密《国富论》之后的经济学巨著。1819年，他被选为下院议员。他代表新兴产业资产阶级的利益和要求，提倡自由贸易，反对《谷物法》，主张修改选举法。

大卫·李嘉图所处的时代，英国产业革命得到了长足的发展，产业革命推动了机器大工业发展，促进了资本主义生产关系的变革。当时，英国社会的主要矛盾是产业资产阶级和土地贵族阶级的矛盾。这种矛盾突出地表现在双方对于《谷物法》存废的态度上，土地贵族阶级为了自身的利益，主张保留《谷物法》，以禁止谷物进口、维持谷物的高昂价格；而产业资产阶级为了降低生产成本、获得更多的利益，则强烈主张取消《谷物法》。在这场论战中，产业资产阶级迫切需要理论指导以废除《谷物法》、实行自由贸易，大卫·李嘉图的比较成本学说就应运而生了。

小资料：《谷物法》

从亚当·斯密提出自由贸易理论以后的短时期内，英国人口的实际增长使谷物需求超过了供给，使一蒲式耳小麦的价格涨了三倍。于是有胆量的商人进口国外的小麦和燕麦。

海外来的廉价谷物泛滥市场是地主们所难以忍受的。他们控制议会通过了《谷物法》，对谷物的进口规定了一个有伸缩性的税收制度，国外价格越低，则征税越高。

谷物价格飞涨！一蒲式耳小麦的售价等于一个工人每周全部工资的两倍。

大卫·李嘉图认为，谷物价格上升会使地主地租收入上升，农业工人收入上升，同时生活费用上升，工厂工人工资上升，资本家的利润下降，导致资本积累减少。

所以,大卫·李嘉图认为必须废除《谷物法》实行自由贸易。应该出口工业制成品,进口国外价格低廉的生活必需品,提高国内生活必需品的供给,使工资水平下降,利润水平提高,积累增加,社会财富增加。

1846年,英国议会通过废除《谷物法》的法令。

(二) 比较成本学说的主要内容

1. 基本假设

大卫·李嘉图的理论也建立在一系列假定的基础上,主要有:

(1) "2×2×1模型",即两个国家,生产两种产品,使用一种生产要素——劳动。

(2) 两国在不同产品上的生产技术不同,存在着劳动生产率上的相对差异,即存在比较优势。

(3) 劳动力在一国内是完全同质的,两国的劳动力供给固定且处于充分就业状态。劳动力在国内可以自由流动,在两国间不能自由流动。

(4) 不存在技术变化,每种产品的国内生产成本都是固定的,劳动的规模报酬不变。

(5) 各国间实行自由贸易政策,市场完全竞争。

(6) 不考虑除生产成本以外的其他成本。

(7) 各国间进行物物交换。

从以上的假设条件中可以看出,比较优势模型与绝对优势模型基本一致,只不过对于国际贸易产生的原因,由前面的绝对优势转变为了比较优势。所谓比较优势,可以用机会成本来解释。如果一个国家在本国生产一种产品的机会成本(用其他产品来衡量)低于在其他国家生产该种产品的机会成本的话,则这个国家在生产该种产品上就拥有比较优势。例如,假定美国种植1单位小麦的机会成本是5/6单位大米,中国增加1单位小麦生产的机会成本是5/3单位大米。小麦的机会成本在美国要比中国低,因此,美国在小麦的生产上有比较优势,中国在大米的生产上有比较优势。

2. 基本内容

大卫·李嘉图发展了绝对成本学说,他认为在国际分工中,如果两国生产力不等,甲国生产任何一种商品的成本均低于乙国,处于绝对优势;而乙国的劳动生产率在任何商品的生产中均低于甲国,处于绝对劣势,这时两国仍存在进行贸易的可能性。即遵循"有利取重,不利择轻"的原则,同样能为贸易国带来好处。比如表3-3所表明的葡萄牙和英国的生产情况。

表 3-3　分工前后单位产品的生产成本、产量变化和交换后的利益

状态	国家	毛呢			葡萄酒		
		（人/年）	单位	比较成本	（人/年）	单位	比较成本
分工前	葡萄牙	90	1	0.9	80	1	0.67
	英国	100	1	1.11	120	1	1.5
	合计		2			2	
分工后	葡萄牙	—	—		90 + 80	170/80 = 2.125	
	英国	100 + 120	220/100 = 2.2		—	—	
	合计		2.2			2.125	
交换后				增加量			增加量
	葡萄牙		1			1.125	0.125
	英国		1.2	0.2		1	

通过对两个国家商品成本的比较，葡萄牙在两种商品的生产方面都占有绝对成本优势，而英国则在所有商品的生产方面都处于绝对劣势，按绝对成本学说两国间不会发生贸易关系。

大卫·李嘉图在运用比较成本分析法考察了这一情况后，发现葡萄牙在生产毛呢或酒方面均具有绝对优势，但优势的程度也就是比较成本不一样；同样，英国在两种商品的生产上虽都处于劣势，但劣势的程度也就是比较成本不一样。

按照表 3-3 的数字可分别计算出葡萄牙和英国生产毛呢与葡萄酒的比较成本。

葡萄牙生产毛呢和葡萄酒的比较成本为：

葡萄牙生产毛呢的成本/英国生产毛呢的成本 = 90/100 = 0.9

葡萄牙生产酒的成本/英国生产酒的成本 = 80/120 = 0.67

英国生产毛呢与葡萄酒的比较成本是：

英国生产毛呢的成本/葡萄牙生产毛呢的成本 = 100/90 = 1.1

英国生产酒的成本/葡萄牙生产酒的成本 = 120/80 = 1.5

很明显，葡萄牙生产葡萄酒时的成本优势较大，英国生产毛呢时的成本劣势较小。根据“两优取重，两劣取轻”的原则，英国分工生产毛呢，葡萄牙则专业生产葡萄酒，两国生产的产品总量就可能增加。

从表 3-3 不难发现，英葡两国只要将本国具有成本比较劣势产品的投入要素，转移到具有比较优势的产品的生产上，就可以增加两国的生产总量。与国际分工前相比，两国虽然生产毛呢和葡萄酒的单位成本没有增加，但由于资源要素实现了优化配置，提高了生产效率，两国消费的使用价值量都有了增加，因而也节约了成本耗费。

如果双方都以本国所增加的产量的部分产品来交换成自己国内所需的商品(假定双方按1∶1的比例进行交换),就能形成双方有利的贸易格局,进行分工显然对双方都是比较有利的。

思考: 请根据相对利益论的基本观点以及英国、葡萄牙生产呢绒和酒的生产成本水平来判断两国间的分工和贸易可能性(见表3-4)。

表3-4 英国和葡萄牙的生产成本差异

单位:人/年

	1单位呢绒	1单位酒
英　国	100	200
葡萄牙	200	400

思考: 泰格·伍兹应该自己修剪草坪吗?

泰格·伍兹(Tiger Woods)是当代最天才的高尔夫球手之一,如果他自己修剪草坪,一定也是做得出类拔萃,并能节省大量时间。例如,他只用2小时就能完成修剪工作,而同样的2小时如果用于拍摄运动广告,可以赚到1万美元;邻居吉姆能用4小时完成修剪工作,同样的4小时他可以在麦当劳工作挣20美元。那么,泰格·伍兹应该自己修剪草坪吗?

(三) 比较优势理论简评

大卫·李嘉图所提出的比较成本学说将自由贸易理论向前大大地推进了一步,比亚当·斯密的绝对成本学说能更好地解释地域分工和国际贸易问题。这一学说是有其科学性的。它的基石是劳动价值论。同时,它从相对生产率差异引申出的相对优劣的思想——"两优取重,两劣取轻",具有重要的方法论意义,这正是系统论思想中最优结构的典型例证。从这一学说问世以来一百多年的国际贸易发展史看,它对发展资本主义自由贸易起过巨大的历史作用,在当今仍具有相当的影响。但在充分肯定比较成本学说科学价值的同时,也应清醒地注意到其在以下几方面的谬误:

(1) 从结论看,比较成本学说提出:对外贸易不会直接增加一国的价值总额。历史证明,在一定的条件下,通过发展对外贸易的确能使这些国家和地区从中直接获得价值增值的好处,从而在不同程度上增加从事对外贸易国家和地区的财富。

(2) 从前提看,比较成本学说的理论前提带有根本性的缺陷。虽然这些假定是为了方便研究,且不影响其科学性,但实际应用中毕竟不可照搬。这些前提主要有:在一国内部,商品、劳动力和资本是充分地自由流动的,但劳动力和资本缺乏流动性;生产技术是静止不变的;存在着充分就业;参加贸易的各国的资源是固定不变的;各国实行自由贸易。这些条件与新技术革命兴起的现实世界相背离,与发展中国家的现存条件相脱节。

(3) 比较成本学说掩盖了国家之间由于经济利益不一致而产生的矛盾和斗争。比较成本学说强调参加国际分工和国际贸易的各个国家的利益是和谐一致的,每个国家都可从贸易中得到利益,而且落后国家从国际贸易中所得的利益更大。然而,在现实经济生活中,特别是在国际贸易领域,国家之间的利益并非完全一致,而是充满了激烈竞争与矛盾冲突。这是它的局限性之所在。故李嘉图的比较成本说,被称为国际贸易的纯理论。

小资料:经济学家眼中的比较优势理论

美国经济学家保罗·萨谬尔森在哈佛大学读书时,一位学友向他提出一个问题:所有社会科学中哪一个理论最符合既正确无误又不同凡响的条件。这位后来成为诺贝尔经济学奖获得者,并被称为20世纪最博学的经济学家,30年后才发现他认为最满意的答案——比较优势原理。他写道:“这一原理的逻辑正确性可以使数学家信服,它的不同凡响洞见则被这一事实所证明:数以千计重要而聪明人士,从未能自行理解这一原理,或者即使被解释后也不能相信它。”

另一位诺贝尔经济学奖获得者,美国经济学家保罗·克鲁格曼则说:“把受过职业训练的经济学家与其他受过良好教育的公众成员区别开来的最好标志,是前者会在政策思考中运用比较优势原理及其暗含的赞同自由贸易的思想。”

保罗·萨谬尔森与保罗·克鲁格曼都是那种“语不惊人死不休”的经济学家,他们的说法可能不无夸张。然而,比较优势理论在经济学中占有不同寻常的地位,确实是很多经济学家的共识。

——卢锋. 经济学原理,北京:北京大学出版社,2002. 427—428

三、相互需求理论

上述两个理论在分析的过程中均没有涉及贸易条件的问题,但实际上在国际贸易中,双方的贸易利益的分配应该是在贸易条件的基础上被决定的,那么这一命题就由后来的经济学家约翰·穆勒给予了答案。

(一) 产生背景

约翰·穆勒(John Stuart Mill,1806—1873)是大卫·李嘉图的学生,19世纪中期英国最有影响的经济学家之一,其主要著作是1848年出版的《政治经济学原理》。他不但继承了大卫·李嘉图的比较成本学说,而且还用相互需求理论对比较成本学说作了重要的补充和说明。约翰·穆勒针对国际贸易的发生以及它是否给贸易参加国带来利益,以及利益多少和分配、决定的贸易条件等最基本的理论问题,提出了相互需求理论。

小资料:约翰·穆勒小传

约翰·穆勒,英国心理学家、哲学家和经济学家,詹姆士·穆勒的儿子,受到其父的严格教育,在17岁时进入不列颠东印度公司,一直到1858年。他一生以新闻记者和作家的身份写了不少著作。

詹姆士·穆勒对于心灵的观点深受洛克(John Locke,1632—1704)的影响,他认为心灵最初就如同一张白纸,而思想来自于感觉经验(经验论)的积累;而约翰·穆勒就是詹姆士的那张白纸。于是,约翰从3岁就开始读希腊文,8岁开始学拉丁文、代数、几何,9岁遍读希腊史家的重要著作,少年阶段结束时,他已经具备了比大学毕业生还要广泛的知识。据约翰《自传》表示,他认为人在成长的初期,只要经过适当的训练,可以吸收和理解的数量远超过常人所能想象,他谦逊地表示自己并非上驷之才,但经过这样的训练,一样能够具有一定程度的思辨能力。

1848年,约翰·穆勒发表了经济学著作《政治经济学原理——及其在社会哲学上的若干应用》(以下简称《原理》)。西方一些经济学家盛赞《原理》为19世纪下半期西方国家一本无可争议的经济学的圣经。可以不同意这一说法,但不能否认,直至19世纪末年,这本书一直是英、美等讲英语国家的大学初级经济学课程的基础教科书。19世纪70年代兴起的所谓"边际主义革命"对这本书中的基本原理提出了挑战,严重地动摇了它的权威地位。但只是在1890年,马歇尔的《经济学原理》出版之后,它的地位才完全为后者所代替。

(二)理论核心内容

所谓相互需求理论,实质上是指由供求关系决定商品价值的理论。其基本内容如下:

(1)国际交换比在各国国内交换比之间波动。假设一定单位的劳动在英国能生产毛呢10码,麻布15码;在德国能生产毛呢也为10码,麻布则为20码,如表3-5所示。从劳动生产率看,英国和德国在毛呢的生产上是相同的;而麻布的生产率则德国高于英国。如果根据比较成本优势原则,产生了国际分工,德国显然生产麻布有利;相对地讲,英国生产毛呢有利。所以,英国出口毛呢换取德国的麻布和德国出口麻布换取英国的毛呢有利于实现资源要素的优化配置,提高生产效率,增加两国消费的使用价值量。

从表 3-5 中可看出，英国国内毛呢与麻布的交换比率为 1：1.5，而德国国内毛呢与麻布的交换比率是 1：2。如果英、德两国间毛呢与麻布的交换比率为 1：1.4，英国人不会让这笔贸易发生，因为他们在国际贸易中不但得不到任何利益，还会损失 0.1 个单位的麻布；相反，如果英、德两国间毛呢与麻布的交换比率为 1：2.1，同样的道理，德国人也不会参与这笔贸易。因此，两国产品国际贸易交换比率的界限是由各国国内的交换比率所决定的，即比较成本所决定的上下限为 1：1.5 和 1：2。

表 3-5　英、德两国的国际分工及国际交换比

国别	单位时间生产商品（码）		交换比		分工后生产的产品	国际交换比	
	毛呢	麻布	国内	国际		上限	下限
英国	10	15	1：1.5	大于 1：1.5	毛呢	1：1.5	1：2
德国	10	20	1：2	小于 1：2	麻布		

（2）贸易条件决定了贸易利益的分配。假如英、德两国在 1：1.5 和 1：2 的国际交换比的基础上进行国际贸易，两国以 1：1.5 的比率进行贸易，那么德国就可以节约 0.5 单位的麻布，但英国没有得到任何好处。以此类推，如表 3-6 所示，英、德两国在不同的贸易条件上就得到了不同的贸易利益分配的组合。而且，从分析中我们可以得到一个规律，那就是国际交换比越接近对方的国内交换比，该国贸易得利就越多。

表 3-6　英、德两国国际交换比及贸易利益分配

毛呢：麻布	英国（1：1.5）	德国（1：2）
1：1.5	—	节约 0.5 单位麻布
1：1.6	获得 0.1 单位麻布	节约 0.4 单位麻布
1：1.7	获得 0.2 单位麻布	节约 0.3 单位麻布
1：1.8	获得 0.3 单位麻布	节约 0.2 单位麻布
1：1.9	获得 0.4 单位麻布	节约 0.1 单位麻布
1：2	获得 0.5 单位麻布	—

（3）实际交换比即贸易条件要由两国消费者对于他国的商品需求决定。根据以上分析的结果，作为英国的贸易者，偏向于选择靠近德国国内交换比的价格进行国际贸易，而德国恰恰相反。那么最终的贸易条件究竟由什么来决定呢？约翰·穆勒认为是由两国消费者的消费需求决定的。例如，假定国际交换比为 1：1.7，英国需要 17 000 码麻布，德国需要 10 000 码毛呢，两国 1：1.7 交换成功；若相互需求程度变化，英国仅需要 15 300 码麻布，德国需求不变，两国国际交换比为 10 000：15 300 < 1：1.7，贸易条件不成立。此时，贸易条件不可能直接停留在 1：1.53 的价格比上，因为国际供求关

系是一个动态的过程。那么我们看看会有什么变化？此时，在国际麻布市场上，由于英国对麻布的需求减少，致使麻布供大于求，麻布价格下跌，促使英国对于麻布的需求上升至16 200码；于此同时，在国际毛呢市场上，由于英国对麻布需求减少的影响，会使英国减少对毛呢的供应，而德国对毛呢的需求不变，毛呢价格相对上涨，导致德国对毛呢的需求降低至9 000码，那么新的国际价格比1∶1.8成立。

（4）把上面的分析扩展之后，他提出了他国的需求能力决定了一国供给能力的一般规律，也就是国际需求相等方程式。

（三）简评

相互需求理论探讨了国际贸易给双方带来利益的范围，即国际交换比的上下限问题以及贸易利益分配问题，是对比较成本学说的有效补充；但是约翰·穆勒在分析中认为供求关系决定商品价值，则与马克思的劳动价值是相悖的。另外，该理论跟前两个理论一样采取物物交换的前提假设，这脱离了国际贸易的现实。

第二节　现代自由贸易理论

案例分析

材料1：2004年9月17日，西班牙东部小城埃尔切的中国鞋城，约400名不明身份的西班牙人聚集街头，烧毁了一辆载有温州鞋集装箱的卡车和一个温州鞋商的仓库，造成约800万元人民币的经济损失。这是西班牙有史以来第一起严重侵犯华商权益的暴力事件，世界为之震惊。

仅仅6天后的9月23日，当地又爆发了一轮针对中国商人的示威游行。

与上一次游行不同的是，参加此次游行的大都是当地制鞋企业的工人和老板，在游行过程中，游行者高举"尽快解决鞋子问题"、"我们不反对移民，但是反对不正当竞争"等标语，一路行进一路高呼口号。

9月30日晚6点左右，西班牙埃尔切市再次发生针对温州鞋商的示威抗议活动。

材料2："西烧"事件的背景

埃尔切是西班牙的制鞋中心。头脑精明的温州人抓住了这个商机，纷纷来此或开设鞋店，或设厂制鞋。由于中国鞋的价格优势，中国商人的生意不断扩大，鞋店更是在几年内由最初的几家发展到60多家。与此同时，当地鞋业却日渐萧条。一部分规模较小、技术落后的鞋厂由于缺乏竞争力纷纷倒闭。近30年来，该市制鞋工人失业率增长了30%。

思考：温州鞋凭什么在世界市场上攻城略地（竞争优势）？

一、要素禀赋理论

在比较优势理论中，比较优势的产生是由于各国劳动生产率之间存在这种差异，但李嘉图并没有解释这种差异产生的原因和国际贸易对贸易生产要素收益的影响等问题。同时，在前面介绍的理论当中，劳动力都是唯一的生产要素，但这在现实生活中显然是不可能的。为了解决这些问题，瑞典的经济学家赫克歇尔和俄林提出了要素禀赋理论。

（一）要素禀赋理论的产生

要素禀赋理论（factor endowment theory），又称赫克歇尔—俄林模型或赫—俄原理（H－O 原理），是瑞典经济家赫克歇尔（Eli Heckscher，1879—1959）和他的学生俄林（Bertil Cotthard Ohlin，1899—1979）在二战前提出的。

小资料：赫克歇尔与俄林小传

赫克歇尔，1879 年生于瑞典斯德哥尔摩的一个犹太人家庭。1897 年起，在乌普萨拉大学（Uppsala University）学习历史和经济，并于 1907 年获得博士学位。毕业后，他曾任斯德哥尔摩大学商学院的临时讲师；1909—1929 年，任经济学和统计学教授。此后，因他在科研方面的过人天赋，学校任命他为新成立的经济史研究所所长。他成功地使经济史成为瑞典各大学的一门研究生课程。

他对经济学的贡献主要是在经济理论上的创新和在经济史研究方面引入了新的方法论——一种定量研究方法。

他在经济理论方法方面最著名的两篇文章是《外贸对收入分配的影响》和《间歇性免费商品》。1919 年发表的《外贸对收入分配的影响》是现代赫克歇尔—俄林要素禀赋国际贸易理论的起源。他集中探讨了各国资源要素禀赋构成与商品贸易模式之间的关系，并且，一开始就运用了总体均衡的分析方法。他认为，要素绝对价格的平均化是国际贸易的必然结果。他的论文具有开拓性的意义。其后，这个理论由他的学生俄林进一步加以发展。《间歇性免费商品》（1924 年）一文提出的不完全竞争理论，比琼·罗宾逊和爱德华·张伯伦的早了 9 年。文章中还探讨了不由市场决定价格的集体财富（即所谓的公共财物）的问题。

在经济史方面，赫克歇尔更享有盛名。主要著作有：《大陆系统：一个经济学的解释》、《重商主义》、《古斯塔夫王朝以来的瑞典经济史》、《历史的唯物主义解释及其他解释》、《经济史研究》等。

赫克歇尔通过对史料提出更广泛的问题或假定，进行深入的批判性研究，从而在经济史和经济理论两个方面架起了桥梁，并把两者有机地结合起来。他是瑞典学派的主要人物之一。

俄林，瑞典著名经济学家和政治学家，并以《贸易理论》获经济学博士学位，是当代瑞典学派的奠基人和主要代表人物。1977 年，俄林获诺贝尔经济学奖。

1917—1919 年，俄林进入斯德哥尔摩商学院学习，师从赫克歇尔。曾任丹麦哥本哈根经济学教授、斯德哥尔摩商学院教授。其主要经济论著有《贸易理论》(1924 年)、《对外贸易与贸易政策》(1925 年)、《地区间贸易与国际贸易》(1933 年)、《货币政策与公共工程：解决失业的工具》(1934 年)、《国际经济重建》(1936 年)、《资金市场与利率政策》(1941 年)、《经济活动的国际布局(论文集)》(1977 年)等。此外，俄林还以专家的身份为联合国、国际联盟等国际组织撰写研究报告，主要有 1931 年的《世界经济萧条的进程与阶段》，1955 年的《欧洲经济合作社会观》。1969—1975 年，俄林担任诺贝尔经济学奖委员会主席。

俄林在经济学上的主要贡献在于他提出的生产要素禀赋论，这一学说奠定了现代国际贸易理论的基础，并使他荣获诺贝尔经济学奖。瑞典皇家科学院认为，“俄林的古典研究《地区间贸易与国际贸易》，使他被认为是现代国际贸易理论的创始人。其理论显示，生产要素将决定国际贸易与国际分工的形态，并且说明了国际贸易对资源配置、相对价格与收入分配的影响。俄林指出区域贸易与国际贸易的相似与差异之处，并且说明国际贸易与产业区位之间的关系”。俄林在现代西方经济学史上的第二大贡献在于经济稳定政策方面的成就。从 20 世纪二三十年代起，俄林长期致力于建立宏观经济理论，注重研究总有效需求水平同总供给的关系。此外，他在区域经济学、通货膨胀和“超充分就业”问题的研究中也作出了贡献。

赫克歇尔在 1919 年发表的著名论文《对外贸易对国民收入之影响》中提出了基本论点：“两国在生产要素相对稀缺性的差异是比较成本之差异，因而也是国际贸易的一个必要条件，另一不可或缺的条件是一种商品的生产要素结合比例与另一种商品的要素结合比例不同。”俄林作为赫克歇尔的学生，继承并发展了赫氏的学说。他深受赫氏的思想启发并认为其是构建国际贸易相互依存理论的组成部分。俄林以他的代表作《区际贸易与国际贸易》一书，获得了 1977 年度诺贝尔经济学奖，因其理论采纳了其师赫克歇尔学说的主要论点，因此常冠以赫克歇尔—俄林要素禀赋理论(简称 H－O 理论)。要素禀赋理论是以俄林定理和要素价格均等定理为基础的，并运用了一般均衡论方法。因此，要理解该理论，需要先掌握几个相关的概念。

(1) 一般均衡论。由法国经济学家瓦尔拉等人提出。认为各种经济现象均可以表现为数量关系,这些数量之间相互依存、相互影响,并在一定条件下达到均衡。

(2) 要素禀赋。要素禀赋是指一国所拥有的可利用的经济资源的总量,它既包括自然存在的资源,如土地和矿产;也包括“获得性”资源,如技术和资本。这是一个绝对量的概念,依据要素禀赋的多寡,我们可以将国家区分为资源丰富的国家和资源贫乏的国家。

(3) 相对要素密集度。相对要素密集度是指单位产品的相对要素投入比率。各种商品由于属性不同,生产中所要求的要素比例也不同,比如农产品要求较多的土地,纺织品则要求较多的劳动。根据商品生产中所要求的不同要素间的比例,可以将产品划分为不同种类的要素密集型产品。如果在某种特定的商品生产中,某要素的投入比例为最大,则称该产品为该要素密集型产品。例如,生产小麦投入的土地所占的比例最大,就把小麦称为土地密集型产品;生产纺织品投入的劳动所占的比例最大,则称纺织品为劳动密集型产品;生产电子计算机投入的资本所占的比例最大,则称电子计算机为资本密集型产品。

(二) 要素禀赋理论的基本假设

要素禀赋理论以新古典主义经济学作为地域分工和国际贸易的理论基础,放弃了古典学派以生产劳动来决定价值的观念,而代之以价格差异的分析。其假设条件如下:

(1) “2×2×2 模型”,即两个国家,生产两种商品,使用两种要素——劳动力和资本。

(2) 要素的供给固定而且同质。一国所拥有的要素数量不会发生改变,而且相同生产要素的报酬率是相等的。

(3) 要素禀赋的非对称性。假设两个国家所拥有的两种生产要素的数量不同,其中,一个国家资本较为充裕因而利息率相对较低,而另一个国家劳动力相对充裕因而工资率相对较低。

(4) 技术的对称性。即两个国家具有相同的生产函数,两个国家在两种产品生产上所使用的技术完全相同。规模报酬不变,按比例增加某一商品的劳动和资本投入,其产量也会同比增加。每种要素的边际收益递减,或单位产出的边际成本和平均成本递增,表明贸易后,两国不能实现完全的专业化,仍然生产两种产品。

(5) 自由竞争和自由贸易。商品可以在两个国家间无任何成本地自由流动,但要素只能在本国内自由流动,不能在两国间流动。

(6) 两个国家的需求偏好相同。即两国对于这两种商品的无差异曲线的位置和形状相同,在相同价格下,两国对这两种商品的消费是相同的。

(7) 要素密集度不会发生逆转。即给定两种生产要素资本和劳动及两种产品 A、B,假定产品 A 为劳动密集型产品,B 为资本密集型产品,无论劳动和资本的价格怎样变动,产品的要素投入结构怎样调整,产品 A 为劳动密集型产品,B 为资本密集型产品的性质不会发生改变。

(三) 要素禀赋理论的主要内容

要素禀赋理论有狭义和广义之分。所谓狭义的要素禀赋学说是指生产要素供给比例学说,它通过对相互依存的价格体系的分析,用不同国家的生产诸要素的丰缺解释国际分工和国际贸易产生的原因和一国进出口商品结构的特点。所谓广义的要素禀赋理论,除了要素供给比例学说以外,还包括要素价格均等化学说。它研究国际贸易对要素价格的反作用。我们这里介绍的是广义的要素禀赋学说。

1. 要素供给比例理论

要素供给比例理论放弃了古典学派以生产劳动来决定价值的观念,而代之以价格差异的分析。

(1) 各国要素禀赋是有差异的。比如,澳大利亚、新西兰、阿根廷和加拿大等国土地较充裕而资本和劳动力较稀缺,一些工业高度发达的国家如美国、德国等则资本雄厚,劳动力相对较少。

(2) 由于要素禀赋的差异,导致要素价格的绝对差异。丰裕的要素供应量大,价格较低,而稀缺的要素价格较高,也就是说不同的要素在不同国家的要素报酬率是有差异的。如表 3-7 所示。

(3) 各国要素价格的绝对差异导致了国际商品价格的绝对差异。如表 3-7 所示,假设中美两国分别生产鞋子和计算机,鞋子为劳动密集型产品,计算机为资本密集型产品,在生产鞋子时双方均需投入 10 个生产要素,在生产计算机时双方均需投入 100 个生产要素,如果假定各国投入的要素比例相同,那么商品价格如表 3-7 所示:

表 3-7 中美两国两种产品价格差异表

	鞋 子	计算机
中 国	$8\times L+2\times I=68$	$10\times L+90\times I=2\,710$
美 国	$8\times L+2\times I=180$	$10\times L+90\times I=1\,100$

注:L:劳动力要素,在中国的报酬率为 1,在美国的报酬率为 20。
I:资本要素,在中国的报酬率为 30,在美国的报酬率为 10。

(4) 国际商品价格的绝对差异是国际贸易产生的直接原因。例如,一双鞋子在中国需要 68 元,在美国需要 180 元,一台计算机在中国需要 2 710 元,在美国需要 1 100 元(这里我们不考虑汇率因素)。那么,中国会从美国进口计算机,而美国会从中国进口鞋子。

从上述分析可以看出,要素供给比例理论的核心就是:要素禀赋的不同或者说是要素丰裕度的差异决定了国际贸易中的分工。一国出口的应是本国丰富的生产要素生产的产品,而进口的是本国稀缺的生产要素生产的产品。

思考:为什么日本较多输出技术密集型和资本密集型产品,而印度则较多输出劳动密集型产品？

2．要素价格均等化理论

要素价格均等化定理(factor－price equalization theory)可表述为：在满足要素禀赋理论的全部假设条件下，自由的国际贸易通过商品相对价格的均等化，将使同种要素的绝对和相对报酬趋于均等。

国际贸易可能导致要素价格均等化的论点是由赫克歇尔首先提出来的。但是俄林认为，要素价格完全相同几乎是不可能的，要素价格均等只是一种趋势，主要原因有：影响市场价格的因素复杂多变，而不同地区的市场又存在差别；生产要素在国际间不能充分流动，即使在国内也做不到；产业对要素的需求经常是几种要素的组合，影响了要素价格的均等；集中的大规模生产必然使有些地区要素价格相对高些，而另一些地区要素价格低些，阻碍了生产要素价格完全均等化。所以，俄林认为：虽然各国要素缺乏流动性使世界范围内要素价格相等的理想状态不能实现，但商品贸易可以部分代替要素流动，弥补缺乏流动性的不足，所以国际贸易使要素价格存在均等化趋势。

讨论：中国的劳动力优势会消失吗？

一个美国或者欧洲工厂的工人每小时的工资成本在15至30美元之间或更多。相反，一个中国工厂的工人每小时的工资低于1美元——成本的差距有几十倍。

尽管中国的成本节约明显，许多观察者仍然预测，中国等低成本国家的成本优势在不久的将来(5年、10年或20年后)就会消失。他们认为，尽管低成本国家的劳动力要素成本现在很低，但它们会以比发展成熟国家快得多的速度增长，从而缩小成本的差距。你的看法呢？

(四) 要素禀赋理论简评

1．要素禀赋理论的突破

(1) 进一步深化了比较成本学说，正确指出了生产要素在各国对外贸易中的重要地位，由各种要素结合而构成的商品价格对一国对外贸易所起的重要作用。这一理论有重要的指导意义，成为现代最重要的国际贸易理论。

(2) 把一般均衡分析方法应用到贸易领域，强调国际贸易的原因和结果在于不同区域或国家之间各种商品和要素价格的相互联系和相互依赖的环节之中。

(3) 从资源配置优化的崭新角度，对生产要素自然禀赋的不同，要素价格相对差异，以及国际贸易引起要素价格趋于均等化的论述都是客观存在的经济现象。赋予古典比较成本原则以新的内涵，强化了自由贸易政策最优的规范结论。同时，深刻分析了比较成本存在差异的原因，突破了古典贸易学说的理论局限。

2．要素禀赋论的局限

(1) 认为劳动、资本和自然资源之间的比例只是简单的数字关系，而不是一个动态过程;并认为在一定的人口、资本和自然资源条件下,某一国家只能从事一定种类的商品生产与出口。

(2) 自然禀赋条件只能为生产和出口优势的形成以及国际分工提供可能性。在现实经济生活中,国际贸易不仅在要素禀赋差异较大的国家之间进行,而且也在资源禀赋相似的国家之间进行。

(3) 假定技术是不变的,各国的技术水平是相同的。显然,这与现实情况不符。事实上,技术是不断进步的,各国劳动力素质、生产力水平的差别越来越大。同时,由于各国的生产技术水平、生产函数等互不相同,使各国的经济发展水平相去甚远。

案例分析

新华社北京2004年9月9日电　一度仅在个别企业、地方出现的用工短缺正在国内多个地区迅速波及,并逐步演变为局部地区的"民工荒"。目前,珠江三角洲等一些重点地区的用工缺口已近10%,直接给当地及周边的企业生产带来明显影响。

劳动和社会保障部提供的情况表明,企业缺工主要发生在珠三角、闽东南、浙东南等加工制造业聚集地区。珠三角地区为广东省现有1 900多万民工的主要集中地,也是缺工最为严重的地区,有近200万人的缺口,缺工比率约为10%。其中,深圳现有民工420万人,缺口约40万人。东莞1.5万家使用外来劳动力的企业缺工近27万人。

思考:中国为什么会出现民工荒?用要素禀赋论的相关观点可以解释这个问题吗?

二、里昂惕夫之谜

第二次世界大战后,在第三次科技革命的推动下,世界经济迅速发展,国际分工和国际贸易都发生了巨大变化,传统的国际分工和国际贸易理论更显得脱离实际。在这种形势下,一些西方经济学家力图用新的学说来解释国际分工和国际贸易中存在的某些问题,这个转折点就是里昂惕夫之谜(The Leontief Paradox),或叫里昂惕夫反论。

(一) 里昂惕夫的验证

美国经济学家里昂惕夫(Vassily W. Leontief, 1906—1999),由于他的投入—产出分析法对经济学的杰出贡献,获得了1973年诺贝尔经济学奖。他的主要著作有《投入—产出经济学》、《生产要素比例和美国的贸易结构:进一步的理论和经济分析》等。

小资料:里昂惕夫小传

里昂惕夫,美国著名经济学家,投入—产出经济学创始人。他生于俄国彼得堡,曾就读于列宁格勒大学与柏林大学,1925年在柏林大学获经济学哲学博士学位,

1973 年获第四届诺贝尔经济学奖。1927—1930 年在德国 Kiel 经济研究所工作。

1931 年,里昂惕夫移居美国。他曾任哈佛大学教授,在哈佛期间兼任美国劳工部顾问等多种政府职务。1975 年就任纽约大学经济分析研究所所长。代表作《投入—产出经济学》收录了他从 1947—1965 年公开发表的 11 篇论文,其中有两篇主要研究国际贸易,即《国内生产与对外贸易:美国地位的再审查》(1953 年)和《要素比例和美国的贸易结构:进一步的理论和经济分析》(1956 年)。里昂惕夫在经济学上的贡献主要在于发展了投入—产出方法,并应用于重要的经济学问题研究。投入—产出分析的核心是在线性化假设之下表示部门间购进和售出的相互依存关系的投入—产出表。该方法主要用于经济计划和经济预测,其基本的数学工具是矩阵代数。20 世纪 40 年代发展起来的大型、高速数字计算机技术,使投入—产出方法的实际应用具备了现实条件。

里昂惕夫对赫—俄原理确信无疑,按照这个理论,一个国家拥有较多的资本,就应该生产和输出资本密集型产品,而输入在本国生产中需要较多地使用国内比较稀缺的劳动力要素的劳动密集型产品。基于以上认识,他利用投入—产出分析方法对美国的对外贸易商品结构进行具体计算,其目的是对赫—俄原理进行验证。他把生产要素分为资本和劳动力两种,对 200 种商品进行分析,计算出每百万美元的出口商品和进口商品所使用的资本和劳动量,从而得出美国出口商品和进口商品中所含的资本和劳动的密集程度。如表 3-8 所示,计算结果认为美国出口商品具有劳动密集型特征,而进口商品更具有资本密集型特征。这个验证结论正好与赫—俄原理相反。正如里昂惕夫的结论所说:"美国之参加国际分工是建立在劳动密集型生产专业化基础上,而不是建立在资本密集型生产专业化基础上。"

表 3-8　美国出口商品和进口替代商品对国内资本和劳动力的需要量

	1947 年		1951 年	
	出　口	进口替代	出　口	进口替代
资本(美元)	2 550 780	3 091 339	2 256 800	2 303 400
劳动(人/年)	182.313	170.004	173.91	167.81
人平均年资本量	13 991	18 184	12 977	13 726

资料来源:美国哲学会会刊. 1953,97:522

里昂惕夫文章的发表在国际经济学界引起了不小的争论,一些人试图对赫克歇尔—俄林理论进行重新评价,另一些人则怀疑里昂惕夫方法和数据上的错误。他们收集新的数据进行新的验证。从理论上说,赫克歇尔—俄林模型的假设是合理的,逻辑是严谨的，并没有发现赫克歇尔—俄林模型本身有什么问题。

更有意思的是，对20世纪50年代加拿大和日本的对外贸易数据分析发现，这两个国家出口的资本密集型产品要比进口的多，而这两个国家的主要贸易是同美国进行的。换句话讲，与美国相比，加拿大和日本都不能算是资本充裕的国家，但他们却向美国出口资本密集型产品，进口劳动密集型产品。这一发现实际上进一步证明了里昂惕夫之谜的存在。

对同期印度贸易的研究结果也非常有意思。研究发现，在印度对世界所有其他国家的贸易中，出口的主要是劳动密集型产品，进口的则主要是资本密集型产品；但在与美国的双边贸易中，印度主要出口产品中的资本要素与劳动力要素含量之比（K/L）高于其从美国进口的产品。印度的情况一方面支持赫克歇尔—俄林理论（印度作为劳动充裕的国家主要出口劳动密集型产品），另一方面又使里昂惕夫之谜在更大的范围内得到证实。

（二）对里昂惕夫之谜的解释

事实上，在里昂惕夫之后的这些研究一方面保留了“谜”，但在另一方面也解开了这个谜。这个谜之所以能继续存在，是因为人们用的是跟里昂惕夫相同的方法。只要计算的是简单的资本劳动比率，美国就会继续看来像是劳动密集型商品的出口国，“谜”就会存在。但如果对美国的这个现状进一步进行分析，或用美国以外的数据进行检验，就可发现里昂惕夫之谜并没有真正推翻赫克歇尔—俄林理论。贸易经济学家在里昂惕夫取得的结果的推动下，已提出看来能说明这些实证检验结果的一系列重要的因素。同时，他们也对赫克歇尔—俄林模型的原有简单解释作了许多改进，主要有以下四种解释：

1. 生产要素密集性逆转

赫克歇尔—俄林贸易模型对要素密集型的基本假定是：如果按生产要素价格的某一比率，某一商品的资本密集度比另一商品高，那么，在所有的生产要素价格比率下，这一商品的资本密集度都比另一商品高。换句话说，如果在中国的相对工资下，玩具是一种劳动密集型产品，那么，在美国的相对工资下，玩具也是一种劳动密集型商品，尽管美国的相对工资会比中国的高。但是，事实的情况可能不是这样。假定在美国由于资本充裕而劳动相对稀缺，资本便宜和劳动力昂贵，美国可能在玩具生产中使用更多的资本而非劳动。这样的话，玩具在美国变成了资本密集型商品，而在世界其余国家，由于资本较贵和劳动力比较便宜，玩具仍然是劳动密集型商品。这就是生产要素密集性逆转（factor-intensity reversal）的一种情况。在这种情况下，其结果可能是：美国出口商品A，它在别的国家是资本密集型的，但在美国是劳动密集型的；同时，美国进口商品B，它在外国是劳动密集型的，而在美国是资本密集型的。

里昂惕夫在计算美国进出口商品的资本劳动比率时，用的都是美国的投入产出数据。对于美国进口的商品,他用的也是美国生产同类产品所需的资本劳动比率,而不是这一商品在出口国国内生产时实际使用的资本劳动比率。这样一来,就有可能出现美国进口"资本密集型产品",出口"劳动密集型产品"的情况。

2. 贸易保护说

里昂惕夫之谜的产生也有可能是美国贸易保护的结果。在赫克歇尔—俄林模型中,贸易被假定为自由的,而在现实中几乎所有的国家(包括美国)都或多或少实行一定程度的贸易保护,尤其在战后初期。对于美国来说,保护程度较高的是劳动密集型商品。

贸易政策的制定会受到许多利益集团的影响。在美国,各个利益集团会通过院外游说影响国会的经济政策,而代表美国非熟练的和半熟练的工会组织劳联—产联就是这样一个强大的游说集团。克莱维斯 1956 年的一项研究指出,美国进口中的劳动密集型商品的确要比劳动密集度低的商品受到更高的进口壁垒的限制。罗伯特·鲍德温为美国劳工部所作的研究也表明,美国对产值中劳动力含量(或称为就业含量)高于平均水平的产品,尤其是对包含非农业非熟练劳动的产品的进口限制是最多的。

另一方面,别的国家也可能对他们的缺乏竞争力的资本密集型商品进行较高的贸易保护,从而使得美国资本密集型商品的出口受到了一定程度的影响。因此,有人认为,如果是自由贸易,美国就会进口比现在更多的劳动密集型商品,或出口更多的资本密集型产品,里昂惕夫之谜就有可能消失。

3. 人力资本说

在赫克歇尔—俄林模型中,生产要素被简单地分为劳动、资本或土地,而并没有将这些要素再进一步细分。事实上,同一要素之间会有很大的不同。就劳动而言,劳动技能的高低在各国之间也像在个人之间那样有很大区别。一个非熟练工人工作一小时的结果,与一个工程师、一个电子计算机系统分析员或一个医师的一小时劳动完全是不同的。同样,不同产品生产中所需要的劳动投入也是不同的,在很多情况下甚至是不可相互替代的。

一般说来,熟练工人需要更多的教育和培训,大量科技人员的产生也需要大量的科研与开发(R&D)经费的投入,在这些劳动力投入的背后,实际上是大量的资本投入。一些经济学家通过调查美国劳工的平均工资,高技能职员在整个雇员中的比率,以及研究开发支出在产品增加值中的比重等情况后发现,美国人力资本投入在全世界占有领先地位,美国拥有的科技人员和熟练工人也是全世界最多的(见表 3-9)。而且,研究表明,美国出口行业的工人平均工资比进口竞争行业工人的平均工资要高 15%,可见,美国出口行业的劳动生产率和包含的人力资本要高于进口竞争行业。因此,简单地用美国的资本和劳动人数或劳动时间来计算美国进口产品的资本劳动比率可能没有反映出熟练工人和非熟练工人之间的区别,以及美国人力资本与其他国家人力资本方面的区别。当使用每一工人的人力资本而不是简单地用劳动力人数或时间来重新计算里昂惕夫算出的结果时,美国出口商品的资本(包括人力资本)密集度的确比它进口竞争产业产品的要高。科技人员和熟练工人的技能相对来说是美国最充裕的要素之一。

表 3-9　发达国家和地区的要素占世界总要素的比例(20 世纪 90 年代)

国家	实物资本	高度熟练劳动力	中等熟练劳动力	不熟练劳动力	可耕地	森林
美国	25.8%	28.5%	13.6%	0.5%	24.1%	15.8%
加拿大	3.6%	5.8%	1.3%	0.1%	6.0%	27.3%
日本	15.0%	10.4%	7.2%	0.3%	0.5%	1.4%
德国	9.3%	4.6%	4.5%	0.2%	1.5%	0.6%
法国	5.6%	3.4%	2.9%	0.1%	2.4%	0.8%
英国	3.6%	6.5%	3.0%	0.1%	0.8%	0.1%
其他工业化国家	19.5%	14.2%	13.1%	0.9%	13.7%	14.2%
所有发展中国家	17.6%	26.6%	54.4%	97.8%	51.0%	39.8%
总　计	100%	100%	100%	100%	100%	100%

资料来源:[美]T. 普格尔,P. 林德特著,李克宁等译. 国际经济学. 第 11 版. 北京:经济科学出版社,2001

4. 自然资源说

里昂惕夫之谜中只计算了贸易中的资本和劳动的比率而没有包括自然资源。不充分注意到各国自然资源的不同以及它们与资本和劳动力的关系,就不能完全解开资本劳动比率计算结果中出现的大部分奥秘。各国的天赋资源的种类和数量有很大不同。阿拉伯半岛富有石油但几乎没有什么其他资源;日本只有很少的耕地并且实际上没有矿产或森林;美国拥有充裕的耕地和森林;加拿大拥有除热带特有的资源以外的所有自然资源;英国有煤和近海石油及天然气,但几乎没有什么别的矿藏。

为了判断自然资源在一国比较优势中的作用和对贸易模式的影响,首先应该对每一产业部门中所用耕地的地租、消耗的矿藏量的价值以及森林树木的价值等进行估计。而后,应把这些资源地租的部分通过投入—产出系统过滤一下,以找出出口商品生产和进口竞争的商品生产中的自然资源量。但在实践中,自然资源地租是很难计量的。因此,有些经济学家试图仅仅通过鉴定某些部门是资源密集的并把它们同其他部门分开,来判断自然资源在贸易中的作用。

关于自然资源在贸易中作用的研究,的确有助于解释为什么会出现里昂惕夫之谜。里昂惕夫发现,美国进口产品之所以是资本密集型的一个原因,就是美国是大量矿产的进口国。这些产品既使用大量的自然资源,也使用大量的非人力资本。在出口方面,美国出口的农产品相对说来主要使用的是土地和大量的劳动力。从这个意义上来说,里昂惕夫之谜看来是一种幻景:美国进口的自然资源产品碰巧是资本劳动比率较高的,而出口的自然资源产品碰巧是资本劳动比率较低的,从而形成了美国进口资本密集型产品而出口劳动密集型产品的现象。当自然资源行业被排除之后,美国出口行业的资本密集型产品比重都增加。

自然资源的作用看来也有助于解释美国与其他国家贸易中所得出的某些令人困惑的资本劳动比率。加拿大看来是向美国出口资本密集型产品,这主要是由于它出口的也是资本劳动比率高的矿产品。日本看来是在出口其资本密集度比它进口产品要高的产品,这主要是因为它进口大米,大米在日本是以劳动密集的方式生产的。印度也从美国进口粮食,与印度对美出口的产品相比,作为土地密集型产品的粮食中的资本劳动比率是较低的。

第三节　二战后自由贸易理论的新发展

二战后,随着科学技术的进步、生产力的发展和国际政治经济形势的相对稳定,国际贸易的规模变得越来越大,国际贸易的产品结构和地区分布与战前相比也发生了很大的变化。主要表现在:发达国家之间的贸易比重不断扩大;同类产品之间的贸易量大大增加;产业内贸易得到了迅速发展。最典型的例子就是美国、日本和欧洲各国之间电器产品与电器产品的贸易,以及汽车与汽车的贸易。不仅如此,由于产品之间差异性的存在,在国际和国内市场上大量存在的是不完全竞争的市场,完全竞争的情形是非常稀少的。

对于这些在国际贸易中出现的新情况,传统的国际贸易理论已经很难作出令人满意的解释。而且,不少经济学家对不同时期、不同国家的贸易数据进行分析之后发现:里昂惕夫悖论总是存在的。因此,经济学家们试图从各种不同的角度出发来解决这一难题。新国际贸易理论包括偏好相似理论、规模经济理论、技术差距论、产业内贸易理论和产品生命周期理论。这些理论没有统一的模式,它们都是通过放松要素禀赋理论某些方面的假设前提,来解释国际贸易的一些特定情况的。此外,一些经济学家也从其他角度出发对传统的国际贸易理论作出了一些补充和说明,如人力资本说和国家竞争优势理论等。

一、偏好相似理论

偏好相似理论也叫做需求相似理论。它是瑞典著名经济学家林德在其 1961 年出版的《贸易与转移支付》一书中提出的。在该书中,林德针对工业国之间的贸易格局,改变了传统的分析方法，第一次从需求角度出发探讨了国际贸易产生的原因。

（一）需求偏好相似说的基本内容

1. 企业生产的决定因素不是成本而是需求和市场

林德认为，一种新产品的发明或者创新思想的出现，首先需要精确考虑的是市场对其的需要，然后进行研制，不断改进，生产出适应市场需要的产品。只有当一种产品与市场紧紧地联系时，它才能被发明和生产。有的经济学家举例说明，正是瑞典的寒冷的气候，造成了对于瑞典火炉的需求，才有瑞典火炉的研制和生产。美国长距离的行程导致生产大量的轿车。加拿大人口稀少，而又分布在广阔的土地上，导致对于电子通信技术的需求及其发展。一般说来，一种产品的发明、生产和销售首先在国内，只有当这种产品在国内的需求日益扩大，生产规模的扩大导致成本下降，才有条件向国外输出同类产品。这是因为，一种新产品出口至国际市场，首先是费用较高，其次是风险较大，产品没有达到一定的成熟程度，出口至国际市场困难比较多。可见，国内的需求和市场的扩大，导致生产达到一定的规模，成本下降，才能为出口提供条件。林德的学说实际上是把社会生产过程中的消费环节作为起点，认为企业应奉行消费者中心论，即你消费什么，我生产什么。林德的学说为现代西方经济学关于商品价格主要受供求影响这一理论提供了主要支持论点。

2. 出口市场形成是因为与国内市场有着相似优势

林德认为，需求不但决定国内的生产，同时也决定一些新产品的出口。这些新产品的出口，是因为国外市场能够接纳这些产品，也就是出口市场的消费者的收入水平、消费结构和消费偏好与出口国具有相似的优势和特征，消费者才有条件消费这些产品。因此，他认为，发生贸易的决定性因素是这些国家的需求和市场。然而，消费需求相同的国家常常是有着相同的要素比例，而不是相反，因此，用要素比例学说无法解释这一现象。发达国家之间的贸易发生，正是因为要素比例相同，有着相似的优势，有着相同的需求，才在它们之间发生着大量的贸易。有的经济学家也举出了大量的实例说明一些新的产品的出口市场是与本国市场有着相同的收入水平的市场。例如，缝纫机在美国发明，开始在国内生产销售，逐渐出口，最早出口的市场是英国，特别是出口至英国的纺织中心格拉斯哥。又如，福特T型的轿车、真空吸尘器、电梯等的发明在美国，而最早的出口市场都是英国；阿司匹林在德国发明，最早的出口市场是美国和英国；等等。

3. 人均收入水平决定需求偏好和需求结构，而需求偏好和需求结构又决定贸易关系

在为什么国际贸易主要发生在发达国家之间的问题上，林德认为正是因为发达国家经济发展水平较高，因此人均收入水平较高，使得该国代表性需求向某种比较昂贵的商品移动。为满足市场需求，生产者不断扩大和改进生产技术，结果产量增长速度超过需求增长速度，从而使该国有能力向别国出口。所以一种产品首先应是在本国消费或

投资生产，然后才具有出口的可能性，即国内的需求偏好决定产品出口的可能性。人均收入水平与消费品、资本设备的需求类型有密切的联系，人均收入水平较高的国家，其选择的消费品质量与档次较高，资本设备需求结构也必然更先进、更高级。人均收入水平较低的国家，其选择的消费品质量也较低，因为它要让有限的收入满足多样化的需求；同时，为了实现充分就业和掌握生产技术，也只能选择相对简单的技术和设备，这又导致这些国家消费品结构的低级化。因此，人均收入水平越相似的国家，其消费偏好和需求结构越相似，产品的相互适应性就越强，贸易交往的可能性就越大；而人均收入水平的差异会导致需求偏好和需求结构的不同，会成为国际贸易发展的障碍。他得出的结论是：人均收入水平越相似的国家，其消费偏好和消费需求结构越相近，产品的相互适应性就越强，贸易交往也就越密切。

4. 进口国通常会成为下一个出口国

一般说来，一种新产品的进口国常常成为下一个出口国。林德认为，随着新产品的进口，进口国的一些厂商逐渐进行模仿，生产新的产品，在本国生产和销售，替代进口产品。而这些国家的政府为了保护本国这些新产品的生产，设置贸易壁垒，限制该产品的进口，这些进口国的厂商在生产中取得经验，特别是该国的需求量较大，市场规模较大，可以发挥规模经济的效率，极大地降低成本，在竞争中创造比较优势，从而成为新的出口国。

（二）对需求偏好相似说的评价

林德的需求相似偏好理论有一定的道理，对于第二次世界大战以来国际贸易领域的主要贸易对象是发达国家的现象作出了解释和说明。然而，许多经济学家认为他的理论很难在实践中得到验证。美国经济学家佐治亚州州立大学教授米尔蒂德斯·钱乔里德斯在他的《国际经济学》一书中指出，斯蒂芬·林德的理论假设很难在实践中得到证明。有的国家生产某些产品，在国内根本没有需求，不是为国内的需求而生产的。例如，人造圣诞树和生产各种装饰品的出口国，是那些根本不过圣诞节的国家。这些产品的出口国是日本、韩国和中国，它们国内对于圣诞树和树的装饰品的需求量很小。这就很难从需求方面得到解释，为什么这些国家成为这些产品的主要出口国。布朗—霍根多伦认为，像瑞典人的火炉、美国人的大轿车等都是些个别例子，除了这些例子以外，很难举出其他例子来说明这一理论。

二、规模经济理论

所谓规模经济，是指产出水平的增长比例要高于投入要素的增长比例。例如，当所有要素投入都增加一倍时，产出的增加将大于一倍，这种情况就叫做规模经济，或者叫规模报酬递增。

规模经济理论也叫规模报酬递增理论，又称规模收益递增理论，是美国著名经济学家保罗·克鲁格曼在其1985年出版的《市场结构与对外贸易》一书中提出的。该理论认为,规模报酬递增是开展国际贸易的基础,当某一个国家生产某种产品时规模报酬递增,也就是说单位产品的生产成本随着该种产品生产规模的扩大而递减,该种产品在生产中具有成本优势,则该国将专业化生产并出口该种产品。

规模经济一般可以分为内部规模经济和外部规模经济这两种类型。内部规模经济主要是指由于企业自身生产规模的扩大、产量的增加,各种生产要素的效能得以更好的发挥,企业内部的分工和专业化程度越来越高,厂房、机器等设备的利用率也越来越高,从而分摊到单位产品上的固定成本越来越少,产品的平均成本得以降低。外部规模经济主要是指由于某一产业内相关企业数量的增加而导致的该产业规模的扩大。

思考:为什么瑞士比较集中地生产手表和医药,卢森堡比较集中地生产钢铁,丹麦比较集中地生产家具,荷兰比较集中地生产蔬菜和花卉?

三、技术差距论

技术差距论也叫做创新与模仿理论,它是由波斯纳在其1961年发表的《国际贸易和技术变化》一文中首先提出的。

波斯纳把从技术差距产生到由技术差距而引起的国际贸易结束之间的时间间隔称为模仿滞后时期,整个过程又可分为反应滞后期和掌握滞后期两个阶段。其中,在反应滞后期的初期有一个阶段被称为需求滞后期(demand lag)。所谓需求滞后期,是指从技术创新国开始生产新产品到国外市场上出现对这种新产品的需求、创新国开始出口该种新产品之间的时间间隔。需求滞后期的长短主要取决于两国之间市场容量的差距和收入水平的差距,差距越小则需求滞后期就越短。所谓反应滞后期,是指从技术创新国开始生产新产品到其他国家反应过来,开始模仿这种新技术生产该种新产品这之间的时间间隔。反应滞后期的长短主要取决于厂商的决定意识和关税、规模报酬、运输成本、国外市场的容量以及国外居民的收入水平等因素。如果技术创新国在扩大新产品的生产中能够获得规模报酬,同时进口国的关税税率、运输成本比较低,市场容量也比较大、居民收入水平比较稳定,则反应滞后期就会被相应地延长,技术创新国就能够较长时间地保持其出口优势;反之,反应滞后期就会被缩短,创新国的技术优势就很容易丧失。所谓掌握滞后期,则是指从其他国家开始模仿新技术自行生产新产品到它们完全自己生产新产品满足其国内需求、技术创新国对该国的出口为零之间的时间间隔。掌握滞后期的长短主要取决于技术模仿国学习、模仿、吸收新技术的能力的大小,学习、模仿能力强,吸收能力快,则掌握滞后期就比较短;反之,掌握滞后期就比较长。

技术差距论从技术创新出发,论述了由于产品优势在创新国和追随国之间的动态转移而发生的国际贸易,这本身就是具有创新意义的。

四、产业内贸易理论

产业内贸易理论又被称为差异化产品理论。它是为了解释二战后蓬勃发展的产业内同类产品之间的贸易现象,而于20世纪60年代以来在西方国际贸易理论中逐渐产生和发展起来的一种理论。

(一)产业内贸易的概念

产业内贸易是产业内国际贸易的简称,它是指具有相同或相似的生产要素禀赋的国家之间开展的贸易。具体来说,就是指在一段时间内,某一个国家或地区对属于同一产业内部的产品既有进口、又有出口的现象。

产业间贸易是指不同产业产品之间的贸易,如一国生产的农产品和另外国家生产的工业品进行贸易;而产业内贸易则主要是指工业产品中的某一类产品之间的贸易,这类产品一般具有消费上的可替代性以及生产中要素投入的类似性。

由此,可以将产业内贸易精确地表述为:产业内贸易是同一产业内的产品,主要是制成品在不同国家和地区之间的双向流动。

思考:日本出口丰田汽车到德国,同时又进口德国的奔驰轿车;日本出口精工手表到瑞士,又从瑞士进口劳力士手表;美国出口汽车的零部件到日本,又从日本进口汽车的零部件。问:上述各种现象属于什么贸易?该类贸易有什么特点?

(二)产业内贸易理论的产生和发展

产业内贸易理论起源于对欧洲经济共同体一体化效果的评价。从20世纪70年代中期以后,以格鲁贝尔、劳埃德为代表的一大批经济学家又对产业内贸易现象进行了系统性、开创性的研究,使产业内贸易理论从单纯的经验性检验发展到理论性研究阶段。他们认为,传统的国际贸易理论更适合于解释发生在不同产业之间的贸易问题,而发生在欧共体内部成员国之间的同一产业内部同种类产品之间的相互交换则属于典型的产业内贸易问题。

(三)产业内贸易的理论解释

对于产业内贸易来说,由于其制约因素和形成的原因都比较复杂,涉及面也比较广,因此经济学家主要是从产品的异质性、企业内部规模报酬递增以及偏好的相似性和多样性这三个角度出发对产业内贸易现象进行理论说明的。

(1)产品的异质性是产业内国际贸易的基础。

(2)企业内部规模报酬递增是产业内贸易的主要利益来源。

(3)需求偏好的相似性和多样性是产业内贸易的动因。

(四)产业内贸易的特点

通过以上对产业内贸易的介绍,我们可以发现,与产业间贸易相比,产业内贸易具

有以下几个特点:

(1) 产业内贸易是以产品的异质性和规模经济为基础的,而根据要素禀赋理论,产业间贸易是建立在由各国要素禀赋的不同而导致的比较优势的基础上的。

(2) 在产业间贸易中,产品的流向可以凭借贸易前同种产品之间的价格差来确定;而在产业内贸易中,贸易模式则不能简单地凭借贸易前同种产品的价格差来确定。

(3) 由于产业内贸易是以规模经济,也就是规模报酬递增为基础的,因此,在产业内贸易中,所有的生产要素都可能从贸易中获益。

五、产品生命周期理论

产品生命周期理论是解释工业制成品贸易流向的理论。它是1966年由美国经济学家弗农在其《产品周期中的国际投资与国际贸易》一文中首先提出的。后来许多经济学家如威尔斯、赫希等人又对该理论进行了验证,并进一步充实和发展了这一理论。

产品生命周期理论撇开传统国际贸易理论的前提条件,作出了如下假设:

(1) 假定生产函数是可变的,并且当生产达到一定水平之后就会产生规模经济;

(2) 假设信息不能自由流动,不同国家之间的信息传递会受到一定程度的限制;

(3) 假设不同收入水平国家之间的需求结构和消费结构是有差异的;

(4) 假设产品的要素密集度在其生命周期中的各个阶段是各不相同的。

在上述假设条件的基础上,该理论认为,由于技术的创新和扩散,任何制成品都和生物一样有一个生命周期。在这个生命周期中,产品会先后经历5个不同的阶段,即引入期、成长期、成熟期、销售下降期、衰亡期。在产品生命周期的不同阶段,各个国家在国际贸易中的地位是不同的。

引入期是指创新国研究和开发新产品的阶段。在成长期,出于新技术尚未扩散到国外,创新在新产品的生产上仍然具有无可比拟的优势,它不但拥有国内市场,而且在国际市场上也处于完全垄断的地位。在产品的成熟期,由于生产技术已趋成熟,研究和开发已经不是最重要的因素,新产品由知识技能密集型逐步转变为资本密集型。在销售下降期,由于新产品的生产已经高度标准化,国外那些模仿生产新产品的厂商已经可以进行大批量生产,并利用规模经济使新产品的生产成本大大降低。衰亡期,低工资的非熟练劳动取代了研究开发因素和资本因素,成为决定比较优势的重要条件。因此,在产品的衰亡期,劳动力资源欠缺的创新国由于不具备比较优势而成为了该种新产品的净进口国,该种新产品的生命周期在创新国完全结束;同时,创新国又利用其雄厚的物质资本和研发优势开始了新一轮的创新,新一代的新产品即将被开发出来。

六、人力资本说

人力资本说是由美国经济学家舒尔茨创立的。该学说主要是用人力资本的差异来解释国际贸易发生的原因以及一国开展国际贸易的模式。

舒尔茨认为，劳动者所受到的教育、培训等智力投资不同，就决定了他们不同的劳动熟练程度，进而也决定了他们不同的劳动效率。因此，劳动是不同质的，高素质的劳动力是一种投资的结果，是过去进行资本支出的结果。在产品的生产过程中，所投入的资本除了物质资本之外，还包括人力资本。

七、国家竞争优势理论

国家竞争优势理论是在20世纪90年代初期，由美国经济学家迈克尔·波特在他的《国家竞争优势》一书中提出的。他认为，一国兴衰的根本原因在于能否在国际市场上取得竞争优势。竞争优势形成的关键，在于能否使主导产业具有优势，优势产业的建立来源于提高生产效率，提高生产效率的源泉在于企业是否具有创新机制。因此，一个国家的竞争优势，就是企业、行业的竞争优势，也是生产力发展水平上的优势。

波特认为，国家竞争优势来源于以下四个主要因素：

(1) 生产要素。他认为，生产要素包括自然资源、人力资源、基础设施、资本资源和知识资源。这些要素又可分为基本要素和高级要素。前者指一国先天拥有的自然资源、劳动力、地理位置等；后者又称推进要素，是指通过投资和发展而创造的要素，如现代化的高科技、设计人员、熟练劳动力、科研机构等。一国的竞争优势只靠基本要素难以长久，只有拥有推进要素的国家才能保持它的竞争优势。因此，拥有推进要素对一国的目标竞争力最为重要。

(2) 国内需求。本国市场对有关行业的需求是影响一国竞争优势的重要因素，例如，本国市场对有关行业的某类产品需求广阔，就会促使该行业竞争和发展，形成一定的规模经济，从而有利于国际竞争优势的加强。

(3) 相关与辅助行业。这是指为主导产业提供投入的产业。这些产业是否发达，关系着主导产业能否降低成本，提高质量，交流信息，有利于建立起竞争优势。因此，一国产业是否具有国际竞争力，不仅要推进主导产业的发展，而且要关注是否具有高效率的相关与辅助行业。

(4) 企业的战略结构和竞争。不同企业的目标不同，战略、生产与管理方式也会不同。这些都将影响其目标竞争力的发展。国内市场竞争程度高的国家，生产厂商所受的压力大，会使企业不断改进技术，提高效率，更新产品，以取得一种持久的独特的优势地位，这将有利于该国的国际竞争优势的建立和增长。

此外，波特还提出两个附加因素，即机遇因素和政府因素，前者是指世界经济的发展变化，某些科技的突破和创新、汇率、战争等的变化；后者是指一国政府所采取的宏观经济政策等，这些都将影响该国的国际竞争优势的变化。

波特认为，一国竞争优势的发展可分为四个阶段：

第一阶段是要素推动阶段。此阶段的竞争优势主要取决于一国在某基本要素上拥有的优势,即是否拥有廉价的劳动力和丰富的资源。该国家产业的技术层次低,所需的技术是一般的和可以广泛使用的,技术主要来源于其他国家而不是自创的。处于要素推动阶段的国家,其生产力缺乏持续增长的基础。

第二阶段是投资推动阶段。此阶段的竞争优势主要取决于资本要素。大量投资可更新设备,扩大规模,增强产品的竞争能力。在这阶段,企业不仅使用外国技术,而且改进外国技术。这个阶段的显著特点是,企业具有吸收和改进外国技术的能力。但随着要素成本和工资的大幅度增加,一些价格敏感的产业开始失去竞争优势。

第三阶段是创新推动阶段。企业能在广泛的领域里进行竞争,实现不断的技术升级。竞争优势主要来源于研究与开发。企业不仅能运用和改进国外技术,而且能创造技术。这个阶段的显著特点:一是高水平的服务业占据越来越高的国际地位,这是产业竞争力不断增加的反映;二是政府的作用发生变化,资源配置、贸易保护、出口补贴等形式的干预程度越来越少,政府主要发挥间接的作用。

第四阶段是财富推动阶段。这个阶段的驱动力是已经获得的财富,但是,依靠过去的财富所驱动的经济是不能保持其财富的,最终导致创新、竞争意识的下降,产业竞争能力衰弱,企业已开始失去竞争优势。这个阶段的显著特点是,长期的产业投资不足,投资者的目标从资本积累转变为资本保值。

从上述四个阶段的标准看,各国在世界经济和分工中处于不同阶段,大多数发展中国家处于要素推动阶段,少数发展中国家,如韩国、新加坡等处于资本推动阶段,日本、意大利在20世纪70年代处于创新推动阶段,美国处于财富推动阶段。

本章小结

本章主要介绍了西方自由贸易理论,主要内容如下:

(1) 亚当·斯密的绝对成本学说认为,各国的对外贸易利益取决于各国生产商品的绝对成本优势,一个国家出口的应是在本国国内生产效率高的商品,进口的应是在国外生产效率高的商品。交易的结果是使交易双方都能获得好处,而不是像重商主义者所认为的国际贸易只能使单方面有利。

(2) 大卫·李嘉图的比较成本学说认为,在国际分工中,如果两国生产力不等,甲国生产任何一种商品的成本均低于乙国,处于绝对优势;而乙国的劳动生产率在任何商品的生产中均低于甲国,处于绝对劣势,这时两国仍存在进行贸易的可能性,即遵循"有利取重,不利择轻"的原则,同样能为贸易国带来好处。

(3) 约翰·穆勒的相互需求理论继承了李嘉图的比较成本学说,针对国际贸易的发生以及它是否给贸易参加国带来利益及利益多少和分配、决定的贸易条件等最基本的理论问题,提出了自己的看法。

(4) 要素禀赋理论有狭义和广义之分。所谓狭义的要素禀赋理论,是指生产要素供给比例说,它通过对相互依存的价格体系的分析,用不同国家的生产诸要素的丰缺解释国际分工与国际贸易产生的原因和一国进出口商品结构的特点。所谓广义的要素禀赋理论,除了要素供给比例学说以外,还包括要素价格均等化学说。它研究国际贸易对要素价格的反作用。

(5) 里昂惕夫之谜是在对要素禀赋理论进行科学验证过程中产生的悖论,而后来的经济学家对该问题的研究衍生出了二战以后国际贸易理论的新发展,主要包括偏好相似理论、规模经济理论、技术差距论、产业内贸易理论和产品生命周期理论等。

阅读材料

自由贸易过时了吗?

自由贸易和贸易保护主义之间永无休止的争论是国际经济学中最重要的政策主题之一。从亚当·斯密以来,自由贸易一直是贸易理论领域中的主流。但是,随着世界经济和贸易理论的发展,特别是规模经济和不完全竞争被引入贸易理论范畴之后,自由贸易作为最优贸易政策的地位受到了越来越多的置疑。不仅是一部分利益集团主张政府干预,一些经济学家也开始相信,自由贸易只有在完全竞争的市场经济中才是最优政策,在具有规模经济和不完全竞争特征的制造品贸易为主的现实世界里,合理的政府干预有可能增加市场的产出并使本国受益。他们认为,自由贸易已经完成了它的历史使命,在当代国际贸易中,政府的积极干预可能会给本国带来更大的利益。自由贸易真的过时了吗? 著名国际经济学家保罗·克鲁格曼从理论和现实的角度重新审视这个具有现实意义的重要命题。

1. 自由贸易优于自给自足

长期以来,国际经济学中或许可以称得上最重要的观点就是:贸易能使双方受益,即一国与其他国家从事贸易,互相销售自己具有比较优势的产品对贸易双方都是有利的。尽管在赫克歇尔—俄林—萨缪尔森模型中强调了贸易导致的收入再分配问题,但经济学家都认为自由贸易所带来的整体利益要大于没有贸易的自给自足状况,即使是引入了规模经济和不完全竞争后的贸易理论也认为贸易能带来利益。贸易能促使各国在较小的行业范围内,进行专业化生产,不仅可以发挥规模经济的效应,也能够增加各国产品种类的多样化。并且,贸易增强了竞争,减少了封闭经济中不完全竞争带来的市场扭曲。总之,不论是比较优势理论还是不完全竞争和规模经济理论,都主张贸易优于封闭的自给自足。

2. 反对自由贸易的新观点

自由贸易好于自给自足并不等同于自由贸易优于合理的政府干预政策。自由贸易是最优政策的观点是市场经济中的自由主义(不干涉主义)理论的一部分,它是建立在市场是有效的这一假设之上的。如果在人们的生活中,规模报酬递增和不完全竞争已经成为国际贸易中的主要现象,那么自由贸易政策是否仍然是最优的呢?根据国际贸易的新理论,人们提出了两个反对自由贸易的新论据:一个是全新的理念,而另一个是旧理念的新突破。前者称为战略性贸易政策理论,它认为合理的贸易干预政策能够在垄断竞争的条件下将超额利润从国外转移到国内企业;后者则主张政府政策应该向具有外部性的行业倾斜,特别是那些由于知识外溢而不能获得全部收益的创新企业。

3. 对新干预主义理论的批评

尽管新贸易理论中关于规模报酬递增和不完全竞争的假设被大多数经济学家迅速接受了,但由该理论推演出的新干预主义贸易政策则遭到了激烈的批评,包括不少新理论的创建者。对新干预主义的批评主要集中在以下几个方面:

第一,它不具有现实可行性。虽然不确定性是所有经济政策的共同难题,但对于寡头竞争市场来说,不确定性就更严重。第二,即使政府能够克服政策中的不确定性和操作中的困难,但如果干预政策的结果引起更多的寻租企业进入这一行业,干预政策所带来的利益也会被企业增加造成的规模缩小成本增加而抵消。第三,受到预算约束的政府必须评估干预政策是否能给经济整体带来更多的益处,必须从一般均衡角度分析干预是否能提高整个社会的福利水平。干预主义可以使得到政府倾斜的优势部门获利,但是处于相对劣势的其他部门则有可能遭受损失。另外,以市场失灵为依据进行贸易保护的观点也受到质疑。

4. 支持自由贸易的政治经济学分析

当然,对国际贸易中新干预主义政策的批评并不足以证明自由贸易优于政府干预。为了比较这两种政策,有必要进一步从政治经济学的角度进行分析。不难看到,干预政策必须承担两方面的利益风险。首先,干预政策奉行的是国际贸易的"零和游戏"规则,本国的获利是建立在贸易伙伴的损失之上的。损人利己的结果往往是招致对方报复引发贸易战或对方也实行相同的政策,其结果必定是两败俱伤。因此,新干预主义所看到的本国利益在现实中可能根本不存在。其次,任何贸易干预政策必定会对收入分配产生影响。一些人数不多但组织严密的利益集团为了自身的利益往往对政府的贸易政策施加压力,而政府在决策过程中并不一定代表绝大多数人的利益。而与力量分散的广大公众相比,利益集团具有优势,对政府很有影响力,因而有可能获得有利于自身而牺牲大多数人利益的贸易政策。实行干预主义贸易政策的结果往往有利于少数利益集团而不利于整个社会。因此，实行新干预主义贸易政策的结果可能比自由贸易更坏。

5. 当代世界经济中自由贸易的地位

古典自由贸易的政策是建立在市场有效的前提下的。当代世界经济中市场的不完全竞争性和市场失灵使自由贸易失去了原有的理论基础而受到挑战。但是，理论分析和实际证据都表明，实行干预主义的贸易政策并不能确定给本国整体带来利益。为追求干预所带来的利益而摒弃自由贸易原则往往会带来比潜在的利益更严重的损失。相比之下，自由贸易仍然是最确定的风险最小的政策。即使在政策和市场都不完善的现实世界中，自由贸易仍占据经验法则上最优的地位。首先，自由贸易作为国际贸易规则已经被大多数国家所接受，有助于各国避免由保护主义政策引发的贸易战。其次，自由贸易作为一种简单法则，可抵制特殊利益集团的政治压力。

事实上，自由贸易已经在新理论的冲击中找到了自己的恰当位置。自由贸易没有过时，然而它已经不像以前描述的那么完美，但是与保护主义相比，它仍然是现实中的最优政策。

资料来源：南方网. http://www.southcn.com

复习思考题

1. 试述绝对优势理论的基本观点及对该理论的认识。
2. 试述比较成本学说的基本内容，并用简单数字进行分析。
3. 试述要素禀赋理论的主要内容。
4. 什么是里昂惕夫之谜？
5. 如果一个国家新开发了一种新的技术领先产品，则该国何时会开始出口该产品？何时又会进口该产品？

第四章

保护贸易理论

学习目标

知识目标： 掌握保护幼稚工业理论、超保护贸易理论、战略性贸易理论等，了解重商主义及其他的新保护贸易理论。

技能目标： 明确各种理论产生的背景和作用，学会用理论内容分析现实问题。

篇前案例

"靴子安全论"与"剪刀安全论"

澳大利亚是一个地广人稀的国家，国土面积接近中国，但是人口不到2 000万，因而在劳动密集型产业上缺乏优势。20世纪70—80年代，随着国内制鞋和服装业面临的外国竞争压力加大，澳国学术界和政策部门就是否应当保护国内纺织业发生争论。纺织业利益代言人认为应当保护国内纺织业和鞋帽业，理由之一是如果打起仗来，澳大利亚士兵得不到靴子，战斗力会下降，因而保护纺织鞋帽业具有国防意义。后来该国经济学家提供的专题研究报告表明，澳大利亚每保护一个纺织业工作职位，以国内纳税人和消费者支付相当于纺织工人平均工资好几倍数量的福利这一损失为代价。这类研究和讨论，逐渐改变了公众的态度，有关政策也发生了调整和改变。

可与"靴子安全论"相媲美的还有一个，那就是美国的"剪刀安全论"。当历史上美国传统剪刀制造业面临外国竞争时，代表这一行业的证词争辩说："万一国家处于紧急关头而进口中断时，美国将没有剪刀的来源。而剪刀是许多行业的基本生产工具并且对我国的国防至关重要。"

问题：

1. "靴子安全论"与"剪刀安全论"这两个观点同自由贸易理论的观点有什么不同？

2. 你如何看待这两个观点?

第一节　重商主义

一、重商主义

(一) 重商主义产生的背景

重商主义是15世纪至17世纪欧洲资本原始积累时期代表商业资本利益的经济思想和政策体系。

15世纪末16世纪初的地理大发现打开了欧洲通往东方的航路,出于对海外贸易丰厚利润的贪婪追求,国际贸易彻底冲破了地域的限制,地中海沿岸的帆船和马可·波罗时代的驼队,已被往来穿梭航行于各大洋的大型商船队所取代。

“美洲的发现,绕过非洲的航行,给新兴的资产阶级开辟了新的活动场所。东印度和中国的市场、美洲的殖民化、对殖民地的贸易、交换手段和一般的商品的增加,使商业、航海业和工业空前高涨,因而使正在崩溃的封建社会内部的革命因素迅速发展。”(引自《共产党宣言》)商业活动,尤其是海外贸易的大发展,在源源不断地给各欧洲大国金银财富的同时,亦使商品货币关系渗透到了社会生活的方方面面,社会财富的重心由土地向黄金白银等贵金属转移,进而一方面改变着人们的思想观念——“金银即为财富,财富就是金银”成为了社会各阶层的普遍共识;另一方面也使社会经济结构发生了根本性的变革——商人凭借雄厚的经济实力,社会地位大大提高,迅速上升到了支配地位。农民、手工业者,甚至封建统治者,都在相当程度上产生了对商业资本的依赖性。这种社会大变革反映到上层建筑的思想意识形态领域,就表现为重商主义的兴起。

重商主义者通过商业经营活动发财致富的奥秘,在他们自己看来其实是最简单不过的事情。“贱买贵卖”、“少买多卖”、“不买只卖”,甚至尽可能地将别人的东西“抢”过来再“卖掉”,始终都是指导他们进行商业活动的金科玉律。用赚来的钱再去做更大的生意,还能够赚到更多的钱。如此循环往复,黄金和白银就源源不断地流入了商人的钱袋,使他们越来越财大气粗。社会通行的商业实践原则,令重商主义者将财富与金银混为一谈,将金银看做社会财富的唯一代表和化身。这也正是当年拜金主义或黄金拜物教盛行的根本原因。

葡萄牙人在非洲海岸、印度及整个远东地区搜寻着黄金;黄金这两个字变成了驱使西班牙人远渡大西洋的符咒;黄金也是白种人刚踏上新发现的海岸时所追求的头一项重要的东西。

——恩格斯.论封建制度的解体及资产阶级的兴起

（二）重商主义的基本观点和政策主张

重商主义者认为，货币（金银）是财富的唯一代表，国民财富增长的唯一途径是开展对外贸易，实现贸易顺差，而国家力量的强大则是积累财富、开展对外贸易、保证外贸顺差的重要保证。为此，一般情况下，其政策主张如下：

（1）货币政策。早期的货币差额论主张通过立法禁止金银输出；晚期的贸易差额论的政策主张有所放松，主张通过追求贸易顺差来增加货币财富，同时重商主义主张吸引国外货币留在本国，如英国政府曾规定，外国商人必须将出售货物所得的全部货币，用于购买当地商品。

（2）保护关税政策。关税制度在重商主义以前主要用于财政目的，到了重商主义时期，关税成了贸易保护政策的一种手段。其具体做法是：对进口的制成品课以重税，对进口的原材料免税，对出口的制成品减免关税。

（3）限入奖出政策。在进口方面，重商主义者反对昂贵奢侈品的输入，对一般制成品的进口也采取严格的限制措施；在出口方面，重商主义鼓励制成品的大量出口，同时阻止原料和半成品的输出。他们认为，出口廉价原材料和进口高级制成品一样是一种愚蠢的行为。他们用现金奖励在国外市场上出售本国商品的商人。

（4）鼓励发展本国工业。为了实现贸易顺差，必须多卖出商品，这就需要大力发展本国工业。为此，各国都制定了鼓励发展工业的政策措施，如高薪聘请外国工匠，禁止熟练工人外流和机械设备输出，向生产者发放贷款并提供各种优惠条件等。

（三）重商主义的发展阶段

重商主义的发展大致经历了两个阶段，早期重商主义被称为货币差额论，或是重金主义，晚期重商主义被称为贸易差额论，或是重工主义，两者的观点稍有不同。

1. 货币差额论

货币差额论流行于15—16世纪中叶，主要代表人物是英国的威廉·斯塔福、约翰·海尔斯和法国的博丹、安徒安·孟克列钦。他们主张一国贸易政策的指导原则应是增加国内货币的积累，其途径是采用行政或法律的手段禁止货币外流，实行贸易保护政策。“我们必须时刻注意，从别人那里买进的不超过我们出售给他们的；否则，我们自己将陷于穷困而他们将日趋富足。”当时的英国、西班牙、葡萄牙等国的政府在这一思想的指导下均实行贸易保护政策，采取保护关税发展本国工业及奖励出口等行政措施；通过法令规定外国商人必须将出售货物所得的全部货币，用于购买当地的商品。例如，英国爱德华四世于1478年将输出金银定为大罪；利用军事手段加强海上力量，争夺殖民地。

早期重商主义者要求在每一宗贸易中都要严格地实现出超，以赚取金银，因此他们的主张被称为货币差额论。在他们看来，必须想方设法使出口大于进口，因为差额部分一定会带来金币或金条的流入。一旦因贸易入超，金银货币外流，他们就会痛心疾首，愤愤不平。恩格斯曾形象地指出,这个时期的重商主义者“就像守财奴一样,双手抱住他心爱的钱袋,用嫉妒和猜疑的目光打量着自己的邻居”。

2. 贸易差额论

16 世纪中叶以后,晚期重商主义开始盛行,以英国的托马斯·孟(于 1664 年出版《英国得自对外贸易的财富》一书,马克思曾称之为重商主义的一部划时代的著作)为代表。托马斯·孟批评了早期重商主义那种守财奴似的货币差额论,提出贸易差额论。他认为货币只有投入流转才能增多,对内贸易不能使国家致富,只有对外贸易才是国家致富的唯一手段,且“必须时时谨守这一原则:在价值上,每年卖给外国人的货物,必须比我们消费他们的为多”;提出奖出限入的贸易保护政策,以保持贸易顺差;强调国家干预对外贸易。正如马克思指出的:“他们开始明白,一动不动地放在钱柜里的资本是死的,而流通中的资本都会不断增值……人们开始把自己的金钱当做诱鸟放出去,以便把别人的金币引回来。”

英国是执行这一政策主张的典型代表,1651 年颁布了《航海法案》,1660—1689 年间,产生了《谷物法》,还禁止纺织品和纺织机械进口,以保护其最重要的纺织工业的优势。同期,法国工商业之父柯尔培尔执行政府干涉工商业的政策,对大多数进口工业品加税一倍,原料进口免税或只征名义税并严禁其出口。

晚期重商主义最大的进步就在于他们已经看到了原料贸易与成品贸易之间巨大的利润差额,明白了“握有货物的人不缺钱花”的道理,主张在必要时,应日日夜夜地寻找机会把国家的剩余货物以制成品形式推销给外国人,以换取黄金与白银。

在回击人们指责东印度公司在对外贸易中大量输出货币时,托马斯·孟认为,输出货币借以换得商品是增加财富的重要手段,主张认真研究“如何将我们的金钱加在我们的商品上面,使它们一块儿输往外国,从而我们可以获得更多得多的财富”。因为在托马斯·孟看来,东印度公司“买卖的比例”其实正是巨大的贸易利润。根据托马斯·孟的计算,用 10 万英镑从东印度购买来的胡椒,在意大利或土耳其至少可以卖到 70 万英镑。由此,托马斯·孟十分肯定地告诫当时的人们:“货币产生贸易,贸易增多货币。”

资料:都铎王朝的重商主义及其影响

都铎王朝(1485—1603)历时 118 年,共经历了五代君主。虽然历时不长,但是都铎王朝处于英国从封建社会向资本主义社会转型这样一个关键时代,因而其实施的各项政策也极具时代特色,特别是它实行的重商主义政策,对英国社会的各个方面都产生了极大的影响。

一、重商主义政策振兴了英国的民族工业，为英国资本主义工业腾飞提供了前提条件

英国是一个偏离欧洲大陆的岛国。在都铎王朝以前，英国仍然是一个经济落后，工商业不发达的“农业附庸国”。在整个国民经济中，羊毛和粮食的输出占有重要的地位。毛纺织业作为英国的支柱工业，虽然有所发展，但也远远落后于佛兰德尔、尼德兰、佛罗伦萨。为了改变这种状况，重商主义者认为必须大力发展工商业。比如，英国早期重商主义的代表人物威廉·司塔福特认为：从外国输入商品是有害的，从外国输入本国能够制造的商品则害处更大，他反对输出英国羊毛和输入外国羊毛制成品。重商主义者还认为，“货币是衡量国家富裕程度的标准”。因此，积累更多的货币成了当时社会的一种强烈的追求。都铎王朝的统治者也意识到，要“使国家富强，使自己显赫的必要条件”就是迅速发展工商，为此，都铎王朝的历代君主都实行重商主义政策。

首先，都铎王朝扶植、鼓励发展呢绒制造业，以出口呢绒换取货币。都铎王朝的建立者亨利七世(1485—1509)三番五次通过国家法令，禁止羊毛特别是优质羊毛的出口，甚至还禁止半制成品的呢绒出口。亨利七世与尼德兰缔结了“大通商”条约，恢复了英国与尼德兰正常的贸易关系，将英国廉价的呢绒等工业品倾销至尼德兰，从而加速了尼德兰呢绒业的衰落，推动了英国呢绒业的大发展，促进了以伦敦—安特卫普为中心的对外贸易的加强与扩大。正是基于这一点，亨利七世赢得了“商人的国王”的称号。此后，其继任者继续推行这一政策。到16世纪末，呢绒业已成为英国普及城乡的盛行的“全国性行业”。据统计，全国从事呢绒工业的人口达200万，占当时全国人口的一半。到17世纪上半叶，英国每年平均出口呢绒达25万匹，呢绒出口已占全国商品出口总额的90%。英国呢绒不仅销往意大利、西班牙、德意志、法兰西、尼德兰，而且远销到波罗的海沿岸国家、俄罗斯和亚洲、非洲等地区。

其次，大力发展海外商业，鼓励发展造船业。15世纪以前，英国建造的船只很少有百吨以上的。亨利七世为了扩大远洋贸易，奖励船主建造大船，规定凡是建造出百吨以上的新船者，每吨奖给五先令的津贴。这一规定刺激了英国造船业的发展，到第五代君主伊丽莎白女王统治时期(1558—1603)，英国海军终于战胜了西班牙的“无敌舰队”，确立了英国的海上霸权，为英国从事海外贸易和殖民掠夺提供了强有力的保障。在纺织业、造船业等行业的带动下，各种金属制造、制革、制皂、染料等行业也以前所未有的速度向前发展，国内市场急剧扩大。海外贸易、殖民掠杀、走私等活动积累的财富一部分也转入工业，加强了工业资本。圈地运动又把大量的廉价劳动力抛向工业市场，所有这些都使英国的民族工业获得了惊人的发展，并为18世纪的工

业革命创造了资本的、技术的、劳动力的前提。可以说，都铎王朝卓有成效的重商主义政策是英国资本主义工业化的前奏。

二、重商主义政策揭开了英国农业资本主义革命的序幕，推动了英国封建农奴制度的瓦解

从15世纪的最后30年开始，英国发生了圈地运动，这是英国农村土地所有权的重大变革，随之而来的还有经营方式和耕作方法的变革，这就是英国农业资本主义革命的主要内容。而这一切自始至终都与都铎王朝的重商主义政策密切相关。如果说圈地运动是英国农业资本主义革命的序幕，那么揭开这一序幕的便是都铎王朝的重商主义政策。因为：

第一，都铎王朝的重商主义政策是引发圈地运动的主要原动力。如前所述，重商主义政策刺激了毛纺织业的突飞猛进，因此，对羊毛的需求量激增，这就造成了羊毛价格节节上扬，养羊业则成为一本万利的事业。贵族和乡绅为了追求高额利润，便掀起了全国性的圈地养羊运动。许多农民世世代代耕种的土地被圈了起来，许多在封建掩护下的古老的公有地"敞地"被围了起来，变成了雇工放牧的草场。这是英国农村土地所有制变革的发端，也是英国封建农奴制瓦解的滥觞。

第二，重商主义政策加速了寺院土地所有制的崩溃。寺院土地所有制是英国中世纪封建土地所有制的重要组成部分。都铎王朝实行重商主义政策的宗旨就是要千方百计地积累财富，而掠夺教产就是其积累财富的一条重要途径。都铎王朝的第二代君主亨利八世(1509—1547)曾于1536年和1539年先后颁布了两道查封寺院的法令，封闭一切修道院，其全部财产包括土地在内均收归国有。这些被没收来的土地除一部分赏赐给宠臣以外，绝大部分被卖给了新贵族和资产阶级。寺院土地所有制的废除，是英国农业资本主义革命具有决定意义的一环。

第三，重商主义政策也瓦解了封建贵族的领地所有制，导致了土地所有权的再分配。在重商主义政策的影响下，一方面是高度繁荣的商品货币的引诱，使得封建贵族不惜重金购买供享乐用的昂贵商品；另一方面是"价格革命"所造成的货币贬值，通货膨胀，使得那些靠固定地租生活的封建贵族实际收入下降。他们入不敷出，债台高筑，陷于破产的境地。到16世纪末，靠亨利八世宗教改革分地而显赫一时的38家贵族中，其直接继承人有22家负债累累。一些贵族不得不采取先质押而后变卖土地的办法来还债。这样一来，贵族庄园的数量不断减少。据统计，在1559年底，英国共有庄园3 390座，而到1620年底，就下降到2 220座，占园40座以上的大贵族也从39家减少到19家。这些都反映了封建贵族领地所有制的急剧没落。重商主义政策还使土地日趋商品化，土地自由买卖与转让具有广泛性，不仅王室不断地公开出售土地，而且土地还进了商品交易所，成为投机商倒买倒卖的商品。在土地制度的转变

过程中，土地大都落到了新贵族、资产阶级和自耕农手中。那些获得土地的新贵族、资产阶级和自耕农，采用新的经营方式，生产新的原料作物，满足新的市场需求。他们与工商业资产阶级一道，推动着封建制度下的英国向资本主义制度过渡。都铎王朝的重商主义政策使英国农村发生了如此巨大的变化，这是一场为“资本主义生产方式奠定基础的变革的序幕”。

三、重商主义政策促使英国建立起外向型经济模式，推动英国经济走向世界

重商主义者认为，货币是财富的唯一形态，是衡量国家富裕程度的标准，而对外贸易是国民财富的源泉。在这种思想指导下，都铎王朝的统治者放眼世界，把目光从狭小的海岛移往遥远的海外，把本国经济纳入世界经济范畴，以海外市场作导向，建立起外向型经济模式，积极推动本国经济走向世界，努力开拓世界市场。

英国对外开拓市场是全方位的。向西，它开拓了美洲市场。1497 年，英王亨利七世向探险家约翰·卡波特颁发了远洋航行特许状，希望他能沿着西北方向寻找到一条去往东方的新航路。当卡波特意外地发现了纽芬兰等地后，亨利七世立即赐予厚赏，并授予他“海上将军”的称号。从此，英国努力开拓美洲市场，在纽芬兰岛建立了具有很高经济价值的渔业区。1584 年，华尔脱·拉莱又在弗吉尼亚建立垦殖区。1588 年英国战胜西班牙的“无敌舰队”之后，通往美洲的新航路畅通无阻。1607 年，英国在北美建立了第一个永久性的殖民地——弗吉尼亚。然后，英国不断扩大殖民地的范围，逐步侵占北美辽阔的土地，把这里发展为英国的工业原料基地和商品销售市场。向北，英国与俄罗斯建立了商业贸易联系，并以此为基地开辟中亚市场。1553 年，英国远征队向东北方向航行，与莫斯科公国正式建立了贸易联系，并为英国商人谋取了极为有利的贸易优惠权。第二年，经玛丽女王（1553—1558）批准，英国商人正式建立了“莫斯科公司”，专门从事俄罗斯、中亚、波斯一带的贸易。1579 年，英国商人又创办了“东方公司”，专门从事波罗的海沿岸地区的贸易，迫使长期垄断该地区贸易的汉萨同盟分权让利。向南，英国与北非、西非国家发展商业往来。亨利八世的宠臣威廉·霍金斯在 1530—1532 年间曾三次在几内亚与巴西进行贸易。在 1551 年和 1552 年，温德姆率领英国船队先后到达摩洛哥的扎菲亚和加那利群岛的圣克鲁斯，在那里进行大规模的贸易活动。1553 年，他又开始了从几内亚到贝宁之间的航行，打通了与北非的商业交往。伊丽莎白女王上台以后，英国在北非和西非的贸易活动更加频繁和扩大了。1585 年，英国成立了“摩洛哥公司”。1588 年，又成立了“几内亚公司”。这些地区垄断性的商业集团纷纷前往非洲，从事不平等的贸易掠夺，乃至贩运黑奴。向东，英国恢复了与地中海地区的贸易往来，打通了与印度等东方国家的贸易。都铎王朝早期，英国曾与地中海地区有过贸易往来，后来因奥斯曼土耳其的扩张而中断。1571 年，西班牙和威尼斯的联合舰队战胜了奥斯曼土耳其海军，为英

国向地中海地区扩张商业提供了有利条件。1580 年,奥斯曼土耳其苏丹穆拉德三世表示愿意与英国通商。于是,伊丽莎白女王于 1581 年正式向"利凡特公司"颁发贸易专利证书,允许该公司垄断对奥斯曼土耳其的贸易,期限为 7 年。而且,女王本人也向该公司秘密投资 4 万英镑,占了该公司全部资产的一半。英国通过"利凡特公司"每年向奥斯曼土耳其出口价值约 15 万英镑的呢绒。早在 16 世纪 80 年代,英国的殖民贸易触角开始伸向东方的印度。1600 年,伦敦商人在伊丽莎白女王的支持下成立了著名的"东印度公司",该公司享有对好望角以东的国家特别是印度进行贸易的垄断权。

到 17 世纪,英国商人的足迹几乎遍及世界各地,空前地突破了封建农本经济的闭塞状态,将英国经济纳入了世界经济运行的轨道。尽管他们是以强盗的身份,以暴力掠夺的方式进行贸易,但是他们所开辟的广阔市场以及所获得的大量廉价的原料和金银财富,为英国经济注入了活力。来自海外的金银财富源源不断地流入英国,变成资本,极大地推动了英国经济飞速发展,使英国经济迅速壮大,成为世界首富。

思考:

1. 重商主义的主要理论与政策是什么?
2. 对外贸易对资本主义生产关系的确立起什么样的作用?

（四）对重商主义的评价

重商主义理论和政策在历史上曾起过进步作用,促进了资本主义原始积累,推动了当时国际贸易和商业运输业的发展。重商主义主张国家干预对外贸易,积极发展出口产业,实行关税保护措施,通过贸易差额从国外取得货币的观点,对各国根据具体情况制定对外贸易政策是有参考价值的。但重商主义也有严重缺陷,主要表现为:

(1) 重商主义的财富观是错误的。财富不是金银,金银也不是财富的唯一形态。贵金属只是获得物质财富的手段或媒介,真正的财富是该国国民所能消费的本国和外国的商品及服务的数量与种类。

(2) 重商主义是经商致富论。它认为财富都是在流通领域中产生的,特别是认为国际贸易是财富增值的源泉,这种观点是不科学的。其实财富是在生产过程中产生的,流通中的纯商业活动并不创造财富。

(3) 重商主义只研究如何从贸易中获得金银,而没有探讨国际贸易产生的原因;重商主义认为一国只有在他国损失的前提下才能获利,而没有认识到国际贸易有促进各国经济增长的重要意义。如果一个国家无利可得或者只有损失,那么它就会拒绝贸易,国际贸易也就不会发生。只有各国都能从贸易中获利,他们才会自愿进行贸易。

需要指出的是,虽然重商主义不适合自由竞争和自由贸易的需要,但重商主义的影响从来没有消失过。20 世纪 80 年代以来，随着被高失业困扰的国家试图通过限制进口来刺激国内生产，新重商主义有卷土重来的势头。事实上，除了 1815 年至 1914 年间的英国，没有一个西方国家曾彻底摆脱过重商主义的观点。

第二节 主要的保护贸易理论学说

一、汉密尔顿的保护幼稚工业理论

亚历山大·汉密尔顿(Alexander Hamilton，1757—1804)是美国的开国元勋、政治家、金融家，也是美国独立后的首任财政部长。美国独立前，英国采取的是限制美国工业发展的政策；独立后，英国工业品输入又严重影响了美国工业的发展。当时摆在美国面前有两种选择：一是实行保护贸易政策，独立自由地发展自己的工业，特别是制造业，以彻底摆脱西欧殖民主义的经济控制；二是实行自由贸易政策，成为英、法等国的原料产地和工业品销售地。当时，汉密尔顿代表了工业资产阶级的利益，他于 1791 年 12 月向国会提交了《关于制造业的报告》，在这份报告中，明确提出了征收保护性关税的重要性。

汉密尔顿指出，为了保护和发展新兴工业，政府必须加强对经济的干预，实行保护性的关税政策。具体措施如下：第一，向私营工业发放政府贷款，以扶植私营工业发展；第二，实行保护性的关税制度，以保护国内新兴工业免遭外国企业的冲击；第三，给各类工业发放奖励金，并为必需品工业发放津贴；第四，限制重要原料出口，并且免税进口本国所急需的原料；第五，建立联邦检查制度，保证和提高工业品的质量；第六，限制改良机器及其他先进生产设备输出；第七，鼓励移民迁入，以增加国内的劳动力供给；第八，吸收外国资金，以满足国内工业发展的需要。

汉密尔顿提出上述主张时，自由贸易学说仍然在美国占据上风，因此他的主张遭到了不少的反对。但是随着英、法等国工业化的发展，美国的工业遭到了来自于国外的越来越强有力的挑战，这时汉密尔顿的主张才引起了人们的注意，并且逐步地对美国政府的内外经济政策产生了重大而深远的影响。在这一理论的指导下，1816 年，美国首次以保护关税为名将工业品的关税率提高到了 7.5% ~30%；1828 年，美国再度加强保护措施，将工业品的平均关税率提高到了 49%。保护性关税使美国的工业避免了同外国的竞争而得到了顺利的发展，使美国的经济很快地赶上了英国。19 世纪 80 年代，美国的工业总产值跃居世界首位；到了 20 世纪初，美国的对外贸易总额仅次于英国，居世界第二位。

二、李斯特的保护贸易理论

（一）产生背景

19世纪初，德国的工业落后于英国和法国，无法与英、法的廉价工业品竞争，为此，德国工业资产阶级要求避免竞争，保护本国工业发展。李斯特的保护贸易理论，反映了当时工业处于落后的德国资产阶级力图保护本国工业发展的动机和对外扩张的要求。

弗里德里希·李斯特（F. List）（1789—1846）是德国资产阶级经济学家和社会活动家，是德国保护贸易政策的首创者。他的理论是在批判自由贸易理论基础上建立起来的，他受汉密尔顿理论的影响，但比汉密尔顿理论深刻、系统。在他的主要代表作《政治经济学的国民体系》（1841年出版）中，系统地提出了保护幼稚工业理论，他也因此被称为是保护贸易理论的鼻祖。

小资料：弗里德里希·李斯特

李斯特于1789年8月6日出生于德国符藤堡的罗伊特林根。他早期的生活并不引人注目，最初几年在父亲的制革店中工作，一段时间后，他进入了政府部门任职。1811年，他在蒂宾根得到一个职位，并开始不定期地旁听法律讲座，两年后放弃公职专心学习。1816年，他开始参与出版一个改良主义杂志，撰写改革地方管理的文章，也参与提出在蒂宾根大学创立一个新的国家经济学院的建议。1818年，李斯特成为蒂宾根大学管理和政治学的教授。1819年，李斯特参加了德国贸易和商业协会的成立会议。这一协会的目的是取消国内贸易壁垒，所以其后一年中，他作为协会的代表四处旅行宣扬自由主义，并入选了符藤堡的议会。结果，他的议会活动遭到当局迫害，不仅失去了教授职位、被驱逐出符藤堡议会，而且被捕监禁9个月。之后，李斯特开始了流亡生活，1825年来到美国，成为矿业主和铁路制造者，积累了一笔财富。他和宾夕法尼亚制造和机器业促进会来往甚密，亲眼见到美国实施保护主义政策对制造业发展的影响，开始转而成为保护关税的“美国制度”的支持者。李斯特于1827年出版了第一部真正的经济学著作《美国政治经济学大纲》。1832年，他作为驻莱比锡的美国领事回到德国。为了加强德国经济发展，李斯特鼓动德国经济统一和南部德国保护主义，甚至于1843年创立了《关税同盟报》，努力拥护关税同盟的形成，宣扬他的保护主义和保护幼稚工业理论。李斯特在1841年出版了他的代表著作《政治经济学的国民体系》。1846年，由于政治计划受阻，健康状况恶化，在奥地利的库夫施泰因自杀。

（二）李斯特的理论要点

李斯特理论的核心是生产力论，认为发展本国生产力是根本的，参与国际分工和交换的目的是发展本国生产力。他指出，为自由贸易政策服务的，"比较成本说"不利于德国生产力的发展，因为德国的生产力发展水平还很低，如果实行自由贸易政策，德国的幼稚工业就很可能在强大的英、法工业竞争下而不能发展，所以必须实行保护国内工业的政策。在实行保护政策的初期，国内工业品价格、成本可能较高，但经过一段时间的保护，工业生产力提高了，成本自然下降，从而价格下降，低于外国进口工业品的价格。具体来讲，主要表现在以下几个方面：

1. 经济发展阶段论

李斯特根据国民经济发展程度，把国民经济的发展分为五个阶段，即原始未开化时期、畜牧时期、农业时期、农工业时期、农工商业时期。各国经济发展阶段不同，采取的政策也应不同。处于农业阶段的国家应实行自由贸易政策，以利于农产品的自由输出，并自由输入外国的工业产品，以促进本国农业的发展，并培育工业化的基础。处在农工业阶段的国家，由于本国已有工业发展，但并未发展到能与外国产品相竞争的地步，故应实施保护关税制度，使它不受外国产品的冲击。而农工商业阶段的国家，由于国内工业产品已具备国际竞争能力，国外产品的竞争威胁已不存在，故应实施自由贸易政策以享受自由贸易的最大利益，刺激国内产业进一步发展。李斯特提出这些主张时，认为英国已达到最后阶段（农工商业时期），法国在第四阶段与第五阶段之间；德国与美国均在第四阶段；葡萄牙与西班牙则在第三阶段。因此，根据他的经济发展阶段说，他主张当时的德国应实行保护工业政策，促进德国工业化，以对抗英国工业产品的竞争。

2. 生产力论

李斯特并不否认自由贸易论者所作的研究，也承认通过自由贸易可以给参与国带来财富，或者说是比较利益。但是这种财富是暂时的，在获得这种财富的同时，参与国放弃的是生产这种财富的生产力。财富的生产力比财富本身要重要得多，特别是对于相对落后的国家来说尤为如此。

3. 保护关税制度

李斯特保护贸易政策的目的是促进生产力的发展。经过比较，他认为应用动力与大规模机器的制造工业的生产力远远大于农业。而工业发展以后，农业自然跟着发展。所以，应有一定范围的保护。他提出的选择保护对象的原则是：① 农业不需保护，只有那些刚从农业阶段跃进的国家，距离工业成熟期尚远，才适宜于保护；② 一国工业即使幼稚，但在没有强有力的竞争时，也不需要保护；③ 只有刚刚开始发展且存在强有力的外国竞争的幼稚工业才需要保护。他提出，保护时间以 30 年为最高期限，如果在此期限内，被保护的工业始终扶植不起来，那就不再予以保护，任它自行灭亡。他认为，为保护幼稚工业，"对某些工业品可以实行禁止输入，或规定的税率事实上等于全部或至少部分地禁止输入”。同时,“对凡是在专门技术与机器制造方面还没有获得高度发展的国家,对于一切复杂机器的输入应当允许免税,或只征收轻微的进口税”。

4. 国家干预论

李斯特认为,在培植国家生产力,尤其是发展民族工业方面,国家应当做一个理性的“植树人”,采取主动而有效的产业政策。

思考: 中国在“入世”承诺中对农业、服务业中的金融、电信等部门,对工业中的汽车等部门适当地保留了开放市场的必要条件,请问这是为什么?

(三) 对李斯特的保护贸易理论的评价

李斯特保护幼稚工业的贸易理论对德国实行保护贸易政策影响极大。德国在19世纪70年代后实行保护贸易措施,如1879年改革关税后不断提高进口商品关税,保护关税成为反封建制度和专制政权的武器,加速了德国由封建社会向资本主义社会的过渡。他关于保护有发展前途的幼稚工业,并且保护是有限度的理论,对于一些发展中国家发展民族经济具有重要的参考作用。李斯持的保护贸易理论以将来有前途的幼稚工业为限,对国际分工和自由贸易的利益予以承认,他主张以保护贸易为过渡,而以自由贸易为最终目标。但李斯持的保护贸易理论有许多缺陷和错误,他对生产力的概念是混乱和错误的;用生产部门作为划分经济发展的基础,也是错误的。

三、超保护贸易理论

(一) 超保护贸易理论的产生背景

19世纪末,资本主义由自由竞争向垄断过渡,到20世纪初,垄断组织占统治地位,加强了对外的侵略和掠夺,垄断组织之间争夺世界市场由霸权斗争代替了自由竞争。1929—1933年,资本主义世界发生了严重的经济危机,使资本主义国家陷入萧条之中,争夺世界市场的斗争进一步尖锐化。在这种情况下,自由贸易政策和原有的保护贸易政策已经不适应了,用亚当·斯密的自由市场理论、用“看不见的手”调整也不见效,而代表垄断资产阶级的超保护贸易政策的理论便应运而生。这个理论的主要代表人物是英国的约翰·梅纳德·凯恩斯(John Maynard Keynes)(1883—1946)。凯恩斯是英国资产阶级经济学家,是凯恩斯主义的创始人。他和他的追随者们在国际贸易方面的论述,对国际贸易政策尤其是超保护贸易政策提供了重要的理论依据。凯恩斯在他的主要代表作《就业、利息和货币通论》(1936年出版)中,把对外贸易与“有效需求”理论结合在一起,从而形成了凯恩斯的超保护贸易理论。这种理论主张国家积极干预对外贸易,实行“奖出限入”政策和措施,从而达到垄断国内外市场,获取超额利润的目的。

小资料：凯恩斯小传

约翰·梅纳德·凯恩斯，现代西方经济学最有影响的英国资产阶级经济学家。1902年，他以数学和古典文学奖学金进入剑桥大学国王学院，专攻数学。到大学四年级，他跟从马歇尔和庇古学习经济学。1908年，由马歇尔介绍，到剑桥大学担任经济学讲师。1911年起长期担任皇家经济学会《经济学杂志》的主编。1919年初，他以英国财政部首席代表的身份参加巴黎和会。1930年，任内阁经济顾问委员会主席。1942年，晋封为勋爵。1944年，以英国代表团团长身份出席在布雷顿森林召开的国际货币金融会议，并担任了国际货币基金组织和国际复兴开发银行的董事。1946年3月，他出席国际货币基金组织与国际复兴开发银行的第一次会议，与美国财政部长发生尖锐的意见冲突，并对会议的决议感到失望。回国不久，即猝死于心脏病突发。凯恩斯一生写过许多论文和专著，主要的经济著作有：《印度的通货和财政》（1913年）、《凡尔赛和约的经济后果》（1919年）、《货币改革论》（1923年）等，最重要和影响最大的著作是他在1936年出版的《就业、利息和货币通论》（又称《通论》）。

（二）超保护贸易理论的主要观点

凯恩斯认为，资本主义的经济危机、大量失业是因为社会“有效需求”不足造成的。“有效需求”，由“消费需求”和“投资需求”构成，增加“消费需求”的办法是要人们多花钱、少储蓄、鼓励高消费，以刺激生产的发展。增加“投资需求”的办法是由国家投资，通过征税、发行债券等筹集资金，这样可以解决经济危机和失业问题。他认为，投资增加与国民收入增加之间有依存关系，增加投资可以引起生产资料需求的增加和引起从事生产资料生产的人（企业主和工人）收入的增加，从而引起对消费资料需求的增加，进而引起从事消费资料生产的人（企业主和工人）收入的增加。如此反复下去，其结果是增加的国民收入总量会等于原增加投资量的若干倍，他把这种依存关系称为“乘数理论”。

后来，凯恩斯的追随者马克卢普和哈罗德等人把这一理论引入对外贸易，建立了对外贸易乘数（foreign trade multiplier）理论。该理论认为：一国的出口和进口波动对国民收入产生倍数效应；本国商品、劳务出口的增加，会使外汇收入增加，可以引起出口部门收入的增加，从而引起出口部门消费的增加，引起对生产资料和消费资料需求的相应增加，进而引起其他部门生产、收入、就业的增加，如此反复下去，收入的增加量将为出口量的若干倍；反之，本国商品、劳务进口的增加，向外支付货币增加，于是收入减少，消费随之也减少，成为国民收入中的漏洞，造成投资、生产的不景气。结论是：贸易顺差有益，逆差有害，只有顺差才能增加国民收入量和就业量；反之，逆差造成国民收入量和就业量减少。

小资料：外贸乘数

对外贸易乘数就是一国国民收入变动量与出口增量的比率。假设$\triangle Y$为国民收入增量，$\triangle X$为进口增量，M为边际进口倾向，即进口增量占国民收入增量的比例（$\triangle X/\triangle Y$），S为边际储蓄倾向，即储蓄增量占国民收入增量的比例（$\triangle S/\triangle Y$），对外贸易乘数K可以用公式表示为：$K=\triangle Y/\triangle X=1/M$。随着该国收入增加，将引起进口和储蓄的增加，这时，外贸乘数将小于无储蓄时的外贸乘数，可表示为：$K=\triangle Y/\triangle X=1/(S+M)$。一国出口增加，就是对方进口增加，这将引起进口国国民收入的减少，因而削减进口，使出口国的出口不能继续增加，国民收入因而受到影响。在国外作出反应的情况下，外贸乘数将小于无国外反应时的外贸乘数。

（三）对超保护贸易理论的评价

对外贸易乘数理论立足于有效需求来解决闲置资源出路，它涉及的经济运行机制是以发达国家的社会经济条件为基础的。有了这样的基础，出口增量才得以通过前后连锁的作用促进一系列部门的扩大；而本国进出口量的变化，对其他国家的经济才会有明显的波及作用。因此，对外贸易乘数理论大体适应发达国家。这一理论导致的是超保护贸易政策，在某种程度上，它反映出发达国家抵制国际贸易自由化潮流的内在原因。另外，假定一国已处于充分就业状态，出口增加会引起需求增加，若片面强调出口，国内的过度需求就会引起通货膨胀。

一国的经济资源供求量是不平衡的，往往是某些资源闲置，某些资源不足。如果出口部门通过利用闲置资源来促进出口，对外贸易乘数效应就会显示出来。而通过外贸来解决资源不足问题，对外贸易乘数理论就无能为力了。所以说，这一理论只能解决有效需求不足，不能解决有效供给不足。而对于解决有效供给，进口是会起重要作用的。由于许多国家都是资源闲置与资源不足并存，所以，一方面要关注外贸乘数理论，重视出口对国民收入增加的带动作用；另一方面要懂得外贸乘数理论的“反面”，即认识进口对国民收入增加也有重要的促进作用，通过进口来利用国外先进资源。

按照对外贸易乘数理论的思路，就会否定比较成本的原则，重新回到重商主义“奖出限入”的老路上去。每个国家都追求贸易顺差的结果，将使国际分工难以实行。如果说比较成本原则与自由贸易政策相联系，反映了发挥既有国内资源优势的意图，而又有利于发达国家维护现有的分工和贸易格局的话，那么对外贸易乘数理论就与保护政策相联系，反映解决国内剩余资源的意图，只能起到转嫁商品过剩危机的作用。因此，相对比较成本原则，以对外贸易乘数理论为依据的“奖出限入”原则是一种倒退。当然，它对于短时期内求得宏观经济的平衡是很有作用的。但是，如果一个国家有了剩余和闲置资源，仅仅是扩大出口来带动国内经济增长，而在国际上又有相应的市场来吸收扩大的出口商品，那么长此以往并不利于该国的产业结构升级。扩大出口必须相应扩大进口，通过扩大进出口规模，来扩大国内与国际经济资源的转换，促进国内产业结构升级，这样才能为国内经济资源的充分利用开辟新的天地，从根本上解决国内闲置资源的问题。

凯恩斯主义在第二次世界大战后被欧美主要资本主义国家政府所认知并成为政府政策制定的主要依据，在美国的罗斯福总统时代被采用，在肯尼迪总统时代被发挥至顶点，在卡特总统时代发现了该主张的局限性，在里根总统时代开始全面纠正凯恩斯主义，在克林顿总统时代取得了良好的效果，因此里根被美国人认为最伟大的总统之一，他与当时的英国首相撒切尔夫人一起努力，减少政府对经济的干预，将欧美的经济再一次带入发展的快车道。

思考：凯恩斯认为拉动经济增长的三架马车是什么？

四、“中心—外围”论

“中心—外围”论是以拉丁美洲国家经济发展的经验为依据，说明发展中国家在世界经济体系中所处的不利地位及其经济发展迟缓原因的理论，又称“核心—边缘论。”其代表人物是普雷维什（Raul Prebisch），主要观点是：当代世界经济体系是由非对称的两部分，即中心—外围组成的。在这一体系中，发达国家处在占统治地位的“中心”地位，而不发达国家则处在依附于中心的“外围”地位，这种状况造成了国际经济生活中两级分化的现象。

小资料：劳尔·普雷维什

劳尔·普雷维什（1901—1986）是阿根廷著名的经济学家，是20世纪拉美历史上“最有影响的经济学家”，被公认为是“发展中国家的理论代表”。

普雷维什是拉美发展主义理论的创始人，是世界经济新秩序的积极倡导者。1981年，他荣获第三世界经济和社会研究基金会颁发的“第三世界基金奖”。他既是政策制定者又是经济理论家。1923年获经济学博士学位后，他先是进入阿根廷统计局工作（1925），然后任阿根廷财政部副部长（1930—1932），阿根廷中央银行行长（1935—1943），联合国拉丁美洲和加勒比经济委员会（拉美经委会）执行秘书（1949—1963），联合国贸易和发展会议第一任秘书长（1964—1969），联合国特别顾问及经济和社会事务副秘书长（1973—1976），《拉美经委会评论》杂志主编（1976—1986）。

普雷维什无疑属于“祖辈”行列中的最杰出的少数先驱人物之一。他所担任的公职，使他有机会参与政策的制定，并在实践中发现问题，不断提出、补充、修正、发展其理论。他的政策建议和理论贡献的影响远远超出拉丁美洲，波及广大的发展中国家。1986年4月29日普雷维什溘然长逝，阿根廷举国哀悼。拉美经委会认为，他的逝世“给拉美经委会的每一个人带来了极大的痛苦”，“拉美失去了它最杰出的经济学家”。

（一）中心—外围学说的主要观点

“在拉丁美洲，现实正在削弱陈旧的国际分工格局，这种格局在19世纪获得了很大的重要性，而且作为一种理论概念，直到最近仍继续发挥着相当大的影响。在这种格局下，落到拉丁美洲这个世界经济体系外围部分的专门任务是为大的工业中心生产粮食和原材料。”

——普雷维什.拉丁美洲的经济发展及其主要问题报告.1949.5

普雷维什的“中心—外围”理论得以成立的基本条件实际上就是“中心—外围”体系的三个基本特征：整体性、差异性和不平等性。

“中心—外围”体系是一个统一的、动态的体系，具有整体性。对于所谓的整体性，普雷维什强调的是，无论是“中心”还是“外围”，它们都是整个资本主义世界经济体系的一部分，而不是两个不同的经济体系。普雷维什认为，现存的世界经济体系是资产阶级工业革命以后，伴随着资本主义生产技术和生产关系在整个世界的传播而形成的，维系这一体系运转的是在“19世纪获得了很大的重要性”的国际分工。根据这种国际分工，首先技术进步的国家就成了世界经济体系的“中心”，而处于落后地位的国家则沦落为这一体系的“外围”。“中心”和“外围”的形成具有一定的历史必然性，是技术进步及其成果在资本主义世界经济体系中发生和传播的不平衡性所导致的必然结果。

“中心—外围”之间在生产结构上存在很大的差异性。对于“中心—外围”体系的差异性，普雷维什的侧重点在于强调两者在经济结构上的巨大差异。他认为，技术进步首先发生在“中心”，并且迅速而均衡地传播到它的整个经济体系，因而“中心”的经济结构具有同质性和多样性。所谓“同质性”，是指现代化的生产技术贯穿于“中心”国家的整个经济；而其经济结构的“多样性”表明，“中心”国家的生产覆盖了初级产品、中间产品和最终消费品在内的、相对广泛的领域。“外围”部分的经济结构则完全不同：一方面，“外围”国家和地区的经济结构是专业化的，绝大部分的生产资源被用来不断地扩大初级产品的生产部门，而对工业制成品和服务的需求大多依靠进口来满足；另一方面，“外围”部分的经济结构还是异质性的，即生产技术落后、劳动生产率极低的经济部门（如生计型农业）与使用现代化生产技术、具有较高劳动生产率的部门同时存在。

“中心—外围”体系的“不平等性”，是普雷维什这一理论的第三个主要方面，也是该理论的关键和最终落脚点。普雷维什认为，从资本主义“中心—外围”体系的起源、运转和发展趋势上看，“中心”与“外围”之间的关系是不对称的，不平等的，具体来说，主要表现在以下三个方面：

第一，从起源上说，资本主义世界经济的“中心—外围”体系，从一开始就决定了“中心”和“外围”分别处在发展进程的不同起点上，“外围”地区从一开始就落后了。根据普雷维什的观点，在资本主义世界经济体系的“中心—外围”关系形成以前，“中心”和“外围”当时都处在基本相同的发展水平上，彼此之间的差距是非常有限的。随着资本主义生产方式在西欧、特别是在英国的逐步确立，这种状况开始发生变化，尤其在这些国家开始向世界其他地区扩张以后，这种变化越来越大。英国率先爆发工业革命、建立资本主义工业经济体系以后，英国的工业品与世界其他国家和地区的初级产品之间逐步形成了国际分工，在这种国际分工下逐步形成了一个“整体性”的资本主义世界经济体系，即“中心—外围”体系。在这种体系形成的过程中，英国作为“中心”首先享受到技术进步的好处，从一开始就处于有利地位。而广大的“外围”地区则被迫参与以英国为“中心”的国际分工，承担着初级产品生产和出口的任务，明显处于不利的地位。

第二，初级产品贸易条件的长期恶化趋势加深了“中心”与“外围”之间的不平等。由于技术进步及其传播机制的作用，“中心”与“外围”之间形成了不平等的国际分工，“中心”国家以生产和出口工业品为主，而“外围”国家则以生产和出口初级产品为主。然而，初级产品的贸易条件与工业品相比存在长期恶化的趋势，这又进一步加深了“中心”与“外围”之间的不平等。普雷维什认为，造成初级产品贸易条件长期恶化趋势的主要因素有：

(1) 技术进步的利益在“中心”与“外围”之间的不平等分配，是造成后者贸易条件长期恶化的重要原因。在“中心—外围”体系中，技术进步首先发生在“中心”，它的工业部门容易吸收新技术，因而会提高工业生产率，使工业的要素收入增加，并使制成品价格较高。而初级产品部门技术落后，劳动生产率低，投入要素的边际收益递减，从而使初级产品的价格较低。

（2）贸易周期运动对“中心”与“外围”的不同影响，也是“外围”国家贸易条件长期恶化的重要原因。普雷维什认为，在贸易周期的上升阶段，制成品和初级产品的价格都会上涨；但在贸易周期的下降阶段，由于制成品市场具有垄断性质，初级产品价格下跌的程度要比制成品严重得多。这样，贸易周期的反复出现，就意味着初级产品与制成品之间价格差距的不断拉大，从而使“外围”国家的贸易条件趋于恶化。

（3）在贸易周期的上升阶段，由于企业家之间的竞争和工会的压力，“中心”国家中的工人工资会上涨，部分利润用来支付工资的增加。在危机期间，由于工会力量的强大，上涨的工资并不因为利润的减少而下调；而“外围”国家的情况则不同，由于初级产品部门工人缺乏工会组织，没有谈判的能力，再加上存在大量剩余劳动力的竞争，“外围”国家工人的工资和收入水平会在危机期间被压低。这样，在工资成本上，贸易周期的不断运动使制成品的价格相对上升。

材料：

长期以来，初级产品的价格是在不断下滑的，发展中国家的初级产品的贸易条件在不断恶化。以1957年到1982年为例，欠发达国家初级产品价格相对于发达国家制造业出口产品的贸易条件下降了32%，这一恶化体现在四类主要的初级商品上：粮食下降了21%，饮料下降了28%，农业原料下降了45%，金属下降了28%。（从1980年到1999年，发展中国家的初级产品价格又下降了42%，其中食品价格下降了35%，非食用类农产品价格下降了30%，矿物价格下降了45%。）那些产业结构原始、技术发展缓慢、主要依靠出口初级农矿产品作为外汇来源的发展中国家面临着持久的贸易条件恶化，债务负担沉重，发展速度缓慢，与发达国家之间的差距越来越大。以东南亚的缅甸、柬埔寨、老挝为例，由于出口的初级产品所占比重大，技术水平低，因而发展大受影响，位于最不发达国家之列。

思考：

1. 什么是贸易条件？
2. 贸易条件的恶化对发展中国家有什么影响？
3. 你认为应该如何改善这些国家的贸易条件？

第三，资本主义世界经济体系的“动力中心”从英国向美国的转移，进一步加深了“中心”与“外围”之间的不平等。普雷维什指出，在“中心—外围”体系形成初期，该体系的“动力中心”是英国，它所奉行的政策使“外围”国家和地区能够在“中心—外围”体系下获得一定发展的可能性，不对其进口的“外围”国家的初级产品设置关税或非关税壁垒。英国一直保持着较高的进口系数，普雷维什估计，英国在19世纪的进口系数一直保持着30% ~35%的较高水平，从而通过进口“外围”国家的初级产品而使其技术进步的部分利益也转移到了“外围”国家，然而，在世界经济体系的“动力中心”转移到了美国以后，“外围”国家和地区就处在了一个更加不利的地位上。造成这种结果的一个主要原因就是美国的进口系数非常低。普雷维什指出：“因为自然资源丰富和实施保护主义政策，美国历来就是一个进口系数较低的国家。而且，这一系数还在不断地下降。当然，在英国的贸易霸权时期，这种下降对世界贸易并没有明显的影响。”不过，当美国成为世界经济体系的“动力中心”后，其进口系数的低下就会对体系的其他部分产生非常不利的影响。

（1）美国的低进口系数意味着从“外围”国家进口数量的相对较小，使“外围”国家的初级产品出口部门失去了发展的动力。

（2）美国的低进口系数进一步压低了初级产品的需求收入弹性，使初级产品的贸易条件更趋恶化。普雷维什强调说，在19世纪，“主要‘中心’的进口系数在几乎整个世纪都在不断地提高，这在‘外围’国家中就抵消了对它们的初级产品更低的需求收入弹性的影响”，因而也就部分地补偿了初级产品贸易条件恶化带给“外围”国家的不利影响。然而，美国的低进口系数使这种部分补偿消失了，其结果当然是初级产品贸易条件的进一步恶化。

总之，在资本主义的“中心—外围”体系下，“中心”与“外围”之间必然会存在严重的不平等，“外围”国家始终会处在不利的地位上，这是由这种体系的基本特征所决定的。

材料：

联合国开发计划署1998年9月发表的一份报告指出，占世界总人口20%的富人占有世界财富的80%，而占世界总人口10%的48个最不发达国家，它们的国内生产总值在世界总产值中的比重却不足1%，对外贸易额只有0.4%。

思考：你如何看待这一长存的问题？

（二）对“中心—外围”论的简单评价

“中心—外围”论是学术界的一个流行的研究主题。在政治领域内，它是发展中国家争取建立公正合理的国际经济新秩序的理论依据之一。按“中心—外围”学说，发达

"中心"国的发展是以发展中"外围"国的落后为代价的，而发展中国家的落后又是发达国家经济发展的结果。因此，"外围"国要想使自己的经济得到发展，就必须摆脱乃至割断同"中心"间的关系，走自力更生的发展道路，以改变和最终扭转"外围"对"中心"的依附局面。

小资料：77国集团

77 国集团是一个经济组织，它是发展中国家为改变在国际经济贸易中的被动地位，改善日益恶化的贸易环境，阻止发展中国家国际收支逆差不断扩大而建立起来的。它的前身是 75 国集团，1963 年第 18 届联合国大会讨论召开贸易和发展会议时，73 个亚、非、拉国家和南斯拉夫、新西兰共同提出一个联合宣言，形成 75 国集团。后来肯尼亚、韩国、越南加入，新西兰宣布退出。第 18 届联合国大会讨论召开贸易和发展会议时，与会的 75 个发展中国家发表"联合宣言"，因此形成 75 国集团。1964 年 6 月 15 日在日内瓦召开的第 1 届联合国贸易和发展会议上，发达国家和发展中国家在一些重大问题上产生了尖锐分歧。77 个发展中国家和地区联合起来，再次发表了《77 国联合宣言》，要求建立新的、公正的国际经济秩序，并以此组成一个集团参加联合国贸易和发展会议的谈判，因而该集团被称为"77 国集团"。1967 年，77 国集团第一次部长级会议在阿尔及利亚举行，会议通过了该组织的宪章。截至 2008 年 6 月，77 国集团有正式成员 134 个。

77 国集团的产生是由于国际上不平等的经济秩序对发展中国家造成了严重损害，它反映了发展中国家联合起来维护自身利益的历史趋势。自成立以来，77 国集团逐渐从设在日内瓦的贸易和发展会议扩展到联合国其他一些机构。此外，在联合国的一些重要会议里也有 77 国集团。77 国集团没有总部、秘书处等常设机构，也没有章程和预算，但由于成员国有着共同的利害关系，它们在同发达国家谈判时，往往能以"一个声音讲话"。每届联大和贸发会议召开前该集团通常要举行部长级会议，研究对策，统一步调。由于该集团协调行动，步调一致，在维护发展中国家独立和主权、建立国际经济新秩序，以及在国际经济领域的斗争中发挥了重大作用。

77 国集团自成立之初，就设定了自己的行动宗旨：(1) 为发展中国家旗帜鲜明地表述自己的正义主张，促进发展中国家集体的经济权益；(2) 在联合国体制内部，在有关国际经济一切重大问题的南北谈判中，增强发展中国家的"集体谈判能力"；(3) 在发展中国家之间，加强经济合作和技术合作。1960 年中期至 1970 年末，77 集团的联合奋斗是卓有成效的：它运用了第三世界在联合国内平等表决制形成的多数优势,促使联合国的各种机构通过了比较公平合理和有利于发展中国家的决议,其中包括若干具有法律约束力的决定;推动联合国创设了一些新的机构或机制,实施各种有助于贫弱国家经济增长的各种方案;通过联合国各种讲坛的论战或有关的决议,对国际社会中的政治霸权和经济霸权加以批判、抵制和约束;敦促联合国各有关机构就全球性经济发展严重失衡、世界财富的国际分配严重不公、南北两类国家贫富悬殊的鸿沟不断扩大等重大问题,加强研究评析,采取相应的有效措施,逐步加以解决。

特别值得称道的是,在国际贸易往来中对发展中国家实行"非互惠的普惠待遇"等原则,就是在1964年联合国贸易和发展会议上,由77国集团率先提出倡议,并经多年坚持不懈的努力,终于使得"关贸总协定"不公平不合理的原有体制实现了局部的改进。而针对国际经济旧秩序提出鲜明的战略性变革主张,即联合国1974年通过的《建立国际经济新秩序宣言》、《各国经济权利和义务宪章》,也是首先在联合国贸易和发展会议上由77国集团酝酿、发动、磋商、论证,统一了认识,再提交联合国大会并作出了决议的。

中国不是77国集团成员,但一贯重视发展同77国集团的合作,支持77国集团的正义主张和合理要求,并与其保持良好的合作关系。中国曾以特别客人或观察员的身份多次出席77国集团的部长级会议。自1990年以来,中国同该集团的关系在原有基础上有了较大的进展,形成了"77国集团+中国"的新合作模式,中国已全面参加该集团的所有会议和活动。

五、当代贸易保护新理论

20世纪90年代以来,随着国际贸易的扩大和经济全球化的发展,各国在贸易领域的竞争日趋激烈。在这种形势下,各种形式的保护主义纷纷出现。目前较具代表性的新保护贸易理论包括:战略性贸易理论、地区经济主义新贸易保护论、国际劳动力价格均等化新贸易保护论以及环境优先新贸易保护论。

(一) 战略性贸易理论

在当代高技术产品贸易中盛行一种"战略性贸易理论",也被称做"新重商主义"。由于国际市场上的不完全竞争性质和规模经济的存在,市场份额对各国企业变得更加重要。市场竞争变成一场少数几家企业之间的"博弈",谁能占领市场,谁就能获得超额利润。新贸易保护主义主张通过政府补贴等来帮助本国企业在国际竞争中获胜,而企业获胜之后所得的利润会大大超过政府所支付的补贴。在这方面的主要贡献者是加拿大经济学家巴巴拉·斯潘塞(Barbara J. Spencer)、詹姆斯·布朗德(James A. Brander)以及美国的保罗·克鲁格曼(Paul Krugman)。

小资料：保罗·克鲁格曼

保罗·克鲁格曼于1953年出身于一个美国的中产阶级家庭，父亲是一家保险公司的经理。他在纽约的郊区长大，童年时代喜爱看科幻小说，曾梦想成为一名心理学家或历史学家。当他成为一名著名的经济学家后，他诙谐地说："有趣的思想与有趣的生活经历关系甚微。"

保罗·克鲁格曼于1974年毕业于耶鲁大学。在大学期间主修经济，但他只上了经济学必修课，选的更多的是历史课。克鲁格曼在经济学领域最早向传统作出挑战是在1973年春天。当时著名经济学家威廉·诺德豪斯(William Nordhaus)举行一个关于能源和自然资源的讲座，克鲁格曼写了一篇论文，表明汽油的长期需求富有价格弹性，这一观点与当时流行的观点恰好相反。克鲁格曼对经济问题的深刻理解引起了诺德豪斯的关注。

大学毕业后，在诺德豪斯的推荐下，克鲁格曼进入麻省理工学院(MIT)攻读博士学位。在1977年取得经济学博士学位之后，便直接去耶鲁大学任教，从此开始了他作为专业经济学家的研究生涯。

克鲁格曼对于国际经济学作出了很大的贡献。第一，突破了传统的国际贸易理论，对战后大量出现的工业国家之间和同行业之间的贸易作出了解释。通过引进微观经济学中的产品差异、垄断竞争、规模经济等原理，克鲁格曼不仅为国际贸易理论建立了一个新的分析框架，而且将经济学基本原理与国际贸易中的新思路有机地结合了起来，从而为当代国际贸易理论的发展作出了开创性的贡献。第二，克鲁格曼分析了国际贸易中的寡头竞争行为，为战略性贸易政策的研究奠定了基础。与传统的贸易政策不同，战略性贸易政策有时不仅可以保护国内市场，也可以促进出口。政府对某些产业的有限保护有助于该产业获得规模经济，降低成本，提高竞争力。但是，作为负责的经济学家，克鲁格曼还对战略性贸易政策做了许多实证研究，结果表明这种政策所获得的总体收益是很有限的。因此，克鲁格曼在分析了战略性贸易政策可能带来的益处后又指出了由此产生的问题。他认为，相比之下，自由贸易仍是最好的政策选择。第三，克鲁格曼还在汇率和发展中国家债务等问题上独有建树，其中最主要的贡献是关于汇率的"目标区域"理论，主张汇率的有限浮动等。

由于克鲁格曼在国际经济学领域中的杰出贡献，他于1991年获得了两年一次颁发给40岁以下的美国杰出经济学者的约翰·贝茨·克拉克奖。2008年度诺贝尔经济学奖授予美国经济学家保罗·克鲁格曼，表彰其对国际贸易与经济地理学研究的贡献。

为了说明这一道理，经济学家常常用美国波音公司与欧洲的空中客车公司作为例子。在现实中，这两家也确实是飞机制造业中最主要的公司。

假定这两家公司生产技术和能力相近，都有能力生产一种可坐500名乘客的大客机，而生产这种客机又具有规模经济，生产量越多成本越低，生产量越小成本越高，而且会有亏损。在市场需求有限的情况下，如果两家公司都生产，则两家公司都会亏本。如果两家公司都不生产，虽然谁也不会亏本，但谁也没有利润。只有在一家生产而另一家不生产的情况下，生产的那家才会有足够的生产量而获得利润。表4-1列出了波音公司和空中客车公司在各种情况下假设的收益(用正数表示利润，用负数表示亏损)。每对数字中，左边数字表示波音公司的利润或亏损，右边数字表示空中客车的利润或亏损。均衡的结果是，谁先进入谁会生产，另一家公司就不再进入。因此，有两种博弈均衡：如果波音公司先进入市场，对于空中客车公司来说，只有亏损生产和不生产不亏损两种选择，理性的选择当然是不生产(右上框)；另一方面，如果是空中客车公司率先进入市场，对波音公司来说也是同样的两个选择，结果也是放弃市场(左下框)。

表4-1　波音公司和空中客车公司相同情况下的利润/亏损

空中客车公司 / 波音公司	生　产	不生产
生　产	(-5万，-5万)	(100万，0万)
不生产	(0万，100万)	(0万，0万)

现在假设欧洲政府采取战略性贸易政策，补贴空中客车公司10万美元生产这种新型飞机，这种补贴使这两家的利润/亏损情况发生了变化。如果只是空中客车公司生产，总利润达到110万美元。即使两家都生产，空中客车公司在减去亏损后，仍能有5万美元的盈利。而波音公司没有补贴，其利润与亏损没有变化。表4-2是新情况下的收益矩阵。

表4-2　欧洲政府进行补贴后的利润/亏损

空中客车公司 / 波音公司	生　产	不生产
生　产	(-5万，5万)	(100万，0万)
不生产	(0万，110万)	(0万，0万)

在新的情况下，空中客车公司只要生产，就有利润，而不管波音公司是否生产。对空中客车公司来说，不生产的选择已经被排除。而波音公司也只剩下两种可能：一种是不生产，让空中客车公司生产，没有利润也不亏损；另一种选择是硬挤进去生产，而空中客车公司不会退出，其结果是两家都生产并都承担5万美元的亏损。在这种情况下，波

音公司已无获得利润的可能,其理性选择自然是退出竞争。结果是空中客车公司独占市场,获得 110 万美元的利润(博弈的均衡为左下框)。无论是对空中客车公司还是对欧洲政府来说,这种结果自然是很有吸引力的:政府只支付了 10 万美元的补助,却换来了 110 万美元的收益,净得利 100 万美元。

从这个虚构的例子可以看到,政府的保护政策可以使本国企业在国际竞争中获得占领市场的战略性的优势并使整个国家受益。新保护主义常常以此来说明保护政策在现代国际竞争中的重要性。但是,这一理论在实施中也同样受到各种实际情况的挑战。

首先,外国政府可能会采取同样的措施。在上例中,如果美国政府对波音公司也进行补贴,那么结果会是两家都生产,见表 4-3。虽然波音公司和空中客车公司在政府补贴下仍能获利,但各国政府的支出大于企业所得利益,整个经济是净损失。

表 4-3　欧美政府都进行补贴后的利润/亏损

波音公司 \ 空中客车公司	生　产	不生产
生　产	(5 万,5 万)	(110 万,0 万)
不生产	(0 万,110 万)	(0 万,0 万)

其次,信息的准确性问题。即使美国政府不补贴波音公司,欧洲政府仍然可能因为信息不完全而盲目进行保护,从而不能达到补贴的预期效果。在上例中,假如波音公司与空中客车公司在生产技术或经营管理上略有差别。如表 4-4 所示,空中客车公司比波音公司的生产成本要高,如果两家都生产,空中客车公司亏损 5 万美元,而波音公司则能盈利 5 万美元。在没有补贴的情况下,波音公司不论怎样都会生产而空中客车公司则不会生产,波音公司独占市场(右上框)。如果欧洲政府不了解这种情况还像前例中那样给空中客车公司补贴 10 万美元,企图借此将波音公司挤出市场,结果却不能如愿。虽然空中客车公司挤进市场开始生产,但波音公司不会退出市场,只是少赚利润而已(左上框)。空中客车公司无法独占市场,也就只能得到 5 万美元利润,减去补贴,整个国家仍然亏损 5 万美元,而且,无论欧洲政府补贴多少,这一结果不会改变。

由此可见,战略性贸易保护政策在实践中仍有许多困难。

表 4-4　波音公司和空中客车公司不同情况下的利润/亏损

波音公司 \ 空中客车公司	生　产	不生产
生　产	(5 万,-5 万)	(125 万,0 万)
不生产	(0 万,100 万)	(0 万,0 万)

同凯恩斯理论相比,战略性贸易理论并不强调贸易差额对国民收入和就业所产生

的影响,而是侧重研究在战略性工业中如何战略性地运用政策手段以寻求经济利润,但它所采取的保护主义政策主张在形式上与凯恩斯乃至重商主义的政策主张极为相似,可谓重商主义在新形势下的运用。

(二) 地区经济主义新贸易保护论

1994 年,英国学者蒂姆·朗(Tim Lang)和科林·海兹(Colin Hines)在《新贸易保护主义》一书中提出,地区经济主义新贸易保护论"旨在通过减少国际贸易和对整个经济的重新定位及使其多样化,让它朝向地区或国家内生产的最大化方向发展,然后以周边地区作为依赖对象,并且只把全球贸易作为最后选择"。蒂姆·朗和科林·海兹认为,在目前的世界环境中,自由贸易所带来的问题比其期望解决的问题多,鉴于自由贸易无法解决贸易与发展、贸易与环境等问题,因此必须用新的贸易保护主义取代它。新贸易保护主义主张,首先要加强地区间合作,实施新型的地区主义,"自力更生应该成为国家内部以及一个地区的国家之间的一个共同目标,这样可以使它们在力所能及的范围内最大程度地满足需要和提供服务,如果经济活动能够自力更生提供服务,那么它们对国际贸易的依赖程度就会降低,经济增长受到无情竞争的影响也会减少,当生产和就业必须一致为了满足地方需要而服务时,就应该重新将经济活动定位,使其摆脱出口导向的模式"。

实行地区性贸易保护主义后,既可以利用本地资源,促进经济发展,增加福利,又可以改变发展中国家在国际贸易结构中的不利地位,同时也可以保护环境,促进可持续发展。新贸易保护主义还主张为使地区经济发展,实现贸易平衡和保护世界环境,需要一国根据预期的出口量控制进口量,并且要使两者严格平衡,并制定高标准的进出口限制规则。

(三) 国际劳动力价格均等化新贸易保护论

国际劳动力价格均等化新贸易保护论的基本观点是:由于西方发达国家的工资水平远远超过发展中国家,如果西方国家不对发展中国家实行贸易限制,将会造成发达国家工人的工资水平向低收入国家的工资水平看齐,从而导致发达国家生活水平的下降,因此,发达国家应该对发展中国家的劳动密集型产品实行贸易限制。进入 20 世纪 80 年代以来,发达国家由于受到低增长和高失业率的困扰,采取了增加对大工业的保护、抵制发展中国家的进口的措施。1993 年,发展中国家将近 1/3 的出口产品受到发达国家的配额制和其他非关税壁垒限制。

(四) 环境优先新贸易保护论

环境优先新贸易保护论主要表现是借保护世界环境之名限制国外产品的进口,保护本国衰退的劣势产业。其主要论点是:由于人类生态系统面临巨大威胁,在国际贸易中应该优先考虑保护环境,减少污染产品的生产与销售;为了保护环境,任何国家都可以设置关税和非关税壁垒控制污染产品的进出口,同时任何产品都应将环境和资源费用计入成本,使环境和资源成本内在化。

本章小结

本章主要介绍了保护贸易理论,主要内容如下:

1. 重商主义被认为是保护贸易理论的雏形,它的主要观点是:货币(金银)是财富的唯一代表,国民财富增长的唯一途径是开展对外贸易,实现贸易顺差,而国家力量的强大则是积累财富、开展对外贸易、保证外贸顺差的重要保证。

2. 汉密尔顿与李斯特分别根据美国和德国的发展现状提出了他们觉得适合的保护幼稚工业理论,特别是李斯特,从经济发展阶段、生产力、保护关税制度和国家干预的各个层面进行了全面的阐述,被称为是保护贸易理论的鼻祖。

3. 凯恩斯在对经济危机研究的基础上提出了超保护贸易理论。他认为,经济危机的根源是有效需求不足,为解决有效需求不足,最有效的办法就是国家增加投资,而这种投资具有乘数效应,当扩展到外部经济,引入国际贸易时,即是外贸乘数学说。外贸中的出口功能类似于国内投资,但进口却是对国民收入的漏出,所以应该追求贸易顺差。

4. “中心—外围”论是在对发展中国家研究的基础上得出来的。普雷维什认为,当代世界经济体系是由非对称的两部分,即“中心—外围”组成的。在这一体系中,发达国家处在占统治地位的“中心”地位,而不发达国家则处在依附于中心的“外围”地位,这种状况造成了国际经济生活中两级分化的现象。

5. 20 世纪 90 年代以来,随着国际贸易的扩大和经济全球化的发展,各国在贸易领域的竞争日趋激烈。在这种形势下,各种形式的保护主义纷纷出现。其中战略性贸易理论最为著名,其主要观点是:在不完全竞争和规模经济存在的条件下,一国政府通过对国内高技术企业实行生产补贴、出口补贴或保护国内市场,可以挤占更多的国际市场份额,孕育并赢得扩大规模生产的效益;同时,还可趁机掠夺别国企业原先享有的经济利润,在高技术密集的战略性工业中独占鳌头。

阅读材料

欧美媒体：美国大步迈向有美国特色的社会主义道路

对于华尔街的这次“金融海啸”，法国国际广播电台曾称，它引发的连锁反应“有可能动摇美国的国体”。而对于布什政府7 000亿美元救市的“大手笔”，美国舆论则称这是“美国特色的社会主义”。

美国彭博社22日发表了专栏作家威廉·白赛克(William Pesek)一篇题为《亚洲思考美利坚社会主义合众国》的文章，文章提到，在20世纪90年代末亚洲遭遇金融危机时，美国提出了“减少政府支出和债务”“放任房价下跌”等建议，不过在美国遭遇同样的金融问题时，它却立刻抛弃了这些建议，提出了大规模的救市方案。文章说，某些亚洲投资者和经济学家纽约大学商学院的教授鲁里埃尔·鲁比尼(Nouriel Roubini)还开玩笑讨论美利坚合众国(USA)是如何演变成美利坚社会主义合众国(USSA, the United Socialist States of America)的。

英国《泰晤士报》经济专栏作家安纳图·凯尔斯盖(Anatole Kaletsky)称：“曾经是世界上最资本主义化国家的最资本主义化的政府，已经决定铲除这个国家最大、最重要的私人金融企业的老板，以政府任命的官僚取代之。”欧元太平洋资本(Euro Pacific Capital)总裁施夫(Peter Schiff)说：“这项行动代表着这个国家迈向社会主义最大的步伐，标志着美国曾经引以为自豪的自由市场经济的终结。”澳大利亚《堪培拉时报》对此也评论说，正如中国建设中国特色的社会主义经济一样，美国也在建立美国特色的社会主义经济。

前德意志银行高管罗杰·依伦伯格(Roger Ehrenberg)用“我们已经跨越了从资本主义到社会主义的红线”来评论美国政府对这次华尔街危机的反应。依伦伯格说：“美国政府对这次金融危机的历史性的反应将我们置于一个几代人也没法看清的一个位置。在不到一个星期的时间里，我们已经正式地跨越了从资本主义到社会主义的红线”，“有关资本主义太多你需要一点社会主义以及社会主义太多你需要一点资本主义这一问题的争论，在我看来只具有象征意义”。

与此同时，那些反对布什政府救市计划的议员也给救市带上“社会主义”的帽子，参议员吉姆·邦宁(Jim Bunning)就危言耸听地说，财政部提出的计划将驱走自由市场，在美国建立社会主义。

资料来源：环球时报.2008.9.23

复习思考题

1. 什么是重商主义？早期和晚期的重商主义有什么不同之处？
2. 汉密尔顿推行保护贸易政策的目的是什么？
3. 试述李斯特保护幼稚工业理论的主要内容。
4. 凯恩斯理论的主要内容是什么？
5. 既然自由贸易有可以增加世界整体福利和各个国家的福利的效果，那么为什么到目前为止没有一个国家实现完全的自由贸易？

第五章

主要国家及欧盟的对外贸易措施

学习目标

知识目标：掌握对外贸易政策的基本类型和影响因素，了解对外贸易政策的历史演变过程，掌握战后美国、日本、欧盟对外贸易政策的发展趋势，了解发展中国家的基本国情，掌握其基本贸易类型，掌握我国同美国、日本、欧盟的外贸发展的特点和障碍。

技能目标：明确各个国家采用不同贸易政策的背景和目的，学会用理论内容解决现实问题。

篇前案例

据美国《新闻周刊》2010 年 9 月 18 日报道，正当美国与中国在贸易和汇率问题上争论不休时，欧盟已经悄悄超越美国，再次成为中国最大的贸易伙伴。

根据欧盟理事会外交关系委员会的统计报告，截至 2010 年 7 月，欧盟与中国的贸易额已经飙升至 3 060 亿美元(20 578 亿元人民币)，而同期的美中贸易额为 2 430 亿美元(16 342 亿元人民币)。欧盟理事会外交关系委员会称，中国已经将价值 2.7 万亿美元(18 万亿元人民币)的外汇储备改为欧元。

中国在进口技术、基础设施、机械制造以及高端消费品方面更加依赖欧洲，而欧洲各大企业也在中国市场上取得了巨大成功，比如，大众汽车 2010 年在中国销量超过 200 万辆；意大利公司成功进入奢侈品市场；德国公司进入快速发展的纳米纤维高端市场。欧盟对中国的出口额正以 49% 的年增长率飙升，出口商们从中获益。而中国也在忙着收购欧洲的企业和港口。

值得注意的是，欧洲人对中国经济发展的担忧不及美国一半。2009 年，欧盟与中国的贸易赤字仅占 GDP 的 1.1%，而美国占了 1.6%。欧洲的大量就业机会依赖于国际贸易,出口行业创造的生产总值占了欧盟 GDP 的 55%,而美国只占 11%,因此欧洲对与中国贸易往来的恐惧度远比美国要低。

资料来源:国际财经时报. http://www.ibtimes.com.cn/articles/20100919/zhongguo-maoyi.htm

思考:

1. 中欧贸易,中国在哪些行业更加依赖欧盟?为什么?
2. 2010 年前七个月欧盟成为我国最大贸易伙伴的原因有哪些?

第一节 对外贸易政策概述

一、对外贸易政策的概念

对外贸易政策是一国在一定时期内根据国家发展总的战略目标和其缔结的有关的贸易条约、协定,与参加的贸易组织对货物和服务等对外贸易活动进行协调、组织与管理所制定的法规、原则和措施。

二、对外贸易政策的构成

不同的政治、经济状况决定各国不同的对外贸易政策,但各国的对外贸易政策构成是相同的,主要由三部分组成:

(一) 对外贸易总政策

它是从整体国民经济出发,在一个较长的时期内实行的对外贸易总的原则、方针和策略。它通常与一国的总体经济发展相联系。例如,我国在改革开放前,根据当时的国内外政治经济条件,实行的是国家管制下内向型的保护贸易政策;改革开放之后,在对外开放总的方针指导下,对外贸易总政策转变为开放型的适度保护政策。加入世界贸易组织后,我国实行了遵守国际贸易规则的自由贸易政策。

(二) 进出口商品政策

它是根据对外贸易总政策及国内产业结构、生产发展、市场状况等因素制定的商品的进出口的原则和规定。不同的商品,在不同的时间及条件下所制定的政策是不同的,一般与各国的产业发展战略紧密相连。例如,对于现阶段重点扶植的产业,一般采取限制同类产品的进口,同时鼓励本国产品出口的政策,以达到促进产业发展的目标。

(三) 对外贸易国别政策

它是根据对外贸易总政策、对外经济和政治关系的需要,对不同的国家或地区制定不同的对外贸易政策。

对外贸易政策的组成部分是相互联系的,对外贸易总政策是指导,进出口商品政策和国别政策是对外贸易总政策的具体体现。

三、对外贸易政策目的

总的来说,对外贸易政策是为本国利益服务的。具体来说,各国制定对外贸易政策的目的在于:

(一) 保护本国市场

通过实行保护贸易政策,提高进口关税,限制外国商品进口,把本国市场留给本国生产的产品,保护本国的产业发展,特别是幼稚工业的发展。

(二) 扩大本国产品的出口市场

一国政府为了扩大本国产品在国际市场上的份额,通过制定对外贸易政策,为出口部门、公司提供出口补贴或信用担保,加强国家出口信贷,以便降低本国产品成本,提高竞争能力,扩大商品出口。有时还可以通过"援助"计划带动出口,受援国必须从"援助国"购买商品,以此扩大援助国商品出口。

(三) 促进本国产业机构的改善

任何国家制定一项对外贸易政策的目的都是为了发展本国经济。有的国家采取自由贸易政策,是为了取得原料和市场,进而促进本国相关产业的发展;有的国家实行保护贸易政策,是为了防止外国进口商品的冲击,进而保护本国的相关产业的发展。

同时,为本国积累资金、维护本国的经济和政治关系都是各国制定对外贸易政策的具体表现。

四、对外贸易政策的类型

从对外贸易产生与发展以来,基本上有两种类型的对外贸易政策。它们是自由贸易政策和保护贸易政策。

自由贸易政策的主要内容是:国家取消对进出口贸易的限制和障碍,取消对本国进出口货物和服务的各种特权和优待,使其自由进出口,在国内外市场上自由竞争。

保护贸易政策的主要内容是:国家广泛利用各种限制进口的措施保护本国市场免受外国货物和服务的竞争,并对本国出口货物和服务给予优待和补贴以鼓励货物和服务出口。

总之,随着不同的历史阶段,这两种政策的侧重点有所不同,采取的措施也不完全一致。随着各国竞争能力强弱的变化,在不同时期或对不同产业国家采取不同的或相互交叉的政策。

五、对外贸易政策的制定与执行

(一) 对外贸易政策制定的影响因素

一国对外贸易实行自由贸易政策还是推行保护贸易政策,一般是由以下几个因素决定的：

1. 经济发展水平和经济结构

一国的经济发展水平高，技术先进，资金充裕，经济结构高度现代化，产品竞争力强，该国政府就会推行自由贸易政策，以期在国际市场上获取更大的经济利益。相反，一国的经济发展水平低，资金和技术要素处于劣势，现代化工业尚未真正建立，其产品在国际市场上缺乏竞争力，该国政府就会倾向采取保护贸易政策，以保护国内产业免受外国产品的竞争。

2. 经济发展战略

采取外向型经济发展战略的国家，往往制定较为开放和自由的外贸政策。因为对外贸易在该国经济发展中的作用越重要，该国就越需要在世界范围内扩大产品出口，加强与世界各国和地区的经济合作；采取内向型经济发展战略的国家则缺乏同各国发展对外经济贸易关系的紧迫感，为了保护本国产业的成长，还会采取较为强硬的保护贸易政策。

3. 国际分工中的地位

一国在国际分工中处于主导地位，国际市场扩张能力强，往往倾向自由贸易政策；而在国际分工中处于附属地位的国家，国际市场的开拓能力有限，面对国外产品、服务的大举进入，倾向采取保护贸易政策。

4. 各种利益集团力量的对比

一国不同的贸易政策对本国不同利益集团产生不同的影响。自由贸易政策有利于出口厂商，但不利于进口竞争集团；保护贸易政策使国内竞争性企业得到保护，但消费者利益受到损害。通常，各国直接参与对外贸易的企业集团推崇自由贸易，那些同进口发生竞争关系的行业及其相关组织则是推行贸易保护主义的主要支持者。不同利益集团的力量对比会影响各国对外贸易政策的取向。

5. 政府决策者倡导的经济理论与贸易思想

各国对外贸易政策往往通过法律的形式表现出来。而法律的制定、修改要通过立法机构进行。政府决策者倡导的经济理论与贸易思想往往转变为政府的政策，并通过立法机关将政策转变为法律。

6. 本国与别国的政治经济关系

一国愿意同政治、外交关系友好的国家积极发展经济贸易关系，扩大货物与服务的出口，而对政治上、经济上敌对的国家采取保护贸易政策。

总之，一国采取哪种对外贸易政策是由其经济发展水平、在国际经济中所处的地位以及其经济实力决定的。一国在经济发展的初期，一般采取保护贸易政策，随着本国产业竞争实力的增强，保护贸易政策让位于自由贸易政策，当其竞争地位受到威胁时，贸易保护主义又会抬头。

一国实行哪种对外贸易政策也要考虑所处的国际环境。在经济全球化的背景下,各国在制定对外贸易政策时,既要考虑积极参与国际分工,又要确保在分工中的利益最大化。

(二) 对外贸易政策的制定

各国对外贸易政策的制定与修改是由国家立法机构进行的。最高立法机关在制定和修改对外贸易政策及有关规章制度前,要征询各个经济利益集团的意见。如发达资本主义国家一般要征询大垄断集团的意见。各垄断集团通过各种渠道,如企业主联合会、商会的领导人经常协调、确定共同立场,向政府提出各种建议,甚至派人参与制定或修改有关对外贸易政策的法律草案。

(三) 对外贸易政策的执行方式

各国对外贸易政策是通过以下机构和方式执行的:

1. 国家广泛设立各种机构,负责促进出口和管理进口

各国对本国对外贸易的管理一般通过国家立法机构制定或修改对外贸易政策,并由有关的行政机构来管理和实施。如美国,根据联邦宪法规定,美国对外贸易的国家调节职权属于国会,联邦政府则根据国会立法,制定和执行外贸政策。具体管理又分散于政府部门,出口管理工作的职能由商务部、国防部、能源部等分别执行,进口管理的权限属于联邦政府商务部国际贸易委员会。英国对外贸易管理机构集中在贸易部。日本通产省是日本政府制定外贸政策和管理外贸的主要部门。中国的对外贸易由商务部统一管理。

2. 通过海关对进出口贸易进行监管

海关是国家行政机关,是设置在对外开放口岸的进出口监管机关。它的主要职能是:对一切进出国境的货物和物品及运输工具,进行实际的监督管理、计征关税和代征法定的其他税费、查禁走私。一切进出口的货物和物品及运输工具,除国家法律有特别规定的以外,都要在进出国境时向海关申报,接受海关检查后方可放行。

3. 国家政府出面参与各种国际机构与组织,进行国际间的协调工作

这些机构和组织主要包括:① 一些世界性的组织及联合国下属的国际组织,如世界贸易组织、国际货币基金组织、世界银行、联合国工业发展组织、联合国粮农组织等;② 地区贸易集团,如欧盟、北美自由贸易区等;③ 政府间建立的类似卡特尔的国际组织来管理共同的对外贸易行为,如石油输出国组织(OPEC);④ 对某些种类的商品进出口所采取的管理和约束的国际间商品协定,如《多种纤维协定》(MFA)。

六、对外贸易政策的演变

(一) 资本原始积累时期

在15—17世纪资本主义生产方式准备时期,为了完成资本的原始积累,英、法等欧洲资本主义国家信奉重商主义的学说和政策,积极推行国家干预对外贸易的做法,采取

严厉的贸易保护措施。早期重商主义者认为，只有货币才是财富，它们追求的目标是谋取对外贸易顺差，在国内积累货币财富，把贵重金属留在国内。因此，由政府或国王本人直接垄断或管制对外贸易，采取一系列行政法律措施，严禁奢侈品进口和金银出口。重商主义晚期，工场手工业和航海运输业迅速发展，商业资产阶级认识到不应当对货币的运动过分加以限制，于是，由管制金银的进出口变为管制货物的进出口，试图用更多的出口来获取贸易顺差和金银进出口。这样，它们除了向原料进口提供优惠外，对其他进口货物则实行保护关税和种种限制措施，同时采取各种强有力的政策手段鼓励出口。可见，该时期西欧各国普遍推行的是典型的保护贸易政策。

（二）自由竞争贸易政策和保护贸易政策时期

18 世纪中叶到 19 世纪末，在资本主义自由竞争时期，由于各国工业发展水平不同和在世界市场上竞争地位不同，因而采取了不同的对外贸易政策。当时，英国工业水平最高，它的商品不怕其他国家的竞争，它需要以工业制成品的出口换取原料和粮食的进口，所以主张自由贸易政策。

与英国形成鲜明对照的是，美国和西欧的一些国家，如德国推行保护贸易政策。其基本原因在于这些国家工业发展水平不高，经济实力和商品竞争能力都无法与英国相抗衡，需要采取强有力的政策措施（主要是保护关税措施）以保护本国的幼稚工业，避免遭受英国的商品竞争，因而逐步实行了一系列鼓励出口和限制进口的措施。这时的保护贸易主义政策就是国家广泛利用各种限制进口的政策，保护本国市场免受外国商品的竞争，并对本国商品给予优待和补贴，以鼓励商品出口。

（三）19 世纪末到二战期间

从 19 世纪末到第二次世界大战期间，资本主义处于垄断时期。在这一时期垄断代替了自由竞争，成为一切社会经济生活的基础。此时，西方各国普遍完成了产业革命，工业得到迅速发展，世界市场的竞争开始变得激烈。尤其是 1929—1933 年的世界性经济危机，使市场矛盾进一步尖锐化。于是，各国垄断资产阶级为了垄断国内市场和争夺国外市场，纷纷要求实行超贸易保护政策。超贸易保护政策是一种侵略性的贸易保护政策，与自由竞争时期的保护贸易政策相比有着明显的区别：① 它不是防御性地保护国内幼稚工业，以增强其自由竞争能力，而是保护国内高度发达或出现衰落的垄断工业，以巩固国内外市场的垄断；② 保护的对象不是一般的工业资产阶级，而是垄断资产阶级；③ 保护的手法也趋于多样化，不仅仅是高关税，还有其他各种奖出限入的措施。不过，就美国而言，其对外经济政策的自由贸易成分越来越强，这反映出“金元帝国”在其鼎盛时期的战略态势。

（四）二战后到 20 世纪 70 年代

第二次世界大战后到 20 世纪 70 年代初，世界政治经济力量重新分化组合。美国的实力空前提高，强大的经济实力和膨胀的经济，使其既有需要又有能力冲破当时发达国家所流行的高关税政策。日本和西欧为了战后经济的恢复和发展，也愿意彼此放松贸易壁垒，扩大出口。此外，国际分工进一步深化，推动生产国际化、资本国际化，跨国公司迅速兴起，迫切需要一个自由贸易环境以推动商品和资本流动。于是，这一时期发达资本主义国家的对外贸易政策先后出现了自由化倾向。这种倾向主要表现在大幅度削减关税和降低或撤销非关税壁垒。其中关税总协定（GATT）缔约方的平均进口最惠国税率下降至5%左右。欧共体（现为欧洲联盟）实现关税同盟，对内取消关税，对外减让关税，使关税大幅度下降。此外，在发展中国家的努力下，发达国家给予来自发展中国家的制成品和半制成品的进口以普遍优惠制待遇。在非关税减让方面，发达国家不同程度地放宽了进口数量限制，扩大进口自由化，增加自由进口的商品；放宽或取消外汇管制，实行货币自由兑换，促进了贸易自由化的发展。

然而，值得注意的是，战后出现的贸易自由化倾向和资本主义自由竞争时期由英国等少数国家倡导的自由贸易不同。资本主义自由竞争时期的自由贸易反映了英国工业资产阶级资本自由扩张的利益与要求，代表了资本主义上升阶段工业资产阶级的利益和要求。战后的贸易自由化倾向是在国家垄断资本主义日益加强的条件下发展起来的，它主要反映了垄断资本的利益，是世界经济和生产力发展的内在要求。它在一定程度上和保护贸易政策相结合，是一种有选择的贸易自由化。在具体实行中，这种自由化政策形成了这样的趋势：工业制成品的贸易自由化程度超过农产品，机器设备等资本品超过工业消费品，区域性经济集团内部超过其外部，发达国家超过发展中国家。因此，这种贸易自由化倾向发展并不平衡，甚至是不稳定的。当本国经济利益受到威胁时，保护贸易倾向必然重新抬头。

（五）20世纪70年代到90年代

新贸易保护主义是相对于自由竞争时期的贸易保护主义而言的，它形成于20世纪70年代中期。期间，资本主义国家经历了两次经济危机，经济出现衰退陷入滞胀的困境，就业压力增大，市场问题日趋严重。因此，以国内市场为主的产业垄断资产阶级和劳工团体纷纷要求政府采取保护贸易措施。此外，由于工业国家发展不平衡，美国的贸易逆差迅速上升，其主要工业产品如钢铁、汽车、电器等，不仅受到日本、西欧等国家的激烈竞争，甚至面临一些新兴工业化国家以及其他出口国的竞争威胁。在这种情况下，美国一方面迫使拥有巨额贸易顺差的国家开放市场，另一方面则加强对进口的限制。因此，美国成为新贸易保护主义的重要策源地。美国率先采取贸易保护主义措施，引起了各国贸易政策的连锁反应，各国纷纷效仿，致使新贸易保护主义得以蔓延和扩张。在这种历史背景下，广大的发展中国家为了发展民族经济也实行贸易保护政策，以保护幼稚民族工业的发展，实行工业化和保护国内市场及开拓世界市场。

新贸易保护主义不同于20世纪30年代的旧贸易保护主义。第一，贸易保护措施由过去以关税壁垒和直接贸易限制为主逐渐被间接的贸易限制所取代。发达国家求助于关贸总协定的免责条款，即为了保护本国暂时性的国际收支平衡或为了避免进口国国内工业受到大量进口的严重损害等，从本国的需要和目的出发，重新进行贸易立法的解释，设置进口限制，并且越来越倾向于滥用反补贴、反倾销这些所谓的维持"公平"贸易的武器，来削弱新兴工业化国家及其他出口国在劳动密集型产品成本方面的优势，阻挡发展中国家新的进口竞争。第二，贸易政策措施朝制度化、系统化和综合化的方向发展。贸易保护制度越来越像管理贸易制度，不少发达国家越来越把贸易领域的问题与其他经济领域的问题，甚至包括某些非经济领域的问题联系起来，进而推动许多国家的贸易政策明显向综合性方向发展。第三，其重点从限制进口转向鼓励出口，双边和多边谈判与协调成为扩展贸易的重要手段。第四，从国家贸易壁垒转向区域性贸易壁垒，实行区域内的共同开放和区域外的共同保护。

（六）20世纪90年代至今

进入20世纪90年代以后，西方发达国家逐渐走出经济低谷，其贸易政策呈现出一些新的特点和趋势。

1. 管理贸易日益成为贸易政策的主导内容

美国先后于1974年、1978年和1988年制定了综合贸易法案，开始了从自由贸易政策向管理贸易政策的转变。克林顿上台后，随着其经济振兴计划的提出，对外贸易政策成为美国新经济政策的主要组成部分，这预示着美国将进入一个政府全面干预外贸活动的新时期。在美国的示范和推动下，"管理贸易"已逐渐成为西方发达国家基本的对外贸易制度。各国政府更加强调政府积极介入外贸的作用。由于贸易结构的不断升级，管理贸易所包括的商品种类逐渐增多，20世纪90年代以后，管理的商品不仅包括劳动密集型产品和农产品，而且包括劳务产品、高科技产品和知识产品等。

2. 对外贸易政策与对外关系相结合的趋势加强

各国把对外贸易看成是处理国家关系越来越重要的手段。美国是这方面的典型代表。克林顿政府执政后很快把对外贸易提到"美国安全的首要因素"的高度，并通过调整贸易政策的方式来调节对外关系。例如，美国利用人权、民主、军事控制等问题干扰贸易的举措时有发生，对社会主义国家不授予普遍优惠制待遇，对华永久性正常贸易关系（原称最惠国待遇）需年度审核等。这些做法都把贸易政策与其政治目标相结合。可以肯定，西方国家未来的贸易政策势必与其他经济政策和非经济领域的政策更大程度地融合，向着综合性方向发展。

3. "公平贸易"将代替发达国家的"自由贸易"

第二次世界大战结束后，以自由贸易为主旨的关贸总协定一直主宰着世界贸易体制。尽管期间各国贸易摩擦不断，但还是以自由贸易为主要原则。近年来，西方发达国家一方面反对贸易保护主义，另一方面又强调贸易的公平性。与高筑壁垒抑制外国竞争的保护主义或放任自流的自由主义政策都有所不同，这种公平贸易是指在支持开放性的同时，以寻求“公平”的贸易机会为主旨，主张贸易互惠的“对等”与“公平”原则。具体表现为：(1) 进入市场机会均等，判定的标准为双边贸易平衡，而不仅仅以是否满足双方进入要求为标准；(2) 贸易限制对等，即以优惠对优惠，以限制对限制；(3) 竞赛规则公平。可以预计，西方发达国家在未来贸易政策中将继续沿着“公平贸易”的路子走下去。

4. 以非关税壁垒为主要手段

由于经过关贸总协定的多轮谈判，发达国家的关税总体水平已降至较低水平，正常关税已起不到保护的作用。因此，非关税壁垒在西方各国贸易政策中的作用日益明显。例如，西方国家为抵制发展中国家劳动密集型产品的进口，主要措施是数量限制和反倾销手段。据关贸总协定统计，1989 年 7 月至 1990 年 6 月，国际市场上的反倾销案例为 96 起；1991 年初到 1992 年初，上升为 237 起。不容置疑，西方发达国家未来的外贸政策中，单纯的关税措施和直接的非关税措施都会相应减少，但各种新型的更灵活和更隐蔽的非关税壁垒会不断出现，并成为贸易政策的主体。

5. 政府推动高科技产业发展和鼓励出口成为推动外贸活动的主导措施

战后随着国际分工的加深和自由贸易的发展，西方各国对国外市场的依赖性不断加强，从而许多国家把奖出限入的重点从限制进口转到鼓励出口。进入 20 世纪 90 年代以后，这种政策的发展步伐正在加快。日本历来重视高科技产业的发展与应用，致使欧美在该领域的优势逐步丧失，从而激发了欧美的竞争意识。出于经济发展的趋势，西方各国纷纷制定了促进高科技产业发展的政策。各国政策都在竞相资助研究开发活动，大力鼓励发展高新技术部门。因此，西方各国的产业竞争优势仍将继续保持。可以预计，在未来西方国家可能会采取更积极的贸易政策，为企业创造“公平”的竞争环境。

6. 建立经济一体化，实行共同的对外贸易政策

20 世纪 90 年代以来，区域经济集团化发展迅猛，发达国家通过建立各种一体化形式加强成员国之间的贸易自由化，并以联合的经济实力和共同的对外贸易政策来应对外界的贸易攻势。随着区域经济集团化的发展，这种区域内采取更加统一的贸易政策的趋势将有增无减。

综合以上分析，西方发达国家今后的对外贸易政策既不可能背离贸易自由化这股世界潮流，甚至还是其推动力量，但同时基于各国经济、贸易发展的不平衡，以及追求自身利益的方式和策略的变化，它们又会时常出台一些保护色彩较浓的贸易措施，进一步采取更为隐蔽的巧妙的手段。概言之，它们极可能推行的是一种有管理的、可调节的自由贸易政策。其中，在政策协调的基础上实施某些保护措施，可能成为其外贸政策的一个特点，不完全的自由贸易政策和不断装饰的保护贸易政策仍将长期并存，不仅在不同的情况下发挥着各自的作用，而且有时还交汇融合，共同支配或影响着一个国家的对外贸易活动。

第二节　主要发达国家及欧盟对外贸易政策

一、美国对外贸易政策

(一) 美国概况

美国全称美利坚合众国(United States of America)是一个由50个州和一个联邦直辖特区组成的宪政联邦共和制国家。美国本土位于北美洲中部,包括48个州和华盛顿哥伦比亚特区。其东濒大西洋,西临太平洋,北靠加拿大,南接墨西哥。而阿拉斯加州位于大陆西北岸,东接加拿大,西隔白令海峡与俄罗斯相望;夏威夷州则位于太平洋中部。此外,美国同时在加勒比海和太平洋海域内拥有众多的联邦及海外领地。主要港口有:洛杉矶、长滩、奥克兰、西雅图、塔科马、纽约新泽西、查尔斯顿、汉普顿路、萨凡纳、休斯顿、新奥尔良、波士顿等港口。

美国国土面积超过962万平方公里,次于俄罗斯和加拿大。其人口总量也超过3亿人,少于中国和印度。美国源自于脱离英国统治的13个英属北美殖民地。1776年7月4日,13个州的殖民地代表共同发表了《独立宣言》。在经历艰苦的独立战争后,于1783年与英国签订了《巴黎条约》,从此受到世界各国的承认。

自19世纪70年代以来,美国国民经济就高居全球第一。在建国三百余年来,美国曾经历过南北战争(1861—1865年)和大萧条(20世纪30年代)等数次严酷的考验。冷战结束后,由于苏联解体,美国成为当今世界上唯一的超级大国。2008年,美国国内生产总值高达14.334万亿美元(2008年,世界国家和地区第1名),人均GDP为47 025美元(世界国家和地区第6名)。

美国有高度发达的现代市场经济,其国内生产总值和对外贸易额均居世界首位。20世纪90年代,以信息、生物技术产业为代表的新经济蓬勃发展,华尔街代表了美国强大的金融力量,受此推动,美经济经历了长达十年的增长期。

美国的服务业占最大比重,全国四分之三的劳力从事服务业。美国拥有丰富的矿产资源,包括黄金、石油和铀,然而许多能源的供应都依赖于外国进口。美国是全球最大的农业出口国之一,主要农产品包括了玉米、小麦、糖和烟草,中西部大平原地区惊人的农业产量使其被誉为“世界粮仓”。美国工业产品主要包括了汽车、飞机和电子产品。美国也有发达的旅游业,排名世界第三。美国也是飞机、钢铁、军火和电子器材的主要输出国。

美国最大的贸易伙伴是毗邻的加拿大(19%),中国(12%)、墨西哥(11%)、日本(8%)、德国、英国、韩国、法国、中国台湾和巴西紧随其后,每天大约有价值高达11亿美元的产品流经美加的国界。美国经济被认为是世界上最大也是最重要的经济体。美国经济高度发达,全球多个国家的货币与美元挂钩,而美国的证券市场被认为是世界经济的晴雨表。美国已成为当今唯一的超级大国,它在政治、经济、军事、科技上均占优势,在重大国际事务中起着主导作用,其影响具有全局性。

(二) 对外贸易政策的制定与实施部门

美国国会负责制定重要的对外贸易法律和政策,国会在对外贸易管理方面享有广泛的权力。以总统为首的行政部门,包括贸易代表办公室、商务部、财政部和农业部等负责法律和政策的实施。例如,贸易代表的职能包括:在对外贸易管理上向总统提供咨询意见,在总统、国会、行政部门和私人部门之间协调对外贸易政策和多边、双边谈判策略,代表政府进行多边、双边谈判,管理普惠制事务、301 调查及贸易救济等事务。

(三) 战后美国对外贸易政策的演变

1. 贸易自由化

从第二次世界大战结束到 20 世纪 70 年代中期,美国对外贸易政策的主要倾向是贸易自由化。1947 年,美国与其他资本主义国家一起签订了关税与贸易总协定。美国同意平均降低关税 21%,降低关税的商品主要集中于美国垄断企业及战略物资储备所需要的锰砂、镍、铝、云母等工业原料,但是对棉布等消费品减税却是极少的。

1962 年 10 月 4 日,肯尼迪政府为了迅速摆脱 1960—1961 年经济危机的影响,并企图突破西欧共同市场的关税壁垒,制定并签署了《扩大贸易法》,该贸易法案授权总统可以削减关税 50% ~100%。美国政府依据《扩大贸易法》与西欧共同市场国家和其他共 53 个国家,于 1964 年 5 月至 1967 年 6 月举行了关贸总协定的第六轮多边贸易谈判——肯尼迪回合,最后达成协议,在关贸总协定范围内,工业品进口关税平均下降 35%。1974 年 12 月,美国国会通过了《1974 年贸易法》。

2. 新贸易保护主义

20 世纪 70 年代中期起,新贸易保护主义在美国出现,1983 年以后,美国经济开始复苏,这并没有影响到新贸易保护主义措施的加强。

新贸易保护主义的主要表现有:① 被保护商品涉及的范围广、种类多,从传统的工业品、农产品到高新技术带来的高级工业制成品。② 限制进口的主要措施从关税壁垒转向非关税壁垒。在非关税壁垒措施方面,美国扩大了征收"反倾销税"和"反补贴税"的行动。③ 加强财政、金融和外汇等措施用于鼓励出口。在财政方面,通过对出口商品减免税收和提供补贴以鼓励出口;在金融方面,美国通过进出口银行向出口商提供优惠出口信贷的方式鼓励出口;在外汇方面,利用外汇工具,降低美元汇价,干预外汇市场,实现出口的增加。

案例分析

美国商务部长骆家辉2010年8月26日公布了强化贸易救济措施的14项建议,旨在加强反倾销和反补贴等政策的执行力度,对进口贸易不公平问题采取更为严厉的立场,尤其是针对中国等"那些市场会受到政府控制的国家"。美国商务部计划在经过公众咨询后于秋季开始实行相关政策。

问:为什么美国会出台这样的政策?

3. 对外贸易管理的加强

(1) 以立法形式加强单边协调管理,使对外贸易制度法律化。1984年10月30日,美国总统里根签署了《1984年关税与贸易法》,该法是为适应美国加强对外贸管理的需要而制定的,其主要目的在于扩大出口,限制进口,改善美国巨额贸易逆差的状况。1988年8月23日,美国总统里根进一步签署了保护色彩十分浓厚的《1988年综合贸易法》,该法又称"一揽子贸易法案",该法令加强和扩大了美国政府对所谓来自国外的不公正贸易行为的制裁权限和实施报复的范围,并列入了多项加强与提高美国企业竞争力的条款和规定,确立了第二次世界大战后美国贸易政策在新的历史条件下的基本战略。

(2) 加强知识产权保护和管理。美国是世界上最大的知识产权贸易国,20世纪80年代以来,美国更加关心和加强其对知识产权的保护和管理。针对外国对美国知识产权保护存在的问题,《1988年综合贸易法》制定了"超级301条款",授权美国贸易代表将对知识产权没有提供保护的国家认定为"重点国家",并可以自行根据该条款对上述国家的"不公正贸易"的做法进行调查和采取报复性措施。

(3) 从国际多边合作转为加强双边协调管理。随着世界经济贸易发展中的区域集团化一体化趋势的加强,国际多边贸易体制的削弱,美国贸易政策的重心由多边合作转向双边协调,加强有针对性的双边贸易谈判,以解决贸易争端与冲突,同时力争建立区域性的经济贸易集团,使得经济与贸易利益最大化。

(四) 战后美国对外贸易的发展趋势

1. 出口商品竞争能力相对削弱

美国的出口商品主要是工业制成品,每年约占出口总值的75%,美国一些劳动密集型的产品相继退出世界市场。曾经在海外市场具有竞争优势的高技术产品,如飞机、汽车、电讯器材、大规模集成电路、电子计算机也面临着激烈竞争。

2. 进口商品结构发生很大变化

1950年,美国初级产品进口占进口总额的70.2%,工业制成品进口占进口总额的28.5%。1991年,前者所占比重下降为21.7%,后者则上升为75.2%。各类商品在进口总额中的比重变化很大。1994 年到 2002 年，美国消费品进口额翻了一番，工业原材料、资本类货物、汽车及其零部件的进口则分别增长 75%、64% 和 62%。先进技术产品的进口额翻了一倍，制成品的进口额增加了 71%，农产品的进口额则增长了 52%。2009 年，机电产品、运输设备和化工产品是美国的主要出口商品，出口额分别为 2 780.4 亿美元、1 608.2 亿美元和 1 291.8 亿美元，占美国出口总额的 26.3%、15.2% 和 12.2%，出口出现较大下降的商品是矿产品和贱金属及制品，2009 年出口额为 600.6 亿美元和 532.0 亿美元，下降 29.9% 和 28.9%。机电产品和矿产品是美国进口的前两大类商品，2009 年分别进口 4 173.6 亿美元和 2 750.2 亿美元，占美国进口总额的 26.8% 和 17.7%。

3. 服务贸易增长迅速

美国服务贸易发展很快，进入 20 世纪 90 年代以来尤为突出，服务贸易保持顺差地位。2007 年，美国服务贸易出口 4 540 亿美元，增长 14%；服务贸易进口 3 360 亿美元，增长 9%；服务贸易顺差 1 180 亿美元。2008 年，美国服务贸易出口 5 220 亿美元，增长 15%；进口 3 640 亿美元，增长 8.3%；服务贸易顺差 1 580 亿美元。

4. 贸易地理方向上的不平衡发展

美国过去主要的贸易对象是西欧和北美。但自 20 世纪 80 年代中期以来，美国海外市场的中心从西欧向亚太地区转移，20 世纪 90 年代初，美国同亚洲的贸易已超过同欧洲的贸易与同北美的贸易。2009 年，美国前四大逆差来源地依次是中国、墨西哥、日本和德国，分别为 1 030.5 亿美元、211.7 亿美元、179.5 亿美元和 115.2 亿美元，顺差主要来自荷兰、中国香港和阿联酋，分别为 87.0 亿美元、80.3 亿美元和 56.6 亿美元。

5. 贸易逆差急剧扩大

在战后 1946—1970 年这 25 年间，美国的对外贸易一直是顺差。1971 年美国出现了自 1893 年以来的首次贸易逆差，1987 年贸易逆差高达 1 736 亿美元。自 1988 年起，美国的贸易逆差不断下降，1990 年降为 1 010 亿美元，1991 年起进一步降至 662 亿美元。但 1993 年美国的贸易逆差剧增 37% 而达到 1 157.8 亿美元；2000 年美国的贸易逆差更增至 3 760 多亿美元；2007 年创下 7 116 亿美元的贸易逆差纪录。

二、日本的对外贸易政策实践

(一) 日本简介

日本是位于亚洲大陆东岸外的太平洋岛国。西、北隔东海、黄海、日本海、鄂霍次克海与中国、朝鲜、俄罗斯相望，东濒太平洋。领土由北海道、本州、四国、九州四个大岛和 3 900多个小岛组成。日本自 20 世纪 60 年代末期起一直是世界公认的第二号资本主义经济强国，实行君主立宪政体，被称为“日出之国”。主要港口有：神户、名古屋、大阪、横滨、川崎、梗津、北九州、酒田港、千叶港等。

日本经济自1960年至1980年保持了20多年的快速成长,被誉为奇迹。20世纪60年代池田勇人内阁提出“所得倍增计划”,经济出现平均10%的增长;70年代初期虽然遇到石油危机,平均仍有5%的增长;80年代则为平均4%的增长。而从90年代开始,日本经济趋于不景气,主要是由于80年代末的过度投资所造成的资产膨胀,以及证券与房地产市场的“泡沫化”,最终在逾放比过高与日元不断升值下,泡沫经济瓦解。政府改革经济的努力也没有起到立竿见影的成效。2002年2月以来,日本的景气一直扩大,创下了战后最长的景气复苏期纪录,不少企业创造了历史最好业绩。

日本经济高度发达,国民拥有很高的生活水平。2008年,日本国内生产总值4.844万亿美元,居世界第2位。2009年,日本国内生产总值5.068万亿美元,居世界第2位(2009年中国GDP为4.98万亿美元)。人均国内生产总值39 731美元,是世界第17位。若以购买力平价计算,国内生产总值位居世界第3位(次于美国和中国),人均国内生产总值是世界第23位。2004年末,日本在海外的纯资产达1.8万亿美元,也是世界最多。

政府以资本扶持工业与企业。强大的劳动力、高科技的发展以及较低的军事预算比例(占GDP的1%),帮助日本经济高速发展,并成为当今仅次于美国的科技强国及全球第三大经济体系。日本的经济特点是生产商、供应商和经销商的紧密结合、强大的企业联盟、紧密的团队合作、年功序列制、终身雇用制等。

日本的服务业,特别是银行业、金融业、航运业、保险业以及商业服务业占GDP最大比重,而且处于世界领导地位,首都东京不仅是全国第一大城市和经济中心,更是世界数一数二的金融、航运和服务中心。自二次大战后,日本的制造业得到迅速发展,尤其电子产业和汽车制造业。日本三菱是世界上仅次于美国通用的超级企业财阀,2007年,仅在三菱旗下的世界五百强企业就达到了11家。日本的电子产业和高科技著名制造商包括索尼、松下、佳能、夏普、东芝、日立等公司。汽车业方面,日本公司的汽车生产量超越美国和德国,是全球最大的汽车生产国。其中丰田、马自达、本田和日产等制造商,均生产汽车行销全球。日本拥有世界资产最庞大的银行邮储银行,三菱UFJ金融集团、瑞穗金融集团和三井住友金融集团在世界金融界占有举足轻重的地位。

(二)日本对外贸易政策的制定与实施部门

1. 日本政府

日本政府只在宏观方面管理贸易,而具体经营贸易的是民间贸易商,政府对其经营一般不加干预,原则上是让其自由竞争;但政府也通过通产省对贸易商进行“行政指导”,即以劝告形式,影响贸易商的企业行为,引导他们实现政府的贸易政策。

2. 管理部门

与贸易管理有关的政府部门主要包括经济产业省、财务省、海关、日本银行等。例如,经济产业省是日本的贸易主管部门,在全国主要城市设有地方分支机构,各分支机构在经济产业省授权下负责贸易政策的制定与实施、进出口审批和许可等贸易管理工作。

（三）二战后日本对外贸易政策的演变

1. 保护贸易政策

二战后初期到20世纪60年代初，日本实行严格的对外贸易管制。第二次世界大战以后，为了恢复经济，日本的对外贸易政策措施随着日本经济形势和日本在世界市场上的地位的变化作出了相应的调整。战后初期，日本政府在美国占领当局的支持下，于1949年12月颁布了《对外流通和对外贸易管制法》，这是日本政府管制对外贸易和外汇的主要法律依据。1952—1957年，日本政府又先后颁布了《对外贸易管制法》、《海关法》和《出口检查法》，建立了出口和进口协会。通过该协会，政府对外贸进行管制。日本政府对外贸的管制主要是通过外汇管制和进口许可证来实现的。

2. 自由贸易政策

20世纪60年代以后，严格限制的对外贸易政策措施已经不再适应日本经济的高速增长，日本逐步实行贸易自由化。1959年12月，日本政府正式宣布贸易自由化计划，并于1960年正式颁布《贸易与外汇自由化大纲》，提出要在3年内取消一切限制，但是在实施过程中一直未能兑现。在美国和西欧各国的压力下，日本终于在1964年实现了贸易自由化。

3. 对外贸的政府战略干预

（1）1955—1973年。日本加入关贸总协定后，其战略性贸易政策发生了变化，产业政策调整的主要方向集中于重化学工业化。20世纪60年代初，日本政府制定并实施了《60年代产业结构设想》，促进支柱产业的发展。支柱产业主要包括机械、化学、钢铁等。

（2）1973—1985年。这一时期是日本经济稳定增长的时期，战略性产业结构调整则是以建立知识密集型产业为中心。内容有：改革能源及资源结构、调整结构性萧条产业、支持民间企业的研究开发活动、扶植高技术产业等。

（3）1985—1990年。这一时期从经济发展速度上看是调整时期，从产业结构调整的角度看是进一步向知识密集型产业结构转变的时期，产业结构变动的基本方向是建立以软件技术为中心的“创造性的知识密集化产业结构”，实现技术密集化和智力劳动密集化，提高各产业部门的附加价值。这一时期日本把经济增长方式转变为内需主导。

（4）1990年以后。泡沫经济在对内需的不断刺激中破碎，这一现象的表象是货币经济逐渐脱离实体经济，而深层次原因还是在产业结构调整方面，由于受到原有产业结构及制度方面的各种限制，日本一直停留在原有产业及制度内部谋求发展，忽视了进一步的制度创新和技术创新，未能确定和建立起新的主导产业，从而导致经济增长迟滞。

（四）战后日本对外贸易的发展趋势

1. 对外贸易额增长迅速

从1950年到1995年，日本的出口数量平均以每年17%的高速度增长，远远高于同期世界和工业发达国家的平均水平。2003年为4 719亿美元。1950—1992年出口贸易的平均增长率为16.3%。进口贸易额的增长速度略低于出口贸易，由1950年的9.7亿美元，增长到1995年的2 259亿美元，2000年为3 811亿美元，2003年为3 830亿美元，其年增长率在1950—1992年为14.3%。2009年，日本货物进出口11 311亿美元。其中，出口5 805.9亿美元，进口5 505.1亿美元，日本贸易顺差300.8亿美元，增长54.6%。

2. 进出口商品结构发生变化

日本国土狭小，资源贫乏，日本的贸易商品结构受其自然禀赋条件的制约，偏重于出口工业制成品，从20世纪70年代以来，日本的工业制成品出口比重一直高居90%以上。日本在战后出口商品的结构不断优化，加工程度不断提高，20世纪50年代，轻纺产品成为其重要产品；50年代末期到60年代中期，纺织品、玩具、杂货等劳动密集型商品的出口占较大比重，达到一半左右；60年代后半期开始，钢铁、船舶、化学制品等资本密集型产品的出口比重上升，特别是重化学产品的比重较大；进入80年代以后，半导体、家用电器、运输机械、计算机、机器设备、办公机械等技术含量较高的商品成为日本的主要出口商品。这种出口商品结构到目前为止并没有什么明显变化。

日本进口商品主要集中在资源性初级产品，通常超过70%，长期以来其农产品、矿产和工业原料严重依赖进口，日本除稻米以外如大豆、小麦、玉米等农产品进口依赖程度超过80%，日本每年进口粮食占世界谷物贸易的10%左右。日本的工业原料、矿产品基本依赖进口。进入80年代以后，日本的工业制成品进口增长较快，其主要原因一是和发达国家之间产业内贸易的快速增长，二是日本将加工程度较低的衰退产业逐渐转移海外和日本跨国公司将在海外生产的商品返销本土造成的。

2009年日本对外贸易，分商品看，机电产品、运输设备和贱金属及制品是日本的主要出口商品，2009年出口额为2 092.5亿美元、1 284.5亿美元和531.2亿美元，占日本出口总额的36%、22.1%和9.2%。矿产品、机电产品和化工产品是日本的前三大类进口商品，2009年进口额为1 732.2亿美元、1 107.9亿美元和436.4亿美元，占日本进口总额的31.5%、20.1%和7.9%。纺织品及原料、食品饮料和鞋靴伞等轻工产品的进口降幅较小，分别下降2.2%、1.5%和2%，其余商品的进口下降幅度均较大。

3. 贸易地理方向的变化

战后日本的出口在巩固传统市场的基础上，又开拓了新的市场。北美和东南亚是日本两个传统的主要市场，日本对这两个市场的出口占其出口总额的一半以上。日本对美国的出口，在50年代主要是纺织品。60年代以来在日本对美国的出口中，钢铁、收音机、电视机、汽车的数量不断增加。日本对美国的出口大于进口，有巨额顺差。日本从东南亚大量进口农矿产资源，经过加工制造成工业品后，又向东南亚大量推销。日本从美国和加拿大进口约占其进口总额的1/3。1970年这一比重为34.4%。之后这一比重不断下降，1992年占25.9%。南亚、东南亚一直是日本工业原料和食品的重要供应地。1955年，日本从这一地区进口曾占其进口总额的27%。但是到20世纪60年代，东南亚的进口地位下降。进入70年代，南亚和东南亚在日本进口中的地位又迅速提高，1992年占日本进口总额的20.6%。1996年日本对美国、加拿大出口占其出口总额的28.8%。日本对中东和西欧的出口迅速增加，尤其是对中东的出口增长极快。

2009年日本对外贸易，分国别(地区)看，中国、美国和韩国是日本前三大出口贸易伙伴，出口额分别为1 096.1亿美元、937.4亿美元和472.5亿美元，占日本出口总额的18.9%、16.2%和8.1%。日本进口排名靠前的国家是中国、美国、澳大利亚和一些产油国家。其中，2009年自中国和美国进口分别为1 224.8亿美元和588.8亿美元，下降14.7%和24.2%，占日本进口总额的22.3%和10.7%；自产油国的进口仍持续大幅下滑，出现50%左右的回落。自2009年第二季度日本重新实现贸易顺差后，至2009年末顺差额进一步扩大。美国、中国香港和韩国是日本前三大顺差来源国和地区，2009年顺差额分别为348.7亿美元、307.6亿美元和252.8亿美元。沙特阿拉伯、澳大利亚和阿联酋是日本前三大逆差来源国，2009年逆差额分别为238亿美元、224.9亿美元和161.9亿美元。

案例分析

2010年上半年，日本进出口贸易明显回暖。其中，出口额为33.1万亿日元，同比增长37.9%；进口额为29.7万亿日元，同比增长23.3%。贸易收支出现3.4万亿日元的顺差，其中，对欧、美、亚等主要贸易伙伴的贸易顺差比上年同期均大幅增加，增幅都超过70%，特别是对亚洲的贸易顺差增长了179.8%。

2010年上半年，日本对美国出口额增长了29%，对西欧出口额增长了17.1%，不仅低于37.9%的总体增长率，而且明显低于亚洲(46.4%)、大洋洲(51.8%)、中南美(37.2%)和俄罗斯(107.1%)等国家和地区。这说明日本对欧美市场的依赖程度进一步下降，出口的地区构成日趋区域化和多元化。另外，值得关注的是，上半年日本对华出口增长了40.9%，高于总体增长幅度，这意味着日本对华出口依存度继续上升。

问：为什么日本对欧美市场的增长率小于亚洲、大洋洲、中南美等地区？

4. 综合商社(跨国公司)在日本对外贸易中起重要作用

日本经营进出口贸易的贸易商有两大类：一是商社，二是制造业厂商。商社可分为综合商社和专业商社，前者经营多种商品，故有“综合”之称；后者是指经营某一种商品的营业额占其总营业额50%以上的商社。目前日本有16家规模巨大的综合商社，它们是三菱商社、三井物产、伊藤忠商事、丸红、住友商事、日商岩井、东棉、兼松江商、日棉、野崎产业、蝶理、伊藤忠、金商又一、川铁商事、大仓商事、东食。这16家综合商社中，排列在前面的五家、六家、九家综合商社被称为五大(综合)商社、六大(综合)商社、九大(综合)商社。九大(综合)商社只占商社总数的1%，但其进出口贸易额经常占日本进出口贸易总额的一半左右，它们不仅是综合商社的代表，也是商社的代表。因此，人们称商社或综合商社时，往往是指这九大商社。

综合商社的基本职能是商品的购销、商业金融和商业信息(情报)的收集与提供。其中商品购销是最基本的职能，商社金融和商社情报是商社开展商业活动的两大有力措施。

三、欧盟的对外贸易政策实践

(一) 欧盟简介

欧盟现有27个成员国，总面积432.2万平方公里，人口5亿，2008年，欧盟国内生产总值为18.93万亿美元。目前，欧盟的经济实力已经超过美国居世界第一。而随着欧盟的扩大，欧盟的经济实力将进一步加强，尤其重要的是，欧盟不仅因为新加入国家正处于经济起飞阶段而拥有更大的市场规模与市场容量，而且欧盟作为世界上最大的资本输出的国家集团和商品与服务出口的国家集团，再加上欧盟相对宽容的对外技术交流与发展合作政策，对世界其他地区的经济发展特别是包括中国在内的发展中国家至关重要。欧盟可以称得上是个经济“巨人”。

(二) 欧盟对外贸易政策制定与实施部门

欧盟是一个超国家的组织，既有国际组织的属性，又有联邦的特征。制定与实施对外贸易政策的部门有：欧洲理事会、部长理事会、欧盟委员会等。例如，欧盟委员会是欧盟唯一有权起草法令的机构。欧委会受欧洲议会的监督，其主要职责是：实施欧盟有关条约、法规和欧盟理事会作出的决定；向欧盟理事会和欧洲议会提出政策实施报告和立法动议；处理欧盟日常事务，代表欧盟进行对外联系和贸易等方面的谈判等。

(三) 战后欧盟的对外贸易政策措施

1. 大幅降低关税

欧盟是以关税同盟为基础建立起来的，关税同盟是欧洲联盟的基石。从1973年起，欧共体和欧洲自由联盟之间逐步降低工业品关税，到1977年，包括17个国家和地区在内的占世界贸易量40%的工业品贸易实现了关税互免。为了实现关税同盟的宗旨，欧洲共同市场采取了取消内部关税、统一对外关税率、取消数量限制、禁止采用与数量限制具有同等效力的措施等。

2. 实行歧视性关税

欧盟按进口产品的种类、来源和国别的不同采用不同的税率。例如,在农产品方面实行共同的农业政策,主要体现在:(1) 对非成员国的农产品进口征收差额税;(2) 成立各类农产品的共同市场组织,制定共同价格,使农产品在共同体内自由流通;(3) 对成员国农产品的出口实行价格补贴。

3. 非关税壁垒

非关税壁垒是欧盟限制进口的主要措施。欧盟的进口商品有1/2以上受到各种非关税壁垒的影响。欧盟使用的非关税壁垒主要有进口配额制、"自动"出口限制和进口许可证制等。另外,欧盟是个关税联盟,不允许成员国之间设置各种关税壁垒,各成员国的政策制定者不得不依靠非关税措施来改善本国的经济利益。

4. 普遍优惠制方案

欧盟于1970年7月1日起,率先实施普遍优惠制关税制度,对原产于发展中国家的产品实行普遍的关税优惠待遇。具体的普惠制实施方案又包括四个方面,即农产品给惠方案、工业品给惠方案、纺织品给惠方案和钢铁制品给惠方案。每个方案又附有若干个给惠清单。目前,世界上有130多个国家和20多个地区享受欧盟给予的普惠制优惠关税待遇。

(四) 战后欧盟的对外贸易发展趋势

1. 对外贸易额增长较快

从1950年到1995年,欧洲联盟15国的货物出口与进口贸易额的年均增长率分别为11.5%和11.1%,均高于同期世界贸易出口年均增长11.1%和进口年均增长11%的增长速度。随着对外贸易的较快增长,它在世界出口贸易中的比重显著上升,从1950年占世界出口的30.7%提高到1995年占世界出口的40%。

2. 成员国之间的贸易增长迅速,内部贸易比重扩大

欧洲联盟15国之间的内部贸易额从1960年的103亿美元增加到1996年的12 184亿美元。内部出口贸易额占世界贸易额的比重,从1960年的8%提高到1996年的23.2%;内部贸易占欧盟出口总额的比重从1960年的34.6%提高到1996年的60.4%,2001年更提高到了61.2%。

3. 工业制成品占对外贸易商品结构主要地位

在欧洲联盟的对外贸易商品结构中,工业制成品占主要地位。自20世纪70年代以来,工业制成品经常占出口的70%以上,占进口的50%以上;初级产品居次要地位,分别占出、进口的30%和50%以下。在1994年的出口总额中,工业制成品占80%。有的国家工业制成品出口所占的比重比整个贸易集团所占的比重还要大。例如,德国2000年制成品出口占其出口总额的83.6%,法国2001年制成品出口占其出口总额的81.8%。

第三节 发展中国家对外贸易政策

一、发展中国家对外贸易政策概述

(一) 发展中国家简介

发展中国家(也称做开发中国家、欠发达国家),指经济、社会方面发展程度较低的国家,与发达国家相对。发展中国家通常指包括亚洲、非洲、拉丁美洲及其他地区的130多个国家,占世界陆地面积和总人口的70%以上。发展中国家地域辽阔,人口众多,有广大的市场和丰富的自然资源,还有许多战略要地,无论是从经济、贸易还是从军事上,都占有举足轻重的战略地位。中国是最大的发展中国家。

发展中国家过去一般都是帝国主义的殖民地、半殖民地。19世纪末20世纪初,资本主义向垄断阶段过渡,世界进入帝国主义时代。英、法、美、德、俄、日等帝国主义国家向外扩张、侵略,把世界10亿以上人口的大部分地区变成自己的殖民地和半殖民地,这些殖民地和半殖民地成为帝国主义的商品市场、原料产地和资本输出场所。经过长期的反帝反殖斗争,这些国家取得了独立,有些国家走上了社会主义道路,建立了独立的国民经济体系。但由于长期受帝国主义侵略和掠夺,经济发展水平较低,大多数发展中国家缺乏对外资的吸引力。发展中国家虽然在政治上获得了民族独立,但在经济上还没有完全摆脱帝国主义的控制与剥削,旧的经济结构并没有彻底摧毁,一些经济命脉仍然不同程度地控制在国际垄断资本手里。

发展中国家中多数国家是工业基础薄弱的农业国,经济结构单一,生产力水平低,人民生活贫困。经过半个世纪的建设,发展中国家都获得了不同程度的发展。总的看来,前30年经济发展较快,进入20世纪80年代后,陷入停滞状态(被称为"失去的10年")。90年代以后,才又出现新的发展势头。表现为:第一,创造了比独立前更高的经济发展速度,甚至创造了比发达国家更高的经济发展速度;第二,畸形的经济结构得到了不同程度的改变;第三,民族经济有了较大的发展;第四,在世界经济中的比重增大。

(二) 发展中国家对外贸易的类型

发展中国家发展对外贸易的目的是为了发展本国经济。由于发展中国家经济基础薄弱,竞争力不强,所以,为了巩固政权和发展本国经济,它们都走上了发展本国工业的道路,积极参与国际竞争,并制定相应的经济发展战略。由于发展中国家的对外贸易政策形成于经济发展战略之上,所以带有十分强烈的"战略"色彩。二战后,发展中国家外贸政策主要有以下三种:

1. 初级产品出口政策

初级产品出口政策，是指出口食品、农产品和矿物原料、染料等初级产品，进口工业制成品。这是经济发展水平较低时采取的对外贸易政策，是初级外向型战略。

发展中国家工业基础薄弱，制成品缺乏国际竞争力，农、矿产品在国民经济中占有举足轻重的地位，利用初级产品的出口来积累资金，促进国民经济的增长，在外向型经济发展初期是比较现实的，而且历史上有成功的先例。19 世纪美国、加拿大、澳大利亚等国就是利用这种模式发展起来的，战后 20 世纪 60 年代以前，发展中国家也都是这种贸易格局。至今许多非洲的发展中国家仍采取这种政策。它们的初级产品出口占出口总额的 90% 以上。

这种贸易政策虽然在一定程度上推动了经济增长，但总的看来，一国出口产品集中在少数初级产品上是十分不利的。首先，国际市场上初级产品的需求和价格不稳定。初级产品的需求和价格受世界经济周期性影响波动很大，这就使发展中国家无法获得稳定的贸易收支和财政收入；同时，由于初级产品的贸易条件日趋恶化，使得发展中国家难以实现其持续的经济增长。其次，不利于本国的工业发展。实施该政策，由于工业品主要依靠进口，这就等于从初级产品到制成品的一系列工业加工过程在国外完成，自己只成为原材料的供应地，这对本国工业的发展显然是极为不利的。第三，易受发达国家跨国公司的控制。为扩大初级产品出口发展起来的生产部门或地区，成为发达国家跨国剥削落后国家的领地，成为发达国家跨国公司的控制对象。所以，实施该政策国家的经济，在相当的一段时期内很难摆脱不稳定性、单一性和依赖性的畸形状态。

2. 进口替代

进口替代政策，是指一个国家采取保护贸易政策，限制一些工业制成品进口，以保护本国工业；同时利用外国资金和先进的技术，发展民族工业，在国内市场上，逐渐以国产工业制成品替代进口工业制成品。通常进口替代政策的实施一般从消费品进口替代入手，国家首先发展消费品工业，以国产消费品替代进口消费品；然后，依次过渡到中间产品进口替代和资本设备进口替代。

(1) 产生背景。进口替代政策的出台与战后发展中国家的贸易条件恶化有关。在殖民时期，殖民地严重依赖宗主国的工业品，独立后的发展中国家仍然难以摆脱这种局面，为了改变单一经济，发展民族工业，实现工业化，发展中国家一般都是从实施利用国内工业制成品来替代进口产品的政策开始的。当时一些拉丁美洲国家和地区，如巴西、墨西哥、阿根廷等率先实施了进口替代政策，随后亚洲一些国家和地区也纷纷实行了这种政策。至 20 世纪 60 年代，进口替代已成为发展中国家占主导地位的一种对外贸易政策形式。

(2) 政策措施。为了实现进口替代的目标，发展中国家都采取了保护和鼓励政策。

① 实行贸易保护政策。它是实施进口替代的一项基本政策，其内容有：对制成品，

特别是消费品进口,通过关税和非关税手段限制,直至完全禁止外国某些工业品的进口。但针对不同的商品实行有差别的保护:第一,对本国进口替代工业产品的贸易保护程度较高,而对其他进口替代部门的贸易保护程度较低;第二,对进口替代工业的最终产品保护程度较高,而对发展这类工业所需要的原材料、燃料、机器设备和零配件进口则保护程度较低。

② 实行比较严格的外汇管理政策,将有限的外汇用于经济发展最急需的一些领域。其主要措施有:私人和企业不能持有外汇;企业和居民必须将从不同途径取得的外汇,全部或部分地售给指定的外汇银行;规定出口商只能接受可当做国际清偿手段的货币;实行外汇配给,对进口替代工业给予适当照顾;对资金流出国外实行管制;等等。在货币汇率方面,通常实行币值高估的汇率制度。较多发展中国家实行了复汇率制度,即对非必需品的进口实行币值低估以限制它们的进口,对本国同类产品起到价格保护的作用;对有关国计民生的必需品和重要物资的进口采取币值高估,以降低本国产品的成本。

③ 实行优惠的投资政策。为加速国内资金积累,国家在财政、税收、价格方面给予进口替代工业以特殊优惠,以促进它们的发展。其主要措施有:对国民经济的重点发展部门给予减免税收优惠。其中包括减免该产业国外投资者的进口税和企业营业税、公司所得税;对非重点发展部门则征收较高的税率;积极发展国营和私营的金融机构,并对进口替代工业发放低息优惠贷款;通过国家投资,积极参与进口替代工业(特别是基础工业)的发展,大力加强基础设施和公用事业的建设。

(3) 对经济发展的影响。

积极作用: ① 由于提供了一个有保护的、有利可图的市场,发展中国家的工业特别是制造业得到了迅速的发展。1950—1960 年,亚非拉国家制造业年平均增长率为 6.9%,1960—1970 年为 8.1%。这个速度不仅大大超过了发展中国家的历史纪录,也超过了同期西方发达国家制造业的增长速度。从地区和国家的情况看,大多数实行进口替代的国家,工业增长都比较快,特别是制造业的增长,成为这些国家经济发展的主要推动力量。② 进口替代促进了发展中国家经济结构的改造,单一畸形的经济结构有了改变。表现为:在国内生产总值中,制造业的比重上升较快,而农业的比重相对下降;在制造业内部,那些侧重基础工业替代的国家,重工业的增长速度大大快于轻工业。③ 进口替代政策加强了一些发展中国家的经济自立程度。具体表现在进口的制成品在国内总供给中的比重大幅下降。这些国家的设备自给率提高了。

消极作用: ① 加剧了国内的两极分化。限制了国内市场的扩大,使进口替代工业出现市场不足、生产力闲置的情况。② 忽视对基础工业,尤其是农业的建设。由于贸易保护政策着眼于进口替代工业,特别是制造业的发展,而对电力、能源和基础设施常常注意不够;许多国家忽视农业的发展,严重损害了农业和粮食生产,使粮食自给率下降，进口的粮食越来越多。③ 未能改善国际收支的困难，大大影响了经济的增长速度。

3. 出口替代

出口替代贸易政策是指一国采取各种措施扩大出口，发展出口工业，逐步用轻工业产品出口替代初级产品出口，用重、化工业产品出口替代轻工业产品出口，以带动经济发展，实现工业化的政策。这种政策称做出口替代工业化政策或出口导向工业化政策，是外向型经济发展战略的产物。这种政策又称做"出口导向""面向出口"。

出口导向战略的成功实施，需要具备一定的内部和外部条件。内部条件是要求国内有一定的工业基础、较高水平的生产技术和管理人员、熟练的劳动力以及一系列出口鼓励政策等；外部条件是要有广阔的市场、较好的地理位置、与世界有较稳固的贸易金融联系等。

（1）历史背景。实施进口替代政策暴露出来的矛盾迫使一些国家寻求新的政策。在20世纪60年代中期前后，首先是东亚和东南亚一些国家与地区，如新加坡、韩国和中国台湾，在实行一个短暂的进口替代之后，很快转向出口替代政策。它们希望利用自身廉价的劳动力优势，通过积极引进外国资本和技术，进口国外廉价的原料和能源，发展劳动密集型的加工装配工业并通过出口来带动经济的增长，缓和国际收支的沉重压力。在此以后，一些国家如巴西、墨西哥、菲律宾、马来西亚、泰国、印度、巴基斯坦和土耳其等，都先后不同程度地转向实施出口替代政策，或采取进口替代和出口替代相结合的政策模式。

（2）政策措施。实行出口替代政策的关键是提高出口商品的竞争能力，开拓和扩大国际市场。为此，实行这一贸易政策模式的发展中国家相应采取了一系列不同于进口替代期间的政策与措施。① 在外贸政策上，主要是放松贸易保护，大力鼓励出口。为此采取的措施有：对出口制成品减免关税、外销退税，对出口给予补贴；对产品出口提供信贷和保险；对出口部门所需的原材料、零配件和机器设备进口，减免关税或减少进口限制；给出口商提供一定比例的进口限额和许可证等。② 在外汇和汇率政策上，除对出口企业和出口商优先提供外汇或实行外汇留成、出口奖励等措施外，还拟订合理的汇率，以改变本币高估、不利于本国产品出口的情况。为此，在此期间许多国家都实行了本币对外贬值的办法。③ 在投资政策上，对出口替代的企业在减免企业所得税、营业税等方面提供更大更多优惠。例如，新加坡通过的《经济扩展奖励法》、《减免所得税法》规定，凡企业出口产品达到一定数量或占该企业销售总额一定比例者，其出口产品所得税由40%减为4%，减免期为5年。此外，一些国家对出口工业还规定加速折旧，对这些企业优先提供原材料、土地、基础设施和其他服务。

（3）存在的问题。① 容易受到世界市场波动的冲击。由于这些国家的制成品大多是轻纺产品，市场竞争比较激烈。只要西方发达国家市场出现较大波动，就会直接影响这些国家的出口和经济发展。② 建立的工业自主性差。由于实行外资进出自由化的政策，其结果是一方面为这些国家带来资金和技术，但另一方面也带来一些不良后果：一是国内一些重要工业部门，特别是机械、化工、电子电器、医药和汽车等新兴工业，程度不同地为外商所控制；二是许多出口工业部门是加工装配型的工业，从而加深了对国外技术和原材料的依赖；三是跨国公司通过利润、股息、利息、技术转让费、运输差价和公司内部的转移价格等形式，使大量资金流出国外。③ 债务负担加重。出口替代政策推动了出口，但进口也同步加快，尤其是一些严重依赖国外粮食、能源和其他重要物资进口的国家。一些国家国内投资计划规模过大，引进外资过多，使还本付息的负担日益加重。结果，许多发展中国家出现严重的国际收支困难，一些国家被迫借贷新债，陷入借新债还旧债的恶性循环之中。

二、发展中国家贸易政策

（一）亚洲新兴工业化国家和地区的对外贸易政策实践

以韩国、中国台湾、中国香港和新加坡等为代表的亚洲新兴工业化国家和地区，从20世纪60年代开始，针对地域狭小、矿产资源贫乏的状况，采取出口导向政策，充分利用其劳动力资源发展劳动密集的装配加工工业及该产品的出口。此后，这些国家和地区的对外贸易政策经历了一个调整的过程。在关税措施方面逐渐降低关税税率，如韩国法定关税的平均从价税率从50年代的60%以上降至80年代中期的20%左右。在非关税措施方面，逐渐缩小进口数量限制。例如，韩国在60年代将进口商品分为禁止进口商品、限定进口商品和自动认可商品三大类。在60—70年代，把贸易政策的重点放在增加出口上。到70年代中后期，进口自由化率在50%上下波动。1978年后，进口自由化进程加快，其中包括取消禁止进口商品、扩大自动认可商品，使进口自由化率不断提高，到1991年已达97.2%。受进口限制的商品种类缩小到283个，只占进口商品种类数量的2.8%。外汇制度也从1961年前的多重汇率制，逐渐调整到1990年的外汇市场平均汇率制，其汇率自1964年以来，除1986—1989年外，持续下降，其中1980年到1985年韩元贬值幅度达84%。印度的贸易政策改革起步较晚，进入90年代后，开始大幅撤销各种非关税壁垒措施。

（二）东南亚一些非新兴工业化国家的对外贸易政策实践

东南亚一些非新兴工业化国家，如马来西亚、泰国等，在20世纪60年代前后，其对外贸易政策逐渐由原来的进口替代政策向出口导向政策转变，出口产品的结构由原来主要出口初级产品逐渐转向日益增加对初级产品的加工出口。到80年代，进一步进行以放开非关税措施限制和汇率自由化为主要内容的贸易政策调整。马来西亚受配额管制的进口商品项目在1978年为110个，到1982年只剩下12个。泰国经过多年的改革，到80年代初，采用数量限制的商品范围已十分有限；在汇率政策方面，泰国也于1984年进行了汇率制度改革，泰铢对美元比价贬值约17%，并通过贸易额加权，同“一揽子”货币挂钩，实行浮动。

（三）拉美国家的对外贸易政策实践

在20世纪60年代，许多拉美国家在原来发展进口替代的基础上，发展出口导向，即把进口替代政策与出口导向政策结合起来。在70年代的贸易自由化政策受损后，在80年代，通过改革以不偏不倚的中性政策取代原先的内向型贸易政策。当阿根廷、智利、哥伦比亚、墨西哥、巴西和秘鲁等拉美国家开始实行贸易改革时，它们中的大多数都存在着大量的贸易壁垒，包括高额关税、外汇管制、多重汇率、进出口限额及出口税等，这些很多是80年代初为克服国际收支不平衡而设置的。改革后，阿根廷的进口数量限制从1987年占进口项目的62%降至1991年仅有少数几种商品；未加权的平均法定关税税率从1987年的42%降至1991年的15%，关税幅度也从原来的15%～115%降至5%～22%。哥伦比亚的进口数量限制从1984年的99%降至1992年的1%；1990年宣布废除进口许可制度。墨西哥自1984年至1987年取消了8 000多种商品的进口许可证，所有进口商品中96.4%的商品无须申请进口许可证；进口数量限制从1985年的92%降至1990年的20%；未加权的平均法定关税税率从1985年的24%降至1990年的13%。巴西在1990年5月解除了1 150种商品进口禁令；未加权的平均法定关税税率从1987年的51%降至1992年的21%。秘鲁的进口数量限制从1989年的100%到1992年全部取消。智利早在20世纪80年代初已基本取消了非关税措施。

三、我国对外贸易政策

（一）我国简介

我国全称为中华人民共和国。陆地面积960万平方公里，2009年总人口13.45亿（该数字范围仅指中国内地或大陆地区，未含港澳台及福建的金门和马祖地区，下同），首都北京。中国是世界上经济增长最快的国家，1979—2009年，年均经济增长率高达9.8%，2009年中国GDP为49 093亿美元，居世界第3。2010年上半年中国GDP已超过日本，现居世界第2。我国已有100多个万吨级的深水码头泊位，北方有大连、秦皇岛、天津、青岛、烟台、连云港等；南方有上海、深圳、广州、厦门等。

（二）中国对外贸易政策发展的四个阶段

1. 第一阶段（1949—1978年）：计划经济下的国家统制贸易

1978年之前，中国建立了对外贸经营与管理为一体，政企不分，统负盈亏的外贸管理体制，中央以指令性计划直接管理少数的专业性贸易公司进行进出口（1978年底外贸公司有130多家）。贸易目标主要是进出口贸易在总体上达到平衡。这有利于国际收支平衡，维持较低的国内价格水平；但是中国与世界市场的有机联系被割断，不利于外贸和整个国民经济的发展。

2. 第二阶段（1979—1991年）：作为有计划的商品经济一部分的贸易开放

1978年12月的中共十一届三中全会以后，中国开始实行改革开放的国家战略，进行经济体制改革,其中包括外贸体制的改革。这一阶段的主要内容是放开部分贸易经营权(包括对外资企业),以及贸易公司自主化改革,其中又分为三个阶段。① 1979 年至 1987 年,政府根据政企分开,外贸实行代理制,工贸结合,技贸结合,进出口结合的原则,下放部分外贸经营权,开展工贸结合试点,简化外贸计划内容,实行出口承包经营责任制。② 1988 年至 1991 年期间,全面推行对外贸易承包经营责任制,地方政府、外贸专业总公司和工贸总公司向中央承包出口收汇,上交外汇和落实经济效益指标,承包单位自负盈亏,出口收汇实行差别留成。③ 1990 年 12 月 9 日起,外贸企业出口实行没有财政补贴的自负盈亏,以完善对外贸易承包经营责任制。

为了配合外贸企业改革,国家采取了放宽外汇管制,实行出口退税政策,外经贸部下放部分权力等一系列配套改革的措施,增强了运用经济杠杆调节宏观经济的能力,并为外贸企业利用市场机制、自主经营创造了外部环境。

3. 第三阶段(1992—2001 年):符合国际规范的贸易政策体系改革

1992 年开始,中国贸易政策体系的改革已经不限于贸易权和外贸企业等内容,伴随着 1986 年中国要求“复关”开始,中国的贸易政策改革已经开始以符合国际规则为导向,涉及国内管理的各个方面。

1992 年 10 月,江泽民同志在党的十四大所作的报告中提出,深化外贸体制改革,尽快建立适应社会主义市场经济发展的,符合国际贸易规范的新型外贸体制。符合国际贸易规范,也就是要符合关贸总协定的规范。因此,中国提出的改革方向是:统一政策,平等竞争,自负盈亏,工贸结合,推行代理,以建立适应国际通行规则的外贸运行机制。

进出口管理方面。1992 年中国取消进口调节税,1994 年取消进出口指令性计划。此后,中国多次降低关税,整体关税已经与国际平均水平大为接近,与世界市场更加接近。此外,中国的进口配额及其他的非关税措施数量也在逐年减少,以国民待遇原则和非歧视原则开放外贸经营权。中国进一步推进了外贸放开经营,加快授予具备条件的国有生产企业、科研院所、商业物资企业外贸经营权。加入世贸组织之前,中国国内已经有 30 多万家企业获得了贸易经营权,并且加快转换外贸企业经营机制,在外贸领域推行现代企业制度。

服务贸易方面。1992 年之后,中国服务贸易领域逐步向外资开放。国家在金融、保险、房地产、商业零售、咨询、会计师服务、信息服务、教育等诸多领域积极进行试点开放,并陆续颁布了一些短期或者过渡性的法律法规进行规范管理。随着国内服务业改革的深入,中国的电信等敏感部门也开始同外资合作。

外汇管理体制改革方面。1994 年,中国进行了以外汇管理体制改革为核心综合配套的新一轮外贸体制改革,中国实施汇率并轨,建立了以市场供求为基础的、单一的、有管理的浮动汇率制度,实行人民币经常项目下的有条件的可兑换,取消外汇留成制和上交外汇任务,并建立外汇指定银行间的外汇交易市场。

法律法规建设及透明度方面。中国于1994年颁布了第一部《对外贸易法》,开始进入了系统完善外经贸领域法律法规的改革阶段。以国际规范为目标,在货物贸易、外资、知识产权、反倾销等各个领域出台了一系列的法律法规,同时政府的政策透明度也不断加强。

这一轮外贸体制改革的实施,加强了市场经济机制的调节作用,促进了中国对外贸易市场化的进程。

4. 第四阶段(2002年至今):有管理的贸易自由化

2001年12月中国加入世贸组织至今,中国在市场准入、国内措施、外资待遇、服务贸易等各个领域均较好地履行了自身的承诺和义务,得到了世贸组织、世界银行等国际组织的高度评价。这一阶段的最明显特征就是,中国的贸易政策体系改革已经与国际贸易体制接轨,发展同步,政策变化的动力由单纯的内生或者外生转变为内外协调。这种变化最根本的动力来源是中国经济贸易本身的高速增长,并且中国有着市场容量庞大,与发达国家经贸互补性明显,政策稳定性强并对国际高度负责等优点,中国对世界经济的良性影响也逐渐加大。目前,许多国际学者称中国"经济增长带动论"已经成为主流,与此相对应的是中国"威胁论"趋于式微。

(三) 中国对外贸易的主要政策与措施

1. 中国对外贸易总政策

中国实行有协调管理的一般自由贸易政策,即以"入世"承诺实施为基础进行对外贸易的管理,逐步实行贸易自由化。

2. 中国出口贸易政策

(1) 提高出口商品质量。通过提高出口商品生产者和外贸企业、经营者对商品质量和信誉的认识,加强对生产过程、产品品质以及包装储运的质量管理,加大对我国出口商品质量的监督检查和执法力度,提高我国出口商品的质量和信誉。

(2) 优化出口商品结构。实施"以质取胜"战略,提高出口的总体结构水平,加大高附加值、高技术含量产品及大型成套设备的出口比重;提高传统出口商品的质量、档次和水平,以适应不断变化的国际市场需求。

(3) 采取鼓励出口政策措施,促进出口增长。完善出口退税制度,既要足额及时、手续简便,又要坚决防止和严厉打击骗取出口退税的违法犯罪行为;设立出口商品发展基金和风险基金,主要用于少数国际市场价格波动较大的商品以丰补歉、自负盈亏,促进出口和生产稳步增长;实行有利于外贸出口发展的信贷政策,国家对各类外贸企业出口贷款予以重点保证,贷款规模的增长与出口的增长保持同步;设立国家进出口银行,为资本货物出口提供信贷支持和风险担保;等等。

(4) 出口市场多元化。市场多元化的重点是,向纵深拓展欧洲、北美市场,恢复和稳定东南亚市场,积极开发非洲、拉丁美洲市场,逐步扩大独联体和东欧市场。

小资料:

实践证明,中国扩大进口,不仅推动自身经济发展,满足国内居民日益增长的物质消费需求,更为世界各国带来了巨大的市场机会。国际金融危机爆发后,中国政府实施了刺激经济的"一揽子"计划,国内投资和消费持续快速增长,带动了进口需求的旺盛。在危机肆虐的2009年,澳大利亚、巴西、南非等不少国家对华出口增幅仍在20%以上,中国一举成为日本、澳大利亚、巴西、南非的第一大出口市场。

3. 中国进口贸易政策

(1) 合理安排进口,保持适度的速度与规模。进口的规模与速度在于其内在的限度,它与国民经济的增长存在着一定的关系。一般说来,进口的规模与速度取决于出口,而出口的发展根据生产能力与市场情况来确定。我们应本着进出口基本平衡、略有结余的原则,积极发展进口贸易。

(2) 有重点地安排进口,调整和优化进口商品结构。现阶段我国进口商品结构的重点应是引进先进技术和关键设备;保证重要资源和加工贸易物资的进口;按照我国对国际社会承诺的市场开放进程和国内市场的需求,扩大消费品进口。

(3) 中国对进出口贸易实行在宏观调控下的放开经营。对关系国计民生的、属于战略资源的、国际市场垄断性强的或中国在国际市场上占主导地位的特别重要的少数商品,组建联合公司统一经营或联合经营。其他进出口商品由有外贸经营权的公司放开经营。对少数实行总量控制的进出口商品的管理,按照效益、公正和公开的原则,实行配额招标、拍卖或规则化分配。商务部主要是制定有关法规并监督实施,具体操作由有关进出口商会组织实施。按照经济体制和外贸体制改革的要求,主要运用法律手段、经济手段,辅以必要的行政手段管理进出口贸易,汇率、利率和关税等是调节进出口的主要经济杠杆。

(4)坚持贸易方式和做法多样化的原则。根据各个市场的不同情况采取灵活多样的贸易方式和做法。在努力扩大现汇贸易的同时,还注意发展易货贸易、转口贸易、租赁贸易、对销贸易和多边贸易以及边境贸易。推进进出口贸易与其他经济技术合作业务密切结合,发展进料加工、来料加工和来件装配业务。

4. 中国与欧盟及主要发达国家的经贸关系

(1) 中国与欧盟的经贸关系。

① 经贸发展的特点：

第一，经贸发展迅速。中欧贸易额1975年是24亿美元，1994年增长到315.2亿美元，1998年，欧盟成为我国的第二大贸易伙伴。2005年，中欧双边贸易额超过2 000亿美元，欧盟成为我国的第一大贸易伙伴。2006年，中欧双边贸易额达2 723亿美元，同比增长25.3%，占同期中国外贸总额的15.5%。欧盟历来是中国重要的外资来源地，截至2009年10月底，欧盟累计对华直接投资项目31 573个、外资实际到位673亿美元，分别占同期全国累计利用外资项目数的4.7%和实际利用外资金额的7.3%。2009年前10个月，欧盟在华投资项目1 320个，占同期全国利用外资项目数的7.3%；外资实际到位42.9亿美元，占同期全国实际利用外资总额的6.1%，同比增长1%。在同期全国实际利用外资较为困难的形势（同比下降12.6%）下，欧盟对华投资逆势上升，是中国2009年利用外资的一大亮点。欧盟是中国利用外国政府贷款较集中的地区。欧盟国家是中国引进先进技术、设备的最大供应者，目前我国引进的外国技术中近一半来自欧盟。截至2006年底，中国自欧盟累计引进技术已达24 108项，合同金额986.6亿美元。

第二，经贸互补性较强，合作性大于竞争性。从欧盟在华投资的行业结构来看，欧盟在华投资较多的行业是欧盟的优势行业，而且是中国亟待发展的行业，如汽车及零部件制造业、医药及医疗器械制造业、电子、电气及通信设备制造业、化工、食品及饮料制造业和机械工业。在这些行业中，欧盟企业的技术已经比较成熟，同中国相比具有技术优势，而且中国在这些行业的市场潜力非常大，劳动力成本低廉，使中国成为欧盟企业在进行对投资区位决策时很有吸引力的东道国。

第三，发展双边经贸关系较少受到政治因素影响。欧盟对华政策的基本思想是：欧盟在华利益是全方位、多层次，必须与中国合作；中国作为政治、经济大国，在世界格局中的作用及影响不可替代；欧盟对华政策以经济目标为核心，对敏感的政治问题以务实态度加以协调。欧盟在对华经贸政策上不断权衡整体与局部、政治与经济、短期与长远利益，倾向于政策的松动。

② 经贸发展存在的主要障碍：

在中欧双边经贸关系总体健康发展的大局之中，也存在一些不和谐因素，需关注并妥善应对。

第一，贸易保护主义是制约中欧经贸关系长远发展的最大挑战。欧盟是对中国发起反倾销调查最多的世贸组织成员之一。自1979年第一起对华反倾销调查至今，欧盟共对华发起140余起反倾销调查，目前仍在执行的对华反倾销措施有50余起，其中通过复审延长的有10余起，最长的反倾销措施已延续25年之久。为缓解经济严重衰退造成的内部压力，2009年以来，欧盟不顾多次在20国峰会所作的反对贸易保护主义承诺，屡屡对中国产品滥用反倾销等贸易救济措施。欧委会不顾多数成员的反对，执意延长对中国产皮鞋的反倾销措施就是典型例子。欧委会资料显示,2009 年 1—9 月,欧盟对华新发起 6 项反倾销调查,涉及中国输欧的钼丝、葡萄糖酸钠、铝合金轮毂、扫描仪、熨衣板、聚酯高强力纱产品;预警信息表明,欧盟业界也正在酝酿申请对户外服装、三聚氰胺和太阳能电池板等产品发起贸易救济措施调查。中国输欧产品受到严峻挑战。

第二,欧元对人民币大幅升值成为影响中欧经贸合作新的不利因素。自金融危机以来,由于美国实行弱美元政策,欧元对世界其他主要货币持续大幅升值。中国人民银行的数据显示,从 3 月低点至 12 月初,2009 年以来欧元兑人民币累计升值已超过 17%。欧元强势对于同样依靠出口拉动经济的欧元区国家雪上加霜。而欧盟对中方在双边贸易中的顺差,长期以来都耿耿于怀。为摆脱金融危机所造成的困难,欧盟试图与美日合流,压迫人民币升值,来为其产品找到更大的出路,也可能成为影响中欧经贸合作新的不利因素。

(2) 中国与美国的经贸关系。

① 中美经贸关系发展特点:

第一,中美贸易发展迅速。1979 年 1 月,中美两国正式建立外交关系;7 月,两国政府签订《中美贸易关系协定》,相互给予最惠国待遇,中美经贸关系从此进入迅速发展的时期。2000 年中美双边贸易额达 744.67 亿美元,比上年同期增长 21.2%,其中中国对美国的出口额为 521.04 亿美元,进口额为 223.63 亿美元,分别比上年同期增长 24.2% 和 14.8%。据美国商务部统计,2009 年中美双边贸易额为 3 659.8 亿美元,下降 10.2%。其中,美国对中国出口 695.8 亿美元,从中国进口 2 964.0 亿美元,美方贸易逆差 2 268.3 亿美元。中国为美国第二大贸易伙伴、第三大出口目的地和首要进口来源地。美国自 1996 年超过香港地区成为中国内地第二大贸易伙伴、第一大出口市场、主要进口来源国和重要的对外直接投资引进国。这表明两国之间的经贸关系在各自的对外经贸关系中占据着十分重要的地位。

第二,贸易商品结构具有很强的互补性和互利性。中美两国贸易迅速增长的根本原因,在于两国资源条件、经济结构、产业结构以及消费水平存在着较大差异,经济具有互补性。中国是发展中国家,劳动力成本低,但资金短缺,技术相对落后。美国是经济发达国家,资本充足,科技发达,但劳动力成本高。因而在贸易商品结构上,中美两国呈现出很强的互补性和互利性。据美国国际贸易委员会统计,中国对美国出口价值排前 10 位的商品大多是玩具、鞋类及服装等劳动密集型产品。美国对我国出口的则多数是飞机、大型机电设备、电子器件、通讯设备和化工等资本技术密集型产品以及粮食、棉花等农产品。

第三,美国的对华投资所占比重较小。随着中美两国贸易的迅速发展,美国对华投资也有很大增长。美国对中国投资始于 1980 年,从 1980 年至 1991 年美国对中国实际投资额 17.04 亿美元。2008 年,美国对华投资新设立企业 1 772 家,同比下降

32.55%，实际投入外资29.44亿美元，同比增长12.54%，占全国吸收外资的3.19%，比2007年下降0.31个百分点。

② 经贸发展存在的主要障碍：

第一，中美贸易经济问题政治化倾向比较明显。冷战结束以后，美国一方面希望中国经济发展起来，另一方面又担心中国经济大发展威胁到美国的国家利益，因此对华贸易就出现了一些人为的政治因素，在对华贸易中强行推销美国人的价值观念和文化观念。

第二，知识产权问题。美国政府不顾我国在知识产权保护方面所取得的显著成绩，单方面利用其贸易法的"特别301条款"对中国知识产权保护问题进行调查，要挟对部分商品征收100%的惩罚性关税。

第三，美国限制进口中国商品问题。美国一贯对我国输美的所谓敏感性商品采取进口限制政策，尤其是纺织品的限制更为突出。

第四，美国限制技术产品对中国出口的问题。美国的出口管制是实行贸易歧视政策的手段，目前，美国政府对于"战略物资"等比较敏感的商品严格限制对我国出口。2001—2005年，中国自欧盟、日本进口的高技术产品分别增长了71%和151%；而美国只有38%。

第五，美国对华反倾销问题。近年来，美国越来越多地使用反倾销手段对我国出口商品进行投诉，严重影响我国的出口。

第六，普遍优惠制待遇问题。普惠制是发达国家对发展中国家出口制成品和半制成品单方面给予关税优惠待遇，但美国借口我国的社会制度问题，至今未给予我国出口商品此项关税优惠待遇。

第七，关于台湾问题。台湾是我国神圣不可分割的领土，虽然美国承认只有一个中国，台湾是中国的一部分，但其总想干涉台湾事务，并把台湾问题与中美贸易结合起来，这严重影响了两国贸易关系的发展。

(3) 中国与日本的经贸关系。

① 中日经贸发展特点：

第一，贸易额大幅度增长。1950—1972年，中日贸易累计才55亿美元，1999年中日双边贸易额达到662亿美元，是1972年中日邦交正常化时的60倍。日本连续七年成为中国最大的贸易伙伴，中国也成为日本的第二大贸易伙伴。2009年中日贸易额为2 288.5亿美元，同比下降14.2%，虽然首次出现负增长，但日本继续保持中国第三大贸易伙伴的地位。2010年1月至6月，中日两国间贸易总额约1 383亿美元，比上年同期增长34.5%，创双边贸易半年新高。日本对中国出口达到创纪录的684亿美元，大增47.1%，而从中国进口也达到699亿美元，同比增长24.2%。

第二，商品结构发生明显变化。出口商品中制成品的比重迅速增长，1980年仅占

24.5%，90年代以来，比重已超过70%，而进口商品中生产性的机械类产品比重不断增加。进入20世纪90年代以后，制造业投资继续增加，制造业内部技术含量在增大，机械、电器、石化等技术含量较高产业的投资占制造业总投资的53%以上。

第三，贸易投资方式多样化。中日之间除商品贸易外，还通过来料加工、补偿贸易以及合作开发等形式，进一步拓宽贸易投资渠道，已经涉及上海—北京的高速铁路建设、中国通信现代化建设、环境建设等方面。投资已经形成三种主要模式：一是以制造业为主体，出口导向型的"台湾模式"；二是以商业、金融业投资为中心，出口导向型的"香港模式"；三是服务业占突出地位，国内导向型的"大陆模式"。就投资主体结构而言，直接投资企业中已经从以中小企业居多向大企业过渡，资金在1亿日元以上的大企业已经超过50%。就地区结构而言，已从以大连为中心的渤海湾地区和以上海为中心的华东地区向全国扩张，形成了以沿海地区和大城市为中心的生产和业务活动区域。

第四，日本对中国的直接投资持续增长。1987年起中国首次成为亚洲接受日本直接投资额最多的国家。至2001年底，日本对华的直接投资达3 125亿美元。自2006年以来，日本对华投资一直处于下降和徘徊状态。2006年投资金额45.98亿美元，同比下降29.6%；2007年实际到位金额35.9亿美元，同比下降22.0%；2008年为1.7%的微弱正增长。2009年1—10月，日本对华投资总额36.1亿美元，同比增长15%，出现了恢复的好势头。除了家电、服装、金融等传统领域仍具有巨大投资潜力外，节能汽车、新能源、城市轨道交通等新兴领域将成为未来日本对华投资的重点。

② 中日贸易存在的问题：

第一，进出口结构不平衡。2009年1—9月，中日双边贸易额为1 643.1亿美元。其中，日本对中国出口763.9亿美元，从中国进口879.2亿美元，日方贸易逆差115.3亿美元，增长26.4%。中国为日本第一大贸易伙伴、第一大出口目的地和最大的进口来源地。2009年1—9月，日本对中国出口前三位的产品是机电产品、贱金属及制品和化工产品，出口额分别为312.9亿美元、106.8亿美元和73.9亿美元，占日本对中国出口总额的41.0%、14.0%和9.7%。矿产品和贵金属及其制品的出口降幅居于前列。

日本自中国进口的主要商品为机电产品、纺织品及原料和家具、玩具，2009年1—9月进口额分别为328.2亿美元、179.2亿美元和59.2亿美元，这三类商品占日本自中国进口总额的37.3%、20.4%和6.7%。在日本市场上，中国的劳动密集型产品依然占有比较大的优势，如纺织品及原料、鞋靴伞和箱包等轻工产品，这些产品在日本进口市场的占有率均在50%以上，中国的主要竞争对手来自越南、泰国、中国台湾省以及意大利、美国等。可以看出，中国从日本进口的主要是信息技术产品和机械设备等资本和技术密集型产品，而中国对日本出口的主要是劳动密集型和部分资本密集型产品。

第二，政府开发援助项目政治倾向明显。日本在对外开发援助方面，提出四项前提：一是受援国的军事支出情况；二是武器的开发制造情况，武器的进出口情况；三是民主化、引进市场经济的努力情况；四是基于人权、自由保证情况等。2000 年以后，日本更是强调，财政拮据，预示要对中国的政策进行调整；渲染中国军备的两位数增长，为调整对华政策制造依据；要求中国加大对日本对华政府援助成效的报道；希望中国调整资金管理体系，使日本能够直接得到援建项目所在地政府和群众的肯定评价。日本前首相小泉纯一郎曾公开表示，中国已经取得令人瞩目的经济发展，可以从日本的政府资金合作名单中毕业了。这使 2005 年以来中日政府资金合作温度骤降。日本政府已于 2008 年停止提供政府贷款、无偿援助、技术合作等三大主干内容。所以，在政府资金合作领域，中日关系趋冷也是不争的事实。

第三，两国经贸纠纷和摩擦进一步增加。早在 1995 年初，日本根据世贸组织中的《农业协议》第 5 条特殊保障条款对从中国进口的大蒜和生姜提出限制进口措施，最终以中国实施出口配额管理和日方实施进口商申报管理而结束。2001 年 2 月 16 日，由日本 457 家毛巾工厂组成的日本毛巾工业联合会在大阪召开临时总会，正式决定向经济产业省申请对中国毛巾实施紧急进口限制，以阻止中国毛巾向日本出口。2001 年 4 月 10 日，日本政府部门宣布，依据世界贸易组织有关规则和日本国内的关税率法，从 2001 年 4 月 23 日至 11 月 8 日对来自中国的大葱、鲜香菇和灯心草等农产品实施一般紧急进口限制措施。主要内容是：从 4 月 23 日起的 200 天内，如果从中国进口的这三种产品的数量分别不超过过去 200 天的平均进口量，即大葱 5 383 吨、鲜香菇 8 003 吨和蔺草席 7 949 吨，则按现行的 3% 至 6% 征税，超过部分最高将课以 266% 的高关税。但随着中日两国企业水平分工的深化，中国工业制成品的竞争力会进一步提升，中日贸易摩擦很可能由中国的“强项”、日本的“弱项”产品扩大到日本的“强项”产品，即产生摩擦的产业将由劳动密集型产业转移到资本或技术密集型产业。

5. 我国与发展中国家的经贸关系

(1) 中国与东盟的经贸关系。

我国与东盟国家是近邻，历史上曾有过密切的通商关系。新中国成立后，由于政治上的原因，相互的经济贸易关系发展缓慢。20 世纪 70 年代以后，随着外交关系的陆续建立，贸易关系迅速发展。2009 年，我国对外贸易平均关税是 9.8%，而对东盟的平均关税是 2.4%，低关税促进了双方贸易往来。2009 年 12 月份，中国与东盟贸易大幅增长，同比增长 63%。由于受全球金融危机影响，2009 年，我国与东盟贸易为 2 130 亿美元，较上年下降 7.8%，这一降幅低于我国对外贸易下降 13.8% 的降幅。2009 年，我国与东盟各成员国的贸易额分别是：马来西亚 519.6 亿美元，新加坡 478.6 亿美元，泰国 382 亿美元，印尼 283.8 亿美元，越南 210.5 亿美元，菲律宾 205 亿美元，缅甸 29.1 亿美元，柬埔寨 9.4 亿美元，老挝 7.4 亿美元，文莱 4.2 亿美元。其中，我国与文莱、老挝、缅甸、越南四国的双边贸易均为正增长。我国仍为东盟第三大贸易伙伴，表明在东盟对外贸易中的地位没有发生变化。这主要得益于近些年来我国与东盟经贸合作不断有新发展，得益于中国—东盟自由贸易区建设。

2010 年 1 月 1 日正式启动的中国—东盟自由贸易区，由中国和东盟 10 国组成，这一自由贸易区拥有 19 亿人口、接近 6 万亿美元年国内生产总值和 4.5 万亿美元的年贸易总额。中国—东盟自由贸易区启动后，中国与东盟双方约有 7 000 种产品将享受零关税待遇，实现货物贸易自由化。也就是说，双方 90% 的贸易产品将实现零关税。受此政策影响，2010 年 1—6 月，中国与东盟双边贸易总值达 1 364.9 亿美元，同比增长 54.7%，其中，中国对东盟出口 646 亿美元，增长 45.4%；从东盟进口 718.9 亿美元，增长 64%。

在服务贸易方面，中国与东盟将实质性地彼此开放市场。在投资领域，自由贸易区的全面建成将使双方相互投资更加自由、便利、透明和公平。

（2）我国与非洲国家的经贸关系。

非洲位于亚洲的西南面。东濒印度洋，西临大西洋，北隔地中海与欧洲相望，东北角习惯上以苏伊士运河为非洲和亚洲的分界。面积约 3 020 万平方公里（包括附近岛屿），南北约长 8 000 公里，东西约长 7 403 公里。约占世界陆地总面积的 20.2%，次于亚洲，为世界第二大洲。2009 年总人口为 10 亿，约占世界总人口 15%。城市人口约占全洲人口 26%。

非洲是全球最贫穷的大洲，全非洲一年的贸易总额只占全世界 1%。根据联合国在 2009 年发表的人类发展报告，人类发展指数排名最低的 24 个国家中，其中有 22 个都是非洲国家（第 159 位至第 182 位）。非洲贫穷的原因有部分与其动荡的历史有关。非洲非殖民化的不稳定加剧了冷战冲突。自 20 世纪中期，冷战、贪污和专制统治也令非洲的经济更加不景气。

自 2001 年以来，非洲与中国的贸易增加了 10 倍，于 2008 年更达到了 1 000 亿美元。中国和印度的经济迅速增长，而拉丁美洲也经历了温和增长，使数以百万计的人得以脱贫。相比之下，非洲的许多地区在外贸、投资、人均收入和其他的经济增长却停滞不前，甚至倒退。贫穷对非洲有很大的影响，包括较低的预期寿命、暴力和社会不稳定，这些问题反过来又持续影响了非洲大陆的发展。然而，近期的数据显示部分非洲大陆正在经历快速的增长。

国务院关税税则委员会决定，自 2010 年 7 月 1 日起，对已与我国完成换文的 33 个最不发达国家原产的 4 762 个税目输华商品实施零关税，约占全部税则税目的 60%，其中包括纺织品、服装制成品两大类，所涉及的非洲国家包括埃塞俄比亚、马达加斯加、贝宁、莫桑比克、苏丹、坦桑尼亚、中非共和国等 26 个国家。据海关统计，2008 年 1—7 月，我国累计对非洲进出口 629.4 亿美元，比上年同期（下同）增长 60.1%，增速提高 30.5 个百分点。其中，对非出口 279.2 亿美元，增长 39.5%；从非进口 350.2 亿美元，增长 81.4%；由于我国从非进口的步伐大幅提高，目前双边贸易格局已由顺差转变为逆差。

本章小结

本章主要介绍了主要国家及欧盟的对外贸易措施的相关知识，主要内容如下：

1. 对外贸易政策主要由对外贸易总政策、进出口商品政策、对外贸易国别政策三部分组成，基本上有自由贸易政策和保护贸易政策两种类型。对外贸易政策制定影响因素有：经济发展水平和经济结构、经济发展战略、国际分工中的地位、各种利益集团力量的对比、本国与别国的政治经济关系、政府决策者倡导的经济理论与贸易思想。

2. 美国对外贸易政策的制定与实施部门有国会和以总统为首的行政部门。其中以总统为首的行政部门，包括贸易代表办公室、商务部、财政部和农业部等负责法律和政策的实施。战后美国对外贸易的发展趋势有：出口商品竞争能力相对削弱、进口商品结构发生很大变化、服务贸易增长迅速、贸易逆差急剧扩大、贸易地理方向上的不平衡发展。

3. 日本对外贸易政策的制定与实施部门是与贸易管理有关的政府部门。主要包括经济产业省、财务省、海关、日本银行等。战后日本对外贸易的发展趋势有：对外贸易额增长迅速、进出口商品结构发生变化、贸易地理方向的变化、综合商社（跨国公司）在日本对外贸易中起重要作用。

4. 欧盟对外贸易政策制定与实施部门有：欧洲理事会、部长理事会、欧盟委员会等。战后欧盟的对外贸易发展趋势有：对外贸易额增长较快、工业制成品占对外贸易商品结构主要地位、成员国之间的贸易增长迅速、内部贸易比重扩大。

5. 发展中国家对外贸易的类型有：初级产品出口政策、出口替代政策、进口替代政策。

6. 中国与欧盟的经贸发展的特点有：经贸发展迅速、发展双边经贸关系较少受到政治因素影响、经贸互补性较强、合作性大于竞争性。经贸发展的障碍有：贸易保护主义是制约中欧经贸关系长远发展的最大挑战、欧元对人民币大幅升值成为影响中欧经贸合作新的不利因素。

7. 中国与美国的经贸发展特点有：中美贸易发展迅速、贸易商品结构具有很强的互补性和互利性、美国的对华投资所占比重较小。中美贸易存在的主要障碍有：中美贸易经济问题政治化倾向比较明显、知识产权问题、美国限制进口中国商品问题、美国限制技术产品对中国出口的问题、美国对华反倾销问题、普遍优惠制待遇问题、关于台湾问题。

8. 中国与日本的经贸发展特点有：贸易额大幅度增长、商品结构发生明显变化、贸易投资方式多样化、日本对中国的直接投资持续增长。中日贸易存在的问题有：进出口结构不平衡、政府开发援助项目政治倾向明显、两国经贸纠纷和摩擦进一步增加。

阅读材料

泰国总理呼吁东盟勿采取贸易保护主义措施

泰国总理阿披实2009年2月22日发表全国广播和电视讲话，呼吁东盟领导人在应对全球经济危机过程中，不要使用贸易保护主义措施。

据美国媒体报道，阿披实指出："我希望东盟发出这样的信号：在目前的经济低迷时期，东盟将不会支持保护主义。如果给其他国家制造了麻烦，那么东盟是不会独善其身的。"

同一天，东盟财长正聚首泰国旅游胜地普吉岛，商讨推动本地区经济发展问题。再过几天，东盟首脑会议将在泰国海滨度假胜地华欣举行。

东盟成员包括文莱、柬埔寨、印度尼西亚、老挝、马来西亚、缅甸、菲律宾、新加坡、泰国和越南10个国家。在最近几个月中，东盟的许多成员已经感受到了经济危机带来的冲击。作为应对举措，泰国、新加坡、马来西亚和菲律宾都出台了巨额经济刺激计划，通过加大基础设施建设、减税等举措来促进就业和刺激消费。

资料来源：中国网. http://www.china.com.cn/economic/txt/2009-02/23/content_17320775.htm

复习思考题

1. 对外贸易政策的含义有哪些？它是由哪几部分构成的？
2. 对外贸易政策制定的影响因素有哪些？
3. 美国对外贸易政策的制定和实施部门有哪些？
4. 战后美国对外贸易政策是怎样演变的？
5. 试述战后美国对外贸易的发展趋势。
6. 战后日本对外贸易政策是怎样演变的？
7. 试述战后日本对外贸易的发展趋势。
8. 战后欧盟的对外贸易政策措施有哪些？
9. 进口替代政策的含义是什么？对经济发展有哪些影响？

10. 出口替代政策的含义是什么？主要采用的政策和措施有哪些？
11. 试述我国与欧盟的经贸关系。
12. 试述我国与美国的经贸关系。
13. 试述我国与日本的经贸关系。

第六章

关税措施

学习目标

知识目标：了解关税的概念及特点，掌握关税的作用、主要种类、关税有效保护率的计算，了解不同国家的关税制度，理解关税对国际贸易的影响。

技能目标：明确不同关税类型产生的背景和作用，学会用理论内容解决现实问题。

篇前案例

新华网北京2010年10月15日电　尽管9月份出口额降幅继续收窄，然而，作为全球第三大经济体和世界经济增长第一贡献者的中国，正在面临空前的国际贸易保护主义重压，严峻的前景已成为其经济摆脱国际金融危机并重回快速增长轨道的最大不确定性因素之一。

继上个月决定对中国输美轮胎实施3年内分别加征35%、30%和25%的惩罚性关税后，美国10月7日又宣布对从中国进口的无缝钢管发起反倾销和反补贴（“双反”）调查。而就在此前一天，欧盟部长理事会刚刚决定对中国输欧无缝钢管征收17.7%至39.2%的最终反倾销税。

此外，欧盟委员会已建议把针对中国皮鞋及童鞋的反倾销措施至少延长15个月，继续征收税率为16.5%的反倾销税。

上述针对中国的贸易保护主义措施还只是冰山一角。

美国国际贸易委员会近日决定，对中国输美的氯化钡、熨衣板等产品启动反倾销日落复审，对四氢糠醇产品所适用的反倾销税进行快速日落复审。

欧盟委员会公布的数据显示，今年上半年，欧盟发起两项新的反倾销调查，全部针对中国产品。而自7月下旬以来，欧盟又对中国的钢盘条、无缝钢管、葡萄糖酸钠、钢索、铝合金轮毂等发起反倾销调查，在短短三周内竟达5起之多。

相关预警信息表明，欧盟业界近期还正在酝酿对进口自中国的户外服装、三聚氰胺以及太阳能电池板等发起贸易救济措施调查。

资料来源：人民网经济频道 http://finance. people. com. cn/GB/10198759. html

思考：

1. 我国为什么频频遭受反倾销调查？
2. 我国外贸企业应该从该案例中吸取哪些教训？

第一节　关税概述

一、关税的含义

关税（customs duty or tariff）是指进出口商品经过一国关境时，由政府所设置的海关向进出口商征收的税收。一个国家根据其政治经济等状况和需要，由设置在边境、沿海口岸或境内的水陆空国际交往通道上的海关机构，按照国家制定的关税税法、税则，对其进出关境的商品征收关税，是一国关税政策的具体体现。

关境（customs territory）又称税境或海关境域，是一国关税法令完全实施的境域。商品进出关境时才作为进出口商品征收关税。在一般情况下，一个国家的关境与其国境是一致的，但在一国存在关税同盟、自由港（区）、保税区等自由区域时，关境与国境就不一致。自由港（区）虽在国境之内，但从征收关税的角度来看，在关境之外，因为进出自由港、区的商品可不征关税，此时，该国关境小于国境；当几国结成关税同盟，组成一个共同关境实施统一关税法则和对外税则，彼此之间商品进出国境不征收关税，只对来自和运往非同盟成员国的商品进出共同关境时，才征收关税，此时，关境大于成员国的各自国境。

关税是随着商品流通的扩大和国际贸易的发展而产生和逐步发展起来的。在欧洲，关税是一种古老的税收。据大英百科全书对 customs（海关，也泛指关税）一词的来源注解，古时在商人进入市场交易时向当地领主缴纳的一种例行的入市税（customary tolls），后来就把 customs 作为关税的专用名称。

二、关税的特点

关税是国家税收的一种，与其他税收相比，关税有如下几个特点：

（一）关税征收对象是进出口的商品

不管是什么类型，也不管其售后是否获利，必须按规定征收关税。当然应付税款由进出口商先行垫付，随商品售出转嫁于消费者，由进出口货物的实际使用人或消费者承担。

(二) 关税的执行者是海关

海关是设在关境上的国家行政管理机构,它是本国有关进出口政策、法令和规章的重要执行者。海关依法有权对进出口商品进行管理、征收关税、查禁走私、临时保管通关商品和统计进出口商品等。海关还有权对不符合国家规定的进出口商品不予放行、罚款,甚至没收或销毁。

进出口商品在缴纳关税放行后,要在国内流通和消费,所以,它还应和国内商品一样,按照国家的税法缴纳国内税费。这些国内税一般在商品进口时由海关代征,但不属于关税范畴。

(三) 关税具有涉外性

进出口商品,不仅与国内经济和生产有着直接关系,而且与世界其他国家或地区的政治、外交、经济生产和流通等方面也有密切关系。所以,关税具有涉外性,是对外斗争的一种手段。

三、关税的作用

关税具有积极和消极的双重作用。

(一) 关税的积极作用

1. 可增加一国的财政收入

在资本主义前期和资本主义发展时期,征收关税的目的主要是增加国家的财政收入。资本主义发展以后,随着工商业的迅速发展和国民收入的提高,关税在发达国家财政收入中的作用和比重不断下降。17 世纪末,欧洲各国的关税收入约占财政收入的80% 以上。到 1805 年,美国联邦政府的财政收入中关税的比重已降至 3% 左右。但有些发展中国家,由于生产相对落后,经济基础薄弱,国民收入还很低,国内税源有限,关税收入的财政意义仍然比较重要。

2. 可保护国内生产和国内市场

从进口方面来看,通过对进口商品征收关税,提高进口商品的成本,削弱进口商品与本国同类商品的竞争能力,以保护本国的生产免受外国竞争者的损害。同时,进口商品价格提高后,同样提高了国内同类产品的市场价格,从而可鼓励本国同类产品的生产的积极性。从出口方面来看,对出口商品征收关税,可抑制这些商品的出口,使国内市场得到充分供应,防止本国自然资源的大量外流。

3. 可调节国内生产、市场、物价和财政

利用关税税率的高低与减免,影响进出口商品的数量,从而影响国内生产、市场、物价和财政。利用税率的高低影响企业的利润,国家有意识地引导各类商品的生产,改变产业结构。以关税税率控制进出口商品的数量,保证市场供求平衡。降低关税,可使国内同类商品价格下降;反之,价格上升。所以,国家可利用关税税率的高低影响物价,维持各类商品之间的价格结构。当一国贸易逆差过大时,可通过提高进口关税税率和加征进口附加税的方法,减少进口数量,减少贸易逆差,维持贸易收支平衡。

4. 关税是一国外交手段之一

关税一直与国际经济关系和外交关系有密切的联系,因此它经常是国际间签订友好贸易条约中的一个重要内容,如世界贸易组织的多边贸易条约,在经济贸易集团中,互免关税是各成员国经济联盟的纽带之一。此外,关税还可以作为涉外谈判的手段,逼迫对方国家作出某些让步。

小资料:

1973 年 1 月 1 日,英国、丹麦、爱尔兰三国加入欧共体(EEC),美国提出,由于这三国加入欧共体,使美国商品在这些国家市场上的竞争力受到影响,因而要求欧共体给予补偿,否则,美国将对意大利的鞋和法国的白兰地酒等商品的进口实行关税等方面的报复性措施。经过协商,欧共体被迫接受美国的要求,从 1975 年 1 月 1 日起,对美国 20 多种包括碎肉、掘土机在内的大宗商品进口削减了关税。

(二) 关税的消极作用

1. 增加消费者的负担

由于对进出口商品征收关税,提高了进出口商品的价格,因而增加了消费者的开支,加重了他们的财务负担。因为征收的进口或出口税,最后商品在出售时,都要加到物价之中,消费者的费用负担就会增加。

2. 不利于国际贸易的开展

由于征收进出口关税,阻碍了进出口商品的流动,减少了进出口流量,因而不利于国际贸易的开展。

3. 保护过度,就会出现保护落后

关税虽然有保护本国生产和本国市场的作用,但如果保护过度,就会使有关企业养成依赖性,不努力提高自己的经营管理水平,不能参与国际竞争,从而会长期处于落后的地位。

4. 易于恶化贸易伙伴间的友好关系

如果关税保护不当,就容易引起与贸易伙伴间的矛盾,导致对方进行报复,迫使对方采取相应的行动,不利于改善双方的贸易关系。

5. 易于产生走私

有些商品由于征收关税，国内外差价过大，成为走私的对象。

四、关税的保护性

各国关税税率的高低，保护程度的强弱，是国际关税谈判的主要内容，也是各国研究有效使用关税手段的重要课题。

（一）关税水平

关税水平是指一个国家的平均进口税率。它有不同的计算方法，简单平均法和加权平均法。

1. 简单平均法

简单平均法是指根据一国税则中的税率即法定税率来计算，不管每个税目实际的进口数量，只按税则中的税目数求其税率的平均值。

$$关税水平=\frac{税则中所有税目的税率之和}{税则中的税目数}\times 100\%$$

简单平均法简单易行，能够在一定程度上反映一国的关税水平；但是，由于各国对来自不同贸易伙伴的税率有差异，实际实施中还会有减免等优惠，并且该种方法难以真实反映关税水平，也难以用来比较不同国家的关税水平。

2. 加权平均法

加权平均法是用进口商品的数量或价格作为权数进行平均。其计算方法有以下几种：

（1）按进口税额占进口商品总值的百分比计算：

$$关税水平=\frac{进口税额}{进口总值}\times 100\%$$

例如：2006 年我国进口关税总额为 1 141.7 亿元人民币，进口总值为 7 616.1 亿美元，按照 2006 年年均汇率 1∶7.8087，折算得进口总值为 59 471.8 亿元人民币，则

$$2006年我国关税水平=\frac{1\,141.7}{59\,471.8}\times 100\%=1.92\%$$

（2）取样加权平均法：

为了便于更具体的比较，也可以选出一些有代表性的商品，按照不同商品类别进行加权平均比较，即取样加权平均法。选用的代表商品越多，计算就越精确。一般是以每种商品的进口值作为权数。代表性的商品要有代表性，一般把使用禁止性关税的商品排除在外。在肯尼迪回合就关税减让谈判时，使用了联合国贸易与发展会议选取的 504 项商品为代表进行比较。其公式为：

$$关税水平=\frac{各种商品进口值\times 各种商品的相应税率}{选取的商品进口值总和}\times 100\%$$

例如:取 A、B、C 三种商品为代表性商品,有关数据如下:

代表商品	A	B	C
进口值(万元)	100	40	60
进口税率(%)	10	30	50

$$关税水平 = \frac{100 \times 10\% + 40 \times 30\% + 60 \times 50\%}{100 + 40 + 60} \times 100\% = 26\%$$

这种计算关税水平的方法能够比较客观地反映出各国的关税水平,但还不能完全表示保护的程度。

(二) 名义关税和名义保护率

1. 名义关税和名义关税率

名义关税是指某种进口商品进入该国关境时,海关根据海关税则对该商品所征收的关税。名义保护率是指由于实行保护而引起的国内市场价格超过国际市场价格的部分占国际市场价格的百分比。用公式表示为:

$$名义保护率 = \frac{进口货物国内市场价格 - 国际市场价格}{国际市场价格} \times 100\%$$

名义关税衡量的是一国对某一类商品的保护程度,在其他条件相同或不变的情况下,名义关税率越高,对本国同类产品的保护程度也越高。

2. 有效关税和有效保护率

有效保护率又称有效关税率,它是指征收关税所引起国内加工增值同国外加工增值的差额占国外加工增值的百分比。

有效保护率的概念是加拿大经济学家巴伯(C. L. Barber)于 1955 年首先提出来的。其主要思路是:一国对某产业的实际保护程度不能单纯从该产业产品的进口税率高低来判断。因为该产业所投入的原材料成本也会因征收进口关税而上升,从而增加该产业的成本。也就是说,对某产业的产品征收进口税,会对该产业起到保护作用;而对该产业所需的原材料征收关税,则会增加该产业的成本。因此,要分析一国整个关税结构对某一产业的保护效果,就要综合分析关税使该部分提高的程度。

小资料:

名义保护与有效保护的主要区别是:

名义保护只考虑了关税对某种成品价格的影响,而不考虑对其投入材料的保护;

有效保护不但注意了关税对成品的价格影响，也注意了投入的原材料和中间产品由于征收关税而增加的价格。因此，有效保护率计算的是某项加工工业中受全部关税制度影响而产生的增值比。

有效保护率可以用以下公式来计算：

$$有效保护率(E)=\frac{V'(国内加工增值)-V(国外加工增值)}{V(国外加工增值)}\times 100\%$$

典型习题：

例如：在自由贸易条件下，美国自行车的价格为200美元，原料成本为140美元，增值60美元。现在美国开始对进口商品征税后，假定对自行车征10%的关税，对原材料征5%的关税。试求自行车的有效保护率。

对自行车征10%的进口税使国内自行车价格上升到220美元，而对原材料征5%进口税使成本上升为147美元，增值为73美元，故国内加工增值为73美元。

国外加工增值等于在自由贸易条件下，美国国内市场的自行车价格与原材料成本差额，200－140＝60美元。

因此，自行车获得的有效保护率为：

$$有效保护率(E)=\frac{73-60}{60}\times 100\%=21.7\%$$

自行车的名义税率为10%，有效保护率为21.7%，有效保护率是通过结构性关税，按产品加工程度由浅到深逐渐提高关税税率，这样，对最终产品的实际保护程度比名义税率所表现的保护程度要高得多。

另外，有效保护率也可由上述公式经过推导为下列公式：

$$E=\frac{T-pt}{1-p}\times 100\%$$

其中，E为对最终产品的有效保护率，T为最终商品的名义保护率，p为无关税时进口要素成本与最终商品价格之比，t为进口要素的名义税率。

第二节　关税的主要种类

关税的种类繁多，按照不同的标准，可分为以下几类：

一、照征收的目的分类

关税可分为财政关税、保护关税和调节关税。

（一）财政关税

财政关税又称为收入关税，是指以增加国家财政收入为主要目的而征收的关税。财政关税收入的关键在于税率的高低和进出口商品的数量。一般来说，在确定税率时，必须考虑到税率对进出口商品数量的影响，如果为了增加收入而提高税率，则会因为商品在国内外市场上的价格过高而减少商品的进出口数量，当商品的进出口数量减少幅度超过关税税率提高的幅度时，关税收入也将减少，增加财政收入的目的也很难实现，所以，财政关税的税率一般不会太高。

对进口商品征收财政关税，必须具备以下三个条件才能使财政收入增加：第一，所征商品必须在本国存在比较大的销量。第二，所征商品必须是本国不能进行生产的。第三，所征税率必须适中，因为税率过高，进口量会大幅减少，总的关税收入也会减少；税率太低，进口量虽会大量增加，但过低的税率使关税收入的增长也有限。

（二）保护关税

保护关税是以保护本国生产和本国市场为主要目标而对外国竞争商品所征收的关税。由于保护关税的目的是为了保护本国的工农业生产和一些商品市场，所以它与财政关税不同，其税率一般都较高，有时高达100%以上，等于禁止进口，这时保护关税实际成了禁止关税。

保护关税不仅仅在发展中国家对外贸易政策中得到应用，而且发达国家在贸易过程中也同样使用。发展中国家为了保护本国幼稚工业的发展，壮大民族经济，需要保护关税；发达国家为了维护国内垄断利益，同样需要保护关税。第二次世界大战后，经过关贸总协定的多轮谈判，世界各国的关税水平已大幅度下降，关税的保护作用也已明显降低了，但目前仍然是保护市场的手段之一。

（三）调节关税

调节关税是以调整本国经济和产品结构为主要目的而征收的关税。在当代经济发展中，各国都面临着经济结构和产品结构调整的任务。除了政府实施一系列的鼓励政策外，各国还采取调整关税税率的办法。对于调整国内需要扶植和发展的产业和产品，调高同类商品的进口税率，削弱进口商品的竞争力，使本国产品能够在高额关税保护下求得顺利发展；对于一些已经失去优势，不具备发展前景的产业和产品，国家通过降低进口商品的关税税率，引进竞争，促使国内的产品尽快改造和更新，从而完成经济结构和产品结构的调整。

二、按征收对象或商品流向分类

按征收对象或商品流向的不同，关税可分为进口税、出口税和过境税。

（一）进口税

进口税是进口国海关在外国商品输入时对本国进口商所征收的关税，是关税中最主要的一种。进口税通常是在外国商品进入关境或国境时征收,或者在外国商品由海关保税仓库提出运往国内市场时征收。

各国征收进口关税主要是为了制约外国商品流入,保护国内生产和国内市场。通过征收进口关税,提高进口商品的价格,削弱其竞争能力以达到限制,甚至禁止商品进口的目的,人们通常说的关税壁垒主要就是高额进口关税。

(二) 出口税

出口税是出口国的海关在本国产品输往国外时对出口商所征收的一种关税。征收出口税会提高本国商品在国外市场的销售价格,降低其竞争能力,不利于扩大出口。因此,很少有国家征收出口税。目前征收出口税的国家主要是发展中国家,其目的主要是为了增加财政收入,减少资源性原材料或产品的出口,保护国内生产,保障国内供应。

小资料:

拉美国家一般对出口商品征收1% ~5%的出口税以缓解政府资金短缺的矛盾。我国出于对资源的保护(如稀土资源)也征收出口税。挪威对木材的征税就是为了保证国内的造纸工业。

(三) 过境税

过境税是一国对于通过其关境的外国商品所征收的一种关税。征收的目的在于增加一些财政收入。过境商品对被通过国家的市场和生产并没有影响,只是在地理上通过,而并不进入该国市场。由于征收过境税不利于国际货物的流通,所以目前绝大多数国家都不征收过境税,仅在外国商品通过时征收少量准许费、印花费、登记费和统计费等。

三、按照征收的依据不同分类

按征收的依据不同,关税可分为正税、进口附加税、差价税。

(一) 正税

正税即正常关税,是根据颁布的税率征收的关税,正税是相对于附加税而言的,也称为一般关税。

(二) 进口附加税

进口国家对进口商品,除了征收一般进口税以外,还往往根据某种目的再加征进口税。这种进口国家对进口商品征收正常进口关税以外额外再征收的关税,就叫进口附加税。进口附加税通常是一种特定的临时性措施,是限制商品进口的重要手段,在一些特殊时期可以发挥较大的作用。其目的主要有:应付国际收支危机、维持进出口平衡、抵制外国商品倾销、对某个国家实行歧视或报复等。

进口附加税采取两种征收方式:一种是对所有进口商品征收。如1971年上半年,美国出现了巨额贸易逆差,国际收支恶化。1971年8月15日,美国总统尼克松为了应付国际收支危机,实行"新经济政策",宣布对外国进口商品一律征收10%的进口附加税,以限制商品进口,缩减收支失衡。另一种更为常用的征收方法是针对个别国家和个别商品征收进口附加税,以限制特定国家或商品的进口。这种进口附加税主要有以下两种:

1. 反补贴税

反补贴税又称抵消税或补偿税,是对在生产、加工运输过程中直接或间接接受出口国政府、同业公会或垄断组织所提供的任何补贴或津贴的进口商品所征收的一种进口附加税。征收的目的在于提高进口商品的价格,抵消进口商品所享受的补贴金额,削弱其竞争力,使其不能在进口国的国内市场上进行低价竞争,保护本国的生产和市场。

发达国家还经常用补贴税来限制发展中国家的商品出口,而补贴又是许多发展中国家扶植本国新产业的一个重要手段,也正是因为补贴与反补贴在贸易政策中被经常使用,因此这也成为多边贸易谈判中的一个重要内容。

如果反补贴调查最终裁定存在补贴和产业危害,进口方当局便可决定对受补贴的进口产品征收反补贴税,但它不得超过经确认而存在的补贴额,且应无歧视地征收。但对已撤回的补贴或作出补救承诺的进口商除外。反补贴税的执行期只能以抵消补贴所造成的损害所必需的时间为准,但执行期限不得长于5年。

2. 反倾销税

反倾销税是对实行倾销的进口商品所征收的一种进口附加税。征收反倾销税的目的是抵制进口商品低价倾销,以保护本国产品和本国市场。

征收反倾销税主要基于以下理由:一是出口国商品出口价格低于本国产品的正常价格,即低于国内市场出售的价格,这是故意的商品倾销,必须予以相应对待;二是产品倾销使进口国的同类产品的生产或已建立的某项工程造成重大损害或产生重大威胁,为保护本国产品和国内市场采取的反倾销措施。征收反倾销税主要是由受损害企业投诉引起,经过有关部门对投诉的受理和裁决而实行的。投诉是由受到严重损害的企业向本国对外贸易仲裁机构、经济法庭或国际贸易仲裁机构提出,并递交投诉书。投诉书的内容一般应包括如下项目:受到损害的严重程度,出口国别和出口商名称,进口商名称,进口价格和数量。

投诉一旦被受理,受理机构就要组织有关人员进行调查,调查的形式主要有:举行听证会,派人去出口国国内进行调查,用第三国某种出口商品的价格与出口国同类产品出口价格作比较等。经过调查,反倾销投诉不成立则作罢;若投诉成立,出口商必须承诺,此后抬高出口价格。如出口商不承诺,就将反倾销税一直征收下去。

发达国家不仅通过征收反倾销税来阻止外国商品进口,而且还往往利用较长时间的"反倾销调查",故意拖延时间,使调查本身实际上起到阻止该商品进口的作用。如美国的反倾销调查时间曾规定为4个月,后又把它延长到6个月,在调查中有时还故意拖延更长的时间。

尽管关贸总协定对倾销与反倾销作出了一系列的规定,但实践中这些规定并没有得到很好的执行。事实上,反倾销已成为一些国家特别是发达国家实行贸易保护主义和实行歧视的工具,这些国家不仅利用征收反倾销税来限制外国产品的进口,而且还借助对进口产品进行旷日持久的倾销调查来阻止这些商品的进口。

小资料:

从2009年11月5日中国对美国白羽肉鸡正式立案调查,到反倾销和反补贴初裁的相继作出,这起中国对美国农产品第一案就吸引了各方的关注。农产品贸易摩擦成为中美双边贸易的新焦点。

1980年至今,美国共对中国农产品发起贸易救济调查5起,均为反倾销调查,占美国对华产品反倾销调查案件总数的3.3%,涉及的产品分别为新鲜大蒜、蜂蜜、淡水小龙虾、冷冻和罐装暖水虾,其中对华蜂蜜在1994年发起的反倾销调查以中美双方达成价格承诺而中止,后又在2000年再次发起反倾销调查。而中国在2009年才对美国农产品发起第一起反倾销和反补贴调查。

3. 差价税

差价税又称差额税,是当本国生产的某种产品的国内价格高于同类进口价格时,按国内价格与进口价格之间的差额征收的关税。征收差额的目的是为了削弱进口商品的竞争能力,保护国内生产和国内市场。由于差价税是随着国内外价格差额的变动而变动的,因此它是一种滑动关税。对于征收差价税的商品,有的规定按价格差额征收,有的规定在征收一般关税以外另行征收,这种差价税实际上属于进口附加税。例如,西欧共同市场对冻牛肉进口首先征收20%的一般进口税,然后根据每周进口价格与共同市场的内部价格变动情况征收变动不定的差价税。

四、按征收关税优惠条件的不同分类

(一)普通关税

普通关税是指不附带任何优惠条件的关税,适用于与该国没有签订最惠国待遇条款贸易协定并且该国又没有给予优惠承诺的国家或地区的进口商品。在当今的关税中，对同类商品的征税，普通关税的税率是最高的，被称为歧视性关税。

(二) 最惠国税

最惠国税是指一个国家为了发展与特定国家的贸易关系，缔结最惠国待遇条款的贸易协定，给予对方比普通关税低的关税待遇。最惠国税率比普通税率要低，且税率差幅较大。最惠国待遇是双向的，当一国停止或取消给对方的最惠国待遇时，自己所享受的最惠国待遇也随之取消。

小资料：

美国对进口绸缎征税，最惠国税率为11%，普通税率高达60%；对银首饰进口，最惠国税率为27.5%，普通关税税率更是高达110%。我国2002年对进口排气量3升以下的小汽车，最惠国税率为43.8%，普通关税税率却高达230%。

(三) 特惠关税

特惠税(special preferential duties)又称优惠关税，指一国对来自某个国家和地区进口的全部商品或部分商品给予特别优惠的减免税待遇。其税率低于最惠国税。特惠关税只适用于特定国家和地区的商品，非优惠国或地区不得引用最惠国待遇条款享受这种税率。特惠关税有互惠和非互惠两种。

1. 宗主国与殖民地附属国之间的特惠关税是殖民主义的产物

英国、法国、葡萄牙、荷兰、比利时和美国等与其殖民地附属国之间都实行过这种关税，其目的在于保证宗主国在殖民地附属国市场上占优势。最有名的特惠关税是英联邦特惠关税(1932年英联邦国家在渥太华会议上建立)，它是英国确保获取廉价原料、食品和销售其工业品并垄断其殖民地附属国市场的有力工具。

2. "洛美协定"国家之间的特惠关税

目前，比较著名的特惠关税是"洛美协定"(Lome Convention)国家之间的特惠关税。该协定于1975年签订，成员国是非洲、加勒比海和太平洋地区的46个发展中国家和欧共体各国，在"洛美协定"中，欧洲共同市场同意向46国提供单方面的特惠关税，内容包括：(1) 46国的全部工业品和96%的农产品进入欧共体市场时，可享受免税和不限量的特别优惠，而欧共体成员国不要求反向优惠，只享受不低于最惠国税的待遇。(2) 对来自46个国家的96%以外的农产品，如牛肉、香蕉和甜酒等产品的进口，每年规定一定数量的免税配额，超过配额部分的征进口关税。(3) 在原产地规定中确定

“充分累积”制度，即来源于这些国家或共同市场国家的产品，如在这些发展中国家中的任何一国加工时，仍视为原产国产品，享有优惠税待遇。(4) 保留条款，如果大量进口引起共同市场的某个经济区域或成员国国内市场严重混乱时，西欧共同市场保留采取保护措施的权力。

(四) 普遍优惠制

普遍优惠制简称普惠制，它是发达国家承诺对从发展中国家或地区输入的商品，特别是制成品和半成品，给予普遍的、非歧视的和非互惠的关税优惠制度。它最早是由阿根廷经济学家提出的，是发展中国家在联合国贸易与发展会议上经过长期的斗争，在1968年第二届贸发会议上通过建立普惠制决议之后取得的。在该决议中，发达国家承诺对从发展中国家或地区输入的商品，特别是制成品和半成品，给予普遍的、非歧视的和非互惠关税待遇。

根据联合国贸发会议21号决议，普惠制的三项原则是：普遍的、非歧视的和非互惠的。普遍的，是指所有发达国家对所有的发展中国家出口制成品和半成品给予普遍的优惠待遇；非歧视的，即应使所有的发展中国家都一视同仁、无例外地享受普惠制待遇；非互惠的，即发达国家应单方面给予发展中国家作出特殊的关税减让，而不要求发展中国家对发达国家给予同等待遇。

普惠制的目标是，增加发展中国家或地区的出口收益，促进发展中国家或地区的工业化，加速发展中国家或地区的经济增长率。

普惠制的作用是通过关税削减产生的价格影响来体现的，即由于给惠国减免关税，使受惠国出口商品的价格可以降低，增强竞争能力，吸引进口商向受惠国购买更多的受惠商品，从而使受惠国制成品和半成品的出口扩大。2007年，全世界已有190多个发展中国家和地区享受普惠制待遇，给惠国则达29个，分别是德国、英国、法国、意大利、荷兰、比利时、卢森堡、爱尔兰、希腊、西班牙、葡萄牙、丹麦、奥地利、芬兰、瑞典、瑞士、挪威、波兰、俄罗斯、乌克兰、白俄罗斯、日本、加拿大、澳大利亚、新西兰、美国、保加利亚、匈牙利和捷克，上述国家除美国外，其他国家均给予了中国普惠制待遇。

普惠制的给惠国，在提供普惠制待遇时，是通过普惠制方案来执行的。这些方案的具体规定如下：

1. 对受惠国或地区的限制

普惠制在原则上应对所有发展中国家或地区都无歧视、无例外地提供优惠待遇，但有的给惠国从各自的经济和政治利益出发把某些受惠国或地区排除在受惠国名单之外，如美国把某些发展中的社会主义国家(如中国)、石油输出国组织成员排除在外。

2. 受惠商品和范围的限制

普惠制原则上应对所有发展中国家和地区的制成品和半制成品普遍实行关税减免。但是实际上，各给惠国公布受惠商品名单时，农产品不多。对于工业制成品或半制成品比较多,但是对于一些"敏感商品",如纺织品、服装、鞋类、某些皮革制品以及石油制品等往往被排除在受惠商品之外。例如,美国的给惠制方案规定,服装、手表、鞋类及敏感性的电子产品、钢铁产品、玻璃等制成品和半制成品不享受普惠制待遇。

3. 对受惠产品的减税幅度的规定

受惠产品的减税幅度取决于最惠国税率与普惠制税率之间的差额。总体上讲,农产品的减税幅度较小,工业品的减税幅度则比较大,工业品中由于敏感程度的不同,其优惠程度也有所不同。例如,欧盟对非常敏感的产品,如棉、麻、丝纺织品等减税幅度为15%;对敏感产品,如化工、鞋、电器等减税幅度为30%;对半敏感产品,如毛皮、伞类、瓷器、玻璃、照相器材、钟表等减税幅度为65%;对非敏感产品,免征关税;部分工业品,如石油产品不给予关税减让,仍征收最惠国税。

4. 对给惠国的保护措施规定

为了保护本国某些产品的生产和销售,各给惠国在其普惠制实施方案中,都制定有保护措施。一般包括如下内容:

(1) 免责条款。免责条款又称例外条款,是指受惠国产品进口量增加到对给惠国同类产品或有直接竞争关系的产品的生产者造成或将造成严重损害时,给惠国保留对该产品完全取消或部分取消关税优惠待遇的权利。

(2) 预定限额。给惠国根据本国和受惠国的经贸状况,预先规定一定期时期(一般为一年)某项产品的关税优惠进口限额,达到这个额度时,就停止或取消给予的关税优惠待遇。

(3) 竞争需要标准。竞争需要标准又称竞争需要条款或竞争需要排除条款,美国采用这一标准。其规定是,如果在一个年度内,来自某一受惠国或地区的某项产品的优惠进口额,超过竞争需要限额或超过美国进口该项产品总额的50%,则取消该受惠国或地区的该产品下一年度的优惠待遇。如果因为竞争需要而被排除享受优惠的产品,在以后进口额降到上述限额以内,则下一年度仍可以恢复关税优惠待遇。

(4) 毕业条款。20世纪70年代开始,美国等给惠国又提出了"毕业条款"这样一种保护措施。所谓"毕业条款",是指当给惠国认为一些受惠国或地区的某项产品或受惠国的经济在世界市场上有较强的竞争力时,宣布该商品毕业,从而取消受惠国或产品享受关税优惠待遇的资格。

(5) 原产地原则。这是为了确保普惠制待遇只给予发展中国家和地区生产的产品,以防一些非受惠国的产品利用普惠制优惠扰乱正常的贸易秩序。各给惠国制定了享受优惠条件的原产地原则,该原则基本包含三个方面:原产地标准、直接运输规则和原产地证书书面文件。

原产地标准分为两类:一是完全原产地的产品,即不含有任何进口成分的产品,这类产品是指完全用受惠国的原料、零部件并完全由其生产或制造的产品;二是非完全原产地的产品,即含有进口成分但经过实质性变化的产品,它是指全部或部分地使用进口原料或零部件制成的产品,这些原料和零部件经过受惠国或地区充分加工或制造后,其性质和特性达到了“实质性”变化的程度,变成了另外一种完全不同的产品,才可享受关税优惠待遇。

直接运输规则是指受惠产品必须从该受惠国直接运送出口到给惠国,由于地理原因,受惠产品也可通过第三国或地区的领土运送出口到给惠国,但必须置于海关监管之下,未投入当地市场销售或再加工,并向给惠国海关提交过境提单、过境海关签发的过境证明书等,才能享受普惠制待遇。

原产地证书是指出口商品要获得给惠国的普惠制待遇,必须向进口给惠国提交出口受惠国政府授权的签证机构签发的普惠制原产地证书格式和符合直运规则的证明文件,作为享受普惠制待遇的有效文件。原产地证书格式全称是《普遍优惠制原产地证书格式》,它是受惠产品享受普惠制待遇的官方凭证,是受惠产品获得受惠资格的必不可少的重要文件。

普惠制自诞生以来,对促进和扩大发展中国家或地区的出口起到了一定的积极作用,从而间接带动了发展中国家经济的发展。但由于普惠制方案的规定十分复杂,而且附加了一系列的保护性措施,使普惠制的实施大打折扣,没有达到预期的目的。

“乌拉圭回合”也给普惠制带来了很大的影响。根据“乌拉圭回合”关税谈判,各给惠国对其受惠国关税实行大幅度减让,这将使普惠制优惠关税幅度和优惠产品范围大大缩小,再加上给惠国纷纷调整和修改普惠制方案,建立和加强保护措施,尤其是对发展较快、竞争力较强的发展中国家实施逐项产品逐年“毕业”,甚至整个“国家毕业”的制度。所以,普惠制的发展趋势是逐年缩小甚至全部取消。

案例分析

据《日本经济新闻》报道,日本财务省计划从2011年起调整针对发展中国家商品的贸易“普惠制”(GSP),从目前规定每个发展中国家可利用的上限为20%降至10%到15%。由于中国是日本的第一大进口来源国,预计中国商品将受最大冲击。

日本目前设定,每个发展中国家可享受普惠制的上限不得超过总额的20%。以丝制领带为例,日本每年进口量为100亿日元,通常需课征13.4%的关税,按照普惠制享有零关税的额度为55亿日元,其中中国产品约占二成,亦即逼近规定的上限。统计显示,今年以来中国可享有的78项优惠产品领域中,已达上限的有36个领域共计500多项产品,包括铝制品、铜板、铜管、合成纤维布及其他矿工产品等。

问:日本财务省调整普惠制贸易政策的原因有哪些?

第三节　关税制度

各国海关依据本国的法律规定负责对进出口商品办理通关及关税的征收主要涉及以下几个方面：

一、海关税则

海关税则又称为关税税则，它是一国对进出口货物计征关税的规章和对进出口的应税和免税货物加以系统分类的一览表，海关凭此来征收关税，是关税政策的具体表现。

海关税则一般包括两个部分。第一部分为海关课征关税的规章条例和说明；第二部分为关税税率表，关税税率表包括税则号列（简称税号），货物分类目录和税率。

（一）海关税则的分类

海关税则依照不同的需要主要有以下几种不同形式的分类：

1. 根据关税税率栏目的多少

海关税则可分为单式税则和复式税则。

（1）单式税则（single tariff），又称一栏税则，在这种税则中，每个税目只有一个税率，适用于来自任何国家的商品，没有差别待遇。现在，只有少数发展中国家如委内瑞拉、巴拿马、乌干达、冈比亚等实行单式税则。

（2）复式税则（complex tariff），又称多栏税则，在这种税则中，每个税目下设有两个或两个以上的税率，对来自不同国家的进口商品按不同的税率征税，实行差别待遇。其中，普通税率、最惠国税率、协定税率、普惠税率、特惠税率依次由高至低排列，普通税率最高，特惠税率最低。现在，大多数国家都采用复式税则，而且各个国家根据自身的需要，分别采用两栏、三栏、四栏不等的税则。

小资料：

德国采用五栏税则，分别是：第一栏是特惠税，其实施对象是签订洛美协定的国家或地区；第二栏是协定税率，其实施对象是与其签订了优惠贸易协定的国家，如以色列、埃及等；第三栏是普惠制税率，其实施对象是一些发展中国家（包括中国）；第四栏是最惠国税率，其实施对象是世贸组织的成员及与其签订双边最惠国待遇的国家；第五栏是普通税率，实施对象是上述国家之外的其他国家和地区。

2. 根据税则制定者的不同

税则可分为自主税则和协定税则。

(1) 自主税则。自主税则又叫国定税则，是指一国立法机构根据关税自主原则单独制定而不受对外签订的贸易条约或协定条约约束的一种税率。

自主税则可分为自主单式税则和自主复式税则。前者为一国自主地制定一个税率，这个税率适用于来自任何国家或地区的同一种商品。后者为一国对一种商品自主地制定两个或两个以上的税率，分别适用于来自不同国家或地区的同一种商品。

(2) 协定税则。协定税则是指一国与其他国家或地区通过贸易与关税谈判，以贸易条约或协定的方式确定的关税率。这种税则是在本国原有的固定税则以外，另行规定的一种税率。它是国家之间关税减让谈判的结果，因此，要比固定税率低。

协定税率又分为两种：一种是单边协定税则。二战前，弱小的国家被迫订立的不平等条约向帝国主义国家单方面作出减让的税率。二战后出现的洛美协定所订立的关税减让属于另一单边协定税则。另一种是双边或多边协定税则。两国或两国以上通过谈判而达成减让的税率，如关税与贸易总协定（世界贸易组织的前身）历次谈判所达成的关税减让表，适用于各成员方，就属于多边协定税则。

(二) 海关税则的商品分类

海关税则的商品分类目录是由各国政府、海关当局或经济同盟制定的关税税则表明商品的组别而采用的归类编码制度。它归类方式很多，有的按加工程度，有的按商品性质，有的按自然属性、功能和用途加以分类，其分类的目的不仅是为了方便通关纳税统计的需要，更主要的是利用海关税则更有针对性地限制有关商品的进口，将其作为实现贸易歧视的手段。

由于最初各国根据自身需要和习惯进行商品的分类，因而分类方式、口径各异。为了减少各国海关在商品分类上的矛盾，一些国际组织开始制定国际通用的商品分类目录，现在普遍使用的主要有三种：

1.《布鲁塞尔税则目录》

《布鲁塞尔税则目录》就是《关税合作理事会税则目录》，是欧洲关税同盟于1952年制定的，因该目录是在布鲁塞尔制定的，所以也叫做《布鲁塞尔税则目录》。该目录的分类原则是按商品生产的原材料组成为主，结合加工程度、制造阶段和商品的最终用途来划分的。它将全部商品分为21类、99章、1 011个税目号。其中前4类（1—4章）为农畜产品，其他17类（5—99章）为工业制成品。《布鲁塞尔税则目录》已被140多个国家采用。

2.《国际贸易标准分类》

为了便于贸易统计，联合国经社理事会于1950年制定并颁布了《国际贸易标准分类》，它主要是依照商品的加工程度将商品分为初级产品和工业制成品，然后再由低到高对商品进行分类排列,同时商品的自身属性也是商品分类的主要参考标准。该目录把全部商品分成10类、63章、233组、786分组、1 924个基本项目。其中0—4类为初级产品,5—8类为制成品。《国际贸易标准分类》已被100多个国家使用。

3.《协调商品名称和编码制度》

由于在国际市场上同时应用上述两种商品分类标准给很多工作带来了不便,为了协调和进一步统一这两种国际贸易分类体系,海关合作理事会协调制度委员会于1983年主持制定了《协调商品名称和编码制度》,它以《布鲁塞尔税则目录》为基础,以协调《国际贸易标准分类》为目标,所以也称做《协调制度》(HS),并在1988年1月正式生效。《协调制度》目录将商品分成21类、97章、1 241个项目号和5 019个子目。其中1—24章为农副产品,25—97章为加工制成品,第77章金属材料为空缺,是为新材料的出现而留空的。由于《协调制度》综合了两种分类标准,同时能满足关税统计和国际贸易其他方面的要求,所以被大多数国家和地区采用,中国是在1992年正式采用该分类体系的。

二、关税的征收标准

各国关税通常使用的最基本的征税标准有两种,即从价计征标准和从量计征标准,简称从价税和从量税,此外还有选择税和复合税等。

(一) 从量税

1. 从量税的概念及公式

从量税是以商品的重量、数量、容量、长度和面积为单位来征收,以每一计量单位应纳的关税金额为税率征收的关税。

从量税额的计算公式如下:

从量税额=商品数量×从量税率

2. 应纳税商品重量的计算方法

各国征收从量税,大部分以商品的重量为单位来征收,但各国对应纳税商品重量的计算方法各有不同。一般有以下三种:

(1) 毛重法,又称总重量法,即按包括商品内外包装在内的总重量计征税额。

(2) 半毛重法,又称半重量法,即对商品总重量扣除外包装后的重量计征其税额。这种方法又可分为两种:① 法定半毛重法,即从商品总毛重中扣除外包装的法定重量后,再计算其税额;② 实际半毛重法,即从商品总毛重中扣除外包装的实际重量后计算其税额。

(3) 净重法,又称纯重量法,即在商品总重量中扣除内外包装的实际重量后,再计算其税额。

（二）从价税

1. 从价税的概念及公式

从价税是按照进口货物的价格为标准计征的关税，其税率表现为货物价格的百分率。例如，美国对玩具进口征收从价税，普通税率为70%，优惠税率为6.8%。

从价税额的计算公式为：

从价税额 = 货物总值 × 从价税率

从价税额与货物价格有直接关系。它与货物价格的涨落成正比关系，其税额随着货物价格的变动而变动，所以它的保护作用与价格有着密切关系。在价格下跌的情况下，其税率不变，从价税额相应减少，因而保护关税的作用也有所下降。

2. 从价税的优缺点

一般说来，从价税有以下几个优点：(1) 征收比较简单，对于同种货物，可以不必因其品质不同而再详加分类；(2) 税率明确，便于比较各国税率；(3) 税收负担较为公平，因为从价税额随货物价格与品质的高低而增减，较符合税收的公平原则；(4) 在税率不变时，税额随货物价格上涨而增加，既可增加财政收入，又可起到保护关税的作用。

（三）混合税

混合税又称复合税，它是对某种进口货物采用从量税和从价税同时征收的一种方法。混合税可分为两种：一种是以从量税为主加征从价税；另一种是以从价税为主加征从量税。

相关习题：

假设2009年日本对每只价格在6 000日元以下的手表进口征收混合税，从价税15%，加征每只150日元的从量税。现日本某公司从中国进口手表，单价为横滨到岸价每只5 500日元，共进口8 000只，试计算横滨海关对这批手表共计要征收多少进口关税？

解：

1. 根据海关政策，每只手表在6 000日元以下的需征混合税，题目中案例每只手表价格为5 500日元，因此需要征混合税。

2. 进口该批手表到岸价总金额为5 500 × 8 000 = 4 400（万日元）

3. 进口该批手表的从价税 = 到岸价总金额 × 15% = 4 400 × 15% = 660（万日元）

4. 进口该批手表的从量税 = 150 × 8 000 = 120（万日元）

5. 进口该批手表应缴纳的进口关税总额 = 从价税 + 从量税 = 660 + 120 = 780（万日元）

答：横滨海关对这批手表共计要征收780万日元的进口关税。

（四）选择税

选择税是对一种进口货物同时制定从价税和从量税两种税率，但征税时选择其税额较高的一种税。但有时为了鼓励某种货物进口，也有选择其中税额低者征收的。

三、通关手续

关税征收的主体是国家，《海关法》明确将征收减税的权力授予海关，由海关代表国家行使征收关税的职能。因此，未经法律授权，其他任何单位和个人均不得行使征收减税的权力。

通关手续，又称报关手续，即出口商或进口商向海关申报出口或进口，接受海关的监督和检查，缴纳相关税款和费用，履行海关规定的相关手续。通常包括申报、验货、征税和放行四个基本环节。由于某种原因，比如，政府间的关税协议，可使进出口商品减税或免缴关税。

报关，指进入某外国市场销售产品，进口商需向进口国的海关提交有关单证和申报表单。

验货，指某国海关对进入本国市场销售的外国商品或本国出口到外国市场销售的本国商品进行必要的检验，保证商品的质量和品质。商品检验是对外贸易业务中的重要环节，是指海关根据本国或国际标准对进出口的商品的品质、质量、包装等项目进行检验和公证鉴定，确保商品与贸易合同约定标准一致的程序。

通关手续会影响在国外市场销售商品的成本价格，会对国外市场的销售价格产生直接的影响。通关手续是各国政府保障本国交易市场的公平竞争和商品销售质量的手段，同时也是各国财政收入的来源之一。

四、主要国家及欧盟的关税现状

（一）欧盟的关税现状

欧盟的关税制度即关税同盟，是欧盟贸易制度的重要基础，也是其对外贸易政策的主要组成部分。关税同盟具有以下特征：使用共同海关税则，执行共同的或协调的海关立法；在关税同盟成员国之间的贸易往来中，对原产地为成员国的货物或者对已正式进口的第三国货物不征收关税及相当于关税的捐税；在关税同盟内部贸易中取消限制性规定。

共同海关税则是以协调制度为基础编排的商品分类目录，税率主要有两栏。一栏是自主税率，是创始成员国当时实施的对第三国进口货物的关税税率的算术平均数，适用于：(1) 原产地为共同体规定适用自主税率的国家的进口货物；(2) 进口时所适用的税目中优惠税率高于自主税率或无优惠税率的进口货物。另一栏是协定税率，适用于：(1) 原产地为世界贸易组织（原关贸总协定）各成员方或与欧盟签订包含关税最惠国待遇条款协定的国家的进口货物；(2) 凡欧盟未列名规定应适用自主税率的国家，而且对该条税率未规定必须按协议实施时，原产于这些国家的进口货物。通常协定税率低于自主税率。现行协定税率水平普遍较低，工业产品的平均税率在4.5%左右，相当于共同海关税则的共同原产地规则是针对共同体以外的第三国的进口货物的。从其适用的目的来讲分为两类：一类是一般原产地规则，或叫自主原产地规则，适用于一般按最惠国待遇实施的税率和管理规定中货物原产地的认定；另一类是优惠原产地规则，或叫协定原产地规则，是专为实施有特别优惠的双边或多边协定时制定的认定货物原产地的标准。目前，关税同盟采用1994年关贸总协定的新估价定义，即以“成交价格”作为确定海关估价的基础，规定了成交价格的适用与不适用及一般的审查原则。

(二) 美国的关税制度

美国的现代关税制度起源于1789年第一部关税法，经过200多年的修订和增补已经十分严格和完善，是美国贸易制度的主要构成部分。

美国的关税税率分为三栏。第一栏是普通关税，税率很高，原来只用于极少数几个国家的产品，现在也用于那些不享受最惠国待遇的国家的产品。第二栏是优惠税率，实际上是最惠国优惠税，适用于世界贸易组织(原关贸总协定)成员国和在过去50年中与第三国签有贸易协定的国家的产品，因此是绝大多数美国贸易伙伴所适用的税率，税率一般为4%~5%。第三栏是普惠制税率，主要是为那些与美国签有普惠制协议的发展中国家而规定的关税减免制度。

(三) 日本的关税制度

日本的关税法于1954年公布实施，1987年进行了修改，是日本海关工作人员执行海关职务的法律依据。

日本现行的关税税则分为四栏。第一栏是基本税率，适用非世界贸易组织(原关贸总协定)成员国中与日本没有贸易协定的国家，税率最高；第二栏是协定税率，适用于世界贸易组织(原关贸总协定)成员国以及与日本签订贸易协定并享受最惠国待遇的国家，比基本税率大约低50%；第三栏是特惠税率，即普遍优惠制税率，税率最低，目前适用于130多个发展中国家的产品，对优惠产品的优惠比例、范围和最高限额作出具体规定；第四栏是暂定税率，适用于与日本没有签订贸易协定，但与日本关系十分友好的国家，适用对象由日本政府决定，税率水平与协定税率相同。

日本进口关税主要是从价税，从量税只占全部进口关税的很小部分。1978年日本进行了大幅度关税调整后，平均关税水平只有3.5%，在关税制度方面的保护主义色彩并不浓厚。相反，非关税限制进口的措施却很多。

(四) 发展中国家关税制度概况

发展中国家的关税制度比较复杂。这是发展中国家的经济、社会制度的差异和发展水平不同，以及国土面积大小、资源丰缺程度不同所致。

由于发展中国家的经济水平普遍较低,在发展本国国民经济、开展对外贸易中普遍具有保护的特征。主要表现在:① 限制外国工业品、生活奢侈品和一切非必需品的输入,关税税率有时高达50% ~100%;② 禁止或基本禁止进口本国可以生产、制造的一切消费品;③ 减少与本国产品具有很强竞争能力的外国产品的输入,引导进口产品结构的变化与调整;④ 防止本国经济发展所必需的原料和初级产品的不适当外流。

第四节 关税对国际贸易的影响

一、对世界贸易发展的影响

在其他条件不变的情况下,世界市场上的主要国家关税税率的增减幅度与国际贸易发展速度成反比关系。当世界市场的主要国家普遍提高关税,加强关税壁垒时,国际贸易的发展速度将趋向缓慢,反之会加快。第二次世界大战后,特别是20世纪50年代至70年代初,发达资本主义国家推行贸易自由化,大幅度降低关税,结果促进了国际贸易的迅速发展。在1950年到1973年期间,国际贸易额年平均增长率为10.3%,国际贸易量年平均增长率为7.2%。这期间国际贸易额或国际贸易量的年平均增长率都高于战前。

在关税与贸易总协定主持的八轮回合中,谈判的焦点涉及如何降低关税壁垒的问题,通过会谈,世界各国的关税都有大幅度的下降,现在发达国家的平均关税水平为3.7%,发展中国家的平均关税水平为13%,世界贸易呈现出高速发展的态势。

二、对商品结构和地理方向的影响

关税会影响商品结构和某些国家的对外贸易地理方向的变化。第二次世界大战以后,发达国家的工业品进口关税下降速度超过农产品。40年来,工业品的关税从关税与贸易总协定成立前的平均40%下降到世界贸易组织成立时的平均3.7%,使得工业品的贸易增长了17倍;而农产品的关税谈了40年仍然在40%左右徘徊,因此在40年之间,农产品贸易只增长了6倍。从20世纪50年代到70年代初,发达资本主义国家对工业制成品进口关税下降幅度超过农产品。发达资本主义国家之间的关税下降幅度超过它们对发展中国家和社会主义国家的下降幅度。经济集团内部关税下降幅度超过其对集团外的下降幅度。这种关税下降幅度的差异,不仅使工业制成品贸易的增长超过农产品贸易,使发达资本主义国家之间的贸易增长超过了它们与发展中国家和社会主义国家之间的贸易,而且也使某些集团内部贸易的增长超过了其对集团外的贸易增长。

三、关税对进口货物价格的影响

关税与货物的价格也有着密切的关系。一般说来,进口货物课征关税后,会导致进口国的国内价格上涨,进口数量下降,起到了保护和促进本国产品的生产和销售的作用。通常,进口关税税率越高,进口货物在国内市场价格也越高,限制进口的作用就越大。虽然关税在一定程度上可以起到保护和促进进口国同类产品的生产和销售的作用,但是如果关税税率长期偏高,保护期限过长,不仅严重损害消费者利益,而且往往会阻碍这些产品的技术改进和成本下降,削弱产品的竞争能力,最终反而影响其生产和销售的发展。

四、对贸易差额和一国国际收支的影响

当一国出现严重的贸易入超和国际收支逆差时,如果广泛采取提高进口关税等限制进口的措施,可能会暂时抑制进口,缩小贸易逆差和改善国际收支。但从长期来看,提高进口关税是否确实可起到这种作用,则难以定论。如对钢铁进口征收高关税,则一切使用钢铁加工的工业品将增加成本;如对机器设备进口征收高关税,则会提高使用这种机器设备部门的生产成本。这些产品将因征收税而削弱出口竞争能力,减少出口,贸易入超将可能重新产生或扩大。此外,由于一国提高关税,将可能引起有关国家连锁反应,竞相提高关税,高筑关税壁垒,限制对方的商品进口,结果会相互抵消关税对于缩小贸易入超和改善国际收支的作用。

本章小结

本章主要介绍了主要国家及欧盟的对外贸易措施的相关知识,主要内容如下:

1. 关税是指进出口商品经过一国关境时,由政府所设置的海关向进出口商征收的税收。关税的积极作用有:可增加一国的财政收入;可保护国内生产和国内市场;可调节国内生产、市场、物价和财政;关税是一国外交手段之一。关税的消极作用有:增加消费者的负担;不利于国际贸易的开展;保护过度,就会出现保护落后;易于恶化贸易伙伴间的友好关系;易于产生走私。

2. 有效保护率又称有效关税率,它是指征收关税所引起国内加工增值同国外加工增值的差额占国外加工增值的百分比。有效保护率是通过结构性关税,按产品加工程度由浅到深逐渐提高关税税率的,这样,对最终产品的实际保护程度比名义税率所表现的保护程度要高得多。有效保护率可以用以下公式来计算:

$$有效保护率(E)=\frac{V'(国内加工增值)-V(国外加工增值)}{V(国外加工增值)}\times 100\%$$

另外有效保护率也可由上述公式经过推导为下列公式：

$$E=\frac{T-pt}{1-p}\times 100\%$$

其中，E 为对最终产品的有效保护率，T 为最终商品的名义保护率，p 为无关税时进口要素成本与最终商品价格之比，t 为进口要素的名义税率。

3. 关税的种类繁多，按照不同的标准，可分为以下几类：按照征收的目的分为财政关税、保护关税、调节关税；按照征收对象或商品流向分为进口税、出口税、过境税；按照征收的依据不同分为正税、进口附加税、差价税；按照征收关税优惠条件的不同分为普通关税、最惠国税、特惠关税、普遍优惠制。

4. 海关税则又称为关税税则，它是一国对进出口货物计征关税的规章和对进出口的应税和免税货物加以系统分类的一览表，海关凭此来征收关税，是关税政策的具体表现。各国关税通常使用的最基本的征税标准有从价税、从量税、选择税、复合税等。根据关税税率栏目的多少，海关税则可分为单式税则和复式税则。根据税则制定者的不同，海关税则可分为自主税则和协定税则。

5. 关税对国际贸易的影响有：对世界贸易发展的影响、对商品结构和地理方向的影响、关税对进口货物价格的影响、对贸易差额和一国国际收支的影响。

阅读材料

美国商务部初裁对中国铝型材征收59.31%反倾销税

美国商务部2010年10月28日以所谓“中国输美铝型材售价低于合理价格”为由，初步决定对中国输美的铝型材征收59.31%的反倾销税。

铝型材产品诉讼是中美贸易争端之中较引人注目的一个案件。中国是世界上最大的铝型材出口国，去年铝型材的出口量至少是2001年约6万吨出口量的10倍。据美国商务部的数据，美国2009年自中国进口的铝型材猛增至5.136亿美元，2008年为3.068亿美元。

按照程序，即使美国商务部作出最终裁决，上述惩罚性关税也不会立即生效，只有美国国际贸易委员会也最终认定从中国进口的铝型材给美国的生产商造成了损害，商务部才能最终下达反倾销令。

今年3月底，北美最大的工会组织美国钢铁工人联合会和行业协会铝型材公平贸易委员会向美国商务部提出申诉，要求对中国进口的铝型材展开反倾销和反补贴调查。然而，中国铝型材制造商和进口商表示，伤害美国铝型材制造商的是美国疲软的经济，而不是进口。他们还称，一些向美国商务部抱怨的美国公司为生产铝制品已购买了中国铝型材。

由于美国经济复苏乏力，失业率居高不下，加之中期选举临近，近期美国贸易保护主义行动进一步升温。对此，中方已多次表示，坚决反对任何滥用反倾销规则、助长贸易保护主义的做法。

资料来源：中国网. http://www.china.com.cn/economic/txt/2010-10/29/content_21225239.htm

计算题

1. 计算有效保护率：进口的最终商品的名义保护率 T 为 40%，无关税时进口原料成本与最终商品价格比例 P 为 0.5，进口原料的名义保护率 t 为 40%，有效保护率为多少？

2. 对题 1 中给定的条件，根据下列值重新计算有效关税保护率：

（1）$t=0$

（2）$t=20\%$

（3）$t=80\%$

（4）$t=100\%$

（5）根据上面题目的计算结果，你能得出什么结论？

3. 对题 1 中给定的条件，如 $t=20\%$，$P=0.6$，重新计算有效保护率。

4. 假设甲国对小轿车进口征收 180% 的进口关税，但该国国内生产的小轿车需从外国进口汽车发动机。该发动机的进口成本每台 300 美元，每辆小轿车的总成本 2 000 美元，汽车发动机的进口关税税率 20%，计算有效保护率。

5. 现有棉纱进口价 20 元，投入原棉 15 元，国外增值 $V=5$ 元。如果：（1）我国对绵纱进口征税 10%，原棉进口也征税 10%；（2）对棉纱进口征税 10%，原棉进口征税 20%，其他不变。请计算各自的有效保护率。

复习思考题

1. 关税的含义是什么？它有哪些特点？
2. 关税的积极作用和消极作用有哪些？
3. 有效保护率的含义是什么？它的计算公式有哪些？
4. 关税有哪些主要分类？
5. 试述普遍优惠制的内容。
6. 海关税则的含义是什么？它有哪些分类？
7. 试述关税对国际贸易的影响。

第七章

非关税措施

学习目标

知识目标： 掌握非关税壁垒概念、分类、特点及对国际贸易的影响。

技能目标： 能够联系实际分析非关税壁垒对我国对外贸易的影响。

篇前案例

温州打火机遭受技术壁垒

温州是我国最大的打火机生产基地，年生产打火机5亿只，80%以上供出口，其出口量占世界金属外壳打火机市场的70%。2002年初，欧盟标准化委员会公布了一个关于打火机安全的标准(简称CR标准)。根据这项标准，出厂价或海关价低于2欧元的打火机必须安装防止儿童开启的安全锁(CR装置)，且须通过欧盟相关认证部门的实验。此举的理由是提高消费者尤其是儿童保护的水平，因为这个价格是一个儿童所能承受的价格。如果儿童购买了打火机，就容易发生各种危险事故。因此，该标准在欧洲受到人们的广泛理解和支持。而温州的打火机销售价格多在2欧元以下，靠的就是价格优势，出口因此遭受严峻考验。如果按照欧盟要求安装CR装置，则须向欧美生产商购买核心技术，这样就会增加成本，使温州的打火机失去价格优势。如果自行研发，从时间上和经济上看也不见得省事。如果停止向欧美国家出口，又会加剧在他国市场上的竞争，甚至重演"价格大战"的故事，或者造成温州打火机生产能力的闲置。不管是哪一种情况，对温州的企业而言，都是极大的损失。

思考：

1. 温州打火机在欧盟的遭遇说明了什么问题？
2. 中国企业应如何应对案例中类似的非关税壁垒？

第一节 非关税壁垒概述

一、非关税壁垒的含义

非关税壁垒(non-tariff barriers),是指除关税措施以外的一切限制进口的措施,它和关税壁垒一起充当政府干预贸易的政策工具。

二、非关税壁垒的特点

(一)灵活性

一般说来,各国关税税率的制定必须通过立法程序,并要求具有一定的连续性,所以调整或更改税率的随意性有限。同时关税税率的调整直接受到关贸总协定的约束(非成员国也会受到最惠国待遇条款约束),各国海关不能随意提高以应付紧急限制进口的需要,因此关税壁垒的灵活性很弱。而制定和实施非关税壁垒措施通常采用行政手段,制定、改变或调整都来得迅速、简单,伸缩性大,在限制进口方面表现出更大的灵活性和时效性。同时能根据实际情况,变换限制进口措施,达到限制进口的目的。

(二)有效性

关税壁垒的实施旨在通过征收高额关税提高进口商品的成本,它对商品进口的限制是相对的。当面对国际贸易中越来越普遍出现的商品倾销和出口补贴等鼓励出口的措施,关税就会显得作用乏力。同时,外国商品凭借生产成本的降低(如节省原材料、提高生产效率、甚至降低利润率等),也能冲破高关税的障碍而进入对方国家。而有些非关税壁垒对进口的限制是绝对的,比如,用进口配额等预先规定进口的数量和金额,超过限额就禁止进口。这种方法在限制进口方面更直接、更严厉,因而也更有效。

(三)隐蔽性

要通过关税壁垒限制进口,唯一途径就是提高关税税率,而关税税率必须在《海关税则》中公布,毫无隐蔽性可言。非关税壁垒则完全不同,其措施往往不公开,或者规定极为繁琐复杂的标准和手续,使出口商难以对付和适应。它既能以正常的海关检验要求的名义出现,也可借用进口国的有关行政规定和法令条例,使之巧妙地隐藏在具体的执行过程中而无须作公开的规定。

(四)歧视性

因为一国只有一部关税税则,因而关税壁垒像堤坝一样同等程度地限制了所有国家的进出口。而非关税壁垒可以针对某个国家或某种商品相应制定,因而更具歧视性。比如,1989 年欧共体宣布禁止进口含有荷尔蒙的牛肉这一做法,就是针对美国作出的,美国为此采取了相应的报复措施。又比如,英国生产的糖果在法国市场上曾经长期有很好的销路,后来法国在食品卫生法中规定禁止进口含有红霉素的糖果,而英国糖果正是普遍使用红霉素染色的,这样一来,英国糖果大大失去了其在法国的市场。

综上所述,非关税壁垒在限制进口方面比关税壁垒更有效、更隐蔽、更灵活和更有歧视性。正由于这些特点,非关税壁垒取代关税壁垒成为贸易保护主义的主要手段,有其客观必然性。

三、非关税壁垒的作用

对于发达国家来说,非关税壁垒可以作为防御性武器,保护国内产业和垄断利润;也当做国际贸易谈判中的砝码;某些时候还可以作为实行贸易歧视的手段。当然,非关税壁垒也非发达国家的专利,发展中国家在经济发展过程中也会采取一些非关税措施,例如,为了保护国内民族工业和幼稚工业而限制进口;为节省外汇限制非必需品进口。

小资料:

美国贸易办公室的2009年度报告说:"中国加入世界贸易组织八年后,很多美国行业抱怨他们在对华贸易中面临重大的非关税壁垒。"报告称:"这些壁垒包括:对诸如银行、保险和电信等服务业(进入中国市场)设置高门槛,对进口农产品设置有针对性和没有根据的检查标准,以有争议的动植物检疫措施来控制进口量等。"该报告还重申一些过去的指责,包括中国假货泛滥、出口补贴以及偏袒中国企业的税收政策等。

第二节　非关税壁垒的种类

非关税壁垒名目繁多,大致可以分为直接限制和间接限制两大类,前者是由海关直接对进口商品的数量、品种加以限制,其主要措施有进口配额制、进口许可证制、"自动"出口限额制等。后者是对进口商品制定严格的海关手续或通过外汇管制,间接地限制商品的进口,其主要措施有实行外汇管制、对进口货征收国内税、制定购买国货和限制外国货的条例、复杂的海关手续、繁琐的卫生安全质量标准以及包装装潢标准等。

一、进口配额制(import quotas system)

(一)含义

进口配额制是一国政府对一定时期内(通常为1年)进口的某些商品的数量或金

额加以直接限制。在规定的期限内,配额以内的货物可以进口,超过配额不准进口或者征收较高关税后才能进口。

(二) 种类

按实施方式的不同可以分为绝对配额和关税配额。

1. 绝对配额(absolute quotas)

绝对配额是指在一定的时期内,对某种商品的进口数量或金额规定一个最高额,达到这个数额后,不准进口。主要在实施中又分为两种:全球配额和国别配额。

(1) 全球配额(global quotas):这是属于全球范围内的绝对配额,即对于来自任何国家和地区的商品一律适用。进口国主管当局通常按进口商申请的先后或过去某一时期的实际进口额批给一定的额度,直至总配额使用完为止,超过总配额就不准进口。

(2) 国别配额(country quotas):即政府不仅规定了一定时期内的进口总配额,而且将总配额在各出口国家和地区之间进行分配。因此,按国别配额进口时,进口商必须提供进口商品的原产地证明书。与全球配额不同的是,实行国别配额可以很方便地贯彻国别政策,具有很强的选择性和歧视性。进口国往往根据其与有关国家或地区的政治经济关系分别给予不同的额度。

小资料:

原产地证明书是由出口国政府有关机构签发的一种证明货物原产地或制造地的证明文件。它主要是进口国海关实行差别关税,实施进口税率和进口配额等不同国别政策的依据。原产地证明书是出口商按进口商的要求提供的,有着多种形式,其中应用最多的是原产地证书和普惠制产地证,通常多用于不需要提供海关发票或领事发票的国家或地区。

一般说来,国别配额又可以分为自主配额、协议配额和进口商配额。

① 自主配额(autonomous quotas),又称"单方面配额",是由进口国自主地、单方面强制规定在一定时期内从某个国家或地区进口某种商品的配额,而不需征求输出国家的同意。自主配额的确定一般参照某国过去一定时期内的出口实绩,按一定比例确定新的进口数量或金额。例如,美国就是采用自主配额来决定每年的纺织品配额的。自主配额由进口国家自行制定,往往带有不公正性和歧视性。由于分配额比例差异,易引起某些出口国家或地区的不满或报复,因而更多的国家趋于采用协议配额,以缓和进出口国之间的矛盾。

② 协议配额(agreement quotas):又称“双边配额”,是由进口和出口两国政府或民间团体之间通过协议来确定配额。协议配额如果是通过双方政府协议达成,一般需将配额在进口商或出口商中进行分配;如果是双边的民间团体达成,应事先获得政府许可方可执行。由于协议配额是双方协商决定的,因而较易执行。

③ 进口商配额(importer quotas):是对某些商品进口实行的配额。进口国为了加强垄断资本在对外贸易中的垄断地位和进一步控制某些商品的进口,将某些商品的进口配额在少数进口厂商之间进行分配。比如,日本食用肉的进口配额就是在29家大商社间分配的。

2. 关税配额(tariff quotas)

对商品进口的绝对数额不加限制,而对在一定时期内,在规定配额以内的进口商品,给予低税、减税或免税待遇,对超过配额的进口商品则征收较高的关税,或征收附加税甚至罚款。例如,2004年我国对棉花实行关税配额,配额内数量的进口关税是1%,配额外数量的进口关税是40%。关税配额按征收关税的优惠性质,可分为优惠性关税配额和非优惠性关税配额。

优惠性关税配额,是对关税配额内进口的商品给予较大幅度的关税减让,甚至免税,超过配额的进口商品即征收原来的最惠国税率。例如,欧盟在普惠制实施中所采取的关税配额就属此类。

非优惠性关税配额,是对关税配额内进口的商品征收原来正常的进口税,一般按最惠国税率征收,对超过关税配额的部分征收较高的进口附加税或罚款。例如,1974年12月,澳大利亚曾规定对除男衬衫、睡衣以外的各种服装,凡是超过配额的部分加征175%的进口附加税。如此高额的进口附加税,实际上起到禁止超过配额的商品进口的作用。

二、“自动”出口配额制(voluntary export quotas system)

(一) 含义

自动出口配额制又称“自愿”出口限制(voluntary export restrains),是指出口国家或地区在进口国的要求和压力下,“自愿”规定某一时期内(一般为3~5年)某些商品对该国的出口限额,在该限额内自行控制出口,超过限额即禁止出口。“自动”出口配额制是在20世纪60年代出现的一种非关税壁垒措施,实际上是进口配额制的变种,所不同的是,出口配额是由出口国控制的。

(二) 种类

“自动”出口配额制一般有两种形式:

1. 非协定的“自愿”出口配额

非协定的“自愿”出口配额不受国际协定的约束,而是出口国迫于进口国的压力,单方面规定出口配额，限制商品出口。这种配额有的是由政府有关机构规定配额，出口商必须向有关机构申请配额，领取出口授权书或出口许可证才能出口；有的是由本国大的出口厂商或协会“自愿”控制出口，以控制恶性竞争。

2. 协定的“自愿”出口配额

协定的“自愿”出口配额由双方通过谈判签订“自限协定”或有秩序的销售安排。在协定中规定有效期内的某些商品的出口配额，出口国应根据此配额实行出口许可证或出口配额签证制，自行限制这些商品的出口。进口国则根据海关统计进行检查。目前“自愿”出口配额大多数属于这一种。

思考：出口国企业如何回避“自动”出口配额制？

小资料：日美汽车自愿出口限制

在1960—1970年，由于美国的汽油税低，美国消费者与外国消费者对汽车种类及型号的需求不同，美国的汽车工业也就基本上不与进口汽车形成竞争，因为国内的需求和生产都是大型汽车，耗油量大。但是，由于20世纪70年代后期石油危机的出现，尤其是1979年石油价格急剧上涨，美国国内市场上对小型的节能型汽车需求剧增。日本由于本身资源的限制，其汽车厂商开发的车型大都是小型的、节能的。此种“领先性”的需求使得日本汽车在石油价格上涨后十分畅销。美国市场对日本汽车的需求大幅度上升，美国本土的汽车销量迅速减少，三大汽车制造商（通用汽车、福特汽车和克莱斯勒汽车公司）相继出现亏损，失业人员大量上升。1980年3月，美国众议院贸易委员会召开会议，其中美国汽车工会代表强烈要求政府对汽车进口实行限制，美国政府则持反对意见。美国贸易代表认为，限制进口会强化垄断，对美国不利，美国总统经济顾问委员会也认为限制进口所带来的损失会超过由此带来的增加生产和就业的利益。

1980年6月，美国汽车工会根据《美国1974年贸易法》第201条，以外国汽车进口使本国产业受到严重损害为由向美国国际贸易委员会提出诉讼，要求提高进口关税并实施进口配额限制。但美国国际贸易委员会的结论是，美国汽车产业所受到的损害来自石油危机后消费需求的转换、利率过高以及美国经济不景气三个原因。

为解决实际问题，又不至于违反美国在关贸总协定的承诺，1981年2月，美国众议院贸易委员会访日；3月，美国贸易代表访日，与日本通产省进行磋商。同年5月，日本政府以通商产业大臣声明的形式发表对美出口轿车的限制措施，同意自愿限制对美国汽车出口,对美出口轿车的措施主要包括:(1) 1984 年 3 月底为止,根据外汇及外国贸易管理法对汽车对美国出口进行审查并作出报告;(2) 第一年(1981 年 4 月到 1982 年 3 月)自愿将出口限制在 168 万辆以内;(3) 第二年(1982 年 4 月到 1983 年 3 月)的限制额是在原有的基础上再加上市场扩大量 16.5%;(4) 根据需要对汽车出口实行出口认可制;(5) 第三年(1983 年 4 月到 1984 年 3 月)根据美国轿车市场动态,研究第三年是否继续实行数量限制。

三、进口许可证制度(import licence system)

(一) 含义

进口许可证制度是一国规定某些商品的进口必须申领许可证,没有许可证海关不予进口的制度,是国际贸易中一项应用较为广泛的非关税措施。

(二) 分类

(1) 从进口许可证与进口配额的关系上看,进口许可证可以分为两种:一种是有定额的进口许可证,进口国管理机构预先规定一定的配额,然后根据进口商的申请发放;另一种是无定额的进口许可证,即进口许可证的发放不与配额结合,进口国在个别考虑的基础上,决定对某种商品的进口发给许可证。由于这种个别考虑没有公开的标准,所以能起到更大的限制进口的作用。

(2) 从进口商品的许可程度上看,进口许可证一般可分一般许可证和特种许可证两种。前者又称“公开一般许可证”,凡是列明属于公开一般许可证的商品,进口商只要填写了许可证,有关当局应立即批准和发给进口许可证,不包括对进口的任何限制,而只是一种申报程序。各国政府通过一般许可证管理,可以不用很多人力财力就能得到进口统计数字和其他必要的信息。后者又称为特种进口许可证,由政府有关机构对进口商品进行严格的监督和控制,只对允许进口的商品发给许可证。

四、外汇管制(foreign exchange control)

外汇管制是指一国政府通过法令对国际结算和外汇买卖进行限制,以平衡国际收支和维持本国货币汇率的一种限制进口的国际贸易政策措施,在中国又称外汇管理。在外汇管制下,进口商必须向外汇管制机构(比如,我国的外汇管理局)指定的银行购买外汇,本国货币出入国境的携带也受到严格的限制等。政府通过控制外汇的供应数量来掌握进口商品的种类、数量和来源国别,从而起到限制进口的作用。

外汇管制在实施过程中主要有两种形式:一种是数量管制,即国家外汇管理机构对外汇买卖的数量直接进行限制和分配。一些国家实行数量性外汇管制时,往往规定进口商必须获得进口许可证后，方可得到所需的外汇。另一种是复汇率制度，即一国货币对外汇率有两个或两个以上，分别适用于不同的进出口商品。其作用是，根据出口商品在国际市场上的竞争力，为不同商品规定不同的汇率以加强出口，或根据保护本国市场的需要为进口商品规定不同的汇率以限制进口等。

五、进口押金制（advanced deposit）

进口押金制又称进口存款制或进口担保金制，是指进口商在进口商品前，必须预先按进口金额的一定比率和规定的时间，在指定的银行无息存储一笔现金的制度。这种制度无疑加重了进口商的资金负担，起到了限制进口的作用。它同外汇管制操作所遵循的理论如出一辙，即设法控制或减少进口者手中的可用外汇，来达到限制进口的目的。例如，意大利政府从 1974 年 5 月到 1975 年 3 月曾对 400 多种进口商品实行进口押金制度，它规定，凡项下商品进口，进口商都必须预先向中央银行缴纳相当于货值一半的现款押金，无息冻结半年。

小资料：

加拿大在进口押金制方面的规定：

进口商申报货物的价值可以按其现有的资料（如出口商出具的商业发票）估定；也可以由关员根据其以往对同类商品进口的情况作出判断。关税和其他税捐均按此价值征收，但必须加上一笔足以保证递交正式单据或有关证明的押金。假如这些单据在货物进口的一个月之内尚不能呈交，押金即被没收。

进口押金制对进口的限制有很大的局限性。如果进口商以押款收据作担保，在货币市场上获得优惠利率贷款，或者国外出口商为了保证销路而愿意为进口商分担押金金额时，这种制度对进口的限制作用就微乎其微了。

六、最低限价制（minimum import price）和禁止进口（prohibitive import）

最低限价制即指一国政府规定某种进口商品的最低价格，若进口商品低于最低价，则禁止进口或征收进口附加税。例如，1985 年智利对绸坯布进口规定每公斤的最低限价为 52 美元，低于此限价，将征收进口附加税；2009 年阿根廷工业及旅游部公布决议，对原产于中国的钢轮毂采取离岸价格（FOB）每公斤 3.14 美元的临时最低限价措施，将于2009年11月20日生效,有效期为4个月。

禁止进口是限制进口的一种极端措施。当一国政府认为一般的限制已不足以解救国内市场受冲击的困境时,就会颁布法令,公开禁止某些商品进口。但这种措施很容易引起对方国家的相应报复,引发贸易战,最终对双方都无好处,因此不宜贸然采用。

七、国内税(internal taxes)

国内税是指在一国境内,对生产、销售、使用或消费的商品所应支付的捐税,一些国家往往采用国内税制度直接或间接地限制某些商品的进口。对进口产品征收高于国内产品的税费,则构成对进口产品的不公平限制,与世贸组织的国民待遇相违背。但是由于国内税的制定和执行通常不受贸易条约和多边协定的限制,而且有些国家地方政府亦有设税的权限,所以更能起到限制进口的目的。例如,美国、日本和瑞士对进口酒精饮料的消费税都大于本国制品。

八、歧视性政府采购政策(discriminatory government procurement policy)

歧视性政府采购政策又称为"购买国货政策",是指一些国家通过法令或虽无法令明文规定,但实际上要求本国政府机构在招标采购时必须优先购买本国产品,从而导致对国外产品歧视与限制的做法。例如,美国实行的"购买美国货法案"规定,凡是美国联邦政府所要采购的货物,应该是美国制造的,或是用美国原料制造的,只有在美国自己生产的数量不够,或者国内价格过高,或者不买外国货就会损害美国利益的情况下,才可以购买外国货。由于发达国家政府采购的数量非常庞大,因此,这是一种相当有效的限制进口的非关税壁垒措施。

思考:"购买美国货"条款真能保护美国经济吗?

九、通关环节壁垒

通关环节壁垒是指,进口国有关当局在进口商办理通关手续时,要求提供非常复杂或难以获得的资料,甚至商业秘密资料,从而增加进口产品的成本,影响其顺利进入进口国市场;或者通关程序耗时冗长,使得应季的进口产品(如应季服装、农产品等)失去贸易机会;或者对进口产品征收不合理的海关税费等。例如,1982年10月,法国政府宣布,凡录像机进口都必须经过一个叫普瓦蒂埃的口岸。普瓦蒂埃是一个名不见经传的内地小镇,离最近的港口有数百英里。该镇的海关人员很少,大批录像机被海关人员搬出箱子,查看使用说明书是否为法文,结果极大地延迟了过关的时间。加上要求在该口岸过关的消息是在一个不为人注意的小报上公布的,许多日本出口商根本不知道这条消息，还是把货物运到了原来的口岸，然后不得不再转运到普瓦蒂埃，损失无法计量。这样就达到了限制进口日本录像机的目的。

十、歧视性的海关估价(discriminatory customs valuation)

歧视性的海关估价是指海关通过专断方式提高对进口货值的估价，增加进口货的关税负担，或采用各种不合理或差别待遇的评价方法，以达到阻碍商品进口的目的。

根据世贸组织的规定，海关对进口货物的估价，应以进口货物或相同货物的实际价格，作为计征关税的依据，而不能采用武断的或虚构的估价以提高计征商品价格。然而，一些进口国利用海关估价变相地提高进口商品价格，达到征收高关税，限制进口的目的。为此，世贸组织新达成的《海关估价协议》规定对进口货物的估价主要有以下几种方法：

(1) 海关完税价格应是货物的成交价格。在确定海关估价时，应在进口货物实付或应付的价格中加入除购货佣金外的佣金和经纪费，按有关货物成本对待的容器费用、包装材料和劳务费用等。

(2) 以与被估货物同时或大约同时向同一进口国出口销售的相同货物的成交价格为基础。相同货物是指在所有方面都相同的货物，包括物理性质、质量和信誉。表面上的微小差别可忽略。

(3) 以与被估货物同时或大约同时向同一进口国出口销售的类似货物的成交价格为基础。类似货物是指虽然不是在所有方面都相同，但具有类似特性和类似组成材料，从而能起到同样效用且在商业上可以互换的货物，同时还要考虑货物的品质、信誉和现有的商标等因素。

(4) 扣除法，即以进口货物或相同或类似货物在进口国国内市场的售价为基础，扣除销售佣金、利润、进口国国内发生的运保费以及关税和其他国内税收作为海关完税价格。

(5) 估算价格，它包括生产进口货物的原材料、制造加工费、利润和一般费用，以及影响估价的其他费用，即估算价格是重新计算出来的生产成本和产品费用的最终价格。

(6) 回顾法，即海关估价应使用合理的方法并据进口国现有的资料来确定。

小资料：印度对于进口交易采取歧视性海关估价标准

2001 年发布的估价程序允许海关可以拒绝申报的进口交易值，只要不是在“正常的完全竞争的情况下”或者涉及“低于正常的竞争价格”。由于印度海关估价往往高于进出口交易的成交价，事实上提高了实缴税额，成为控制贸易进口的手段。

印度关税构成主要有基本关税、附加税和教育税

基本关税：是以进口货物到岸价(CIF)为基数计算的从价税。

附加税(又称抵消税)：该税在进口货物的到岸价和基本关税的基础上计算而得，其税率相当于对印度本国出产的相同或相似产品征收的货物税的税率，进口货物的附加税税率分为8%、16%、24%三种。

教育税：征收对象为所有进口商品，以进口货物的关税总值为基数计算而得，统一按2%的税率征收(但不包括保障税、补贴税和反倾销税)。

十一、技术性贸易壁垒(technical barriers to trade TBT)

技术性贸易壁垒又称“技术性贸易措施”或“技术壁垒”，是一国以维护国家安全，或保护人类健康和安全，保护动植物的生命，保护生态环境，或防止欺诈行为，保证产品质量为由，采取一些与其他国家不一致的技术法规、标准、包装、标签、认可和检疫检验制度，对本国市场上的商品实施管理，从而达到限制进口的目的。

技术性贸易壁垒是以国家或地区的技术法规、协议、标准和认证体系(合格评定程序)等形式出现，涉及的内容广泛，涵盖科学技术、卫生、检疫、安全、环保、产品质量和认证等诸多技术性指标体系，运用于国际贸易当中，呈现出灵活多变、名目繁多的规定。由于这类壁垒大量的以技术面目出现，因此常常会披上合法外衣，成为当前国际贸易中最为隐蔽、最难对付的非关税壁垒。中国的许多产品由于苛刻的技术要求而无法进入国际市场。比如，由于中国的海洋环境不断恶化，出口欧盟的贝类产品已达不到所需的卫生标准，被长期排斥在市场外；在植物方面，除河北鸭梨外，龙眼、柑桔、苹果、香蕉等均不能出口到美国。尤为严重的是，一些产品由于不符合卫生检疫要求而被扣留、查封或销毁，出口利润损失惨重。

1. 技术标准

发达国家普遍对制成品的进口规定极为严格、繁琐的技术标准，而且涉及的范围越来越广，进口商品必须符合这些标准才能进口。例如，发达国家对我国中药出口一般要求中药的种植和生产应达到国际公认的中药材生产质量管理规范(GAP)和药品生产质量管理规范(GMP)标准，而我国的GAP标准尚未实施，GMP标准刚刚实施，很多中药尚未达到规范化种植和生产，被迫中断出口。

有些技术标准不仅在条文本身上限制商品进口，而且在实施过程中也为外国产品的销售设置了重重障碍。例如，一些发达国家针对我国中药出口提出了以本国的临床验证资料作为判断药效的依据的要求，这意味着我国中药产品出口面临漫长的临床验

证过程，再加上在国外进行临床实验费用昂贵，我国大部分中药企业只能望而却步，这也使我国中药产品出口困难重重。

2. 卫生检疫规定

卫生检疫标准主要适用于农副产品、食品、药品、化妆品等。现在各国要求卫生检疫的商品越来越多，规定也越来越严。例如，美国规定，进口的食品、饮料、药品及化妆品，必须符合美国《联邦食品、药品及化妆品法》的规定，进口货物通关时，均须经食品药物管理署检验，如发现与规定不符，海关将予以扣留，有权进行销毁，或按规定日期装运再出口。又如，一些发达国家针对我国中药出口出台了有效成分鉴定标准，由于中药理论及研究方法与西药存在较大差异，中药无法像西药那样提供准确的分子结构式进行成分分析，从而影响国外对中药科学性和有效性的判断，也阻碍了我国中药的出口。

3. 商品包装和标签规定

很多国家对在本国市场上销售的商品规定了各种包装和标签条例，内容复杂，手续繁琐，对商品的包装材料、包装方式、甚至罐头、瓶型都有具体的规定。进口商品必须符合这些规定才能进口。许多外国产品为了符合这些规定，不得不重新包装和改换商品标签，因而费时费工，增加商品成本，削弱自身竞争力，影响了商品销路。

小资料：技术性贸易壁垒协议

《技术性贸易壁垒协议》(Agreement on Technical Barriers to Trade)，简称 TBT 协议，是世界贸易组织管辖的一项多边贸易协议，是在关贸总协定东京回合同名协议的基础上修改和补充的。它由前言和 15 条条款及 3 个附件组成。主要条款有：总则、技术法规和标准、符合技术法规和标准、信息和援助、机构、磋商和争端解决、最后条款。协议适用于所有产品，包括工业品和农产品，但涉及卫生与植物卫生措施，由《实施卫生与植物卫生措施协议》进行规范，政府采购实体制定的采购规则不受协议的约束。

十二、绿色壁垒（green barriers）——技术壁垒的新形式

绿色壁垒也称为“绿色贸易壁垒”或“环境性壁垒”，是指在国际贸易活动中，一国以保护生态环境、自然资源和人类健康为由而制定并贯彻实施于产品研制、开发、生产、包装、运输、使用、再循环、再利用等整个经济过程的贸易措施。一般认为，绿色壁垒的兴起是近 20 年的事，但由于绿色壁垒直接或间接关系到环境发展及其保护问题，并且

由于绿色壁垒所倡导的环境保护以及可持续发展的理念，绿色壁垒近年来得到了在世界范围内的迅速传播与推广。同时也使得绿色壁垒越来越成为现代国际贸易保护主义最重要的方式与手段。

绿色壁垒的产生有着及其深刻的经济社会背景。近 10 多年来，全球环境日益恶化，气候变暖、臭氧层损耗、温室效应、越界空气污染、水污染、食品污染、海洋污染、有毒有害与危险品处理以及包括沙漠化等造成的土地资源退化、森林破坏、酸雨、物种灭绝等，使人类社会面临日益严重的生态环境的破坏。由此，环境保护主义成为当代最主流的趋势之一。

1972 年 6 月 5 日至 16 日，在瑞典的斯德哥尔摩召开了联合国人类环境会议，会议制定了包括 26 条原则的《人类环境宣言》和包括 100 项建议的《人类环境行动计划》。1973 年 1 月，联合国环境规划署（UNKP）成立，并以此为中心设立了联合国环境规划理事会和环境基金会，同时决定每年的 6 月 5 日为“世界环境日”。1987 年，联合国大会批准成立了世界环境与发展委员会，发表《我们共同的未来》的报告，提出了“可持续发展”的概念。1991 年 6 月，由中国政府发起组织的“发展中国家环境与发展部长级会议”在北京召开，大会发表了《北京宣言》。1992 年 6 月，在巴西里约热内卢召开的世界环境与发展会议，发表《里约热内卢宣言》，并签署了《世界环境保护公约》。环境与贸易问题随即成为全球瞩目的焦点。

1995 年，世界贸易组织专门成立了贸易与环境委员会。1998 年 11 月，在美国西雅图举行的世贸组织第三届部长级会议上，环境问题被正式提上了大会的议事议程。自此以后，联合国、世界贸易组织以及其他的一系列国际性组织，纷纷将环境问题作为最主要和最重要的工作内容，制定相关的文件与规定。截至目前为止，国际社会已经制定了 150 多个与环境及环境问题直接或间接相关的保护法律、法规、制度、公约等。绿色理念日益成为当代国际社会最普遍的理念。

在这样的形势下，世界各国纷纷制定有关环境与环境保护及其发展问题的法律、法令、法规以及各项规章制度以保护环境实现可持续发展。

从理论上说，环境保护无可非议，有关环境与生态问题的法律、法令、法规及其规章制度也具有合法性。另外，环境保护主义所倡导的环境保护、生态和谐、再循环、再利用、可持续发展等理念，也完全符合国际共同利益和各国自身利益。然而问题在于，一些发达国家凭借自身在环保技术方面的领先地位，通过制定十分严格、苛刻的规章制度和环境标准，借此达到贸易保护的目的，将环境问题作为新的贸易壁垒而加以运用。因此，环境壁垒是一种形式壁垒、程序壁垒。

绿色壁垒的主要措施有：

（1）绿色关税和市场准入。绿色关税是一种附加关税，是指对造成污染、环境破坏、影响生态平衡的产品课以进口附加税，以限制、禁止其进口。在极端情况下，甚至可以通过运用惩罚性关税对相关出口方实施贸易制裁。

（2）绿色技术标准。绿色技术标准也就是所谓的环保技术标准，是指针对产品生产过程中有关环境保护的技术体系、技术要求、技术参数、技术认证等。目前，广泛运用的技术标准包括《欧盟生态纺织品技术标准》等。只有当进口商品符合或达到了规定的技术标准，才准予进口，否则，限制或禁止其进口。目前，在国际经济中广泛被加以运用的 ISO18000、ISO14000 体系等，都对有关产品生产的环境技术标准作出了明确的规定。

（3）绿色环境标志。绿色环境标志也称为“生态标志”，它由政府管理部门或民间团体或政府授权的权威机构，按照严格的程序和环境标准颁发给厂商，附印于产品及包装上，向消费者表明该产品环境信息的一系列文字、图案、图形、数字等的组合。它被认为是现代国际贸易中的“绿色通行证”。

（4）绿色认证制度。所谓“绿色认证”是指由政府管理部门（主要是环保部门）、权威机构或由政府授权的机构按一定程序和要求，对符合或达到了规定的环保技术标准的企业及其产品所授予的环保标志。通过绿色认证的企业及其产品因符合或达到了规定的环保技术标准而在国际贸易中可以免除必要的进口检验程序。目前，许多国家尤其是发达国家，通过立法或制定强制性规定，要求进口产品必须通过规定的环保认证。目前，绿色认证越来越成为一种趋势，其认证范围涉及国际贸易广泛的领域，覆盖了包括工业制成品、初级产品、农产品在内的大多数产品。发展中国家因为生产的技术基础、工艺过程及其管理因素的约束，多数产品尚未通过绿色认证，其产品在国际贸易中因此而遭遇绿色壁垒的可能性也较大。

（5）绿色包装制度。绿色包装是指节约资源、减少废弃物以及再回收再利用的包装。绿色包装目前在发达国家十分流行。这些国家通过立法或制定强制性制度，要求某些特定产品包装必须符合或达到所规定的环保包装标准，才准予进口，否则限制或禁止其进口。

（6）卫生检验检疫制度。为了环境和生态资源不受危害，确保人类和动植物资源免受污染以及毒素、微生物、添加剂等有毒有害物质的影响，许多国家特别是发达国家都制定了严格的有关进口产品的卫生检验与检疫制度。这些检验检疫过程十分复杂、程序繁琐、技术标准严格、检验检疫方法细致多样，因此在一定意义上，检验检疫制度成为了许多产品的通关障碍。正是在这样的意义上，卫生检验检疫制度成为了被加以任意运用的贸易壁垒。

（7）绿色反补贴。发展中国家因为生产的技术基础、工艺过程以及技术管理的落后，其生产过程中的环境成本相对较高，而多数企业的环境治理机制不健全，环境治理投入较低。为此，政府对企业给予一定的环境治理与环境保护补贴，以提高企业环境治理的能力与效率。这就是所谓的“环境补贴”。但是，发达国家却借此环境补贴违反了世贸组织的补贴原则而对发展中国家提起环境补贴诉讼，这就是“环境反补贴”或称之为“绿色反补贴”，以此限制或禁止自发展中国家相关产品的进口。

小资料：顺德家具出口重镇　六成企业遭遇“绿色壁垒”

顺德检验检疫部门近日在对出口欧盟家具企业的调查中发现，很多客商要求出口企业必须拥有FSC森林认证。以勒流镇为例，60%以上的被调查企业表示欧洲客商要求其提供相关资质证明。

森林管理委员会(FSC)是一个独立的、非政府、非营利性国际组织。FSC认证是目前国际上流行的生态环保认证，被视为进军国际市场的“通行证”，它包括森林管理认证和林产品产销监管链认证(COC)，后者主要适合包括家具企业在内的直接或间接以木材为原料的加工企业。

在绿色和低碳经济越来越受重视的今天，欧盟等地一些大公司为了树立公司的绿色形象，迎合消费者环保消费心态，均表示要购买或者销售有FSC森林认证的产品。今年以来，绝大部分欧盟客商均要求中国企业提供该认证。

虽然FSC森林认证在国际上受到越来越高的重视，但是就顺德家具出口企业而言，真正将它放在心上的并不多。顺德区检验检疫局的调查显示，勒流镇30%以上的企业未关注此认证，超过60%的企业收到了森林认证要求，但也未对此引起特别关注。仅有5%的企业表示已经重视认证对企业出口的影响，争取尽快获得FSC相关认证。

“家具行业办理FSC认证的企业确实不是很多。”为企业提供FSC森林认证帮助的广州市悦信企业管理有限公司市场部经理周楚峰告诉《每日经济新闻》记者，很多中小家具出口企业对通过此认证缺乏主动性，“只有当客商要求做了才会被动去做”。深圳市标准技术研究院技术性贸易措施研究所副所长李猛告诉记者，一方面，不少企业没有认识到获得FSC认证的重要性；另一方面，办理认证耗时耗资，企业不愿去涉及。

作为国际市场的通行证，获得该认证是未来家具企业发展的一种趋势。但为获得该认证需要付出的代价也比较大。据周楚峰介绍，由于此认证要求从森林到木材加工等整个产业链都要获得认证，需要较高的协调度。这也意味着，如果上游环节没有获得认证，即使家具企业获得认证的话，最终仍然无法过关。在此种情况下，要么购买价格更高的经FSC认证的进口木材，要么替原料经营地的森林单位支付认证费用，成本无疑会因此而增加。

十三、知识产权保护——技术壁垒的特殊形式

知识产权保护是人类知识劳动成果的保护。保护知识产权是世贸组织的基本任务之一,也是当前国际贸易领域最主要和最重要的议题之一。近年来,更严格的知识产权保护已成为许多国家尤其是发达国家对抗发展中国家的主要贸易壁垒。

知识产权保护涉及广泛的贸易领域,包括专利、商标、版权以及不正当竞争等。对于知识产权的意义,一部分学者强调其垄断带来的垄断利润,一部分学者则强调其付出的代价。由此可见,知识产权的保护不同于其他形式的技术壁垒,在交易双方技术水平和经济实力差异较大时,它所保护的对象往往是技术商品出口国。以中美知识产权纠纷而言,中国若按照美方所提出的知识产权保护要求对其出口到中国的商品进行彻底的保护,实际是保护了美国的利益,促进了美国商品在中国市场上的垄断。对中国而言则是对本国的经济发展设置了障碍,阻碍了中国国内的技术发展与创新。因此,知识产权可以被认为一种特殊的技术壁垒。对发展中国家而言,它不是进口国对出口国设置的障碍,而恰恰是给进口国自身所设置的障碍。作为发展中国家,在发展过程中对发达国家的先进技术的模仿与学习是一个不可避免的手段,只有通过模仿与学习才能从中吸收发达国家的先进技术,并与本国低廉的劳动力资源相结合,增强产品的比较优势和国家竞争力,从而不断缩短与发达国家的差距。因此,发展中国家在保护知识产权的法律制定问题上,往往是有所顾忌的,而发达国家总是希望能够通过严格的知识产权保护为其打开发展中国家市场,甚至造成垄断的结果。这也是发展中国家与发达国家近年来不断发生贸易摩擦的原因之一。

有关知识产权保护的法律、法规的制定与运用,对于进口国来说是谨慎的,因为它阻碍了本国的经济发展与技术模仿与学习,实际上是对本国商品制造的技术壁垒。但是,从另一方面来说,知识产权保护又是必须的,因此,如何在保护的前提下,最大限度地消除因为这种保护而形成的不利影响,是发展中国家知识产权保护问题自始至终需要加以研究和解决的问题。

第三节　非关税壁垒对国际贸易的影响

一、对世界贸易的影响

(一) 对国际贸易发展的影响

事实证明,非关税壁垒对国际贸易的发展起重大的阻碍作用。在其他条件不变的情况下,世界性的非关税壁垒加强的程度与国际贸易增长的速度成反比关系。当非关税壁垒趋向加强,一国进口商品的数量将会减少;由于国家间相互作用、相互影响的关

系，国际贸易的发展速度将趋向下降；反之，当非关税壁垒趋向缓和或逐渐拆除，国际贸易的发展速度将趋向加快。第二次世界大战后的50年代到60年代初，在关税大幅度下降的同时，发达资本主义国家还大幅度地放宽和取消了进口数量限制等非关税措施，因而在一定程度上促进了国际贸易的发展。从1950年到1973年间，世界贸易量年平均增长率达到7.2%。但从20世纪70年代中期以后，非关税壁垒进一步加强，形形色色的非关税壁垒措施层出不穷，形成了一个以直接进口数量限制为主干的非关税壁垒网，严重地阻碍着国际贸易的发展。1973—1989年，世界贸易量年平均增长率仅为4.5%，1980—1985年降为3%左右。

（二）对国际贸易商品结构和地理方向的影响

非关税壁垒在一定程度上影响国际贸易商品结构和地理方向的变化。自二次大战至20世纪70年代中期以来，不断加强的非关税壁垒对农产品贸易的影响程度超过技术密集型产品贸易，发展中国家对外贸易受到发达资本主义国家的影响程度超过发达资本主义国家之间的贸易。这些差异决定了国际商品的结构和地理方向的变化，阻碍和损害了发展中国家和社会主义国家的对外贸易的发展。同时，发达资本主义国家之间以及不同的经济集团之间加强非关税壁垒措施，限制商品的进口，也加剧了他们之间的贸易磨擦和冲突。

二、对进口国的影响

非关税壁垒像关税壁垒一样，起到限制进口、保护本国市场和生产的作用。由于进口商品的供应量减少，在其他条件不变的情况下，将引起进口商品价格的上涨，国内相同产品的价格也将随之提高。

通过进口数量限制等措施导致进口商品价格上涨，在一定条件下，对本国有关产品的生产和发展，增强产品竞争力起到一定的作用。但是，由于国内价格上涨，使得进口国消费者支出增加，蒙受损失。而有关厂商，特别是垄断组织却从中获得高额利润。同时由于国内市场价格上涨，其出口商品成本和价格也相应提高，削弱了出口商品的竞争能力。为了扩大出口，资本主义国家采取了出口补贴等措施来鼓励出口，增加了国家预算支出，加重了人民的税赋负担。

三、对出口国的影响

一般来说，进口国加强非关税壁垒，特别是实行直接的进口数量限制，固定了进口数量，致使出口国商品的出口数量和价格受到严重的影响，造成出口商品增长率下降，出口数量减少，出口价格下跌。由于各出口国经济结构和出口商品结构不同，其出口商品受到非关税壁垒措施的影响也不同。

本章小结

本章主要介绍了非关税壁垒的相关知识，主要内容如下：

1. 非关税壁垒的特点是：灵活性、有效性、隐蔽性、歧视性。

2. 非关税壁垒措施种类繁多，涉及面较广，常常牵涉到各国国内经济政策和对外政策。各国政府所采取的非关税壁垒措施主要有：进口配额制、进口许可证制、"自动"出口限额制、外汇管制、对进口货征收国内税以及技术壁垒等。

3. 非关税壁垒对国际贸易的发展起重大的阻碍作用；非关税壁垒在一定程度上影响国际贸易商品结构和地理方向的变化；非关税壁垒像关税壁垒一样，起到限制进口、保护本国市场和生产的作用。

阅读材料

1. 欧盟 CR 法案

CR 法案即"儿童保护法"，简称 CR(Child Resistance Law)，指的是在打火机的销售中，普及率高的打火机必须加装安全锁装置，以防止儿童玩耍。

资料来源：http://www.customs.gov.cn/publish/portalo/tab7973/info65607.htm

2. REACH 法规

REACH 是 registration，evaluation，authorization and restriction of chemicals(化学品注册、评估、许可和限制)的简称，是欧盟对进入其市场的所有化学品进行预防性管理的法规。已于 2007 年 6 月 1 日正式实施。REACH 法规的主要内容有：

注册(registration)，年产量或进口量超过 1 吨的所有化学物质需要注册，年产量或进口量 10 吨以上的化学物质还应提交化学安全报告。

评估(evaluation)，包括档案评估和物质评估。档案评估是核查企业提交注册卷宗的完整性和一致性。物质评估是指确认化学物质危害人体健康与环境的风险性。

许可(authorization)，对具有一定危险特性并引起人们高度重视的化学物质的生产和进口进行授权，包括 CMR，PBT，VPVB 等。

限制(restriction)，如果认为某种物质或其配置品、制品的制造、投放市场或使用导致对人类健康和环境的风险不能被充分控制，将限制其在欧盟境内生产或进口。

资料来源：http://baike.baidu.com/view/1446589.htm

3. GMP 认证

GMP 是英文 good manufacturing practice 的缩写，中文的意思是"药品生产质量管理规范"，是一种特别注重制造过程中产品质量与卫生安全的自主性管理制度。它是一套适用于制药、食品等行业的强制性标准，要求企业从原料、人员、设施设备、生产过程、包装运输、质量控制等方面按国家有关法规达到卫生质量要求，形成一套可操作的作业规范，帮助企业改善卫生环境，及时发现生产过程中存在的问题并加以改善。

资料来源：http://baike.baidu.com/view/128047.htm

复习思考题

1. 非关税壁垒有哪些特点？
2. 进口配额税的主要类型有哪些？
3. 简述“自动”出口配额制和进口配额制的区别。
4. 简述各国设置非关税壁垒的目的。
5. 简述非关税壁垒对世界贸易的影响。

第八章

鼓励出口与出口管制的措施

学习目标

知识目标：掌握鼓励出口各种措施的含义及具体规定要求，懂得出口管制的概念及内容方式。

技能目标：能够理解当前各国包括我国主要推行的鼓励出口贸易政策措施，并为企业出口贸易工作提出建议。

篇前案例

国家出口退税率连续调整

据国家税务总局统计，2009 年全国共办理出口退(免)税 6 487 亿元，同比增加 621 亿元，增长 10.6%。其中，出口大省广东、江苏分别办理出口退(免)税 1 465.52 亿元、1 141.25 亿元，分别增长 7%和 15.8%。

据海关统计，我国连续上调出口退税率所涉及的商品在 2009 年合计出口 6 760.2 亿美元，占我国出口总值的 56.3%，同比下降 16.4%。其中，主要劳动密集型产品出口降幅均小于同期总体出口降幅 16%的水平。2009 年，我国服装出口 1 070.5 亿美元，下降 11%；纺织品出口 599.7 亿美元，下降 8.4%；鞋类出口 280.2 亿美元，下降 5.7%；家具出口 253.3 亿美元，下降 6%；机电产品出口 7 131.1 亿美元，下降 13.4%。

2008 年下半年以来，我国先后 7 次上调部分纺织品、服装、玩具、家具和高附加值产品出口退税率。其中，2009 年就有 4 次上调。在上调出口退税率的基础上，为应对国际金融危机对我国实体经济及外贸出口的影响，国家税务总局于 2009 年初出台了《关于应对国际金融危机做好出口退税工作的通知》，要求各地税务部门认真落实国家提高出口退税率政策，进一步提高出口退税工作效率，加快出口退税进度，积极研究优化出口退税流程，加强出口退税管理，严防骗取出口退税案件的发生。

思考：

1. 国家为什么要上调出口退税率？

2. 上调出口退税率对我国的对外贸易会产生怎样的影响?

第一节 鼓励出口措施

鼓励出口措施是指出口国家的政府通过经济、行政和组织等方面的措施,促进本国商品的出口,开拓和扩大国外市场。各国在制定和实施对外贸易政策时,除了利用关税和非关税措施限制进口外,还采取各种鼓励出口的措施扩大商品的出口。各国鼓励出口的政策各异,涉及经济、政治和法律等方面,归纳起来主要有以下几种:

一、出口信贷(export credit)

(一) 出口信贷的概念

出口信贷是一个国家的银行为了鼓励商品出口,加强商品的竞争能力,对本国出口厂商或外国进口厂商及其银行提供的贷款。这是一国的出口厂商利用本国银行的贷款扩大商品出口的一种重要手段,特别是金额较大、期限较长,如成套设备、船舶等的出口。出口信贷利率一般低于相同条件资金贷放的市场利率,利差由国家补贴,并与国家信贷担保相结合。

(二) 出口信贷的分类

1. 出口信贷按时间长短可分为短期信贷、中期信贷和长期信贷

(1) 短期信贷(short-term credit)。通常指180天以内的信贷,有的国家规定信贷期限为一年,适用于原料、消费品及小型机器设备的出口。

(2) 中期信贷(medium-term credit)。通常指为期1至5年,用于中型机器设备的出口。

(3) 长期信贷(long-term credit)。通常是5至10年,甚至更长时期的信贷,用于重型机器、成套设备的出口等。

2. 出口信贷按借贷关系可分为卖方信贷和买方信贷

(1) 卖方信贷(supplier's credit)。它是出口方银行向本国出口厂商即卖方提供的贷款。这种贷款协议由出口厂商与银行之间签订。卖方信贷通常用于机器设备、船舶等的出口。由于这些商品出口所需的资金较大、时间较长,进口厂商一般都要求采用延期付款的办法。出口厂商为了加速资金周转,往往需要取得银行的贷款。出口厂商付给银行的利息、费用有的包括在货价内,有的在货价外另加,并转嫁给进口厂商负担。因此,卖方信贷是银行直接资助本国出口厂商向外国进口厂商提供延期付款,以促进商品出口的一种方式。

卖方信贷流程如图8-1所示。

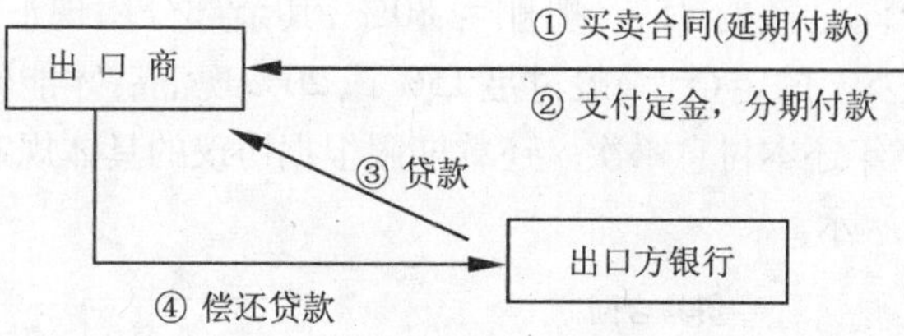

图 8-1

① 出口商以延期付款或赊销方式向进口商出售大型机械装备或成套设备,双方签订合同。

② 进口商先支付 10% ~20% 的定金,在分批交货验收和保证期满后,再分期付给 10% ~15% 的货款,其余 65% ~80% 的货款在全部交货后若干年内分期偿还,并付给延期付款期间的利息。

③ 出口商向其所在地的银行商借贷款,签订贷款协议,以融通资金。

④ 进口商随同利息分期偿还出口商货款后,根据贷款协议,出口商用以偿还银行贷款。

卖方信贷的优点在于手续简单方便,仅涉及三方,即本国出口商、国外进口商和本国专门银行。不足之处是:产品的出口报价较高,其中包含了商业利润、银行利息、手续费、附加费,以出口信贷方式出口产品的报价比用现汇方式出口产品的报价要高;进口厂商较难了解货物的真正价格,因为出口厂商将上述的款项混在了一起。

(2) 买方信贷(buyer' s credit)。它是出口方银行直接向外国的进口厂商(即买方)或进口方的银行提供的贷款,其附带条件就是贷款必须用于购买债权国的商品,因而起到促进商品出口的作用,这就是所谓的约束性贷款。

买方信贷有两种具体形式:一种是直接贷款给外国的进口商。向进口商提供的贷款一般要有进口方银行的担保。即进出口商双方签订贸易合同后,由出口方银行向进口商提供贷款,这种贷款是以上述进出口贸易合同为依据的。进口商用其获得的贷款以现汇付款条件向出口方支付货款,并按协议分期偿还银行贷款。另一种是贷款给外国的进口方银行。这种方式是进口方银行取得贷款后,转贷给进口商,进口商以现汇支付给出口商,进口方银行根据贷款协议分期向出口商银行偿还贷款本息。进口商和进口方银行的债权债务按双方商定的办法在国内清偿结算。

买方信贷的资金使用、贷款金额和贷款偿还均须受到约束。买方信贷资金仅限于向贷款国的出口商,或在该国注册的外国出口公司进行支付,不得用于第三国,这是因为贷款利率低,政府补贴利差,扩大出口的实惠不能被他国所得。此外买方信贷的资金使用仅限于进口资本货物,如单机、成套设备和有关技术和劳务等,一般不能用于进口原材料和消费品。进口的资本货物仅限于贷款国制造,如由多国制造,贷款国部件应占

50%。买方信贷只提供贸易合同金额的85%，船舶为80%，其余部分用现汇支付。贸易合同签订或生效至少要先付5%的定金，一般付足15%或20%现汇后才能使用贷款。买方信贷都是分期偿还，一般半年还本付息一次。还款期限根据协议的具体规定执行。

买方信贷的程序如图8-2所示。

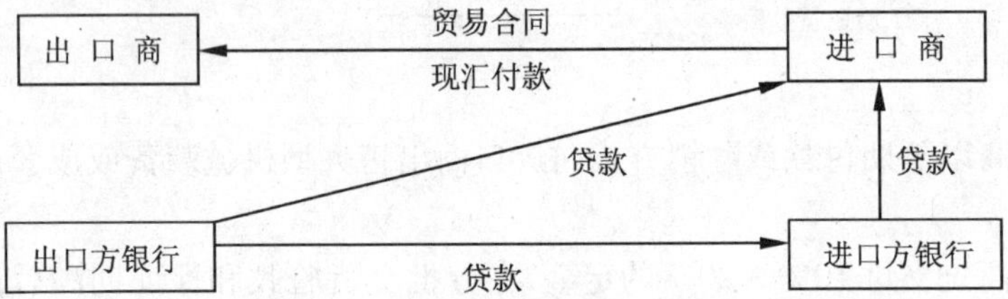

图8-2

向进口商直接贷款：

① 进出口商洽谈贸易，签订合同后，由进口商先支付相当于交易金额15%的现汇定金，可在合同生效日支付，也可在合同签订后的60天或90天支付。

② 由进口商与出口方银行或出口信贷机构签订贷款协议，该协议以上述贸易合同为基础。

③ 进口商用贷款，以现汇支付出口商货款。

④ 进口商根据贷款协议的规定，分期偿还贷款，并支付相应的利息。

向进口方银行贷款：

① 进出口商洽谈贸易，签订合同后，由进口商先支付交易金额15%的现汇定金。

② 由进口方银行与出口方银行或出口信贷机构签订贷款协议，该协议虽以前述贸易协议为基础，但也具有相对独立性。

③ 进口方银行将其借得的款项再贷放给进口商。

④ 进口商以取得的贷款支付进口货物的货款。

⑤ 进口方银行按贷款协议的规定，分期偿还贷款并支付相应的利息，而进口方银行和进口商则根据双方商订的办法在国内清偿结算。

思考：买方信贷和卖方信贷有何不同？

（三）出口信贷的其他形式

1. 混合贷款

混合贷款是指为满足某一项大型设备出口需要，将政府贷款（或赠款）与买方信贷（或卖方信贷）混合在一起发放的融资方式。政府贷款（或赠款）利率比一般出口信贷利率更低，甚至没有利息，条件更优惠，更有利于提高贷款国资本货物、技术和劳务等在国际市场的竞争力，促进该国商品的出口。混合贷款带有援助性质，多用于双边合作项目。

2. 信用安排限额

信用安排限额的主要特点是出口商所在地的银行为了扩大本国一般消费品或基础工程的出口,给与进口商所在地的银行以中期融资便利,并与进口商所在地银行配合,组织较小金额业务的成交。信用安排限额主要有两种形式:

(1) 一般用途信用限额,也叫购物篮信用。在这种形式下,出口商所在地银行向进口商所在地银行提供一定的贷款限额,以满足对方许多彼此无直接关系的进口商购买该出口国消费品的资金需要。这些消费品是由出口国众多彼此无直接关系的出口商提供的,出口国银行与进口国银行常常相互配合,促成成交。在双方银行的总信贷限额下,双方银行采取中期贷款的方式,再逐个安排金额较小的信贷合同,给进口商以资金融通,以便向出口商支付,较小的信贷合同偿还期限为2~5年。

(2) 项目信用限额。在这种形式下,出口国银行向进口国银行提供一定贷款限额,以满足进口国厂商购买出口国基础设备或基础工程建设的资金需要。这些设备和工程往往由几个出口商共同负责。项目信用限额与一般信用限额的条件和程序相似,不过借款主要用于购买工程设备。

3. 签订存款协议

出口商所在地银行在进口商银行开立账户,在一定期限之内存放一定金额的存款,并在期满之前要保持约定的最低额度,以供进口商在出口国购买设备之用,这也是出口信贷的一种形式。

二、出口信贷国家担保制(export credit guarantee system)

一些国家的出口商,为了多做买卖,有时不是卖货后立即要求付款,而是允许外国买方内销商品,在一定时期以后,再付款。外国买方到期不付款,出口商便要受到损失。出口信贷国家担保制是国家为了扩大出口,对本国出口商或商业银行向国外进口商或银行提供的信贷,由国家设立的专门机构出面担保。当国外债务人拒绝付款时,这个国家机构即按照承保的数额给予补偿。如英国的出口担保局、美国的进出口银行、日本的输出入银行和法国的对外贸易银行等。中国进出口银行,除办理出口信贷业务外,也办理出口信用保险和信贷担保业务。出口信贷国家担保是国家替出口商承担风险,是扩大出口和争夺国外市场的一个重要手段。

小资料:北京市政府与中国出口信用保险公司签署战略合作协议

当前金融危机下,出口企业大都担心收不回海外交易的货款,造成“有订单不敢接”“有订单无力接”的状况。据悉,2009年北京的出口订单下降了16.6%。北京政府将“鼓励、引导企业多利用政策性出口信用保险，解决进出口贸易问题和融资”。而中国出口信用保险公司是国家唯一承办政策性信用保险业务的金融机构，资金来源由国家财政预算安排，主要任务就是通过出口信用保险，帮企业开拓国际市场。

出口企业如遇到海外买家拖欠货款，最高可获90%的损失赔偿。北京市政府已与中国出口信用保险公司签署战略合作协议，北京的出口企业可利用政策性出口信用保险来降低出口海外的风险。

按此协议，北京的出口企业将通过政策性出口信用保险，可获得向多家银行融资的便利；如遇海外买家拖欠货款、破产、无力偿付债务、拒收货物等，可获得最高90%的损失赔偿。出口信用保险是国际通行的促进措施，可帮企业扩大出口。2009年，北京的承保规模为45亿美元，是2008年的2.5倍。

三、出口补贴(export subsidies)

(一) 出口补贴的定义

出口补贴又称“出口津贴”，是指一国的出口厂商在出口某些商品时可以从本国政府取得的现金补贴或财政上的优惠待遇。其目的在于支持出口厂商降低出口商品的价格，加强其在国际市场上的竞争能力，扩大出口。

(二) 出口补贴的分类

(1) 直接补贴(direct subsidies)。直接补贴是指出口某种商品时，直接付给出口商的现金补贴。直接补贴的办法包括价格补贴和收入补贴。例如，韩国在20世纪60年代初就制定过非常具体的补贴标准。出口补贴共分四等：特等的标准是每美元25韩元，一等为20韩元，二等为15韩元，三等为10韩元。另外，中国的外贸企业在改革之前都是国有国营的，出口的亏损也都由政府承担。

小资料：什么产品使用出口补贴最多?

从数量上看，出口补贴最多的产品是粮食；从价值上看，出口补贴最多的产品是牛肉和奶产品；从实际补贴数量上看，单项最大补贴产品是小麦和面粉以及粗粮，年均实际补贴量都在1 000万吨以上。以下实际补贴较多(100万吨以上)的产品依次为：水果和蔬菜、糖、其他奶产品、牛肉。

以欧盟为例，补贴价值最大的单项产品是牛肉，占实际补贴支出的22%。分类支出：奶类占40%，牛肉占22%，粮食占13%，糖占12%，加工品占11%。美国传统的出口补贴主要用于小麦、粗粮和奶类。1995—1998年，95%的支出用于奶类(78%补贴脱脂奶粉)，其余用于禽肉。

(2) 间接补贴(indirect subsidies)。间接补贴是指政府对某些出口商品给予财政上的优惠。例如，退还或减免出口商所缴纳的销售税、消费税、所得税等国内税；对进口原料或半制成品加工再出口给予暂时免税或退还已缴纳的进口税；免征出口税；对出口商实行延期付税、减低运费、提供低息贷款，以及对企业开拓国际市场提供补贴等。其目的仍然在于降低出口商品价格，以有效地开拓国际市场。

应当指出的是，由于各国都执行奖出限入的政策，纷纷采取形形色色的补贴措施以促进本国产品出口，而进口国政府往往采用征收反补贴税的手段来抵制和消除补贴行为对进口国有关产业的不利影响，因此补贴与反补贴已成为当今国际经济贸易关系中的一个突出问题。

小资料：中国出口退税的政策

出口退税是指国家为帮助出口企业降低成本，增强出口产品在国际市场上的竞争力，鼓励出口创汇而实行的由国内税务机关退还出口商品国内环节增值税的措施。中国的出口退税开始于1985年。当年的增值税率和出口退税率分别为：煤炭和农产品征5%~7%，退3%；工业品征13%，退10%；其他征17%，退14%。

中国出口退税的管理主要包含以下内容：

出口企业的退税登记。凡经批准有外贸经营权的企业，以及实行独立核算的企业单位，均应持工商管理营业执照，填写“出口企业退税登记表”，向所在地主管退税业务的税务机关办理出口企业退税登记。

出口产品的退税鉴定。凡经营出口产品的企业，均应填写出口产品退税鉴定表，报经所在地主管出口退税的税务机关审核批准后执行。如果出口企业的贸易性质、经营方式和品种有变更，应在变更后的30天内申报修订退税鉴定。当出口企业在接到税务机关通知出口产品退税的税种、税目、税率、计退税依据及有关退税政策调整时，也应在30日内重新修订产品出口退税鉴定，报经税务机关审核批准后执行。

出口退税的凭证和范围。出口企业向税务机关申请退税，需提供“两单两票”，即海关盖有验证章的出口货物报关单、出口退税专用报关单、银行的结汇凭证商业发票和经外汇管理局盖章的外汇核销单出口退税专用联。出口企业如果是外贸公司，还需提供出口产品收购的增值税发票和出口退税专用缴款书。

申请出口退税必须具备规定的条件。在规定的期限内有权申请出口退税的范围包括：有出口经营权的企业出口货物，生产企业委托有外贸经营权的企业出口自产产品。

四、商品倾销（dumping of goods）

商品倾销是指商品以明显低于正常价格的价格，在国外市场上大量抛售，以打击竞争对手，占领或巩固国外市场。根据世贸组织反倾销协议的规定，如果符合以下任何一条，则可以被确定是倾销行为：① 低于相同产品在出口国正常情况下用于国内消费时的可比价格；② 如果没有这种国内价格，则低于相同产品在正常贸易下向第三国出口的最高可比价格；③ 低于产品在原产国的生产成本加上合理的管理费、销售费、运输费等费用和利润。商品倾销通常是由私人垄断企业进行，但是随着国家垄断资本主义的发展，一些国家设立专门机构对外进行商品倾销。例如，美国政府设立商品信贷公司，以高价在国内收购农产品，而按照比国内价格低一半的价格在国外倾销农产品。

商品倾销可分为三种：

（1）偶然性倾销。这是指出口厂商偶然地向国外市场低价抛售积压剩余货物或换季产品的活动。由于这种倾销对进口国的同类产业的不利影响一般不会产生，所以不太会遭遇反倾销。

（2）间歇性或掠夺性倾销。这是指出口厂商为了从进口国的竞争对手手中掠夺市场份额，赚取高额利润，以低于售价甚至是低于成本的价格击垮竞争对手的活动。这种倾销带来的损失由出口商占领市场后的提价来弥补。

（3）持续性倾销。这是指出口厂商长期以低于国内的价格，但高于边际成本的手段低价向国外市场抛售商品的活动。

思考：出口厂商如何补偿商品倾销带来的损失？

五、外汇倾销（exchange dumping）

外汇倾销是出口国或出口商利用本国货币对外贬值，以争夺国外市场的一种特殊手段。当一国货币贬值后，出口商品以外国货币表示的价格降低，从而提高了竞争力，有利于扩大出口。一个国家的货币贬值后，进口商品的价格就会上涨，从而又起到限制进口的作用。但是，倾销要达到扩大出口的目的，必须具备两个条件：① 本国货币对外贬值的幅度大于国内物价上涨的幅度。本国货币对外贬值，由此带动国内物价普遍上涨，当出口商品价格上涨幅度超过货币对外贬值幅度时，外汇倾销的条件也不存在了。但国内物价上涨却有一个时滞，因此外汇倾销必须在国内价格尚未上涨或上涨幅度小于货币贬值幅度的前提下进行。② 其他国家不同时实行同等程度的货币贬值和采取其他报复性措施。如果其他国家也实行同幅度的贬值，那么两国货币贬值幅度就相互抵消，汇价仍处于贬值前的水平，而得不到货币对外贬值的利益。如果外国采取提高关税等其他限制进口的报复性措施，也会起到抵消的作用。

小资料：美欲改变策略强迫人民币升值

美国财长盖特纳2010年10月7日表示，过去美国争取通过双边努力解决人民币汇率问题的尝试已经失败，现在美国将改变策略，加强多边努力，敦促中国加快汇率政策调整的速度。对此，美国业界的反应不一。

美国媒体的报道称，盖特纳在华盛顿智库布鲁金斯学会谈到人民币汇率问题的时候语气跟以往明显不同。他称汇率问题是“世界经济面临的中心和现实的挑战”。盖特纳在讲话中坦率地承认，通过双边外交方式解决人民币汇率问题的努力失败，并声称美国将加大多边努力，寻求通过多边途径继续推动汇率问题的解决。

盖特纳表示，计划在即将举行的20国集团财长会议将会讨论汇率问题。盖特纳还向国际货币基金组织发出最后通牒，威胁如果它不能够对中国汇率问题采取更为有效的立场，就有可能失去美国在一系列议题上对该组织的支持。

美国政府对人民币汇率问题策略的转变在美国业界引起不同的反应。美国公平货币联盟认为，外交途径早就失败了，改换策略是唯一的选择。但是，美中贸易全国委员会持不同的看法。该委员会的副总裁恩尼斯女士说，双边方式虽然没有取得美国希望的那样大的进展，但还是有一定的进展的。人民币在2005年到2008年之间升值20%。遗憾的是美国的贸易赤字并没有因此而下降，反而继续上涨。

恩尼斯对多边途径的有效性表示怀疑。她说：“多边途径进展之慢实在是匪夷所思，很难通过多边途径达到短期目标”，“通过立法等手段迫使人民币升值不会对美国的贸易赤字和就业产生什么影响”。恩尼斯的看法是，多边也好，双边也好，只是策略问题。美国国会和行政部门应当关注的是敦促人民币升值是不是能够达到美国的目的——降低贸易赤字和增加就业。

六、鼓励出口的行政组织措施

（一）成立专门组织，研究和制定出口战略，扩大出口

为了研究与制定出口战略，扩大出口，美国在1960年成立了“扩大出口全国委员会”，其任务就是向美国总统和商务部长提供有关改进鼓励出口的各项措施的建议和资料。1978年又成立了出口委员会和跨部门的出口扩张委员会，附属于总统国际政策委员会。为了进一步加强外贸机构的职能，集中统一领导，1979年5月成立了总统贸易委员会，负责领导美国对外贸易工作。此外，还成立了一个贸易政策委员会，专门定期讨论、制定对外贸易政策与措施。欧洲国家和日本为了扩大出口都成立了类似组织。

（二）建立商业情报网，加强商业情报的服务工作

为加强商业情报的服务工作，许多国家都设立了官方的商业情报机构，在海外设立商情网，负责向出口厂商提供所需的情报。例如，英国设立出口情报服务处，装备有计算机情报收集与传递系统。情报由英国220个驻外商务机构提供，由计算机进行分析，分成近5 000种商品和200个地区或国别市场情况资料，供有关出口厂商使用，以促进商品出口。

（三）组织贸易中心和贸易展览会

贸易中心是永久性的设施，在贸易中心内提供陈列展览场所、办公地点和咨询服务等。贸易展览会是流动性的展出，许多国家都十分重视这项工作。有些国家一年组织15～20次国外展出，费用由政府补贴。例如，意大利对外贸易协会对它发起的展出支付80%的费用，对参加其他国际贸易展览会的公司也给予其费用30%～35%的补贴。

（四）组织贸易代表团和接待来访

许多国家为了发展对外贸易，经常组织贸易代表团出访，其出国的费用大部分由政府补贴。例如，加拿大政府组织的代表团出访，政府支付大部分费用。许多国家设立专门机构接待来访团体。例如，英国海外贸易委员会设有接待处，专门接待官方代表团和协助公司、社会团体接待来访的工商界人士，从事贸易活动。

（五）组织出口商的评奖活动

第二次世界大战后，许多国家对出口商给予精神奖励的做法日益盛行。对扩大出口成绩卓著的厂商，国家授予奖章、奖状，并通过授奖活动推广他们扩大出口的经验。例如，美国设立了总统“优良”勋章和“优良”星字勋章，得奖厂商可以把奖章样式印在它们公司的文件、包装和广告上。日本政府把每年6月28日定为贸易纪念日，每年在贸易纪念日这一天，由通商产业大臣向出口贸易成绩卓著的厂商和出口商社颁发奖状。

七、出口鼓励的其他措施

（一）外汇分红

外汇分红是指在部分实行外汇管制的国家，政府为鼓励出口厂商的出口活动，允许

其从所得的出口外汇收入中提取一定百分比的措施。该部分的外汇由出口厂商用于进口贸易,以便赚取较高利润。

(二) 复汇率制度

复汇率制度是指政府对不同的商品规定适用不同的汇率的制度。这种制度主要是用来鼓励某些类别的商品的出口。实行这种制度的国家有两个以上的外汇汇率,它是与单一汇率制度相对的。

(三) 出口奖励证制度

它是指一国的政府颁发奖励证给出口了某种商品的出口厂商的制度。这种奖励证的持有者可以凭证进口定量的国外商品,或者可以拿该证到市场上出售或转让,从而获取额外的收入。

(四) 进出口连锁制度

进出口连锁制度是指商品的进口与商品的出口相关联的一种制度。具体的操作是:出口厂商为了获得进口某种商品的权利,必须先承担定量的出口义务(先出后进),或者是取得进口某种商品的权利后的出口厂商必须承担一定的出口义务(先进后出)。

(五) 政府援助或贷款

政府援助或贷款有一个约束条件,就是要求接受援助或贷款的国家必须用援助或贷款来购买援助国或贷款国的商品。这样鼓励了援助国或贷款国商品的出口。

第二节 经济特区

许多国家或地区,为了促进经济和对外贸易的发展,采取了建立经济特区的措施。经济特区是一个国家或地区在其关境以外所划出的一定范围内,修建或扩建码头、仓库、厂房等基础设施和实行免除关税等优惠待遇,吸引外国企业从事贸易与出口加工工业等业务活动的区域。经济特区的目的是促进对外贸易发展,鼓励转口贸易和出口加工贸易,繁荣本地区和邻近地区的经济,增加财政收入和外汇收入。第二次世界大战后,许多国家为了加强本国的经济实力和扩大对外贸易,不仅在现有经济特区内放宽了对外国投资的限制,而且增设了更多的经济特区,以促进贸易的发展。各国或地区设置的经济特区名目繁多,规模不一,主要有以下几种:

一、自由贸易区(free trade zone)

自由贸易区有的称为对外贸易区、自由区、工商业自由贸易区等。无论自由港或自由贸易区都是划在关境以外,对进出口商品全部或大部分免征关税,并且准许在港内或区内开展商品自由储存、展览、拆散、改装、重新包装、整理、加工和制造等业务活动,以便于本地区的经济和对外贸易的发展，增加财政收入和外汇收入。一般说来，自由港或自由贸易区可以分为两种类型：一种是把港口或设区的所在城市都划为自由港或自由贸易区，如香港整个是自由港。在整个香港，除了个别商品外，绝大多数商品可以自由进出，免征关税，甚至允许任何外国商人在那里兴办工厂或企业。另一种是把港口或设区的所在城市的一部分划为自由港或自由贸易区。例如，汉堡自由贸易区是由汉堡市的两部分组成的，而只有划在卡尔勃兰特航道以东的归自由港，划在卡尔勃兰特航道以西的几个码头和邻近地区才是汉堡自由贸易区。这个自由贸易区位于港区的中心，占地5.6平方英里。因此，外国商品只有运入这个区内才能享有免税等优惠待遇。

许多国家对自由港或自由贸易区的规定大同小异，归纳起来，主要有以下几点：

(1) 关税方面的规定：对于允许自由进出自由港或自由贸易区的外国商品，不必办理报关手续，免征关税。少数已征收进口税的商品如烟、酒等的再出口，可退还进口税。但是，如果港内或区内的外国商品转运入所在国的国内市场上销售，则必须办理报关手续，缴纳进口税。

(2) 业务活动的规定：对于允许进入自由港或自由贸易区的外国商品，可以储存、展览、拆散、分类、分级、修理、改装、重新包装、重新贴标签、清洗、整理、加工和制造、销毁、与外国的原材料或所在国的原材料混合、再出口或向所在国国内市场出售。

(3) 禁止和特别限制的规定：许多国家通常对武器、弹药、爆炸品、毒品和其他危险品以及国家专卖品如烟草、酒、盐等禁止输入或规定需凭特种进口许可证才能输入；有些国家对少数消费品的进口要征收高关税；有些国家对某些生产资料在港内或区内使用也应缴纳关税。例如，意大利规定在的里雅斯特自由贸易区内使用的外国建筑器材、生产资料等也包括在应征关税的商品之内。此外，有些国家如西班牙等，还禁止在区内零售。

二、保税区(bonded area)

有些国家如日本、荷兰等，没有设立自由港或自由贸易区，但实行保税区制度。保税区又称“保税仓库区”，是海关所设置的或经海关批准注册、受海关监督的特定地区和仓库，外国商品存入保税区内，可以暂时不缴纳进口税；如再出口，不缴纳出口税；如要运进所在国的国内市场，则需办理报关手续，缴纳进口税。运入区内的外国商品可进行储存、改装、分类、混合、展览、加工和制造等。此外，有的保税区还允许在区内经营金融、保险、房地产、展销和旅游业务。因此，许多国家对保税区的规定与自由港、自由贸易区的规定基本相同，起到了类似自由港或自由贸易区的作用。资本主义国家设在保税区的仓库，有的是公营的，有的是私营的；有的货物储存的期限为1个月到半年，有的期限可达3年；有的允许进行加工和制造，有的不允许加工和制造。一般说来，外国货物运进或运出各种保税区，可暂时免征关税，但应预先向海关呈交申报单，取得海关人员的监督,如以后运入国内市场时再行纳税。保税区的外国货物如作为样品暂时运出,须经海关批准;保税区的外国货物废弃时,应预先向海关申报;保税区的外国货物丢失时,除经海关特别批准者外,均应缴纳关税。按照保税区的职能的不同,保税区可分为以下五种:

(1) 指定保税区(designated bonded area)。指定保税区是为了在港口或国际机场简便、迅速地办理报关手续,为外国货物提供的用于装卸、搬运或暂时储存的场所。在这个区内的土地、仓库与其他设施都属于国家所有,并由国家所设立的机构进行管理。因此,指定保税区是公营的。设置指定保税区的主要目的是使外国货物简便和迅速地办理报关手续。因此,在该区内储存的商品的期限较短,限制较严,运入的货物不得超过1个月。

(2) 保税货棚(bonded shed)。保税货棚是指经海关批准,由私营企业设置的用于装卸、搬运或暂时储存进口货物的场所。可见,保税货棚的职能与上述指定保税区相同,它是补充指定保税区的不足,作为外国货物办理报关的场所。两者的区别在于,指定保税区是公营的,而保税货棚是私营的。由于保税货棚是经海关批准的,因此必须缴纳规定的批准手续费,储存的外国货物如有丢失须缴纳关税。

(3) 保税仓库(bonded warehouse)。保税仓库是经海关批准,外国货物可以不办理进口手续而连续长时间储存的场所。指定保税区和保税货棚,都是为了货物报关的方便和短期储存而设置的。而保税仓库却是为了使货物能在较长时间内储存和暂时不缴纳关税而建立的。如进口货再出口则不必纳税,这就便于货主把握交易时机出售货物,有利于业务的顺利进行和转口贸易的发展。在保税仓库内储存货物的期限为2年,如有特殊需要还可以延长。

(4) 保税工厂(bonded factory)。保税工厂是经海关批准,可以对外国货物进行加工、制造、分类以及检修等保税业务活动的场所。保税工厂和保税仓库都可储存货物,但储存在保税工厂中的货物可作为原材料进行加工和制造。因此,许多厂商广泛地利用保税工厂,对外国材料进行加工和制造,以适应市场的需要,符合进出口的规章或减少关税的负担。外国货物储存在保税工厂的期限为2年,如有特殊需要可以延长。

(5) 保税陈列场(bonded exhibition)。保税陈列场是经海关批准在一定期限内用于陈列外国货物进行展览的保税场所。这种保税场所通常设在本国政府或外国政府、本国企业组织或外国企业组织等直接举办或资助举办的博览会、展览会和样品陈列所中。保税陈列场除了具有保税货棚的职能外,还可以展览商品,加强广告宣传,促进交易的开展。

我国提出保税区的设想是在1984年,进入20世纪90年代,我国沿海地区逐步建立起各类保税区。1990年我国决定开发上海浦东时,确定在上海外高桥设立中国目前最开放、规定最优惠的保税区。1992年,又批准在大连、海南省的洋浦等地设立保税区。这标志着保税区在我国对外经济贸易中的地位越来越高,作用越来越大。

三、出口加工区(export processing zone)

出口加工区是一个国家或地区在其港口或邻近港口、国际机场的地方,划出一定的范围,新建和扩建码头、车站、道路、仓库和厂房等基础设施以及提供免税等优惠待遇,鼓励外国企业在区内投资设厂,生产以出口为主的制成品的加工区域。出口加工区是在20世纪60年代后期和70年代初,在一些发展中国家或地区建立和发展起来的。其目的在于吸引外国投资,引进先进技术与设备,促进本地区的生产技术和经济的发展,促进加工工业和出口的发展,增加外汇收入。出口加工区脱胎于自由港和自由贸易区,采用了自由港和自由贸易区的一些做法,但它又与自由港和自由贸易区有所不同。一般说来,自由港和自由贸易区以发展转口贸易、取得商业方面的收益为主,是面向商业的;而出口加工区以发展出口加工工业、取得工业方面的收益为主,是面向工业的。虽然出口加工区与自由港、自由贸易区有所不同,但是由于出口加工区是在自由港、自由贸易区的基础上发展起来的,因此,目前有些自由港或自由贸易区以从事出口加工生产为主,但仍然袭用自由港或自由贸易区这个名称。例如,马来西亚开辟的一些以出口加工为主的区域仍称为自由贸易区。

(一)出口加工区的类型

(1)综合性出口加工区。在区内可以经营多种出口加工工业。例如,菲律宾的巴丹出口加工区所经营的项目包括服装、鞋类、电子或电器产品、食品、光学仪器和塑料产品等的生产加工。目前世界各地的出口加工区大部分是综合性出口加工区。

(2)专业性出口加工区。在区内只准经营某种特定的出口加工产品。例如,印度在孟买的圣克鲁斯飞机场附近建立的电子工业出口加工区,专门发展电子工业的生产和增加这类产品的出口。在区内经营电子工业生产的企业可享有免征关税和国内税等优惠待遇,但全部产品必须出口。目前,许多国家和地区都选择那些运输条件较好的地区作为设区地点,这是因为在出口加工区进行投资的外国企业所需的生产设备和原材料大部分依靠进口,所生产的产品全部或大部分输往外国市场销售。因此,出口加工区应该设在进出口运输方便、运输费用最节省的地方,通常选择国际港口、国际机场或在港口、机场附近设区最为理想。

(二)出口加工区的主要规定

为了发挥和提高出口加工区的经济效果,吸引外国企业投资设厂,许多国家或地区制定了具体的措施,主要有以下几点:

1. 对外国企业在区内投资设厂的优惠规定

(1)关税的优惠规定。对在区内投资设厂的企业,从国外进口生产设备、原料、燃料、零部件、元件及半制品一律免征进口税。生产的产品出口时一律免征出口税。

(2) 国内税的优惠规定。不少出口加工区为外国投资的企业提供减免所得税、营业税、贷款利息税等优惠待遇。

(3) 放宽外国企业投资比率的规定。不少出口加工区放宽了外资企业的投资限制。例如,菲律宾规定,外资企业在区外的投资比率不得超过企业总资本的40%,但在区内的投资比率不受此项法律的限制,投资比率可达100%。

(4) 放宽外汇管制的规定。在出口加工区,外国企业的资本、利润、股息可以全部汇回本国。

(5) 投资保证规定。许多国家或地区不仅保证各项有关出口加工区的规定长期稳定不变,而且保证对外国投资不予没收或征用。如因国家利益或国防需要而征用时,政府给予合理的赔偿。此外,对于报关手续、土地仓库和厂房等的租金、贷款利息、外籍职工的职务及其家属的居留权等都给予优惠待遇。

2. 对外国投资者在区内设厂的限制规定

许多国家和地区虽然向外国投资者提供种种优惠待遇,但并不是任其自由投资,而是既有鼓励又有限制,引导外国企业按照本国的经济和对外贸易发展的需要投资设厂。一般有以下几方面的规定:

(1) 对投资项目的规定。许多国家或地区往往限制投资项目。例如,菲律宾对巴丹出口加工区可设立哪些工业,都作出规定,划出范围。它规定第一期轻工业部门包括陶瓷或玻璃器皿、化妆品、食品生产、电子或电器产品、光学仪器、成衣、鞋类、塑料和橡胶产品等轻型的、需要大批劳工的、供出口的工业。第二期重工业包括综合性纺织厂、汽车厂、机器厂以及其他确有外国市场、需用大批劳工、进口原料加工出口的工业。

(2) 对投资者资格的审批规定。为了保证投资与加工出口的收益,要求外国投资者必须具备一定的条件。例如,菲律宾在审批投资设厂的出口企业时掌握两项基本标准:一是在经营管理、出口推销和技术、财务管理方面具有一定基础和经验;二是具有输出商品赚取外汇的能力和吸收劳动力的能力,并能采用国内的原料。

(3) 对产品的销售市场的规定。许多国家或地区规定区内的产品必须全部或大部分出口,甚至对次品或废品也禁止或限制在当地国内市场上出售。即使准许在本国市场上销售,其数量一般不超过总产量的10%。为了防止区内产品与区外同类的本国产品在国外市场上竞争,往往采用禁止或限制该产品在区内投资或者对出口市场加以限制的办法。例如,斯里兰卡规定,不准区内生产的服装向西欧共同市场出口,以排除该产品在西欧共同市场上同本国同类产品进行竞争。

(4) 对招工和工资的规定。有些国家或地区对此作了统一规定,以解决就业、工资和劳资纠纷等问题。例如,菲律宾规定,区内工人的最低年龄为14岁,不同的工种按其技术的熟练程度规定工资标准,并随着生产和生活指数调整工资水平。

3. 对出口加工区的领导和管理办法的规定

有些国家或地区专门设立出口加工区管理委员会。在这个委员会领导下,各出口加工区设立专门的办事机构,负责办理区内的具体事务。

(四) 科学工业园区(science-based industrial park)

科学工业园区又称工业科学园、科研工业区、高技术园区(hi-tech park)等,是一种科技型经济特区。它是以加速新技术研制及其成果应用,服务于本国或本地区工业的现代化,并便于开拓国际市场为目的,通过多种优惠措施和方便条件,将智力、资金高度集中用于高新技术研究、试验和生产。

科学工业园区最早形成于20世纪50年代末、60年代初的美国,70年代逐渐在世界范围内兴起,80年代以后进入发展期,90年代进入高峰期。科学工业园区主要分布在发达国家和新兴工业化国家,以美洲为最多。世界知名的科学工业园区有:美国的"硅谷"、英国的"剑桥科学园区"、新加坡的"肯特岗科学工业园区"、日本的"筑波科学城"、我国台湾的"新竹科学工业园区"等。

科学工业园区的主要特点是:有充足的科技和教育设施及高校、研究机构,以一系列企业组成的专业性企业群为依托,区内企业设施先进、资本雄厚、技术密集程度高,信息渠道畅通、交通发达、政策优惠,鼓励外商在区内进行高科技产业的开发,吸引和培养高级技术人才,研究和发展尖端技术和产品。与出口加工区侧重于扩大制成品加工出口不同,科学工业园区旨在扩大科技产品的出口和扶持本国技术的发展。

科学工业园区有自主型和引进型两类。前者主要靠自有先进技术、充裕资金及高级人才来促进本国高新技术产业的发展,发达国家所设园区多属此类;后者则采取引进外资、技术、信息和人才的办法来进行合作研究与开发,发展中国家和地区所设园区多属此类。

(五) 多种经营的经济特区

多种经营的经济特区简称多种经营特区,是指一国在其港口或港口附近等地划出一定的范围,新建或扩建基础设施和提供减免税收等优惠待遇,吸引外国或境外企业在区内从事外贸、加工工业、农畜业、金融保险和旅游业等多种经营活动的区域。我国所设立的经济特区就属于这一种。从1979年以来,我国先后在深圳、珠海、汕头、厦门和海南省设立这种经济特区。这是我国贯彻与实行对外开放政策所采取的一系列重要措施的组成部分。这种中国式的经济特区具有以下几个基本特点:① 它是综合性多种经营的经济特区,包括工业、农业、商业、房地产、旅游、金融、保险和运输等行业。② 经济特区的经济发展资金主要靠利用外资,产品主要供出口。③ 对前来投资的外商,在税收和利润汇出等方面给予特殊的优惠和方便,改善投资环境,以便吸引较多外资,促进特区的经济与对外贸易的发展。

小资料：经济技术开发区与经济特区的区别

1984年以来，我国在沿海、沿江开放城市的工业建设地带设立了一批经济技术开发区。具有促进外商投资、加工出口、开展国际贸易、保税及技术开发等功能的经济技术开发区也是我国吸收利用外资的重点地域，且是拓展国际经济合作与交流，发展外向型经济的重要基地。其主要任务是在划定的区域范围内，集中建设基础设施，完善涉外经济法规，建立精干高效的管理机构，创造吸引外资的良好环境，引进先进的工业项目。

经济技术开发区与经济特区有所不同：首先，在管理体制上，经济特区是相对独立的行政区域，开发区则是其所在人民政府直接领导和管辖下实行特殊政策的地域；其次，在经济结构上，经济特区是以工业为主、工贸结合的外向型综合性经济，开发区则以发展先进的工业生产和科研为主；最后，在对外资企业的政策上，经济特区的外资企业享受的政策优惠多于开发区的同类企业。

（六）自由边境区(free perimeter)

自由边境区过去也称为自由贸易区，这种设置仅见于拉丁美洲少数国家。一般设在本国的一个省或几个省的边境地区。对于在区内使用的生产设备、原材料和消费品可以免税或减税进口。如从区内转运到本国其他地区出售，则须照章纳税。外国货物可在区内进行储存、展览、混合、包装、加工和制造等业务活动，其目的在于利用外国投资开发边区的经济。自由边境区与出口加工区的主要区别在于，自由边境区的进口商品加工后大多是在区内使用，只有少数用于再出口。故建立自由边境区的目的是开发边区的经济，因此有些国家对优惠待遇规定了期限。当这些边区生产能力发展后，就逐渐取消某些商品的优惠待遇，直到废除自由边境区。例如，墨西哥设立的一些自由边境区期限已满时，就取消了原有的优惠待遇。

（七）过境区(transit zone)

沿海国家为了便利内陆邻国的进出口货运，开辟某些海港、河港或边境城市作为货物过境区。过境区规定，对于过境货物，简化海关手续，免征关税或只征小额的过境费用。过境货物一般可在过境区内作短期储存，重新包装，但不得加工。

第三节　出口管制措施

一、出口管制概述

1. 定义

出口管制(export control),是指国家通过法令和行政措施,对本国出口贸易实行管理和控制。一般而言,世界各国都会努力扩大商品出口,积极参与国际贸易活动。然而,出于某些政治、军事和经济上的考虑,各国都有可能限制和禁止某些战略性商品和其他重要商品输往国外,于是就要实行出口管制。

2. 出口管制的对象

(1) 战略物资及其有关的尖端技术和先进技术资料。如军事设备、武器、军舰、飞机、先进的电子计算机和通信设备等。各国尤其是发达国家控制这类物资出口的措施十分严厉,主要是从所谓的“国家安全”和“军事防务”的需要出发,防止它们流入政治制度对立或政治关系紧张的国家。例如,美国对古巴实行禁运,给古巴经济造成了极为恶劣的影响。此外,从保持科技领先地位和经济优势的角度看,对一些最先进的机器设备及其技术资料也必须严格控制出口。

(2) 国内的紧缺物资。紧缺物资指国内生产紧迫需要的原材料和半制成品,以及国内供应明显不足的商品。如西方各国往往对石油、煤炭等能源实行出口管制。这些商品在国内本来就比较稀缺,倘若允许自由流往国外,只能加剧国内的供给不足和市场失衡,严重阻碍经济发展。

(3) 历史文物和艺术珍品。各国出于保护本国文化艺术遗产和弘扬民族精神的需要,一般都要禁止该类商品输出,即使可以输出的,也实行较严格的管理。

(4) 需要“自动”限制出口的商品。这是为了缓和与进口国的贸易摩擦,在进口国的要求下或迫于对方的压力,不得不对某些具有很强国际竞争力的商品实行出口管制。如根据纺织品“自限协定”,出口国必须自行管理本国的纺织品出口。与上述几种情况不同,一旦对方的压力有所减缓或者基本放弃,本国政府自然会相应地放松管制措施。

(5) 本国在国际市场上占主导地位的重要商品和出口额大的商品。对发展中国家来讲,这类商品实行出口管制尤为重要。因为发展中国家往往出口商品单一,出口市场集中,出口商品价格容易出现大起大落的波动。当国际市场价格下跌时,发展中国家应控制该商品的过多出口,从而促使这种商品国际市场价格提高,出口效益增加,以免加剧世界市场供大于求的不利形势而使本国遭受更大的经济损失。如欧佩克(OPEC)对成员国的石油产量和出口量进行控制,以稳定石油价格。

（6）跨国公司的某些产品。跨国公司在发展中国家大量投资，虽然会促进东道国经济的发展，但同时也可能利用国际贸易活动损害后者的对外贸易和经济利益。例如，跨国公司实施“转移定价”策略，就是一个典型的例子。因此，发展中国家有必要利用出口管制手段来制约跨国公司的这类行为，以维护自己的正当权益。

二、出口管制的形式

（一）单方面出口管制

单方面出口管制是指一国根据本国的出口管制法案，设立专门的执法机构对本国某些商品的出口进行审批和颁发出口许可证，实行出口管制。例如，美国政府根据国会通过的有关出口管制法等，在美国商务部设立贸易管制局，专门办理出口管制的具体事务。美国绝大部分受出口管制的商品的出口许可证都是在该局办理的。

小资料：美国对中国的单边管制

1949 年，处于冷战的需要，美国制定了“出口管制条例”，防止对社会主义国家出口能用于军事的产品和技术，并根据不同国家与美国的关系和实力等因素，按管制的严宽程度将世界上的国家分为 7 组，即 Z 组、S 组、Y 组、W 组、Q 组、T 组和 V 组，中国被列入 Y 组。朝鲜战争爆发以后，美国商务部将中国列入全面禁运的 Z 组。1979 年，随着中美恢复外交关系以及苏联入侵阿富汗，卡特政府开始放宽对华技术限制，并于 1980 年单独为中国建立一个 P 组，以示与苏联有所区别。1983 年，里根政府将中国的管制等级再次下调至 V 组，进入美国技术出口管制中限制最弱的一组，标志着美国第一次将中国作为“友好国家”看待。

另外，里根政府还公布了新的“对华出口指导原则”和 7 类电子产品对华出口的技术界限，形成了对华出口管制的“双倍政策”，即允许美出口商向中国出口技术和产品的技术水平是对苏联出口的两倍，并宣布所有不须经“巴黎统筹委员会”审查的出口申请将由商务部审批而不是跨步审查。

1989 年 6 月以后，中美关系再次进入低潮。美国停止对放松中国出口管制政策的审议。20 世纪 90 年代中期以来，美国对于向中国的技术出口政策总体趋于宽松，但所作的让步似乎“犹犹豫豫”。

1996 年，美政府发布了简化出口管理法规的暂行条例，可以算是首次全面对出口管理法规进行修订；但在 2003 年，又进一步加大对华高技术产品出口管制，尤以软件和高技术设备为重。

2007 年 6 月，美国回到“冷战思维模式”，正式规定包括航空发动机、先进导航系统、激光器、水下摄像机及推进器等 20 类产品不得向中国出口（这也是其目前正在执行的对华高科技出口的管制政策）；但在 12 月，其与中方签署了《高技术与战略贸易发展指导原则》，承诺消除双边民用高技术贸易的不必要障碍。

政治目的与经济利益之间的冲突、单边性管制与技术市场竞争的矛盾，诸多因素在新的经济格局中愈发活跃，使得美国出口管制政策充满着“纠结”的情绪。

2009 年 1 月，美国商务部的一项新政策，就是给美国对华高科技出口“松绑”，将以往对华高科技出口的逐个审查，调整为向中国民用企业发放执照。这是布什总统于卸任前提出的一项举措，有人士担心奥巴马政府在此问题上的立场和态度。

2010 年 4 月 20 日，美国国防部长盖茨宣布，将对高科技出口管制制度采取放宽政策。

作为“延续动作”，5 月 23 日，在第二轮中美战略与经济对话召开之际，美国商务部长骆家辉与中国商务部长陈德铭在京会谈时，骆家辉称，美方正在对出口管制制度进行全面评估，将积极推动相关改革，减少不必要的限制。此外，亦愿促进长远效益，积极加强与中国在清洁能源领域、知识产权保护方面的合作。

中方表示，两国经贸合作快速发展给双方都带来了巨大的利益，应进一步加强双方合作，共同推动双边经贸关系健康发展。而中国在高新技术领域的市场潜力巨大，美国实行对华出口管制，使美国企业丧失了许多贸易机会，希望美方采取切实措施，早日放宽对华出口管制，这样做符合美国各方的利益。

（二）多边出口管制

多边出口管制是指几个国家的政府，通过一定的方式建立国际性的多边出口管制机构，商讨和编制多边出口管制货单和出口管制国别，规定出口管制的办法等，以协调彼此的出口政策和措施，达到共同的政治和经济目的。1949 年 11 月成立的巴黎统筹委员会（简称“巴统”）就是一个国际性的多边出口管制机构。它主要是以美国为首的英、法、意等 16 个国家对原苏联、原东欧地区、中国等社会主义国家实行出口管制。至 1994 年 4 月，“巴统”终于宣布解散。但其影响至今犹在，特别是 2006 年以来，针对我国的高新技术产品出口管制，存在一个以美国为首的西方发达国家的隐形的“巴统”。

三、出口管制的措施

（一）国家专营，又称国家垄断

国家专营是指某些商品的生产和交易由政府指定的机构和组织直接掌握。通过国家专营，政府可以鼓励发展一定类型的出口方式，控制一些重要或敏感产品的进出口，寻求最佳的出口地理分布以及商品生产结构。对进出口商品的国家专营主要集中在三类商品上:烟酒、农产品和武器。

(二) 出口税

出口税的征收会影响商品的国内外价格,限制出口量。

(三) 出口配额

出口配额是由政府有关部门规定的某些商品出口的最大限额。出口配额经常与出口许可证配合使用。

(四) 出口禁运

出口禁运是出口配额的一种极端形式,即出口配额为零。在大多数情况下,出口禁运仅限于原材料或初级产品。

(五) 出口许可证制度

出口许可证一般只适用于高科技产品、本国需要的原材料和初级产品以及一些生活必需品的出口。

本章小结

本章主要介绍了国家鼓励出口和出口管制方面采取的措施,主要内容如下:

1. 鼓励出口的措施是指出口国家的政府通过经济、行政和组织等方面的措施,促进本国商品的出口,开拓和扩大国外市场。

2. 国家进行出口补贴的主要措施有:出口信贷、出口信贷国家担保制、出口补贴、商品倾销、外汇倾销。

3. 许多国家或地区为了促进经济和对外贸易的发展,采取了建立经济特区的措施。经济特区的形式有:自由贸易区、保税区、出口加工区、科学工业园区、多种经营的经济特区、自由边境区和过境区。

4. 世界上很多国家出于某些政治、军事和经济上的考虑,有可能限制和禁止某些战略性商品和其他重要商品输往国外,于是就要实行出口管制。

5. 出口管制的措施主要有:国家专营、出口税、出口禁运、出口许可证制度。

阅读材料

1. 农产品出口补贴

由于出口补贴是政府对市场的一种干预,得到补贴的出口被看成为一种不公平竞争,因此,在世贸组织中,出口补贴受到严格限制,但农产品除外。根据世贸组织的《农业协定》,出口补贴包括:政府根据出口实绩提供的补贴;政府以低于国内市场的价格出口或处理库存；通过政府措施融资（包括征税）支付农产品出口；视出口产品含农产品情况而对农产品提供的补贴；以及影响出口产品营销和运输成本的补贴。

截至20世纪末，共有25个世贸组织成员对428种农产品使用出口补贴（括号内是补贴产品品种数量），包括：澳大利亚(5)、巴西(16)、保加利亚(44)、加拿大(11)、哥伦比亚(18)、塞浦路斯(9)、捷克(16)、欧盟(20)、匈牙利(16)、冰岛(2)、印度尼西亚(1)、以色列(6)、墨西哥(5)、新西兰(1)、挪威(11)、巴拿马(1)、波兰(17)、罗马尼亚(13)、斯洛伐克(17)、南非(62)、瑞士(5)、土耳其(44)、乌拉圭(3)、美国(13)和委内瑞拉(72)。

欧盟是全球最大的出口补贴使用者。1995—1998年，欧盟年均出口补贴支出约60亿美元，占全球出口补贴支出的90%。瑞士是第二大出口补贴使用者，补贴份额约占5%。美国是第三大出口补贴国，补贴份额不到2%。欧盟、瑞士、美国和挪威四个经济合作与发展组织成员的出口补贴占到了全球的97%。

出口补贴使用国最多的产品依次为：水果和蔬菜（19国）、其他奶产品（15国）、牛肉（14国）、禽肉（13国）、粗粮（12国）、其他农产品（11国）、蔬菜油（11国）、乳酪（11国）、糖（10国）以及小麦和面粉（10国）。从数量上看，出口补贴最多的产品是粮食。从价值上看，出口补贴最多的产品是牛肉和奶产品。从实际补贴数量上看，单项最大补贴产品是小麦和面粉以及粗粮，年均实际补贴量都在1 000万吨以上。100万吨以上的产品依次为：水果和蔬菜、糖、其他奶产品和牛肉。从承诺完成情况看，较多依赖补贴（承诺完成率超过50%）出口的产品主要是奶产品和肉蛋产品，包括乳酪、脱脂奶粉、蛋、牛肉、禽肉等。粮食的补贴水平则依国际市场状况波动较大。1995年挪威禽肉出口补贴的数量超过承诺水平的1.14倍。1996年欧盟稻米、1997年波兰食糖和挪威羊肉、1998年美国脱脂奶粉和欧盟猪肉的补贴数量都超过了当年承诺水平的40%以上。最大的价值补贴超标发生于1995年匈牙利玉米出口补贴，其补贴价值超过承诺水平的1.82倍。1995—1998年间，欧盟和挪威成为世贸组织中超标最多的两个成员。

由于美国和欧盟是全球两个最大的农产品出口国，出口份额占世界市场的35%以上，因此，它们的农产品出口补贴对国际市场价格有着重要的影响。从几种主要补贴产品看，1995/1996至1999/2000年度美国和欧盟的小麦出口约占世界市场的44.2%（美国29.8%和欧盟14.4%），粗粮出口占65.7%（57.8%和7.9%），脱脂奶粉出口占30.3%（5.1%和25.2%），黄油出口占27.2%（2.6%和24.6%），乳酪出口占45.4%（3.2%和42.2%），牛肉出口占32.9%（15.8%和17.1%），猪肉出口占47.6%（15.6%和32.0%），禽肉出口占61.9%（45.3%和16.6%），果菜出口占28.7%（17.2%和11.5%）。换句话讲，补贴较多的产品通常也是它们拥有较大国际市场份额的产品。显然，这会对粮食、奶产品、畜产品和园艺产品的国际市场价格有不同程度的扭曲作用。据估计，出口补贴对全球农产品价格扭曲的贡献为13%。

在世贸组织的新一轮谈判中，农产品的自由贸易将会成为一个重要议题。在出口补贴上,以美国和凯恩斯集团(cairns group)为主的成员主张全面终止一切形式的出口补贴。至少要大幅度削减出口补贴,比如,在下一个执行期开始时,一次性削减出口补贴的50%,然后在一定时期内(发达国家3年,发展中国家6年)全面停止出口补贴的使用。欧盟则主张渐进式地削减出口补贴,且不同意完全终止或一次性大幅度削减出口补贴。中间的建议(如印度和东盟等发展中国家)是,在新一轮谈判进行过程中,继续按现行《农业协定》规定的方式逐步削减出口补贴,并在谈判结束或2006年后的3年内终止使用出口补贴,但应给予发展中国家执行的灵活性,如更长的执行期限,允许补贴在不同类别的农产品之间转移,在发达国家高补贴情况下保留实施高关税的权利加以制衡等。还有部分成员建议,在不取消出口补贴的情况下,应针对不同的产品类别实行对单位(每吨)补贴数量进行不同的约束。

资料来源:中华人民共和国　农业部　中国农业信息网　“WTO与农产品贸易”专栏

2. 中国的经济特区

中国为适应改革开放和发展经济的需要,从1980年起,先后建立了5个经济特区,这就是深圳经济特区、汕头经济特区、珠海经济特区、厦门经济特区、海南经济特区。其中海南是中国最大的经济特区。

经济特区以出口加工为主,兴办经济特区的目的是吸收外资,引进先进技术和管理经验,了解国际市场信息,增加外汇收入,参加国际经济技术合作及培养国际性经贸科技人才等。

中国政府1980年开始改革的时候只是建立了一个经济特区,就是深圳特区。邓小平是中国改革开放政策的总设计师,他提出要“摸着石头过河”,意思就是你走到一条河边,想过河,但在河上没有桥,怎么办呢?你要摸着石头走,否则会掉进河里的。改革也是过河的过程。要改革先要试验,成功的改革就像摸到了石头继续走下去,不成功的停下来,免得失败。

深圳特区的改革成功了,有了经验,后来才陆续在沿海地区开放了14个城市。从1980年起中国人一边试验,一边改革。这样,中国形成了沿海、沿边、内陆地区相结合的全方位多层次的对外开放格局。

资料来源:http://www.studychinese.ru/downloads/jingjitequ.doc

复习思考题

1. 什么是出口信贷?出口信贷的主要特点是什么?
2. 什么是外汇倾销?外汇倾销为什么能扩大出口、限制进口?
3. 利用外汇倾销达到扩大出口限制进口的目的应具备哪些条件?
4. 简述需要出口管制的商品类型。

第九章

国际贸易条约、协定与世界贸易组织

学习目标

知识目标：了解贸易条约与协定的概念和种类、关税及贸易总协定产生的背景和过程，掌握最惠国待遇原则和国民待遇原则，了解世界贸易组织的职能、组织机构，掌握世界贸易组织的宗旨和原则，了解我国复关和“入世”历程，重点掌握中国“入世”后面临的权利和义务、机遇和挑战。

技能目标：学会用世界贸易组织的相关规则来分析贸易纠纷问题。

篇前案例

中国之声《全球华语广播网》报道，世界贸易组织专家组近日就“中国诉美国禽肉进口限制措施案”发布裁决报告，裁定美国《2009年综合拨款法》关于限制从中国进口禽肉的条款不符合世贸组织规则。中国常驻世界贸易组织代表团对此裁决结果表示欢迎。这是奥巴马政府签署的法案当中，第一起遭遇挫败的贸易纠纷案件。

中国和美国之间关于鸡肉贸易的纠纷可以追溯到2004年。当年全球爆发了禽流感疫情，为了保证公共卫生安全，中美双方都中断了鸡肉进口贸易。随着禽流感疫情的结束，中国恢复了向美国出口鸡肉，但美国国会、农业部等寻找各种理由阻止从中国进口鸡肉产品。2009年美国国会通过了一项拨款禁令法案，禁止有关部门通过任何途径加工从中国进口的鸡肉，这种严重的贸易歧视做法导致了中美禽肉贸易的严重不平衡。

美国每年出口到中国的鸡肉产品规模约60万吨，约占美国鸡肉出口总量的30%；而中国向美国出口的鸡肉几乎为零。在这种情况下，中国政府于2009年7月将美国告到了世界贸易组织。中国方面坚持认为，中国的鸡肉是安全的，对欧盟、日本等地的出口一直很正常，美国对中国鸡肉的种种刁难是典型的贸易歧视。

资料来源：中国新闻网. http://www.chinanews.com.cn/cj/2010/10-01/2567706.shtml

思考：

1. 美国国会、商务部为什么找各种理由阻止从中国进口鸡肉？

2. 世界贸易组织在维护贸易公平方面起到了什么样的作用?

第一节 国际贸易条约与协定

一、贸易条约与协定的概念

贸易条约与协定是两个或两个以上的主权国家为确定彼此的经济关系,特别是贸易关系方面的权利和义务而缔结的书面协议。它反映了缔约国对外政策和对外贸易政策的要求,并为缔约国实现其对外政策和对外贸易政策的目的服务。

二、贸易条约与协定的分类

贸易条约与协定按照缔约国的多少,可分为双边贸易条约与协定和多边贸易条约与协定。前者是两个主权国家之间所缔结的贸易条约与协定,后者是两个以上主权国家共同缔结的贸易条约与协定。

三、贸易条约与协定的种类

贸易条约与协定的种类很多,现仅就常见的几种,分别介绍如下:

(一) 通商航海条约

通商航海条约又称“通商条约”、“友好通商条约航海条约”,是全面规定两国间经济和贸易关系的条约。其内容比较广泛,常涉及缔约国之间经济和贸易关系的各个方面。

一般说来,这种贸易条约的正文包括的主要内容有以下几个方面:

(1) 关于缔约国双方的进出口商品的关税和通关的待遇问题。这是条约中的主要问题,其中包括进出口商品关税问题、海关附加捐税以及履行海关通关手续等问题依据的原则,一般为最惠国待遇原则。

(2) 关于缔约国双方公民和企业在对方国家所享有的经济权利问题。这些权利主要包括财产购置权、经营工商权、征收捐税的待遇和移民权等。

(3) 关于船舶航行和港口使用问题。通常规定缔约国一方的船舶进入另一方港口在卸货和装货、缴纳港口捐税等方面应依据最惠国待遇条款或国民待遇条款。

(4) 关于铁路运输和过境问题。在条约中规定缔约国双方在运送旅客、货物及办理铁路运输手续方面应相互给予的待遇。由于铁路运输方面已签订有若干国际多边公约,通常在条约中引用这些多边公约。

(5) 关于知识产权保护问题。在条约中往往规定缔约国双方公民和企业在对方境内享有和利用专利权、商标权、版权等问题的条款,通常在这些问题上也引用相应的国际公约。

(6) 商品进口的国内捐税问题。对于进口商品的国内捐税的征收,通常规定应依据最惠国待遇或国民待遇条款。

(7) 进出口数量限制问题。由于许多国家往往采用各种进出口数量限制措施,因此有些条约对这些问题作了某些规定。

(8) 关于仲裁裁决的执行问题。如规定缔约国之间的贸易企业发生争议,经缔约国一方的仲裁机构作出裁定时,缔约国另一方承担在其本国内执行仲裁裁决的义务。

(9) 其他问题。在有些通商航海条约中,还根据缔约国之间的经济和贸易的具体情况,规定其他内容,如样品和展览品的免税输入、领事的待遇、国有化问题等。

小资料

1961 年,我国和阿尔巴尼亚人民共和国在北京签订了《中华人民共和国和阿尔巴尼亚人民共和国通商航海条约》。节选如下:

第一条,缔约双方将本着友好合作、互相帮助的精神,在平等互利的基础上,采取一切措施,发展和巩固两国间的通商关系。

第二条,缔约双方在两国的通商、航海和其他一切形式的经济联系方面,相互给予最惠国待遇。

第七条,缔约一方在自己领土内,对缔约另一方的天然物产和制造品,因生产、加工、流通或消费所征收的各种国内税,在任何情况下,都不得高于对任何第三国同样产品所征收的数额。

第九条,缔约一方的船舶和船上货物在缔约另一方的港口驶入、驶出和停泊时,应享受最惠国待遇。这种待遇特别适用于下列场合:

甲. 以国家有关当局或其他机构的名义并为他们所征收的各种税收和费用;

乙. 船舶在港口和锚泊地系泊装货和卸货;

丙. 对引水、航道、船闸、桥梁、信号和标示航路的灯光的使用;

丁. 对起重机、衡器、仓库、船厂、干船坞和修理厂的使用;

戊. 燃料、润滑材料、水和粮食的供应。

第十二条,经由铁路、公路和水路运输货物、旅客和行李时,在货载承运、运输方法、运费和同运输有关的费用方面,缔约双方相互给予最惠国待遇。

第十六条,缔约双方的法人所订立的同贸易有关的契约发生争执时,如果当事人双方已通过适当方式,同意由为此目的而专门设立的或常设的仲裁法庭审理该项争执,缔约双方保证执行该项争执的仲裁裁决。

关于执行仲裁裁决的决定以及仲裁裁决的执行，应依照执行裁决的缔约一方的法令进行。

（二）贸易协定

贸易协定是指两个或几个国家之间调整它们相互贸易关系的一种书面协议。其特点是对缔约国之间的贸易关系规定得比较具体，有效期一般较短，签订的程序也较简单，一般只须经签字国的行政首脑或其代表签署即可生效。如 1992 年美国、加拿大及墨西哥三国签署的《北美自由贸易协定》。

贸易协定正文的主要内容，通常包括以下几个方面：

（1）最惠国待遇条款的规定。在协定中通常规定最惠国条款的适用原则和例外，以便减少和避免缔约国双方在执行过程中的分歧。

（2）进出口商品货单和进出口贸易额。

（3）作价原则和使用货币的规定。

（4）支付和清算办法的规定。一般有三种办法：记账结算或双边结清算；部分采用记账结算，部分采用现汇支付；现汇支付。

（5）优惠关税的规定。

（6）其他事项规定，如商品检验、仲裁。

（三）贸易议定书

贸易议定书是指缔约国就发展贸易关系中某项具体问题所达成的书面协议。这种贸易议定书往往是作为贸易协定的补充、解释或修改而签订的。有的贸易议定书是协定的附件，有的则不作为附件。此外，在签订长期贸易协定时，关于年度贸易的具体事项，往往通过议定书的方式加以规定。贸易议定书的签订程序和内容比贸易协定更为简单，一般由签字国有关行政部门的代表签署后即可生效。

（四）支付协定

支付协定是两国间关于贸易和其他方面债权、债务结算办法的书面协议。支付协定是外汇管制的产物，在实行外汇管制的条件下，一种货币不能自由兑换成另一种货币，对一国所拥有的债权不能用来抵偿对第三国的债务，结算只能在双边基础上进行。因此，就需要通过缔结支付协定的办法来解决两国间的债权和债务。如战后以欧洲为中心非常盛行的双边支付协定。支付协定的主要内容有以下几个方面：

（1）确立清算机构并设立清算账户以及明确支付内容。

（2）规定清算货币和清算方法。

（3）确定信用摆动额，即规定每年账面余额在摆动额之内则无须支付，超过摆动额则以现金或商品、劳务支付。

（五）国际商品协定

国际商品协定，是指某种商品的主要出口国和进口国，出于稳定该项商品价格和保证供销等目的，所缔结的政府间多边贸易协定。它是联合国贸易发展会议为了保证发展中国家初级产品的出口利益，经过长期努力的结果。国际商品协定的对象一般是发展中国家的初级产品。第二次世界大战后，国际商品协定签订了不少，但是有成效的不多见，比较有名的几种商品的国际协定有糖（1953 年）、锡（1956 年）、咖啡（1962 年）、小麦（1949 年）、橄榄油（1958 年）、可可（1973 年）、天然橡胶（1979 年）。到 1989 年尚存的仅有橡胶、糖、锡三种国际商品协定。

国际商品协定，一般由序言、宗旨、经济条款、行政条款和最后条款等部分构成，并有一定的格式。其中经济条款和行政条款是国际商品协定中两项主要的条款。

1. 国际商品协定中的经济条款

（1）缓冲存货的规定。协定的执行机构建立缓冲库存（包括存货与现金），并规定最高、最低价格。当市场价格涨到最高限价时，就利用缓冲库存抛出存货；当市场价格跌到最低限价时，则用现金在市场上收购，以达到稳定价格的目的。这种规定，必须由协定成员国提供大量资金和存货，否则难以起到应有的调节作用。采用缓冲存货规定的主要有国际锡协定和国际天然胶协定。

（2）多边合同规定。这种条款规定，进口国在协定规定的价格幅度内，向各出口国购买一定数量的有关商品：出口国在规定的价格幅度内，向各进口国出售一定数量的有关商品。它实际上是一种多边性的商品合同，属于这种类型的有国际小麦协定。

（3）出口配额的规定。规定一个基本的出口配额，再根据市场需求和价格变动情况作相应的增减，来确定当年平均的年度出口配额。属于这种协定的有国际咖啡、糖的协定。

（4）出口配额和缓冲存货结合的规定。协定规定最高和最低限价，然后通过出口配额和缓冲存货来调节价格，使价格恢复到最高限价和最低限价之间的幅度内。属于这种协定的是国际可可协定。

2. 国际商品协定中行政条款

该条款主要涉及权力机构和表决票的分配。商品协定的权力机构有理事会、执行委员会和监督机构。由于权力机构关系到协定的履行和管理，涉及各方面的切身利益，因而职位的分配往往是各出口成员国和各进口成员国所关心的重要问题。往往权力机构达成的协议，除采用协商一致的办法外，一般要通过表决决定。表决方式可根据情况，分别采用简单分配多数、2/3 分配多数、特别表决等。

3. 最后条款

该条款主要规定协定的签字、批准、生效、有效期、加入、退出等具体程序和手续。

（六）商品综合方案

商品综合方案是发展中国家在1964年5月第六届特别联大会议上第一次提出来的，1976年5月联合国第四届贸易和发展会议上正式通过了商品综合方案的决议。这项方案主要解决发展中国家初级产品贸易问题，其主要内容有以下几个方面：

1. 建立多种商品的国际储存

国际储存或称“缓冲存货”，目的是为了稳定商品价格和保证正常的生产和供应。国际储存的商品选择标准有以下两条：① 这项商品对发展中国家具有重要利害关系；② 这项商品便于储存。国际储存的主要商品有：香蕉、咖啡、可可、茶、糖、肉类、植物油、棉花、黄麻、硬纤维、热带木材、橡胶、铝、铁、锰、磷、铜和锡。

2. 建立国际储存的共同基金

共同基金是综合商品方案的一种国际基金，用来资助这些国际初级产品的缓冲存货和改善初级产品市场，提高初级产品的长期竞争力，如开发研究、提高生产率、改进销售等。

3. 商品贸易的多边承诺

为了稳定供应，参加方案的各国政府，承诺在特定时间内各自出口和进口某种商品的数量。

4. 扩大和改进商品贸易的补偿性资金供应

当出口初级产品的发展中国家的出口收入剧减时，国际货币基金将给予补偿性贷款。

5. 扩大初级产品的加工和出口多样化

为此目的，要求发达国家降低和取消对来自发展中国家的初级产品的加工产品的进口关税和非关税壁垒，并采取促进贸易的措施等。

商品综合方案是发展中国家为了打破旧的国际经济贸易秩序，建立新的国际经济贸易秩序所采取的一个重要步骤。但由于触动了发达国家在世界市场的垄断地位和利益，因此，要将方案的内容变成现实，还要经过长期艰苦的斗争。

四、贸易条约与协定的内容结构

在国际经济关系中，由于各国的社会经济制度和政治经济实力对比关系的差异，它们之间所缔结的贸易条约与协定的内容也有所不同，但其内容结构一般相同，都由序言、正文和结尾三个部分组成。

（一）序言

在序言部分，通常载明缔约双方发展经济贸易关系的愿望及缔结条约或协定时所遵循的原则、缔约国的名称、全权代表的姓名和权限等。

(二) 正文

正文是贸易条约和协定的实体部分。两国通过谈判达成的协议,往往采用条文的形式规定双方具体的权利和义务。不同种类的贸易条约和协定,如通商航海条约、贸易协定和贸易议定书等,正文部分的内容有所不同。

(三) 结尾

贸易条约与协定的结尾包括条约与协定的生效时间、有效期、延长或废止的程序、份数和所用文字等内容,还有签订条约与协定的地点及各方代表的签名。

五、贸易条约与协定所适用的法律原则

贸易条约与协定所适用的法律原则即贸易条约与协定中运用的法律待遇条款。这些法律原则主要有最惠国待遇原则和国民待遇原则。

(一) 最惠国待遇原则

1. 最惠国待遇条款

最惠国待遇条款是贸易条约和协定的一项重要条款。它的基本含义是,缔约国一方现在和将来所给予任何第三国的一切特权、优惠及豁免,也同样给予缔约对方。最惠国待遇的基本要求,是使缔约一方在缔约另一方享有不低于任何第三国享有的待遇。换言之,即要求与其他一切外国人或外国企业处于同等地位,享有同样的待遇,不给予歧视待遇。

2. 最惠国待遇条款的分类

(1) 无条件的最惠国待遇条款。无条件最惠国待遇条款是指,凡缔约国一方现在或将来给予任何第三国的任何特权、优惠或豁免,缔约国对方无须提出任何补偿作为交换而立即无条件地享受同样的特权、优待和豁免。

(2) 有条件的最惠国待遇条款。有条件的最惠国待遇条款是指,如果缔约国一方现在或将来给予第三国的优惠是有条件的,那么缔约国另一方必须提供同样的补偿才能享受这种优待。在现代双边贸易条约和协定中,有条件的最惠国待遇条款已属罕见,但为了避免产生歧义,现在贸易条约与协定中的最惠国待遇条款上,仍有必要注明"无条件"的字样。

3. 最惠国待遇原则的适用范围

货物贸易最惠国待遇原则主要适用于下列范围:

(1) 关税和有关费用。根据第1条第2款的规定,一切与进出口商品有关的关税和费用,适用最惠国待遇原则。除关税外,这些费用包括:① 对进出口本身征收的任何形式的费用,如进口附加费、变动关税或出口税等;② 与进出口相关的任何形式的费用,如海关手续费、领事发票税、质量检验费等。

(2) 与进出口有关的国际支付转账所征收的关税和费用。如由政府对进出口国际

支付征收的一些税金或费用。

(3) 征收上述税、费的方法。例如,征收关税时需要对进口商品的价值进行评估,所使用的评估标准、程序和方法均应以相同的待遇标准在所有成员间平等地实施。

(4) 与进出口相关的所有规章与手续方法。如对进出口在一定时间内规定特定的信息披露要求或说明。一旦规定这种要求,就必须是对所有成员的平等的要求。

(5) 与进出口商品有关的国内税或其他国内费用的征收,如销售税、由当地政府征收的有关费用等。

(6) 任何影响进口商品在进口国国内销售、购买、提供、运输、分销等方面的法律、规章及要求等。例如,对进口产品的品质证书的要求,对进口产品移动或运输或储藏或零售渠道的要求,对产品的特殊包装及使用的限制等。

总之,货物贸易最惠国待遇原则意味着各成员方同意提供最惠国待遇,在成员之间开展贸易,加强经济往来和合作中秉承非歧视的原则,并且在涉及货物贸易的所有问题上也不给予一个成员方较另一个成员方更优惠的待遇。

4. 最惠国待遇条款适用的限制

最惠国待遇条款适用的限制是指,将适用范围限制于若干具体的经济和贸易方面。例如,在关税上的最惠国待遇只限于某些商品,或最惠国条款只包括缔约国的某些地区等。最惠国待遇适用的限制可分为两种:① 直接限制,即在贸易条约或协定中明确规定最惠国待遇适用范围的限制,通常从商品范围上、地区上和商品来源上等加以限制。② 间接限制,即未在贸易条约或协定中明确规定,而采用其他办法(如将税则精细分类等)以达到限制缔约国的某些商品适用最惠国待遇的范围。

5. 最惠国待遇条款的例外

在双边贸易条约和协定中,一般都规定不适用最惠国待遇的例外。所谓最惠国待遇条款的例外是指,在贸易条约所规定的某些场合下,不适用最惠国待遇。国际间公认的最惠国待遇的例外有以下几种:

(1) 边境贸易。一些国家往往把边界两边各 15 公里内的小额贸易当做特殊的当地贸易来处理,以区别于正式的国际贸易。对两国边境居民生活必需品的小额贸易在关税上、海关手续上给予减免等优惠。这种优惠不适用于任何缔结有最惠国待遇条款国家的正式贸易。

(2) 关税同盟。关税同盟是把分布于各成员国之间的海关关境予以撤销,然后合并组成一个统一的共同关境。关税同盟成员内部在关税上的特殊待遇排除在缔结最惠国条款的国家所享有的优惠范围。

(3) 沿海贸易和内河航行。当最惠国待遇适用于航行问题时,对于缔约国一方在沿海贸易和内河航行方面给予他国的优惠视为例外。

(4) 多边国际条约中承担的义务。如缔约国一方为参加联合国或其他多边国际条约而履行其所承担的义务，而触及最惠国待遇利益者视为例外。

(5)其他例外。如沿海捕鱼、武器进口、金银外币的输出、港口服务以及为了保存艺术品和文物古迹而实行的禁止和限制等。对于本项例外，一般应在条约中明确订出；否则，如发生异议时，一般按一国的传统政策予以解释。

(二) 国民待遇原则

国民待遇原则也是贸易条约与协定所适用的法律待遇原则之一，它的基本含义是指缔约国一方保证缔约国另一方的公民、企业和船舶在本国境内享受与本国公民、企业和船舶同等的待遇。换言之，即缔约国的外国人与本国人处于同等地位，享有同样待遇，不受歧视。

国民待遇条款一般适用于外国公民和企业经济权利，如外国产品所应缴纳的国内税捐，利用铁路运输和转口过境的条件，船舶在港口的待遇，商标注册、著作权及发明专利权的保护等。但是，国民待遇条款的适用是有一定的范围的，并不是将本国公民或企业所享有的一切权利都包括在内。例如，沿海航行权、领海捕鱼权、购买土地权等，通常都不包括在国民待遇条款的范围之内，这些权利一般都不给外国侨民或企业，只准本国公民和企业享有。

第二节　关税及贸易总协定

关税及贸易总协定(General Agreement on Tariffs and Trade，缩写 GATT)是一个政府间缔结的有关关税和贸易规则的多边国际协定，简称关贸总协定。它的宗旨是通过削减关税和其他贸易壁垒，削除国际贸易中的差别待遇，促进国际贸易自由化，以充分利用世界资源，扩大商品的生产与流通。世贸组织正式运行之前，关贸总协定是协调和规范缔约方之间关税与贸易政策方面相互权利和义务的主要多边协定。

一、关贸总协定的产生

关贸总协定的产生可以一直追溯到 20 世纪 30 年代。随着世界经济陷入危机，资本主义国家之间爆发了激烈的“关税战”。1930 年，美国总统签署通过了《1930 年霍利—斯穆特关税法》(The Hawley-Smoot Tariff Act of 1930)，把进口关税提高到历史最高水平，当时的欧洲各国也纷纷效仿，制定自己的限制性关税政策来对美国进行报复。资本主义国家间的高关税阻碍了商品的国际流通，造成国际贸易额大幅度萎缩，整个世界经济严重衰退。面对经济危机的严峻形势，为扭转困境，扩大国际市场，1934 年美国颁布了《互惠贸易协定法》(The Reciprocal Trade Agreement Act)。根据此法，美国与 21 个国家签订了一系列双边贸易协定，将关税水平降低 30% ~50%，并根据最惠国待遇原则扩展到其他国家。关税的降低促进了国际商品流通，使经济危机有所缓解。

第二次世界大战使世界经济重陷困境。在二战临近结束时，各国开始探讨建立调节国家之间经济与贸易关系、重建战后经济秩序的国际经济组织。当时亟待解决的问题有三个：① 建立新的汇率制度，促进国际货币合作；② 促进国际资金合作，解决经济恢复和发展的资金来源；③ 减少和消除贸易障碍，重建国际贸易新秩序。1944 年 7 月，美、英等 44 个国家在美国新罕布什尔州的布雷顿森林召开联合国货币与金融会议，成立了国际货币基金组织和国际复兴开发银行，解决了前两个问题。对第三个问题的解决办法是酝酿建立国际贸易组织。

1945 年 11 月，美国提出"扩大世界贸易与就业方案"，提出建立新的国际贸易体系的一系列基本原则，倡导组建"国际贸易组织"（International Trade Organization ITO）以专门协调各国对外贸易政策和国际经济与贸易关系。

1946 年 2 月，联合国经社理事会通过决议，决定召开"联合国贸易与就业会议"，着手筹建国际贸易组织，并成立了筹备委员会。同年 10 月，经社理事会在伦敦召开第一次筹委会，讨论美国提出的《国际贸易组织宪章》草案，并成立了起草委员会对草案进行修改。

1947 年 4 月至 8 月，经社理事会在日内瓦召开了第二次筹委会，对《宪章》草案进行审议。在审议期间，考虑到短期内难以建立国际贸易组织，当时亟待解决的问题是各国的高关税，于是在美国的积极策动下，包括美国、英国、法国、加拿大与中国在内的 23 个国家就具体产品的关税减让进行了谈判，共达成了 123 项双边关税减让协议，这次谈判后来被称为关贸总协定第一轮多边贸易谈判。23 国还将达成的双边关税减让协议与《宪章》草案中有关商业政策的部分加以合并，命名为《关税与贸易总协定》，并于 1947 年 10 月 30 日在日内瓦签署了该协定。为尽快实施关税谈判的成果，美国联合英国、法国、比利时、荷兰、卢森堡、澳大利亚和加拿大等 8 国于 1947 年 11 月 15 日签署了《关税与贸易总协定临时适用议定书》，宣布从 1948 年 1 月 1 日起临时适用关贸总协定。1948 年又有 15 个国家签署该议定书，签署国达到 23 个，这 23 个国家就成为关贸总协定的创始缔约方。各缔约方还约定国际贸易组织成立后，以《宪章》的贸易规则部分取代关贸总协定的有关条款。

1948 年 3 月，在古巴哈瓦那召开的联合国贸易与就业会议上审议通过了经修改的《国际贸易组织宪章》，即《哈瓦那宪章》（Havana Charter）。但后来由于美国国会认为《宪章》中许多规定与美国国内立法相抵触，限制了美国的立法主权，最终未予批准。受其影响，绝大多数国家没有批准《宪章》，建立国际贸易组织的计划因此夭折，关贸总协定一直以临时适用的多边协定形式存在，从 1948 年 1 月 1 日开始实施到 1995 年 1 月 1 日世贸组织正式运行后与之并行一年，共存续了 48 年。

二、关税及贸易总协定的八大谈判概述

关贸总协定成立以来的发展和壮大,是以历经多轮多边贸易谈判为里程碑的。多边贸易谈判进行了八轮。

(一) 第一轮多边贸易谈判

第一轮多边贸易谈判于1947年4月至10月在瑞士日内瓦举行。第一轮谈判初始目标是建立国际贸易组织。但由于成立国际贸易组织的设想中途夭折,而参加大会的各国代表仍希望就相互减让关税问题进行谈判,并积极落实。因此,下调关税的承诺成为第一轮谈判的主要成果。在7个月里,有23个关税与贸易总协定创始缔约方(包括我国)参加谈判,就123项双边关税减让达成协议,涉及45 000种商品,平均下调关税35%。同时制定了包含关税减让和关税约束两份减让表,并绘制成总表。在双边基础上达成的关税减让,无条件地、自动地适用于全体参加方。因此,这次谈判成为有史以来最大规模的多边关税减让谈判。

(二) 第二轮多边贸易谈判

第二轮多边贸易谈判于1949年4月至10月在法国安纳西举行。召集本轮谈判的目的是给处于创始阶段的欧洲经济合作组织(后来的OECD)的成员提供进入多边贸易体制的机会,促使这些国家为响应欧洲经济合作组织的号召,为承担各成员之间的关税减让而作出努力。因此,该轮谈判的参加方除在原缔约方23国之间进行外,又增加了瑞典、丹麦、芬兰、意大利、希腊、海地、尼加拉瓜、多米尼加、乌拉圭和利比里亚等10国。本轮谈判的另一成果是美国的关税水平大幅下降。第二轮谈判总计达成147项关税减让谈判,涉及减税商品5 000余项,平均降低关税35%。

(三) 第三轮多边贸易谈判

第三轮多边贸易谈判于1950年9月至1951年4月在英国托奎举行。本次谈判的主要议题之一是讨论当时的西德、南朝鲜以及奥地利、秘鲁、菲律宾和土耳其的加入问题。由于参加谈判的缔约方增加,关税与贸易总协定缔约方的贸易额占世界贸易总额的80%以上。在关税减让方面,美国与英联邦国家(主要指英国、澳大利亚和新西兰)谈判进展缓慢。英联邦国家不愿在美国未作出对等减让的条件下,放弃彼此间的贸易优惠,美国与英国、澳大利亚和新西兰未能达成关税减让协议。此轮谈判共达成150项关税减让协议,涉及商品8 700多项,平均降低关税26%。

(四) 第四轮多边贸易谈判

第四轮多边贸易谈判于1956年1月至5月在瑞士日内瓦举行。由于美国国会认为美国在前几轮关税谈判中减让幅度明显超过其他缔约国,因此,这轮谈判美国政府代表团的谈判授权受到限制。美国代表团在几乎用足了国会的授权后,对进口只给予9亿美元的关税减让,而其本身所受减让约合4亿美元。本次谈判英国作了较大幅度的

关税减让,以弥补其前两轮的保留。另外,日本在对关税与贸易总协定的各缔约方作出了相当的关税减让后,加入了该组织。本论谈判的最终成果是关税减让商品涉及3 000余项,平均降低关税15%。

(五)第五轮狄龙回合谈判

第五轮多边贸易谈判于1960年9月至1962年7月在日内瓦举行,以美国副国务卿格拉斯·狄龙命名,共有45个国家参加。谈判先后分两个阶段,前一阶段自1960年9月至年底,着重对第四轮谈判的有关内容进行再谈判,并就1957年3月25日欧共体创立所引出的关税同盟和共同体农业政策问题与有关国家进行协商。后一阶段于1961年1月开始,就新减让项目及新加入成员减让项目进行谈判,并因欧共体加入关税与贸易总协定而展开了关于关税联盟的谈判。总协定工作组检查了欧共体实施统一对外关税的法律后,决定可按总协定关税同盟条款进行谈判。最后,欧共体的统一关税约束取代了欧共体国别的关税约束,欧共体对由此导致的任何单一国家(包括欧共体以外成员)的收支不平衡都将予以补偿。第五轮谈判关税减让商品涉及4 400多项,平均降低关税20%。欧共体六国统一对外关税也达成减让,平均税率降低6.5%,然而农产品和某些政治敏感性商品仍被排除在最后的协议之外。

(六)第六轮肯尼迪回合

1964年5月至1967年6月在瑞士日内瓦举行的第六轮谈判是当时美国总统肯尼迪根据1962年通过的美国《贸易拓展法》提议召开的,又称"肯尼迪回合"。1964年5月起,美国开始与共同体六国以及总协定其他成员进行削减关税的谈判。美国提出有关国家各减关税50%的建议,而西欧国家认为如各减关税50%,美国的关税仍高于西欧国家,因此提出"削平"方案,即高关税国家多减,低关税国家少减,以缩小双方的关税差距。这轮谈判历时三年多,1967年7月才勉强达成协议,商定从1968年起的五年内,美国工业品关税平均降低37%,而西欧各国则平均削减35%,涉及关税减让商品项目合计达60 000项之多,平均降低关税35%。这轮谈判是1973年以前关税与贸易总协定所主持的所有谈判中最广泛、最复杂的一次,共有占世界贸易额约75%的54个国家参加。谈判第一次涉及了非关税壁垒。关税与贸易总协定第六条虽然规定了反倾销和反补贴税的定义、征收这两类税种的要件和幅度,但各国为保护本国产业,滥用总协定第六条的情况时有发生。这轮谈判制定了第一个反倾销协议,即总协定第六条的实施细则。美国、英国、日本等21个国家签署了该协议,反倾销协议于1968年7月1日生效。

缔约方数量的增加是这一时期关税与贸易总协定的一个显著变化。20世纪60年代至70年代,相继独立的发展中国家加入了关税与贸易总协定。1965年2月,就在"肯尼迪回合"的谈判进程中,关税与贸易总协定新增了一个重要的部分,即第四部分"贸易与发展",清晰地阐明了有关发展中国家指导本国贸易政策的总目标。这一回合还开创了让波兰作为一个"中央计划经济国家"参加关税与贸易总协定多边贸易谈判的先例。

(七) 第七轮东京回合谈判

第七轮多边关税贸易谈判于1973年9月至1979年4月在日内瓦举行。这轮谈判因始于日本东京,故通称东京回合。肯尼迪回合多边关税贸易谈判结束后,国际贸易商品的总体关税税率水平大幅度下降,但贸易障碍并未完全消除。第一,约30%的进口产品仍不受关税减让协议的约束,特别是那些对发展中国家工业进步极为重要的工业品,其关税率仍维持在高水平上。第二,依加工程度而定的不断升级的税率,使加工产品及消费制成品的有效保护率大大高于其名义关税率。第三,农产品贸易中非关税壁垒的增多使贸易保护程度不断提高,而在第六轮多边谈判中农产品贸易又被主要发达国家列于一般降税商品范围之外,从而使农产品出口国受益程度大为降低。第四,非关税壁垒的大量采用和实施严重危及战后建立的多边国际贸易体系。因此,东京回合谈判除了继续进行关税减让谈判外,还将减少非关税措施纳入谈判。

东京回合部长会议宣言提出了一个关税与贸易总协定有史以来范围最广泛、目标最庞大的贸易谈判安排。除缔约方外,东京回合还对非缔约方开放,102个国家参加了谈判(含29个非缔约方)。

该轮谈判历时五年多,取得的主要成果涉及多个方面:第一,从1980年起八年内关税削减幅度为25%～33%,减税范围除工业品外,还包括部分农产品;第二,禁止工业品补贴,除国防、通信和部分能源设备外,各国用竞争性的国际投标方式进行采购;第三,制定海关评估进口关税的准则,消除歧视性海关估价。本轮谈判最终关税减让和约束涉及3 000多亿美元贸易额。

从多边贸易体制的发展过程和加强关税与贸易总协定的职能角度看,东京回合是一个重要的转折点,起到了承上启下的作用。一是开始实行按既定公式削减关税,关税越高减让幅度越大;二是产生了一系列只在少数缔约方生效的非关税壁垒协议(通常称为守则)。它们是补贴与反补贴措施、技术性贸易壁垒、进口许可程序、政府采购、海关估价、反倾销、牛肉协议、国际奶制品协议、民用航空器贸易协议;三是发展中国家可以有选择地参加相关协议或守则。

东京回合虽然取得了一定的成功,但它没有也不可能解决多边贸易体制面临的所有问题。农业出口国继续抱怨关税与贸易总协定没能解决它们关切的问题;对当时出口汽车实行自动限制的做法也没有结论性意见。类似问题都构成了对关税与贸易总协定体制的威胁。

(八) 第八轮乌拉圭回合谈判

乌拉圭回合是关税与贸易总协定主持下的第八轮多边贸易谈判,也是关税与贸易总协定的最后一轮谈判。从1986年9月谈判的启动到1994年4月最终协议的签署历时8年。参加乌拉圭回合谈判的国家和地区从最初的103个,增加到1993年底的117个和1994年4月谈判结束时的128个。此次多边贸易谈判的主要成果:一是强化了多边贸易体制,特别是将农产品和纺织品纳入到贸易自由化的轨道,并加强了争端解决机制。二是进一步改善了货物和服务业市场准入的条件,关税水平进一步下降,通过这轮谈判发达国家和发展中国家平均降税 1/3,发达国家工业制成品平均关税税率降为 3.5% 左右。同时通过谈判达成了服务贸易总协定,与贸易有关的投资措施和与贸易有关的知识产权协议。三是建立了世界贸易组织。

1. 乌拉圭回合谈判启动的背景

关税与贸易总协定前七轮谈判,大大降低了各缔约方的关税,促进了国际贸易的发展。但从 20 世纪 70 年代开始,特别是进入 80 年代以后,以政府补贴、双边数量限制、市场瓜分和各种非关税壁垒为特征的贸易保护主义重新抬头。为了遏制贸易保护主义,避免全面的贸易战发生,美、欧、日等缔约国共同倡导发起了此次多边贸易谈判,决心制止和扭转保护主义,消除贸易扭曲现象,建立一个更加开放的、具有生命力和持久的多边贸易体制。1986 年 9 月,关贸总协定部长会议在乌拉圭的埃斯特角城举行,同意发起乌拉圭回合谈判。

2. 乌拉圭回合谈判的目标、主要议题和成果

在 1986 年启动乌拉圭回合谈判的部长宣言中,明确了此轮谈判的主要目标:一是为了所有缔约方的利益特别是欠发达缔约方的利益,通过减少和取消关税、数量限制和其他非关税措施与壁垒,改善进入市场的条件,进一步扩大世界贸易;二是加强关税与贸易总协定的作用,改善建立在关税与贸易总协定原则和规则基础上的多边贸易体制,将更大范围的世界贸易置于统一的、有效的多边规则之下;三是增加关税与贸易总协定体制对不断演变的国际经济环境的适应能力,特别是促进必要的结构调整,加强关税与贸易总协定同有关国际组织的联系;四是促进国内和国际合作以加强贸易政策与其他影响增长和发展的经济政策之间的内部联系。

乌拉圭回合谈判议题包括传统的货物贸易和新议题。传统议题包括关税、非关税措施、热带产品、自然资源产品、纺织品服装、农产品、保障条款、补贴和反补贴措施、争端解决问题等。新议题则涉及服务贸易、与贸易有关的投资措施和与贸易有关的知识产权。

乌拉圭回合经过 8 年谈判,除建立世界贸易组织外,还取得了一系列成果。

(1) 在货物贸易方面:乌拉圭回合有关货物贸易的谈判可以分为两个内容,即关税减让的谈判和规则的谈判。

在关税减让方面,发达成员对工业品的关税减让幅度达 40%,即加权平均税率从 6.3% 减为 3.8%;发达成员承诺关税减让的税目占其全部税目的 93%,占全部贸易额的 84%,其中承诺减让到零关税税目的比例由乌拉圭回合前的 21% 增长到 32%,涉及的贸易额从 20% 增长为 44%;15% 以上的高峰税率比例由 23% 下降为 12%,涉及贸易额为 5%,主要为纺织品和鞋;从关税约束水平方面分析,发达成员承诺关税约束的税目由 78% 上升为 99%,涉及的贸易额由 94% 增长为 99%。

发展中成员工业品的关税减让水平低于发达成员，贸易加权平均税率由15.3%减为12.3%。从约束关税范围上分析，发展中成员税目约束比例由21%上升为71%，涉及的贸易额由13%增长为61%。大部分发展中成员在乌拉圭回合后全面约束了关税，如智利、墨西哥、巴西、阿根廷等，印度、韩国、印度尼西亚、马来西亚、泰国约束关税的比例在90%左右。工业品关税的实施期为从1995年1月1日起5年内完成。

无论是发达成员还是发展中成员，均全面约束了农产品关税，并承诺进一步减让，农产品减让从1995年1月1日开始，发达成员的实施期为6年，发展中成员的实施期为10年，但部分发展中成员也承诺6年的实施期。

对于发达成员，从减让幅度上看，发达成员总体关税的削减幅度在37%左右，发展中成员平均减让幅度在24%左右。

在制定规则方面，乌拉圭回合达成的协议主要分为四组。第一组包括《1994年关税与贸易总协定》（简称GATT1994）[它是对原来的《关税与贸易总协定》（简称GATT1947）的修改版本]和如何履行谅解与减让表的《1994年关税与贸易总协定马拉喀什议定书》。第二组包括两项主要协议，主要目的是将农产品贸易和纺织品与服装贸易纳入到正常的贸易规则管辖之下。第三组包括《技术性贸易壁垒》、《海关估价》、《装运前检验检疫》、《原产地规则》、《进口许可程序》、《实施卫生与植物卫生措施协议》和《与贸易有关的投资措施》等7项协议。第四组包括《保障措施》、《反倾销》、《补贴与反补贴》三项贸易补救措施协议。

（2）在服务贸易方面：过去关税与贸易总协定只涉及货物贸易领域，服务贸易不属于关税与贸易总协定多边贸易体制的管辖范围，因此，许多国家在服务贸易领域采取了不少保护措施，明显制约了国际服务贸易的发展。为了推动服务贸易的自由化，在乌拉圭回合谈判中，发达国家提出将服务业市场准入问题作为谈判的重点，经过8年的讨价还价，最后签署了《服务贸易总协定》（英文缩写GATS），并于世界贸易组织成立的1995年1月1日正式生效。

（3）在与贸易有关知识产权方面：知识产权是个人或单位基于智力创造性活动的成果所产生的权利。与货物贸易中的有形物质相比，知识产权是一种看不见、摸不着的“无形”资产，它包括专利权、商标权、版权和商业秘密等。知识产权的一个重要特点是地域性，即一个国家的法律给予知识产权的保护权在本国范围内有效，在别的国家不产生效力。为了便于一个国家的自然人或法人的知识产权在国外也能够取得法律保护，世界各国通过签订双边或多边条约，逐步建立起国际知识产权保护制度。但是，随着世界经济的发展，国际贸易范围的扩大和技术开发的突飞猛进，有关保护知识产权的国际协定已不适应新的需要，同时还由于知识产权与国际贸易的发展关系日益密切，关税与贸易总协定便将与贸易有关的知识产权纳入乌拉圭回合多边谈判之中。

乌拉圭回合知识产权谈判组于1991年12月提出了《关于与贸易相关的知识产权

协议》(英文缩写 TRIPS)。该协议经过讨论修改后,在乌拉圭回合结束之际被各国接受而成为正式协议。该协议明确了知识产权国际法律保护的目标和动机;扩大了知识产权保护的范围,加强了相关的保护措施;强化了对仿冒和盗版的防止与处罚;协议强调对反竞争行为和歪曲贸易的控制;协议规定了对发展中国家提供特殊待遇的过渡期安排;最后协议还规定了与贸易有关的知识产权机构的职责,以及相互之间合作的安排。知识产权协议是乌拉圭回合一揽子结果的重要组成部分,所有世界贸易组织成员都受其规则的约束。

纵观关贸总协定 48 年的存续期,它在推动国际贸易自由化,建立国际贸易新秩序上发挥了巨大的作用。首先,经过八轮谈判,全体缔约方的平均关税水平从 20 世纪 40 年代末的 40% 左右下降到 90 年代末发达国家的 4% 左右和发展中国家的 12% 左右;缔约方还在非关税措施上达成了协议,非关税措施的应用受到了约束。其次,关贸总协定的管辖范围从商品扩展到了服务贸易、知识产权和与贸易有关的投资措施等。再次,关贸总协定建立了一套有关国际贸易的原则和协议,提高了国际贸易管理的透明度,还协商处理了 100 多起缔约方之间的贸易纠纷等。最后,关贸总协定的正式缔约方从最初签署临时议定书的 23 个发展到 1994 年底的 128 个,缔约方的贸易量占到世界贸易总量的 90% 以上,充分体现了多边贸易体制的广泛性。

三、关税与贸易总协定的积极作用及局限性

(一) 关税与贸易总协定的积极作用

关贸总协定实施以后,即开始进行全球多边贸易谈判,40 多年来,经过多次关税减让谈判,缔约国关税已有大幅度的削减,世界贸易已增长十几倍,其在国际贸易领域内所发挥的作用越来越大,主要表现在以下几个方面:

1. 为各成员国规范了一套处理贸易关系的原则及规章

总协定通过签署大量协议,不断丰富、完善多边贸易体制的法律规范,对国际贸易进行全面的协调和管理。

2. 为解决贸易关系中所产生的矛盾和纠纷提供了场所与规则

总协定为了解决各成员国在国际贸易关系中所产生的矛盾和争议,制定了一套调处各成员国争议的程序和方法。总协定虽然是一个临时协定,但由于其协调机制有较强的权威性,因而使大多数的贸易纠纷得到了解决。

3. 总协定为成员国举行关税减让谈判提供了可能和方针

总协定为各国提供了进行关税减让谈判的场所。总协定自成立以来,进行过八大回合的多边贸易谈判,关税税率有了较大幅度的下降。发达国家的平均关税已从 1948 年的 36% 降到 20 世纪 90 年代中期的 3.8%,发展中国家和地区同期降至 12.7%。这种大幅度地减让关税是国际贸易发展史上所未有的,对于推动国际贸易的发展起了很

大作用,为实现贸易自由化创造了条件。

4. 总协定努力为发展中国家争取贸易优惠条件

关贸总协定成立后被长期称做"富人俱乐部",因为它所倡导的各类自由贸易规则对发达国家更有利。但随着发展中国家成员国的增多和力量的增大,总协定不再是发达国家一手遮天的讲坛,已经增加了若干有利于发展中国家的条款,为发展中国家分享国际贸易利益起到了积极作用。

5. 总协定为各国提供经贸资料和培训经贸人才

关贸总协定与联合国合办的"国际贸易中心",从各国搜集统计资料和其他资料,经过整理后再发给各成员国,并且举办各类培训班,积极为发展中国家培训经贸人才。

(二) 关税与贸易总协定的局限性

1. 关贸总协定在成立之初就是一个"临时协定"

1948 年 1 月 1 日关贸总协定生效后,逐步演变成一个越来越庞大的国际组织,但又不是正式的国际组织,只能算一个准国际组织。由于关税与贸易总协定不是一个正式的国际组织,因此使它在体制上和规则上有着多方面的局限性。

2. 关贸总协定的许多规则不严密,执行起来有很大空隙

一些国家按照各自的利益理解协定条文,总协定又缺乏必要的核查和监督手段。如总协定"用倾销手段将一国产品以低于正常价值的办法进入另一国国内市场,如因此对某一国领土内已建立的某项工业造成实质性损害或产生实质性威胁"的规定,实际执行起来很难界定。于是,一些国家就用国内立法来征收反倾销税,使其成为这些国家推行贸易保护主义的重要手段。后来"东京回合"虽补充了有关的多边协议,但贸易保护主义浪潮迭起。

3. 关贸总协定中还存在着大量"灰色区域",有很多例外

某些缔约国违背关贸总协定的原则,用国内立法和行政措施来对别国实行贸易歧视。它们利用"灰色区域",通过双边安排,强迫别国接受某些产品的出口限制的事屡见不鲜。由于关贸总协定原则的例外过多,致使许多原则不能得到很好的贯彻实施。例外过多和沿用例外,已侵害到关贸总协定的一些基本原则。尽管关贸总协定在关税减让方面成绩显著,但由于总协定中存在着漏洞,许多缔约国便绕开关税采用非关税壁垒。尽管规定了一般取消数量限制,但由于例外,数量限制仍是贸易保护主义的主要手段。

4. 解决纠纷常常无法议决,难以取得实际成效

关贸总协定在解决国际经济贸易纠纷上起到了不小的作用。但关贸总协定解决国际经济贸易纠纷的主要手段是协商,最后是缔约方的联合行动,至今没有具有法律约束性的受制手段,这就使许多重大国际贸易争端无法解决。

第三节 世界贸易组织

世界贸易组织简称世贸组织(World Trade Organization,缩写为WTO),成立于1995年1月1日,是按照乌拉圭回合多边谈判所达成的一整套协定和协议的条款作为国际法律规则,对各成员之间在经济贸易关系方面的权利和义务进行监督、管理履行的正式国际经济贸易组织。

一、世界贸易组织的产生和发展

世界贸易组织的建立是关税与贸易总协定的延续和发展。世界贸易组织是一个独立于联合国的永久性国际组织,负责管理世界经济和贸易秩序,国际贸易领域最大的政府间的国际组织,成立于1995年1月1日,1995年与关税与贸易总协定并行了一年,1996年1月1日最终取代了关贸总协定。

世贸组织成员分四类:发达成员、发展中成员、转轨经济体成员和最不发达成员。2006年11月7日,世界贸易组织总理事会在日内瓦召开特别会议,正式宣布接纳越南成为该组织的第150个成员。这样,世贸组织正式成员增加到150个。

世界贸易组织的建立是关贸总协定第八轮乌拉圭回合谈判的一个成果。当1986年"乌拉圭回合"谈判开始时,其中的15个议题中并没有建立世界贸易组织问题,只是建立了一个关于修改和完善关贸总协定体制问题、服务贸易以及投资等问题。面对这些国际贸易的重要的、新的议题,原来的关税与贸易总协定组织很难完成监督与管理职能。因此,在1990年初,欧共体时任主席国意大利首先提出了建立一个多边贸易组织的倡议。这个倡议后来以12个成员国名义正式提出,得到了美国、加拿大等主要西方大国的支持。同年12月召开的布鲁塞尔部长会议正式作出决定,责成体制职能小组负责"多边贸易组织协议"谈判。历经一年多的紧张谈判,于1991年12月形成了一份《关于建立多边贸易组织的协定草案》,后经两年的修改和完善,最终于1993年12月15日"乌拉圭回合"结束时,根据美国的建议把"多边贸易组织"改名为"世界贸易组织"。《建立世界贸易组织协议》于1994年4月15日在摩洛哥的马拉喀什部长级会议上获得通过。至此,一个国际贸易的正式组织——世界贸易组织宣告成立,于1995年1月1日开始运作,从而结束了40多年的关税与贸易总协定。

世界贸易组织较之前的关税与贸易总协定有较大进步,主要表现在以下几个方面:

(1) 关贸总协定是一个临时性生效的政府多边贸易协定,而世界贸易组织是一个具有国际法人资格的永久性国际组织。

(2) 关贸总协定的职责范围局限于有形的货物贸易,而世界贸易组织的职责范围从货物贸易延伸到服务贸易、与贸易有关的投资和知识产权在内的无形贸易。

(3) 世界贸易组织的机构、运作机制、成员相互的约束能力均强于关贸总协定，其权威性大大高于关贸总协定，从协调关税到非关税的措施，逐渐转向到成员国内的立法和政策方面。

二、宗旨

世贸组织的宗旨是：提高生活水平，保证充分就业和大幅度、稳步提高实际收入和有效需求；扩大货物和服务的生产与贸易；坚持走可持续发展之路，各成员方应促进对世界资源的最优利用、保护和维护环境，并以符合不同经济发展水平下各成员需要的方式，加强采取各种相应的措施；积极努力确保发展中国家，尤其是最不发达国家在国际贸易增长中获得与其经济发展水平相适应的份额和利益；建立一体化的多边贸易体制。

三、原则

世界贸易组织的原则是在继承关税贸易总协定基本原则的基础上修改形成的。主要包括以下六个方面：

(一) 非歧视原则

这一原则的目的在于消除歧视性的政府干预，使得各国可以按照自己的比较优势进行分工，资源能够有效地利用，增加社会福利。同时，歧视性的待遇会煽动起贸易报复，加剧贸易中的摩擦和矛盾，机会不平等的歧视待遇是国际冲突的主要根源。非歧视性原则由两部分内容组成：一是最惠国待遇原则；二是国民待遇原则。

(二) 贸易自由化原则

所谓贸易自由化原则，从本质上讲，就是限制和取消一切妨碍和阻止国际贸易开展与进行的障碍，包括法律、法规、政策和措施等。而世界贸易自由化从根本上说，是通过削减关税、弱化关税壁垒以及取消和限制形形色色的非关税壁垒措施来实现的。因此，这一原则又是通过关税减让原则和一般取消数量限制原则来实现的。

(三) 透明度原则

这一原则继承了关贸总协定的贸易政策法规在全国统一实施和透明原则，是世界贸易组织成员在货物和服务贸易中必须遵守的基本原则。它要求有关成员方政府在实施与贸易有关的法律和规章时，必须予以公布，接受其他成员对其政策法规进行检查、监督和纠正，以保证成员方有关法规真正符合建立世界贸易组织协议的规定。但世界贸易组织允许成员方对某些机密不予公开。

(四) 市场准入原则

所谓市场准入是一国允许外国的货物、劳务与资本参与本国市场的程度。市场准入原则旨在通过增强各国对外贸易体制的透明度，减少和取消关税、数量限制和其他各种强制性限制市场进入的非关税壁垒,以及通过各国对开放本国特定市场所作出的具体承诺,切实改善各缔约国市场准入的条件,使各国在一定期限内逐步放宽市场开发的领域,加深市场开放的程度,从而促进世界贸易的增长,保证各国的商品、资本和服务可以在世界市场上公平自由竞争。

(五)公平公正处理贸易争端原则

国际贸易争端是随着国家间经济交往的开始和发展所不可避免的一种现象。在关贸总协定所规定的争端解决程序和对其的修改、补充基础上形成的世界贸易组织争端解决机制体现了贸易争端处理的公正、平等的原则。具体体现在以下几个方面:实行调整制度;建立上述机构;从全体一致通过机制到全体一致否定机制的转变;对发展中国家及最不发达国家的特殊规定及世界贸易组织的道义压力。这种机制体现了贸易争端处理的公正、公平原则。

(六)给予发展中国家和最不发达国家优惠待遇原则

这项原则是关贸总协定原则的进一步加强。世界贸易组织除了继续对发展中国家的贸易与经济方面实行关税和其他特殊优惠待遇之外,还在以下几个方面给予发展中国家一定的优惠待遇:① 允许发展中国家用较长的时间履行义务,或有较长的过渡期;② 允许发展中国家履行义务时有较大的灵活性;③ 规定发达国家向发展中国家提供技术援助,以利于后者更好地履行义务。

四、职能

《建立世界贸易组织协定》的第三条规定了世贸组织的主要职能,即促进世贸组织的多边及诸边贸易协定的执行、实施和管理;为成员提供多边贸易谈判的讲坛和场所;解决成员之间的贸易争端;监督各成员的贸易政策;与其他同全球经济政策制定有关的国际机构进行合作;为发展中国家提供技术援助和培训。

五、组织机构

世界贸易组织的主要机构包括部长会议、总理事会、理事会、委员会、诸边贸易协议设置的机构、秘书处及争端解决及审议机制等。这些组织机构的设置与运作对于世界贸易组织宗旨和职能的履行具有十分重要的意义。

(一)部长会议

部长会议由世界贸易组织全体成员方的贸易部长、副部长级官员或其全权代表组成,至少每两年举行一次会议,是世界贸易组织的最高决策机构。部长会议履行世界贸易组织的职能并为此采取必要的行动,它可以应任何一个成员方的要求,根据《建立世界贸易组织协定》及有关多边贸易协定关于决策的具体规定,对任何多边贸易协议规定的事项作出决定。

部长会议的主要职能是:任命世贸组织总干事并制定有关规则;确定总干事的权力、职责、任职条件和任期以及秘书处工作人员的职责及任职条件;对世贸组织协定和多边贸易协定作出解释;豁免某成员对世贸组织协定和其他多边贸易协定所承担的义务;审议其成员对世贸组织协定或多边贸易协定提出修改的动议;决定是否接纳申请加入世贸组织的国家或地区为世贸组织成员;决定世贸组织协定及多边贸易协定生效的日期;等等。下设总理事会和秘书处。

(二) 总理事会

总理事会由世界贸易组织全体成员方常驻代表组成,负责处理世界贸易组织的日常工作。它既是世界贸易组织的一个主要执行机关,又是一个常设的决策机关。在部长会议休会期间,行使部长会议的各项职能。总理事会应当在其认为必要时召开会议,可自行拟订规则及会议议程,以处理日常事务。另外,总理事会还要负责监督世界贸易组织下属的各协议和部长会议的执行,负责协调各分理事会、委员会、贸易争端解决机构、贸易政策评审机构的工作,接受并评价它们的工作报告。具体地说,总理事会的职能包括以下七个方面:

(1) 指导货物贸易理事会、服务贸易理事会和与贸易有关的知识产权理事会的工作,批准分理事会各自相应的程序规则。

(2) 定期或不定期地听取贸易与发展委员会、国际收支限制委员会以及预算、财务和管理委员会的汇报,促使各委员会更好地履行世界贸易组织协定以及多边贸易协议所赋予的各种职能。

(3) 履行《关于争端解决规则和程序的谅解》规定的争端解决机构的职能。在一般情况下,总理事会在履行争端解决职能时,即可视为争端解决机构。但是争端解决机构可以有自己的主席以及建立必要的程序规则来履行自己的义务。

(4) 履行贸易政策评审机构的职能。贸易评审机构同样可以有自己的主席和建立必要的程序规则来履行自己的义务。

(5) 听取各诸边贸易协议机构关于它们各自经营活动的汇报,并监督上述机构履行诸边贸易协议所赋予的职能,使其在世界贸易组织机构框架的范围内进行活动。

(6) 对世界贸易组织的相关事务与各政府组织的协商和有效的合作进行适当的安排,并与各种非政府组织的协商与合作进行适当的安排。

(7) 接受并批准预算、财务和管理委员会提出的关于世界贸易组织年度预算和财务报告的建议。

(三) 理事会

理事会也称分理事会,由全体成员方的代表组成,是总理事会的附属机构。世界贸易组织在总理事会下设立了三个分理事会:货物贸易理事会、服务贸易理事会以及与贸易有关的知识产权理事会。三个理事会在总理事会的指导下工作,行使总理事会赋予的职责。

1. 货物贸易理事会

货物贸易理事会负责世界贸易组织协定附件1A货物贸易多边协议的相关事宜。除了争端解决职能应当由世界贸易组织争端解决机构履行之外,货物贸易理事会应具有监督业已达成的各项货物贸易协议的功能以及任何其他由总理事会所赋予的职责。货物贸易理事会应根据工作需要,设立一个委员会或者其他附属机构来监督所达成的有关协议的运行,并有权批准它们的程序规则。

2. 服务贸易理事会

服务贸易理事会负责世界贸易组织协定附件1B服务贸易总协定的相关事宜。服务贸易理事会除了争端解决的职能应当由争端解决机构行使之外,应当具有监督服务贸易协议的功能以及任何其他总理事会赋予的职责。服务贸易理事会应根据工作需要,设立一个委员会或者其他附属机构来监督所达成的有关协议的运行,并有权批准它们的程序规则。

3. 知识产权理事会

知识产权理事会负责世界贸易组织协定附件1C知识产权协议的相关事宜。除了争端解决职能需要由争端解决机构行使之外,知识产权理事会应有监督与贸易有关的知识产权协议的功能,其中包括关于冒牌货的贸易以及任何其他由总理事会所赋予的职责。同样,知识产权理事会应当根据工作的需要,设立一个委员会或者其他附属机构监督协议的运行,并有权批准它们的程序规则。

四、委员会

根据世界贸易组织的协定,部长会议设立了贸易与发展委员会、贸易与环境委员会、国际收支限制委员会以及预算、财务和行政管理委员会,由它们履行世界贸易组织协定和多边贸易协定所赋予的职责以及总理事会所赋予的职责。另外,总理事会以及"乌拉圭回合协议"下的各项协议均可以设立专门的委员会或者其他名称的机构以实施各项协议。

五、诸边贸易协议设置的机构

世界贸易组织设立了四个只有世界贸易组织成员方接受才能生效的诸边贸易协议,分别是《关于民用航空器贸易协议》、《政府采购协议》、《国际奶制品协议》、《国际牛肉协议》。目前,后两个协议已经废止,另外两个协议都已经建立了自己的管理机构,并向总理事会报告工作。

六、秘书处

根据《建立世界贸易组织协定》的规定,应当设立一个由总干事领导的秘书处。其中,总干事是世界贸易组织的行政首长,由部长会议任命,并确定其权利、责任、任职条件与任期。而秘书处是世界贸易组织的日常办事机构，由总干事领导，负责处理世界贸易组织的日常事务。秘书处的职员由总干事任命，并根据部长会议通过的规则确定他们的责任和任职条件。

小资料：世界贸易组织机构图

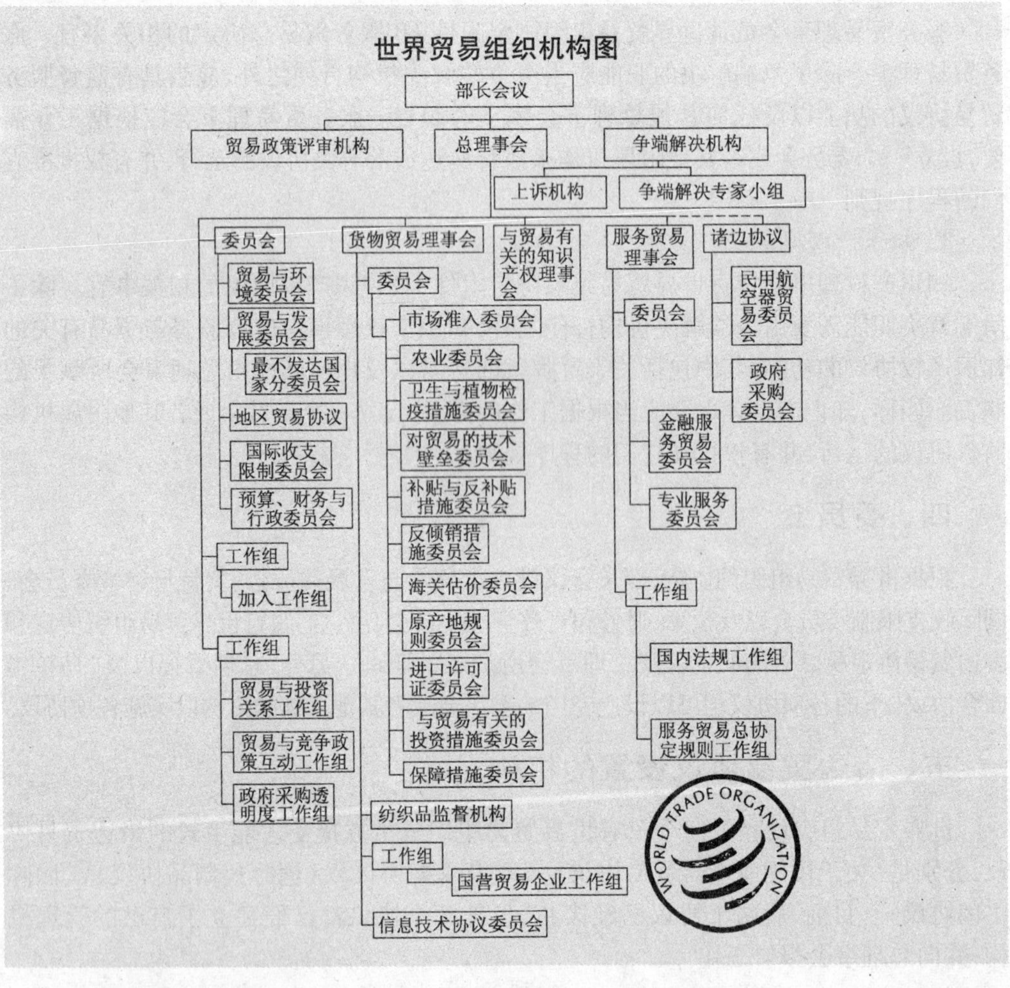

六、世界贸易组织的加入和退出

（一）加入

关贸总协定的成员称为缔约方或缔约国，世界贸易组织的成员称为成员方。世界贸易组织的成员方为两类:创始成员方(original members)和加入成员方(acceding members)。

1. 创始成员方

凡世界贸易组织章程生效时的《1974年关贸总协定》的缔约方和欧盟成员,接受该章程和各项多边贸易协定的,其各项减让和承诺表附于《1994年关贸总协定》的,且其具体承诺表附于服务贸易总协定的,均应成为世界贸易组织的创始成员方。上述规定表明:原来的关贸总协定缔约方并不当然属于世界贸易组织的创始成员方,它们还必须具备一定的条件:① 必须按章程规定的程序和期限履行接受世界贸易组织章程和乌拉圭回合的各项多边贸易协定的手续;② 必须按乌拉圭回合各项多边贸易协定作出关税减让表和各种非关税承诺表;③ 必须在服务贸易领域做出具体的市场准入承诺表。关贸总协定的缔约方必须同时具备以上三个条件,才能成为世界贸易组织的成员方。

2. 加入成员方

世界贸易组织是一个开放性的国际组织,任何主权国家,任何单独关税区,即在对外商务及世界贸易组织规则规定的其他事项的处理方面拥有完全自主权的地区,均可申请成为世界贸易组织的成员方。一国或地区要加入世界贸易组织,成为加入成员方,要经过提出申请——贸易体制的审议——双边谈判——完成加入条件——通过加入五个阶段。

提出申请。申请加入世界贸易组织的国家或单独关税区,应首先向世界贸易组织提出正式申请。在提出申请的同时,应递交有关其对外贸易政策的备忘录。

贸易体制的审议。世界贸易组织接受加入的申请后,将成立专门的工作组对其贸易体制进行审议。在审议中,如对其备忘录内容有疑问,申请者应进行解释。在审议期间,如申请者的对外贸易政策发生了重大变化,应作出补充说明。

双边谈判。世界贸易组织各成员方可提出要求与申请者进行双边谈判,双方就履行世界贸易组织的各项协议作出承诺,达成双边协议。根据世界贸易组织的非歧视原则,申请者在这些协议中所作承诺将同时适用于其他成员方。

完成加入条件。当工作组完成对申请者贸易体制的审议、并且双边谈判结束后,进入这一阶段。工作组将审议贸易体制的结果和双边谈判达成的协议列在工作组报告、加入议定书及减让表中。

通过加入。工作组提出最终报告,其内容包括加入议定书草案以及由双边谈判达成的承诺表,提交给总理事会或部长会议以备通过。如世界贸易组织成员的2/3多数投赞成票,申请方便可签署议定书从而在30天后正式成为世界贸易组织的加入成员方。

(二) 世界贸易组织的退出

根据《建立世界贸易组织协定》第15条的规定,任何成员方可自愿退出世界贸易组织。对其退出没有实体条件的约束，但应符合程序条件，即成员方的退出在世贸总干事收到退出的书面通知之日起6个月期满时方能生效。截至目前，世界贸易组织的成员方还没有退出的先例。

（三）世界贸易组织的争端解决机制

世界贸易组织的争端解决机制，其主要内容集中在《关于争端解决规则和程序的谅解》（以下简称《谅解》）中。该《谅解》共27条，另有4个附件。

1. 建立争端解决机制的目的

建立争端解决机制的目的在于维护成员方在有关协定中规定的权利和义务，达成能为争端各方接受的、与有关协定的规则相一致的解决方法，或至少能立即撤销那些与有关协定不相一致的措施。在不可能撤销这些措施时，可采取相应的补偿措施，并作为解决争端的最后手段，由争端解决机构授权成员一方中止有关协定的减让或其他义务。

2. 争端解决机制适用范围

（1）《建立世界贸易组织协定》。

（2）多边贸易协定，包括：附件1A多边货物贸易协定》；附件1B《服务贸易总协定》；附件1C《与贸易有关的知识产权协定》；附件2《关于争端解决规则和程序的谅解》。

（3）诸边贸易协议。

3. 争端解决机制的主要程序

（1）磋商。某一成员方认为另一成员方的贸易措施影响了其利益时，可以提出书面磋商申请，如果收到申请的成员方在规定的时间内未作出答复，或未进行磋商或双方未能解决争端，申请磋商一方可要求成立专家小组。

（2）斡旋、调解和调停。在另一成员方收到磋商请求后，双方中的任何一方可以要求第三方进行斡旋、调解和调停。此程序是各当事方同意而自愿选择的程序，不影响任何一方采取进一步程序的权利。

（3）成立专家小组。如果当事方请求成立专家小组，则世贸组织争端解决机构（世贸组织总理事会在履行争端解决职责时则被视为争端解决机构，简称DSB）最迟应在该请求被首次列入DSB会议议程的下一次DSB会议上成立专家小组。专家小组由3—5名在国际经贸领域有丰富经验的资深政府和非政府人员组成。专家小组组成后，应制订工作时间表。

（4）上诉审议。当争端一方对专家小组的报告持有异议时，可向争端解决机构提交上诉报告。世贸组织争端解决机构设立常设上诉机构处理有关案件，该常设上诉机构的主要职能是，仅审查专家小组报告中涉及的法律问题和专家小组作出的法律解释。上诉机构可以维持、修改和推翻专家小组的法律裁决或结论。

（5）对执行建议和裁决的监督。专家小组或上诉机构报告或建议，经争端解决机构通过后的30天内,有关成员应通知争端解决机构其执行建议或裁决的意向。若不能履行,则应在"合理的时限"内达到与协议的规定一致。如果建议和裁决不能在"合理的时限"内执行完毕,则各方应共同协商达成可行的赔偿方案,以通过赔偿的方式来执行建议和裁决。如果当事方未能在"合理时限"期满日之后20天内达成令人满意的赔偿协议,任一当事方可请求争端解决机构授权"报复",即中止履行有关协定项下的减让或其他义务。

小资料:

瑞士日内瓦当地时间2008年2月13日,由3名成员组成的世界贸易组织争端解决小组,对美国、欧盟和加拿大对中国的汽车零部件投诉案作出了初审裁定,认为中方对进口汽车零部件征收高关税的政策,违背了中国"入世"时的承诺,判决中方败诉,要求中国必须依照世界贸易组织原则立即终止这项政策。至此,中国遭遇了自2001年加入世界贸易组织(WTO)以来的第一次败诉。

资料来源:北方网:http://www.enorth.com.cn

七、世界贸易组织的积极作用及挑战

(一)世界贸易组织的积极作用

1. 世界贸易组织成为当今世界多边贸易体制的组织和法律基础

世界贸易组织继承和发展了1947年关贸总协定的基本原则,成为当今世界多边贸易体制的组织和法律基础。到2007年7月,世界贸易组织成员已达150个,成员贸易额已占世界贸易额的90%以上。因此,世界贸易组织对世界贸易和世界经济的影响是其他国际组织无法取代的。它使多边贸易体制的作用得到加强,促进了国际分工的深化,世界市场的统一。

2. 世界贸易组织有利于世界市场竞争的规范化

世界贸易组织为世界市场竞争和合作提供了一个"开放、公平和无扭曲竞争"的规则,为不同体制、不同国家的企业竞争提供了一个活动舞台,为经济全球化提供了适宜的制度环境。在此共同规则下进行贸易活动,可以减少摩擦,缓解矛盾。世界贸易组织的争端解决机制在一定程度上避免了许多"贸易战",减少了贸易战给各方带来的损失

3. 有利于资源在世界范围内的合理配置,从而提高了全球消费者的福利

贸易、投资的自由化,有利于资源的流动,从而提高了资源或生产要素的使用效率,促进经济发展和收入水平的提高。据估算,乌拉圭回合贸易协定和协议的实施,使世界

贸易组织成员收入净增加 1 090 亿到 5 110 亿美元。同时也使消费者得到更好的产品和服务，增进了消费者的福利。

4. 促进政府改革

世界贸易组织规则对政府的不当行为进行了规范约束，促进政府成为高产、廉政和负责任的政府，使政府决策更为科学，从而促进该国经济的发展和国民生活水平的提高。

（二）世界贸易组织面临的挑战

1. 贸易大国在世界贸易组织中的强势地位

在世界贸易组织中，发达国家数量不多，但在世界贸易额中的比重高达 65% 以上，其中美国、欧盟、日本和加拿大又占了绝大比重。这种情况决定了发达国家在世界贸易组织中起着决定性的作用，在谈判中居于强势地位，享受权利和履行义务能力高于发展中国家，一些国家出于本国利益考虑，使得世界贸易组织协定与协议的制定并没有真正做到“平等”，使得世界贸易组织的协定与协议的履行出现不平衡。

2. 一些不利因素影响着发展中国家充分享受权利

虽然发展中国家能够享受一些特殊待遇，但是一些因素使得发展中国家难以充分享受这些特殊待遇。第一，由于关税在逐步降低，普惠制对发展中国家在发展对外贸易、扩大出口方面的作用在减少。第二，由于资金有限，发展中国家不能积极参与世界贸易组织举行的各种活动。至 2007 年，有 39 个发展中国家成员在世界贸易组织没有设立他们的代表处。第三，一些发展中国家，特别是最不发达国家被边缘化。原因有多方面：在供应方面出现障碍，制约经济结构的改进；对初级产品的出口过度依赖；政治不稳定等。

3. 地区经济一体化对世界贸易组织的双重影响

地区经济一体化促进了集团内部经济贸易的增长，促进了集团内部国际分工的深化，促进了集团内部的贸易自由化和市场的开放。但是地区经济一体化产生的经贸集团的内聚力具有排他性。例如，在关税同盟下，成员在关税统一过程中，决策结构会更多地偏向保护或者干预，对世界贸易组织的作用构成了严重的挑战。

4. 世界贸易组织中存在矛盾的协调与解决

世界贸易组织是世界经贸发展的产物，但在世界贸易组织中也存在和孕育着各种各样的矛盾，诸如发达国家与发展中国家的矛盾；世界贸易组织原则与例外的矛盾；贸易自由化与允许合理保护的矛盾；比较优势变化与已有规则约束和规则滞后的矛盾；政府组织与非政府组织之间的矛盾；违规与报复之间的矛盾等。这些矛盾若得不到处理和解决，势必影响到世界贸易组织的形象和作用。

第四节 世界贸易组织与中国

一、中国加入世贸组织

(一) 要求复关

中国是关贸总协定的创始缔约国。1947 年 4 月至 10 月，当时的“中华民国”政府代表中国参加了联合国贸易与就业会议第二次筹委会，与会期间与美国、英国、法国、荷兰、比利时、卢森堡等 18 个国家进行了双边关税减让谈判并达成了协议，还参与了拟订关贸总协定条款的工作，并于 10 月 30 日签署了关贸总协定。1948 年 4 月 21 日，“中华民国”政府代表中国作为最后文件签字国之一签署了《关税与贸易总协定临时适用议定书》。

1949 年 10 月 1 日，中华人民共和国成立并成为代表中国的唯一合法政府，国民党政府败退台湾。1950 年 3 月 6 日，国民党政府非法宣布退出关贸总协定，退出于 1950 年 5 月 5 日起生效，加之当时复杂的国际局势，使新中国政府基本上和关贸总协定终止了往来。从此中国失去了在关贸总协定的席位。

1982 年 11 月，在不损害中国主权缔约国席位的前提下，中国首次以观察员身份派代表列席了关贸总协定第 38 届缔约方大会，此后中国每年都列席关贸总协定的缔约方大会。1986 年 7 月 11 日，中国向关贸总协定秘书处正式提出了恢复中国缔约方席位的申请，并于 1987 年 2 月 13 日向关贸总协定递交了《中国对外贸易制度备忘录》。同年 3 月 4 日，关贸总协定理事会决定成立中国工作组，负责审议中国复关问题。中国工作组在 1988 年 2 月举行了首次会议。概括起来，中国的复关谈判经历了以下三个阶段。

第一阶段从 20 世纪 80 年代初到 1986 年 7 月，主要是酝酿、准备相关事宜。

第二阶段从 1986 年 7 月到 1992 年 10 月，主要是审议中国经贸体制，中方要回答的中心题目是到底要实行市场经济还是计划经济。

第三阶段从 1992 年 10 月到 1994 年 12 月，中方进入实质性谈判，即双边市场准入谈判和围绕起草中国“入世”法律文件的多边谈判。

但由于美国、欧盟及日本等国家无视中国现实的经济发展水平，不断提出超出我国承受能力的过高要价，导致最终未能达成协议，中国未能在乌拉圭回合一揽子协议生效前恢复关贸总协定缔约方席位，未能成为世贸组织的创始成员。

（二）申请“入世”

1995 年 1 月 1 日世界贸易组织正式成立，取代了关贸总协定，中国“复关”谈判也转为“入世”谈判。由于进入 20 世纪 90 年代以来，中国的经济实力得到了进一步增强，在国际舞台上发挥了越来越重要的作用，特别是在东南亚经济危机中，中国政府采取了积极负责的态度和行动，对全球经济的稳定作出了突出贡献，赢得了世界上大多数国家的注目和尊重。在中国和其他谈判方的共同努力下，中国的“入世”谈判取得重大进展，特别是 1999 年 11 月和 2000 年 5 月，中国分别和美国、欧盟就中国加入世界贸易组织达成了双边协议，解决了中国加入世界贸易组织的最大障碍。2001 年 11 月 10 日，在世界贸易组织部长级多哈会议上，全体成员一致同意接纳中国为世界贸易组织成员。2001 年 12 月 11 日，中国正式成为世界贸易组织成员。

小资料：一国四席

一国四席是指在中国一个主权国家范围内，可以有中国、中国台湾、中国香港、中国澳门 4 个成员方，其中中国以主权国家的身份，而港、澳、台则以单独关税区的身份成为世贸组织的成员方，即“一国四方”。

香港于 1948 年以从属的地位，在英国的代表下参加了关贸总协定的活动。在中英关于香港回归的谈判中，双方声明，确认香港回归中国后，香港将以“中国香港”的名义继续作为关贸总协定的正式缔约方。1995 年世界贸易组织成立后，香港全面接受了世界贸易组织的一揽子协议，继续以“中国香港”的名义成为世界贸易组织的一员。

澳门于 1962 年以葡萄牙代表所有葡属关税区域接受并加入了关贸总协定。在中葡关于澳门回归的进程中，经中葡双方积极配合，中国澳门采取“香港模式”以“转正”方式加入了关贸总协定。1995 年世界贸易组织成立后，澳门以“中国澳门”的名义成为世界贸易组织成员。

我国台湾省于 1990 年以所谓“中国台湾、澎湖、金门、马祖单独关税地区”的名义，提出加入关贸总协定的申请。在经历 10 年申请过程之后，2002 年 1 月 1 日，中国台北以“单独关税区”的身份成为世贸组织正式成员。

这样就形成了“一国四席”的局面，由于各部分都享有充分的自主权，因此不至于在世贸组织中造成混乱的局面。

二、我国加入世贸组织的权利和义务

按照中国加入世界贸易组织谈判的原则,“入世”后,中国可以享受一定的权利,也应尽一定的义务。

(一) 我国加入世界贸易组织所享受的权利

(1) 能使中国的产品和服务及知识产权在成员国中享受多边的、无条件的、稳定的最惠国待遇和国民待遇。以前,中国只能通过双边贸易协定在某些国家获得最惠国待遇,这种双边的最惠国待遇是不稳定的、歧视性的,很容易遭到双边政治关系的影响。“入世”后,中国可以在世界贸易组织所有成员中享受多边的、无条件的、稳定的最惠国待遇,在最大范围内享受有利的竞争条件,从而促进我国出口贸易的发展。

(2) 能享受普惠待遇及其给予发展中国家的特殊照顾。2007 年世界上有 28 个给惠国,中国已从其中的 21 个国家中获得了普惠制待遇。除此之外,在世界贸易组织实施管理的多边协议中都规定了给予发展中国家的某些特殊优惠,这些优惠是单方面给予的,无须发展中国家作出对等的回复。“入世”后,中国将在更大范围内和更大程度上享受到这些特殊优惠。

(3) 利用世界贸易组织争端解决机制,公平、客观、合理地解决与其他国家的经贸纠纷,营造良好的经贸发展环境。随着对外开放程度的不断扩大,中国与其他国家的各种经济贸易纠纷也会逐渐增多,在经济纠纷的解决上,以往我们受到了许多不公正的待遇,这些不公正待遇使我国的一些出口产业的优势得不到应有的发挥。“入世”后,我们可以通过世界贸易组织的争端解决机构和程序,比较公正地解决贸易争端,维护中国的贸易利益。

(4) 参加世界贸易组织及其附属机构的各项活动,获得国际经贸规则的参政议政权。世界贸易组织是当前处理国际经贸关系唯一的国际组织,号称“经济联合国”,“入世”后,中国可以参与各个议题的谈判和贸易规则的制定,这对于维护我国和发展中国家在世界贸易中的地位和合法权益,发挥我国在国际经济事务中的作用都有非常重要的意义。同时,还能利用世界贸易组织的讲台,宣传中国改革开放的成果,发展和世界各国的经济交流和技术合作。

(二) 我国加入世界贸易组织所承担的义务

1. 削减关税

2001 年,也即中国加“入世”贸组织的当年,关税总水平为 15.3%,所以,中国“入世”的首要义务就是要逐步将中国关税加权平均水平降到关贸总协定要求的发展中国家水平,并将最高关税一般地约束在 15% 以下,这将使中国许多产业更直接地面临国外产品的竞争,同时国家财政收入有可能会相应减少,最终可使广大国内消费者受益。

2. 逐步取消非关税措施

我国是实行贸易管制的国家。当然除关税外，也存在种种非关税措施，因此在复关和"入世"谈判中主要议题之一就是要求中国削减如进口许可证、配额以及外汇管制、技术检验标准等非关税措施，作为"入世"费。

3. 取消被禁止的出口补贴

中国自1991年1月开始，在调整汇率的基础上，对所有产品，包括工业制成品和初级产品出口实行企业自主经营、自负盈亏的经营机制，已达到了世贸组织的有关要求。取消补贴后，亏损商品主要通过汇率调整和出口退税的方法获得补偿，中国出口商品退税中，尚存未退足退净的问题，应充分退足退净。

4. 开放服务业市场

世贸组织统计的服务行业多达150多种，都将属于开放范围。对中国来说，应逐步地、有选择地、有范围地开放一些服务业，引进竞争机制，提高中国服务业的质量，并带动服务业的出口。

5. 扩大知识产权的保护范围

中国"入世"对知识产权扩大了保护范围，如扩大到对化工产品、药品、食品、计算机软件等领域，知识产权的保护范围的扩大将使中国有关企业必须通过支付专利许可证费用来合法地购买西方发达国家的专利，政府也将严惩任何有损国家和企业名誉的侵权行为，如假冒外国名牌商标的行为将受到法律制裁。

6. 增加贸易政策的透明度

世界贸易组织成员方应在经济贸易政策制度上有透明度，同时要求成员方提供和通报国内经济贸易制度情况和统计资料，以便定期审查。中国长期以来习惯于制定若干内部规定，被认为是缺乏透明度的国家，因此，在这方面，中国必须加快改革的步伐。

7. 放宽对引进外资的限制

中国自改革开放以来，已颁布了有关引进外资的各种条例和法律，对外资引进实行各种鼓励和优惠政策。这些鼓励和优惠政策不是特定给予某一国家或地区的，而是对一切外国投资者的无差别待遇，这是符合世界贸易组织无歧视待遇原则的。但中国引进外资的法规还不够完善，特别是在给予外国投资者"国民待遇"方面的政策，还需作出调整。允许外商投资的范围还要进一步扩大，"硬件"和"软件"环境也将进一步改进。

小资料："入世"部分承诺

1. 关税减让

工业产品的平均关税2004年降至8.9%，农业产品的平均关税将降至15%，农产品进口和销售无须通过国营企业和中介机构。中国国内农业补贴上限为8.5%。取消对大麦、大豆、油菜籽、花生油、葵花籽油、玉米油和棉花籽油的进口关税配额体制。信息技术产品关税最迟将于2005年被取消。

2. 非关税壁垒

进口许可证要求及招标要求将于2005年被取消，所有的进口配额在2005年以前逐步被取消。

3. 贸易权

"入世"后的第一年，外资占少数股权的合资企业将全部获得进出口权，在加入世贸组织后头两年内进一步扩展至外资占多数股权的合资企业。"入世"后三年，所有中国境内企业都将获得贸易权。

4. 银行金融

所有地域与客户限制将于"入世"后五年内取消，只根据审慎标准颁发许可证，取消一切现有的限制外国银行所有权、经营及法律形式的非审慎措施，包括有关内部分支机构和许可证的限制；开放金融租赁业务和汽车信贷业务。

5. "入世"后外汇业务将取消地域及客户限制

"入世"时，人民币业务将限于上海、深圳、大连、天津；一年内推广至广州、珠海、青岛、南京和武汉；两年内推广至济南、福州、成都和重庆；三年内推广至昆明、北京和厦门；四年内推广至汕头、宁波、沈阳和西安。"入世"五年内取消地域限制。"入世"两年内外资银行可以对国内公司开展人民币业务，五年内外国银行可以为国内个人客户开展人民币业务。

6. 保险

"入世"时，外国保险公司能在上海、广州、大连、深圳和佛山开展业务；两年内扩展到北京、成都、重庆、福州、苏州、厦门、宁波、沈阳、武汉和天津；三年内取消地域限制。

"入世"后允许成立外资占51%的非寿险公司分支机构或合资公司，两年内将允许建立独资子公司；"入世"后外资可以占寿险合资公司50%的股份；"入世"后，作为分支机构、合资公司或外国独资子公司的外资保险公司可为人寿保险和非人寿保险提供再保险服务，而不受地域或数量的限制；"入世"后四年内逐步取消中国保险公司再保险20%的要求。

7. 教育

外资占多数股权的合资学校可以提供小学、初中、高中、成人教育及其他教育服务。

资料来源:腾讯财经 http://finance.qq.com/a/20100721/000952.htm

三、我国加入世贸组织的机遇和挑战

(一) 我国加入世贸组织的机遇

1. 拓展国际市场

世贸组织通过制定各国参与国际贸易竞争的共同标准,为每个成员开展国际贸易提供了比较公平的竞争环境。加入世贸组织后,中国将在国际贸易事务中享有更多的权利,获得更加稳定的国际经贸环境,享受其他国家和地区贸易投资自由化的便利,这对于充分发挥中国的比较优势,拓展国际市场,发展同各国和地区的经贸往来与合作必将起到积极的作用。同时,中国加入世贸组织后,中国可以直接参与国际多边贸易新规则的制定,维护中国的正当权益,分享世界贸易体制发展带来的更多的机会和利益。

2. 改善投资环境

中国政局稳定,市场容量大,生产要素成本低,基础设施日益完善,具有扩大吸引外资的良好条件。加入世贸组织后,随着中国向世贸组织其他成员提供国民待遇,提高贸易政策及法律、法规的透明度,扩大市场准入的范围,逐渐减少对外商投资的限制,外商进入中国市场的门槛将大大降低,外商投资的空间也将扩大。中国投资环境的改善,必将促进中国利用外资进入一个新的高潮。

3. 扩大对外投资

加入世贸组织后,中国企业可以利用其他成员开放市场,对世贸组织成员提供非歧视和互惠待遇的便利条件,在更大程度上走向国际市场,参与国际经济竞争。国内有条件的厂商,可以借加入世贸组织之机,走出国门,开展对外直接投资,更好地开拓国外市场。

4. 提高资源配置效率

加入世贸组织为中国经济发展开辟了新的、更大的空间。中国企业可以充分利用中国市场、劳动力、土地、自然资源等方面具有的优势,在更广阔的世界市场上开展合作与竞争,实现资源优化配置,提高国际竞争力。同时,按照世贸组织规则和加入世贸组织的承诺,中国将进一步加快改革,国内地区间的封锁和一些行业的垄断将逐渐打破,生产力要素将得到更加有效、合理的配置,资源优势将得以充分发挥。

5. 促进国有企业改革

加入世贸组织后,客观上有利于推动中国国有企业的改革。中国国有企业长期生存在计划经济环境中,缺乏竞争意识和竞争能力。虽然经过改革开放20多年的磨炼,这种现象已有所改观,但多数企业与国外企业相比,还有很大的差距。加入世贸组织后,随着市场更大程度的开放和跨国公司更多的进入,中国企业将不得不接受国际竞争的冲击和考验,只有通过改善自身素质,积极参与竞争,才能继续生存和发展。加入世贸组织后,企业将会有更多机会吸收国外的先进技术,学习国外企业先进的运作方式、管理经验,通过与外商的合资与合作,加快结构调整和产品升级换代,增强竞争能力。

6. 促进私营企业的发展

改革开放以后,中国的私营企业取得了长足的发展,但是在许多部门,尤其是在许多重要行业,比如金融、外贸、供电、交通运输等行业中,私营企业的发展仍然受到很多限制。中国加入世贸组织后,一些行业将取消不能私营的禁令,与其他企业的待遇日益平等,将为私营企业带来空前的发展机遇。

(二)中国加入世贸组织的挑战

1. 农产品进口的压力增大

2005年,中国农产品关税水平降至15.35%,而世界农产品关税平均水平为62%,中国已成为世界上关税最低的国家之一。2008年还将进一步降至15%;农产品关税配额数量将达到承诺最高点,其中小麦和玉米的关税配额量达到国内生产量的10.7%和6%。2006年将取消植物油关税配额管理。目前,中国农业总体上经营规模小,大宗农产品的竞争力不强,而发达国家对农业提供大量补贴。虽然在刚刚结束的世贸组织新一轮多哈谈判签订的框架协议里,美、欧等国有所让步,承诺其农产品出口补贴最终将要取消,但无疑中国部分农产品将面临国外优质低价产品的沉重压力,并且这种格局将持续相当长一个时期。

2. 服务贸易市场开放提速,面临激烈竞争

从2005年开始,一些敏感的行业基本实行全面开放,逐步取消外资进入的地域限制、数量限制、股权限制。在商业、通信、建筑、分销、教育、环境、金融、旅游和运输共9个大部门、约90多个分部门作出了开放承诺。2004年12月,中国已允许外资在批发和零售企业控股,对外商在华从事商业零售、分销业务不再有地域限制;允许外资银行向国内企业提供人民币服务,2006年年底允许外资银行提供全面的银行服务,取消对外资银行所有权、经营和设立形式的限制。

2005年后,已经取消对保险业务的地域限制,允许外国保险公司提供健康险、团体险和养老险服务,取消再保险的强制分保规定,降低对外资经纪公司的总资产要求,允许设立独资的保险经纪公司;自2004年年底允许外商设立独资建筑和分销企业;自2005年年底允许外商设立独资速递、公路货运和货代企业;允许设立独资铁路货运企

业。到2007年,中国取消基础电信的地域限制,外资股份允许达到49%,这些都给我国的服务行业企业带来了极大的挑战。

3. 缺乏核心技术使部分制造业面临产业冲击加大

中国冶金、石化和机械行业与世界先进水平比较仍有一定差距,缺乏核心竞争力,生产集中度不高,劳动生产率低,产品结构不合理,仍是制约这些行业发展的主要因素。面对市场开放和国外高档产品进口的竞争,若调整缓慢,调控不力,将受到更大冲击。如汽车工业,2005年1月1日,取消小轿车的进口配额、许可证管理,关税降到30%,汽车零部件关税降到13%;2006年7月1日,汽车关税降到25%,零部件平均关税降到10%,这使经历了前三年快速发展的汽车行业面临新的竞争形势。纺织服装业虽然在2005年进入"后配额时代",但仍受贸易保护主义的威胁,美国等国仍可动用贸易保护机制限制中国出口。

4. 贸易环境复杂,贸易摩擦加剧

进入世界贸易大国后,中国应对境外贸易保护主义的压力将增大。较之前,外部市场的冲击力度明显加强。其他世贸组织成员与中国的贸易摩擦将有增无减,来自国外的反倾销、反补贴和保障措施将成为国内出口产品承受的主要风险,再加上一些国家频繁使用质量、技术、卫生、环保标准等非关税壁垒,给中国贸易环境带来更多的不利因素和可变性。

5. 新一轮谈判市场开放的新压力

在世贸组织多哈发展议程谈判中,一方面中国向其他成员提出了市场开放的要求,另一方面自身也面临着进一步开放市场的压力。由于加入世贸组织时中国已作出广泛的承诺,现在正努力消解履行承诺、开放市场带来的影响,进行国内产业调整。如果在新一轮谈判中再作减让,将带来新的压力。但由于多哈发展议程谈判是一个多边谈判,作为一个参加方完全不做进一步减让的可能性不大。因此,中国必须强调谈判各方必须充分考虑新成员在市场准入方面已作出的贡献,争取在减让幅度和时间安排上给予特殊安排。

不言而喻,"入世"后的权利给中国的经济发展提供了机遇,"入世"后应尽的义务又对中国的经济发展提出了挑战。机遇与挑战并存,关键在于如何利用,为此,从政府到企业必须认真研究"入世"产生的具体影响,制定相应的政策与措施,加速改革,增强行业与企业的竞争力,增强国家的国际竞争力,才能使"入世"提供的机遇变成现实。当前国际经济格局变化很快,以世界贸易组织为代表的多边贸易体制正日益发挥着越来越重要的作用,世界贸易组织已成为名副其实的"经济联合国"。加入世界贸易组织,并在其中发挥本国的作用,是一个国家实现经济繁荣、参与世界经济主流的重要途径。中国在国际贸易中的地位和对国际贸易、世界经济产生的巨大影响已不可否认,面对"入世"给中国经济贸易发展带来的良好机遇和严峻挑战,中国将继续坚持改革开放的政策，不断提高竞争力，向国际规范靠拢，同国际市场接轨，抓住机遇，迎接挑战。

本章小结

本章主要介绍了世界贸易组织的相关知识，主要内容如下：

1. 贸易条约与协定是两个或两个以上的主权国家为确定彼此的经济关系，特别是贸易关系方面的权利和义务而缔结的书面协议。贸易条约与协定的种类有：通商航海条约、贸易协定、贸易议定书、支付协定、国际商品协定、商品综合方案。

2. 最惠国待遇条款的基本含义是：缔约国一方现在和将来所给予任何第三国的一切特权、优惠及豁免，也同样给予缔约对方。最惠国待遇的基本要求，是使缔约一方在缔约另一方享有不低于任何第三国享有的待遇。换言之，即要求与其他一切外国人或外国企业处于同等地位，享有同样的待遇，不给予歧视待遇。

3. 最惠国待遇原则的适用范围有：① 关税和有关费用。② 与进出口有关的国际支付转账所征收的关税和费用。③ 征收上述税、费的方法。④ 任何影响进口商品在进口国国内销售、购买、提供、运输、分销等方面的法律、规章及要求等。⑤ 与进出口商品有关的国内税或其他国内费用的征收。⑥ 与进出口相关的所有规章与手续方法。

4. 国民待遇原则也是贸易条约与协定所适用的法律待遇原则之一，它的基本含义是指缔约国一方保证缔约国另一方的公民、企业和船舶在本国境内享受与本国公民、企业和船舶同等的待遇。换言之，即缔约国的外国人与本国人处于同等地位，享有同样待遇，不受歧视。

5. 世界贸易组织简称世贸组织（英文缩写为 WTO），成立于 1995 年 1 月 1 日，是把乌拉圭回合多边谈判所达成的一整套协定和协议的条款作为国际法律规则，对各成员之间在经济贸易关系方面的权利和义务进行监督、管理履行的正式国际经济贸易组织。

6. 世贸组织的宗旨是：提高生活水平，保证充分就业和大幅度、稳步提高实际收入和有效需求；扩大货物和服务的生产与贸易；坚持走可持续发展之路，各成员方应促进对世界资源的最优利用、保护和维护环境，并以符合不同经济发展水平下各成员需要的方式，加强采取各种相应的措施；积极努力确保发展中国家，尤其是最不发达国家在国际贸易增长中获得与其经济发展水平相适应的份额和利益；建立一体化的多边贸易体制。

7. 世界贸易组织的原则有：非歧视原则、贸易自由化原则、透明度原则、市场准入原则、公平公正处理贸易争端原则、给予发展中国家和最不发达国家优惠待遇原则。

8. 中国加入世界贸易组织所承担的义务有:消减关税、逐步取消非关税措施、取消被禁止的出口补贴、开放服务业市场、扩大知识产权的保护范围、增加贸易政策的透明度。

9. 中国加入世贸组织的机遇有:拓展国际市场、改善投资环境、扩大对外投资、提高资源配置效率、促进国有企业改革、促进私营企业的发展。中国加入世贸组织的挑战有:农产品进口的压力增大、服务贸易市场开放提速、面临激烈竞争、缺乏核心技术使部分制造业面临产业冲击加大、贸易环境复杂、贸易摩擦加剧、新一轮谈判市场开放的新压力。

阅读材料

商务部:中方支持世贸组织抑制贸易保护主义泛滥

中新网2009年2月16日电(记者翁阳)　在今日上午进行的商务部例行新闻发布会上,商务部发言人姚坚表示,中方支持世贸组织采取行动,抑制贸易保护主义泛滥,加强对各国"救市"措施的监督。

世贸组织从2009年开始加强对各国"救市"措施的监督和审议,2月9日发布了《经济金融危机及贸易发展相关问题的报告》,审议2008年9月以来各成员为应对金融危机采取的新的贸易措施。

姚坚称,世贸组织及时跟踪各国的政策走向和具体措施,监督成员切实履行承诺,是抵制贸易保护主义抬头,敦促各成员继续奉行贸易开放战略的有效机制和手段。中方支持世贸组织的这一举措,将积极参与相关的贸易政策审议工作。

资料来源:中国网. http://www.china.com.cn/economic/txt/2009-02/20/content_17310308.htm

复习思考题

1. 贸易条约与协定的含义和内容有哪些?
2. 试述最惠国待遇原则。
3. 试述国民待遇原则。
4. 关贸总协定的积极作用和局限性有哪些?
5. 世界贸易组织的宗旨和原则有哪些?
6. 世界贸易组织的组织机构有哪些?

7. 试述世界贸易组织的积极作用和面临的挑战。
8. 我国加入世界贸易组织的权利和义务有哪些?
9. 试述我国加入世界贸易组织的机遇和挑战。

第十章

区域经济一体化

学习目标

知识目标： 通过本章的学习，要求学生掌握区域经济一体化的概念和组织形式，熟悉关税同盟理论的主要内容，了解不同的区域经济一体化组织的发展历程，掌握区域经济一体化的发展对国际贸易的影响。

技能目标： 要求学生能够准确理解区域经济一体化，能够运用相关理论解释不同区域经济一体化组织的发展状况，清醒认识当前中国参与区域经济一体化组织的现实情况。

篇前案例

东亚钢铁产业的合作发展

东亚各国和地区的钢铁产业在以各自的特色发展的同时，相互之间也一直保持着密切的合作。

在钢铁贸易方面，中、日、韩等国之间的贸易依存度相对较高。例如，2003 年中国从日本进口的钢材量是 725.21 万吨，约占中国总进口量的 20%；中国从韩国进口了 517.31 万吨钢材，约占中国总进口量的 14%；韩国从中国进口了 149 万吨钢材，约占韩国总进口量的 9.5%；日本从中国进口了 22.72 万吨钢材，约占日本总进口量的 4%。在企业合作方面，东亚地区的主要钢铁企业，如浦项、新日铁、JFE、宝钢、台湾中钢等也纷纷在战略、技术、市场、新产品研发等各个方面积极寻求合作，以提高自己的竞争力。如浦项在中国成立了投资有限公司、不锈钢厂、涂镀厂、钢材剪切加工中心等；新日铁和 JFE 在中国分别与宝钢和广州钢铁公司建立了合资公司生产汽车板，为中国境内的汽车公司提供原料；一些日资企业，如三井等还在中国合资建立钢铁配送中心；宝钢与台湾中钢长期保持着友好交流互访等。

钢铁行业的发展是与宏观经济形势息息相关的，东亚地区钢铁产业的合作也必然与东亚区域经济一体化密不可分。当今世界，竞争与合作是发展的潮流，目前已经有类似欧盟、北美自由贸易区等200多个地区经济合作体存在，这些经济合作体对地区内部的经济、产业的发展和协调及提高区域竞争力方面起到了非常重要的作用。东亚地区也应积极努力地实现区域经济一体化，促进区域内国家和地区的交流与合作，这将对钢铁行业的合作与发展产生极其深远的影响。

资料来源：艾宝俊. 东亚区域经济一体化中的钢铁行业. 第九次中日产业研讨会资料. 2004.10.14

讨论：

1. 什么是区域经济一体化？
2. 从上述东亚钢铁业的发展来看，区域经济一体化有怎样的影响？

第一节 区域经济一体化概述

一、区域经济一体化的含义

经济一体化至今没有一个公认的明确的定义，最早是由荷兰的经济学家丁伯根在1954年提出这一概念的。他认为："经济一体化就是将有关阻碍最有效运行的人为因素加以消除，通过相互协调与统一，创造最适宜的国际经济结构。"后来，又有人提出地区经济一体化是地理位置相邻近的两个或两个以上的国家通过签订条约达成协议，组建超国家的组织机构。但是，进入21世纪以后，很多国家在建立地区经济集团方面有了一些新的做法，比如美国与新加坡、智利、以色列、约旦等国家远隔千山万水，但分别签署了地区经济协议，这说明很多国家已经超越原有的地区经济集团的概念，只要两个或两个以上的国家在不违反世贸组织基本原则的基础上，为了共同的经济利益，都可以签署一系列协议，超越了地理位置的局限。

所以，目前区域经济一体化定义为：两个或两个以上的国家或地区，在一个由政府授权组成的并具有超国家性的共同机构下，通过制定统一的对内对外经济政策、财政与金融政策等，消除国别之间阻碍经济贸易发展的障碍，实现区域内互利互惠、协调发展和资源优化配置，最终形成一个政治经济高度协调统一的有机体的过程。

区域经济一体化要求成员国之间在经济政策上实现一定程度的统一，实质上是成员国经济主权一定程度的限制和让渡。这种经济主权限制和让渡程度的区别，意味着成员国之间经济结合程度的高低，从而可划分出不同层次和水平的区域经济一体化。对成员国经济主权限制和让渡出来的部分，需要有一个组织机构来管理及行使。因此，在较高层次和水平的区域经济一体化中，一般都有一个根据条约或协议而组成的超国家机构，并赋予该超国家机构一定的权力和职能。随着经济一体化水平的提高，各成员国逐步向该机构让渡更多的经济主权，由该超国家机构行使更多的共同内部经济政策和一致的对外经济政策。

区域经济一体化包含着两层含义：一层含义是指成员国之间经济活动中各种人为限制和障碍逐步被消除，各国市场得以融合为一体，企业面临的市场得以扩大；另一层含义是指成员国之间签订条约或协议，逐步统一经济政策和措施，甚至建立超国家的统一组织机构，并由该机构制定和实施统一的经济政策和措施。

二、区域经济一体化发展和加强的原因

1. 社会生产力高速发展的结果

第三次科技革命极大地促进了社会生产力的发展，也日益扩大了发达国家之间国际分工的范围，越来越多的商品、资本、劳动力、信息需要在国际间流通交换，然而这一经济生活国际化的发展趋势却受到各个国家关税与非关税壁垒的限制，阻碍了其进一步发展的可能。所以，生产力的发展日益要求打破传统的国家疆界，在国与国之间进行经济协调和联合。

2. 美苏在欧洲的对峙迫使西欧联合

第二次世界大战后，美苏两个超级大国在欧洲形成了对峙，欧洲成为冷战前沿。不满于“夹缝”地位的西欧国家为避免成为美苏争霸的牺牲品，维护国家主权，恢复和提高西欧的国际地位，迫切需要加强西欧内部的联合，走一体化道路，方能同美苏相抗衡，这是欧洲经济共同体和欧洲自由贸易联盟适时出现的重要外因。欧洲经济共同体成立后，其成员国出口增长了2.5倍，而美国只增长了64%。

3. 维护民族经济权益与发展的需要

第二次世界大战后，殖民体系纷纷瓦解，原殖民地附属国纷纷取得政治上的独立，但在经济上由于仍受到发达国家的全面垄断控制，且多年殖民经济造成产业结构单一、国内市场狭窄、物质和技术能力薄弱、资金短缺，使它们难以单靠本国力量来建立起足以获得规模经济效益的工业体系。这种状况迫使这些国家或地区在保持和发展与原宗主国经济联系的同时，努力加强彼此间的经济合作，走经济一体化的道路，进行集体的自力更生。正因为如此，已有80多个发展中国家参加了25个一体化组织。

4. 资本主义发展不平衡，世界政治经济多极化的结果

由于政治经济发展不平衡，当今资本主义世界出现了美国的相对衰落和西欧、日本的崛起。世界由两霸争夺走向多极化，各国积极参与国际经济交流与合作，努力提高自己的国际地位，以应付日趋激烈的竞争，这是世界经济区域集团化的大背景。

5. 集团内各国家发展经济提高效率的需要

由于多边贸易体制受到挑战，贸易保护主义不断加强，技术竞争日趋激烈，各个国家或地区为了减少关税障碍，加强资金、技术和劳务合作，发挥区域内的经济、技术、资

源和人才优势，加速生产和商品的周转流通，提高劳动生产率和商品的竞争力，日益加快区域性经济集团的建设，从而使资源超越本国界限在更大范围内自由配置，获得规模经济优势。概言之，更大的市场、更高的效率，正是在经济层面上推动经济一体化发展的主要内因。

6. 加强对外谈判力量，提高国际地位的重要手段

由于地区经济一体化组织各成员国的利益联系在一起，因而在世界市场上和各种经济贸易组织谈判中能发挥集体效应，大大加强了为争取自身的利益而谈判的力量，有利于改善其在世界经济贸易中以及政治舞台上的地位。事实证明，欧盟的成立与发展确实增强了欧盟在国际舞台上的力量，促进其经济与政治地位的提高。

小资料：关于区域经济一体化协定的多种描述

区域经济一体化兴起的背后隐含着多种原因，也许我们可以通过 RIA（区域一体化协定）中明确阐述的预期目标，来了解区域经济一体化产生的动因。当然，可能还有一些原因没有被明确表述出来。

1. “增强企业在全球市场上的竞争力。”

NAFTA（北美自由贸易协定），1992 年

2. “为世界贸易的扩展和协调发展作出贡献，促进国际合作范围的扩大。”

NAFTA（北美自由贸易协定），1992 年

3. “为辖区内各国生产的产品和服务创造一个广阔的、安全的市场，减少贸易扭曲。”

G3 条约（三国集团：哥伦比亚、墨西哥和委内瑞拉），1994 年

4. “确保生产和投资活动能够在一个有保障的商业框架下进行。”

G3 条约（三国集团：哥伦比亚、墨西哥和委内瑞拉），1994 年

5. “促进各方在国际经济论坛，尤其是那些关系到拉丁美洲一体化问题的论坛中的协调一致行动。”

G3 条约（三国集团：哥伦比亚、墨西哥和委内瑞拉），1994 年

6. “实现经济的现代化，扩大产品供应，提高产品和服务的质量，提高居民的生活水平。”

MERCOSUR（南方共同市场）协定，1991 年

7. “通过扩大投资机会及生产规模,增加贸易及对外贸易所得,促进各国经济的发展。”

东盟自由贸易区共同有效普惠关税方案协定,1992年

8. “尤其为确保这些安排对关税联盟中欠发达成员方的发展有利,要照顾到其经济的多样化。”

SACU(南部非洲关税同盟)协定,1969年

9. “在平等、互助的精神下,通过建立一个共同行动的坚实基础以促进东南亚的区域合作,为该地区的和平、发展和繁荣作出贡献。”

ASEAN(东南亚国家联盟)宣言,1967年

10. “加快智利进入北美自由贸易协定的进程……为西半球实现一体化作出贡献。”

加拿大—智利自由贸易协定,1996年

资料来源:Maurice Schiff L. Alan Winters著,郭磊译.区域一体化与发展

三、区域经济一体化的组织形式

按照贸易壁垒撤除的程度,区域经济一体化组织可以分为以下几种形式:

1. 优惠性贸易安排(preferential trade arrangement)

这是经济一体化中最低级和最松散的一种形式。在优惠性贸易安排各成员国间,通过协定或其他形式,对全部商品或一部分商品给予特别的优惠关税。最著名的组织为1932年成立的由英国及一些大英帝国以前的殖民地国家组成的英联邦特惠制。

2. 自由贸易区(free trade area)

自由贸易区指由签订自由贸易协定的国家组成的贸易区,在区内各成员国之间取消一切贸易壁垒,实行区内商品的自由流动,但每个成员国仍保留它对自由贸易区以外其他国家的贸易限制,象征国家经济主权的海关也依然存在。最著名的组织为1960年由英国倡议建立的欧洲自由贸易联盟,以及由美国、加拿大、墨西哥三国组成的北美自由贸易区。

3. 关税同盟(customs union)

关税同盟在自由贸易区的基础上更进一步,成员国之间完全取消关税或其他壁垒,同时协调其相互之间的贸易政策,建立起对外的统一关税。这无疑意味着各国在制定关税过程中要让渡出一部分国家主权,但这种形式简化了同盟内部的商品流通,并使同盟在关税谈判中能够作为一个整体来与其他国家讨价还价,从而开始带有超国家的性质。最著名的组织为1993年以前的欧洲经济共同体。

4. 共同市场(Common Market)

在关税同盟的基础上进一步消除成员国之间对生产要素流动的限制,不仅商品可以在成员国之间自由流动,而且生产要素也可以在成员国之间自由流动,这就发展到了共同市场这一层次。例如,前欧共体内人员、商品、资本、技术可以自由流动。共同市场也需要有协调一致的税收、社会保险和失业救济制度,要有共同的农业政策,各国彼此之间的外汇汇率要固定,各国要发展共同的劳动力市场和资本市场。

5. 经济同盟(economic union)

所谓经济同盟,是在共同市场的基础上,成员国之间逐步废除经济政策上的差异,制定和执行某些共同的经济政策和社会政策,向经济一体化的最后阶段迈进,当前的欧洲经济同盟正属此类。

6. 完全经济一体化(complete economic integration)或政治同盟(political union)

这是经济一体化的最高阶段,成员国建立起一个超国家的管理机构,完全统一各国的财政、货币和经济政策,使用共同货币,在国际经济决策中采取同一立场。这也是欧盟的终极目标,所谓全欧洲"用一个声音说话"。事实上欧盟的前身——由比利时、荷兰、卢森堡三国组成的"比荷卢联盟"就已经类似于一个完全经济一体化。

小资料:比荷卢经济联盟(Benelux Economic Union)

比荷卢经济联盟是比利时、荷兰和卢森堡三国建立的经济集团。总部设在布鲁塞尔。1944 年9 月5 日,比利时、荷兰、卢森堡三国流亡政府在伦敦签署比荷卢关税联盟协定。1946 年,三国决定将关税联盟逐步扩大成为经济联盟。1958 年2 月3 日,在海牙正式签署《比荷卢经济联盟条约》,1960 年 11 月 1 日正式生效,为期50 年,期满后可顺延10 年。宗旨是发展三国关系,协调三国之间的财经和社会事务政策,加强与大国的竞争地位。

1. 组织机构

联盟的最高权力机构是部长委员会(Committees of Ministers),负责监督和保证联盟条约的实施,三国外长每年数次开会讨论三国合作问题,三国首相、专业大臣不定期开会讨论相互协调问题。部长委员会主席由三国部长轮流担任,任期6 个月,决议须一致通过。经济联盟理事会(Council of the Economic Union)是最高执行机构,由三位主席(每国一名)及各委员会主席组成,负责协调各委员会工作,并起部长委员会与各委员会之间的媒介作用。9 个委员会分别为对外关系、工业和商业、农业、食品和渔业、关税和税收、交通运输、社会事务、法律、人员流动和定居、货币和财政委员会。14个专门委员会分别为统计协调、国家预算比较、公共卫生、招标、中产阶级、管理和司法合作、人员流动、领土整治、旅游、环境、能源、建筑产品评估、边境居民管理和商议建立跨国界公园专门委员会。秘书处负责日常事务并向部长委员会提出有关实施联盟条约的建议。法院负责解释有关法律条款并提供咨询意见。法院由三国最高法院选出的9名法官(每国3名)组成。设检察长3名(每国1名)。议会间咨询委员会(Consultative Inter - parliamentary Council)是三国政府的咨询机构,由49名议员组成(比利时、荷兰各21名,卢森堡7名)。该委员会的职权不仅限于经济问题,还负责政治合作问题。经济社会顾问委员会(Economic and Social Advisory Council)由各国相应的经济和社会组织指派27名代表组成,每国9名。

2. 主要活动

三国之间实现了商品、人员自由流通;三国职工和商人在比荷卢的任何一国均享有同等权利;三国在社会保险、公共卫生、环境、领土整治、经济、工业、能源、港务、旅游、税收、比利时法郎与荷兰盾的汇率、对第三国支付结算等方面协调政策;三国作为一个经济实体对外签署有关签证和接受外国移民协定,并在欧盟、经济合作与发展组织、世界卫生组织等国际机构中采取共同立场。

1986年9月,三国签署比荷卢地区跨国合作公约。

1994年11月16日,三国在布鲁塞尔开会庆祝比荷卢经济联盟成立50周年。

1995年12月12日,比荷卢三国政府首脑在布鲁塞尔举行会议,就出席欧洲联盟马德里首脑会议协调立场。

1996年3月7日,比荷卢三国政府首脑在海牙举行会议,就出席有关修改"马约"的欧洲联盟政府首脑会议协调立场,会后发表了《三国联合备忘录》,强调将继续推动欧洲一体化建设,扩大欧盟委员会作用,加强欧洲共同外交与安全政策和欧盟内部司法合作。

比荷卢经济联盟曾是欧洲共同体的雏形,现在三国又都是欧共体的成员,比荷卢三国认为:在许多问题的一体化方面,三国已走在共同体前面,有些问题在共同体内达成协议以前,可在三国范围内先行促其实现;三国经济发展、生活水平接近,地理位置优越,可起欧洲一体化的先锋作用,为维护已取得的成果,比荷卢联盟必须继续前进。欧共体《罗马条约》中也规定:"只要比卢和比荷卢地区联盟的宗旨不危害条约的实施,现条约各条款不会阻碍上述地区联盟的存在和完成任务。"

资料来源:http://baike.baidu.com/view/94353.htm

总的来说,自由贸易区、关税同盟、共同市场、经济联盟和完全的经济一体化是处在不同层次上的国际经济一体化组织,根据它们让渡国家主权程度的不同,一体化组织也从低级向高级排列;但是这里不存在低一级的经济一体化组织向高一级经济一体化组织升级的必然性。它们可以根据成员国的具体情况决定,经过一段时期的发展是停留在原有的形式上,还是向高一级经济一体化组织过渡。关键的问题是各成员国需要权衡自己的利弊得失。

表 10-1　区域经济一体化的主要形式及特征

类型 特征	关税减让	货物自由贸易	统一对外关税	生产要素自由流动	经济政策协调	经济政策统一
优惠贸易安排	√					
自由贸易区	√	√				
关税同盟	√	√	√			
共同市场	√	√	√	√		
经济联盟	√	√	√	√	√	
完全经济一体化	√	√	√	√	√	√

第二节　区域经济一体化的理论

第二次世界大战后,地区经济一体化的发展在理论界也引起日益广泛的关注。许多经济学家对这种现象进行了研究和探讨,形成了一些理论,其中最重要的理论是由范纳(J. Viner)和李普西(R. G. Lipsey)建立和发展的关税同盟理论,除此之外,还有大市场理论、协议性国际分工理论等也都占有一席之地。

一、关税同盟理论

关税同盟理论是有关经济一体化的核心理论之一,它主要包括以下内容:

(一)关税同盟的静态效果

1. 贸易创造效果(trade creation effect)

贸易创造是指成立关税同盟后,由于成员国之间的关税取消,某成员国的一些国内生产的产品,被生产成本最低的成员国的出口产品所取代(即来自同盟内其他成员方的便宜产品替代了本国生产的价格更高的产品)。关税同盟缔结之前,各国对来自境外的商品征收较高的关税以限制其进口,这样就保护了以较高成本生产的本国企业和产品。建立关税同盟后,同盟国的产品因为不再承担关税而变得更便宜,从而取代了本国生产的产品。这样,按照比较优势来组织生产,不仅进出口双方国家都可以重新优化配置生产要素,提高产出率,而且进口国家的消费者可以用更低的价格购买到商品。因此，贸易创造从生产与消费两个方面提高了福利水平。

使用数字进行定量分析，也许更能清楚地说明问题。假设建立关税同盟前 X 产品在 A 国的售价为每单位 35 美元，在 B 国的售价为每单位 30 美元，如果 B 国向 A 国出口 X 产品，每单位产品须缴纳 6 美元的关税，即 B 国生产的 X 产品在 A 国的售价将会达到每单位 36 美元，显然在这种情况下，A、B 两国之间不会产生贸易。如果 A、B 两国建立关税同盟，取消彼此之间的关税，则 B 国生产的 X 产品在 A 国的售价只有每单位 30 美元，贸易产生了！贸易创造效应如图 10-1 所示。

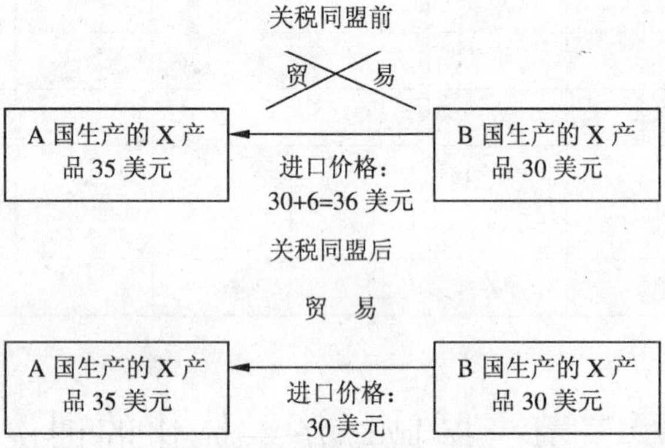

图 10-1　贸易创造效应

2. *贸易转移效果*

贸易转移是指成立关税同盟后，因对内取消关税、对外实行统一关税，而导致某国从世界成本最低的国家进口转向同盟内最低成本的国家进口所造成的整个社会财富浪费和经济福利水平下降的效果。关税同盟缔结之前，一国对来自任何国家的同种产品征收同等水平的关税，因而成本最低的国家就可获得贸易机会。而建立关税同盟后，则来自贸易伙伴国的产品可能取代来自同盟外国家的当面临相同的关税时会更便宜的产品。从世界的角度讲，贸易从价格低的国家（地区）转移到价格高的国家（地区），意味着购买同一种产品要消耗更多的资源，低效率的生产取代了高效率的生产，福利水平下降。

假设 A 国可以 100 美元每单位的价格从 B 国进口 X 商品，而从 C 国进口的价格是 95 美元每单位，同时每单位商品要征税 10 美元。这样，消费者所付出的价格分别是 110 美元和 105 美元。在这种情况下，消费者显然会购买来自 C 国的 X 产品。现 A、B 两国建立关税同盟，来自 B 国的产品则可以免税，B 国生产的 X 产品在 A 国的售价将变为 100 美元每单位，C 国生产的 X 产品仍为 105 美元每单位，消费者会转而购买 B 国的产品：贸易转移出现！贸易转移效应如图 10-2 所示。

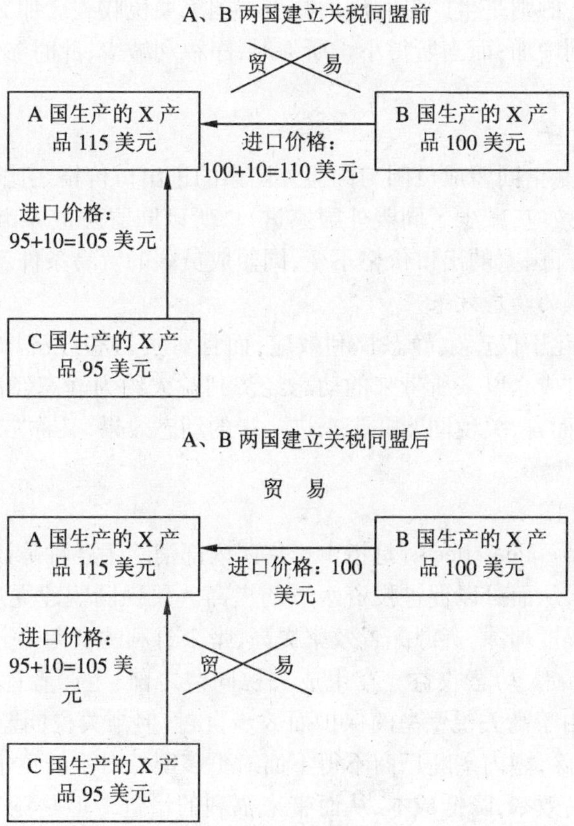

图 10-2　贸易转移效应

由此可见，贸易创造是高效率的生产取代了低效率的生产，从而节省了资源；而贸易转移从低成本的进口源转移到高成本的同盟国身上，则产生了资源浪费。可见，关税同盟对经济福利的影响取决于贸易创造和贸易转移的比例。

3．贸易扩大效果

贸易扩大效果是从需求方面形成的概念，也就是说关税同盟形成以后，同盟内各国的价格一般要比结盟前低，原因有关税取消、手续费减少和规模扩大引起生产成本下降等。因此，同盟内国家因价格下降从而刺激需求的增长，这种需求的增长则会使同盟中不生产或少量生产该产品的国家增加进口数量。这就是贸易扩大的效果。

4．社会福利效应

关税同盟后，一方面，成员国国内价格下降，需求增加，由此带来的消费者剩余增加；同时，国内供给减少，生产者剩余减少；另一方面，由于关税取消，政府的关税收入减少。由此看来，关税同盟的形成有正负两方面的效应，参与国所得到的就是消费者剩余增加的部分,而失去的则是生产者利润的减少与国家关税收入。那么综合来看,当所得大于所失时,净福利增加;而当所得小于所失时,净福利减少,此时参与区域经济一体化是得不偿失的。

5. 贸易条件效应

贸易条件效应是指同盟成员国与同盟外国家的进出口价格之比发生变化。

由于贸易转移效应,减少了同盟外国家进口,所以同盟外世界市场供应价格下降,若同盟成员向同盟外国家的出口价格不变,同盟成员国的贸易条件就会改善。

(二) 关税同盟的动态效果

区域经济一体化不仅产生静态福利效应,而且对贸易和经济增长产生动态效应。有专家测算,欧盟自成立以来所带来的动态经济利益大约为静态经济利益的5~6倍。因而相比静态效果而言,关税同盟亦带来进一步的动态效果,又称“次级效果”(secondary effect)。

1. 取得竞争效应

竞争效应(competition effects)是指由于集团内部消除了各种障碍,同一产品在统一的市场上公平竞争,从而可以促进投资水平的提高。关税同盟建立后使成员国之间的竞争加强,专业化程度加深,资源配置效率提高,带来有利的资源再分配效果,这可以说是组成关税同盟的最大动态收益。在组成关税同盟之前,生产者(尤其是那些独占市场或垄断者)可能由于高关税壁垒的保护而故步自封;但当关税同盟形成后,成员国之间的贸易壁垒被消除,国内垄断厂商不得不面对更多国外对手的竞争,这将迫使他们改进技术与管理,提高效率,降低成本,从而带来福利的增进。但是竞争的加强也会使破产频繁,购并激增,使垄断厂商获得更大的垄断势力,需要各国加强反垄断法律的立法与实践。

2. 获取规模经济

若干国家组成关税同盟后,单个国内市场扩大为同盟内市场,可以导致规模经济,降低单位成本。有资料表明,欧盟成立后各成员国生产的产品种类大为减少,同时产品单位成本降低。因此,获得规模经济效应(scale effects)。同盟内部消除各种障碍,使得商品在伙伴国的市场上自由流动,组成了较大的统一的市场,从而克服了过去各个国家市场相对比较小、生产规模不经济的缺陷。

3. 刺激投资

关税同盟成立以后,一方面,由于市场的扩大和竞争的加强,促使同盟内部成员国企业为生存发展而增加投资;另一方面,同盟外部的生产商为绕开贸易壁垒,打开同盟内市场,往往直接到同盟内部投资设厂,这类工厂又被称为“关税工厂”(tariff factories)。这被认为是欧盟成立之后,美国向欧盟国家投资激增的主要原因。

4. 提高要素的流动性

由于关税同盟内部实现了一定程度的资本、劳动力等生产要素的自由流动,因而导致了资源的更有效利用。

5. 加速经济增长

以上诸项动态利益无疑将推动同盟内各成员国的经济增长。据测算,1992 年底,欧盟统一大市场形成后,欧盟各国每年节省开支近 3 000 亿美元,经济增长率提高近 5%,工业成本降低 7%,消费品价格降低 6%,并创造了 200 万个就业机会。

这些动态利益比前述的静态利益更重要,因而如果把动态利益加入到关税同盟的福利影响中,可以看到关税同盟绝对会导致社会福利的增进,这也是贸易集团化为何如此如火如荼的真正原因。

二、大市场理论

共同市场与关税同盟有所不同,它比关税同盟进了一步,目的就是把那些被保护主义分割的小市场统一起来,结成大市场;通过大市场的激烈竞争.实现大批量生产等方面的利益。

大市场理论的核心是:① 通过扩大市场来获得规模经济,从而实现技术利益;② 依靠因市场扩大而竞争激化的经济条件,实现上述目的。两者的关系是目的与实现目的的手段。

提出大市场理论的代表人物是西托夫斯基(T. Scirovsky)和德纽(J. F. Deniau)。西托夫斯基在分析欧共体共同市场时认为,市场由于分割而变得狭窄,竞争趋于不激烈,市场停滞和阻止新的投资等原因使高利润长期处于平稳停滞状态。因为价格高昂,耐用消费品等普及率低,不能进行大量生产,因而使西欧陷入高利润率、高价格、市场狭窄和低资本周转的恶性循环之中。而共同市场的建立,使贸易自由化得到贯彻,市场扩大,竞争激化,价格下降,就会使企业家转向大规模高技术水平的生产。同时,由于消费者实际收入增加,使消费品需求增长。其结果是产生大市场→向大量生产规模转化→生产成本下降→大众消费增加→竞争进一步激化,因而会出现一种积极发展的良性循环。

德纽对大市场理论作了如下表述:“(由于大市场化)机器的充分利用、大量生产、专业化、最新技术的应用、竞争的恢复,所有这些因素,都会使生产成本和销售价格下降;再加上取消关税也可能使价格下降一部分。这一切必将导致购买力的增长和实际生活水平的提高。购买某种商品的人数增加之后,又可能使这种消费增加和投资的进一步增加。”他认为,只有扩大市场规模才能产生滚雪球式的经济扩张。

大市场理论为经济一体化提供了有力的理论基础,但仍然不十分完备。其主要原因有两个:第一,大市场理论所强调的扩大市场后出现的累积的动态过程,并不一定要通过经济一体化才能完成。只要企业家的经营方式从保守的消极状态转变为积极进取的态度,引进先进技术,扩大生产规模,这一动态过程同样可以实现。第二,即使不组成地区性的经济贸易集团,只要有世界性的自由贸易,也可取得大规模市场的各种利益;而且就市场规模的大小而言,世界性的自由贸易远远大于区域性的经济一体化。

因此,对于区域性的经济一体化,除关税同盟理论、大市场理论外,还有一种新理论给予了补充,这就是协议性分工理论。

三、协议性国际分工原理

日本小岛清教授在考察经济共同体内部分工的理论基础以后,在其著作《对外贸易论》中提出了国际分工的新的理论依据。

许多学者都以李嘉图提出的比较优势原理来说明经济统一体内的分工原理,把比较优势原理同“规模经济”和“竞争激化”并列。小岛清认为,光靠作为竞争原理的比较优势原理,不可能完全实现规模经济的好处。完全依靠这一原理,可能导致各国企业的集中和垄断,影响经济共同体内分工的和谐发展和贸易的稳定发展。为了使经济共同体内的经济、贸易健康发展,小岛清提出了在经济共同体内实行协议性国际分工的原理。

两国把本国商品分别提供给对方,即必须达成互相提供市场的协议,亦即必须实行协议性国际分工。达成协议的条件如下:

(1) 必须是两个(或多个)国家的资本劳动禀赋比率没有多大差别,工业化水平和经济发展阶段大致相当,协议性分工的对象商品在哪个国家都能进行生产。在这种状态下,在互相竞争的各国之间扩大分工和贸易,既是关税同盟理论所说的贸易创造效果的目标,也是协议性国际分工理论的目标。而在要素禀赋比率和发展阶段差距较大的国家间,由于某个国家可能陷入单方面的完全专业化或比较成本差距很大,还是以听任价格竞争原理(比较优势原理)为宜,并不需要建立协议性的国际分工。

(2) 作为协议分工对象的商品,必须是能够获得规模经济的商品。由此而产生出如下的差别,即规模经济的获利,在重工业中最大,在轻工业中较小,而在第一产业中几乎难以得到。

(3) 不论对哪个国家,自己实行专业化的产品和让给对方的产品之间没有优劣之分,否则就不容易达成协议。这种利益或产业优势主要决定于:① 规模扩大后的成本降低率;② 随着分工而增加的需求量及其增长率。

上述的经济一体化理论从不同的侧面分析了不同类型国家经济一体化的目标、机制、作用和利益。这些理论已成为世界经济与国际贸易理论的一个重要组成部分和分支。但由于经济一体化是在现代经济贸易发展中产生的,特别是以欧、美一体化为研究对象,因而还不是十分系统与完整的。随着一体化的发展,发达国家与发展中国家的经济一体化,以至于全球性经济一体化,都有可能产生和发展,因而经济一体化的理论将会有更广泛更丰富的内容。

第三节　区域经济一体化组织

区域经济一体化迄今为止已有100多年的历史了,19世纪中叶在普鲁士王国领导下成立的关税同盟最终导致了除奥地利以外的日耳曼族51个独立城邦的统一。然而,现代化的区域经济一体化组织的发展是从第二次世界大战以后的西欧开始的。目前,区域经济一体化几乎遍及世界所有的地区,众多国家和地区加入到经济一体化的行列中。现在不仅仅地区经济集团的数量日益增多,而且一些地区经济集团的规模越来越大,向着洲际化方向发展。地区经济一体化的程度也在不断加深,成为与经济全球化同样重要的一种经济发展趋势,已经引起世界各国的政治家与经济学家的高度重视。概括地说,当前地区经济一体化发展的特征是:数量增多,规模扩大,程度加深。

一、欧洲

欧洲共同体,1993年1月1日后改称欧洲联盟,这是目前世界上一体化程度最高的经济贸易集团。

第二次世界大战时,欧洲作为主战场,经济遭到全面破坏。战后,面对重建国内经济的重任,各国都普遍感觉到单纯依靠自己的力量很困难。1948年,原联邦德国财长艾哈德对英美占领军宣布,取消价格控制、物资配给,唯一需要配给的是马克。当时的联邦德国人不理解,提出"绞死艾哈德"。1949年,价格开始稳定,三年后原联邦德国经济复苏。"不管在什么时期,自由市场经济都是不可破坏的济世良方"成为艾哈德的名言。原联邦德国经济的复苏立即引起法国总理莫奈的警觉,他对原联邦德国经济发展不放心,就想到和原联邦德国经济捆到一起。1953年,法国和原联邦德国建立煤钢联营。第二次世界大战后,由于欧洲经济的重建得到美国的大力支持,美国通过对欧洲的资本输出和商品输出,在欧洲说话的分量越来越大,欧洲对此产生了反感。但是,欧洲单靠任何一个国家想和美国抗衡都是不可能的,欧洲各国当时提出的目标是抵制美国、遏制苏联、提高自己的政治地位。法国提出和英国建立同盟。当时英国是世界上的第二大经济实体,是由45个国家组成的英联邦,它不想因为和法国联盟而得罪美国,而且,英国的想法是以自己为中心,因此它拒绝了法国提出的建立同盟的建议。法国找到了第二次世界大战战败国原联邦德国和意大利,加上已经建立自由贸易区的荷兰、比利时、卢森堡,共六国,签订了《罗马条约》,组成了欧洲经济共同体,并于1958年7月1日生效。总部设在布鲁塞尔,建立共同的欧共体委员会、议会、法院、理事会、执行委员会等超国家的机构。

资料：欧盟一体化发展大事记

1957 年 3 月 25 日，欧洲联盟的前身——欧洲经济共同体诞生。

1967 年，欧洲煤钢共同体、欧洲经济共同体和欧洲原子能共同体合并，统称欧洲共同体。

1993 年 11 月 1 日，欧共体正式易名为欧洲联盟。

欧盟先后经历了 6 次扩大，地域范围也从最初的西欧地区逐步拓展到中东欧地区。

1973 年，英国、丹麦和爱尔兰加入欧共体。

1981 年，希腊成为欧共体第十个成员国。

1986 年，葡萄牙和西班牙加入欧共体。

1995 年，奥地利、瑞典和芬兰加入欧盟。

2004 年 5 月 1 日，马耳他、塞浦路斯、波兰、匈牙利、捷克、斯洛伐克、斯洛文尼亚、爱沙尼亚、拉脱维亚和立陶宛 10 个国家正式成为欧盟成员国。

2005 年 4 月 25 日，保加利亚和罗马尼亚在卢森堡签署了加入欧盟的条约。

目前，欧盟扩大进程仍在继续。2005 年 10 月，欧盟启动与土耳其和克罗地亚的入盟谈判。同年 12 月，马其顿被欧盟接纳为入盟候选国。2006 年 6 月，阿尔巴尼亚与欧盟签署了《稳定与联系协议》，迈出了加入欧盟的第一步。

1991 年 9 月中旬，发生“大欧洲首都争夺战”。巴黎、柏林和布鲁塞尔都竞争为“大欧洲的首都”。

1992 年，开始实行护照统一。

1999 年 1 月 1 日，正式启用欧元。2002 年 7 月 1 日，欧元成为唯一法定流通货币。

2004 年 10 月 29 日，25 国领导人在罗马召开的欧盟峰会上签署了《欧盟宪法条约》。

2005 年，法国和荷兰先后在全民公决中否决了《欧盟宪法条约》。

2007 年 1 月 1 日，罗马尼亚、保加利亚加入欧盟。

2007 年 6 月，参加欧盟峰会的 27 国首脑在布鲁塞尔就替代《欧盟宪法条约》的新条约草案达成协议。

2007 年 10 月 18 日，欧盟 27 个成员国的首脑在葡萄牙首都里斯本，就《里斯本条约》的文本内容达成共识。

2009 年 10 月 2 日，爱尔兰举行的全民公投通过了《里斯本条约》（俗称《欧盟宪法》的简本），清除了欧洲一体化的最大障碍。

从欧共体成立至今，从欧盟目标的发展和一体化程度的加深来看，其发展经历了四个阶段：

1. 第一阶段(1958—1968 年)：建立关税同盟

《罗马条约》提出共同体内部实行自由贸易，取消相互之间的进出口关税和数量限制，对外则实行一致的贸易政策，因此条约的目标就是建立一个关税同盟。经过 10 年的努力，欧共体原六国在 1968 年 7 月 1 日实现了对内取消关税和对外统一关税，建成了关税同盟。

2. 第二阶段(1968—1992 年)：实现关税同盟和建立统一市场

在关税同盟建立后的一段时间内，内部的贸易自由化推动了各成员国的经济发展，关税同盟的福利利益逐渐发挥出来，因而也吸引了新的加入者。

另一方面，欧共体在关税同盟的基础上加快了向更高一级共同市场迈进的步伐。1973 年 3 月，欧共体正式建立了欧洲货币体系，向货币联合迈进了重要一步。1985 年 6 月，欧共体通过了《完成内部市场》白皮书，提出进一步取消内部贸易壁垒，实现商品、服务、资本、劳动力的完全流动，在此基础上经过磋商讨论，最终于 1987 年形成了《单一欧洲法》，规定了在 1992 年底建立统一的欧洲内部大市场的具体时间表。1990 年 6 月，德、比、法、荷、卢五国签订《申根协议》，取消相互间的边境检查，使五国达到了"无边界"。1991 年 12 月，12 国首脑齐聚荷兰小城马斯特里赫特，签署了《马斯特里赫特条约》，提出了把欧共体缔造成一个政治经济一体化联盟，实现真正全面的欧洲统一的新目标。1993 年 1 月 1 日，欧盟正式建成内部统一大市场，初步实现了商品、服务、资本、劳动力的"四大流动"。

3. 第三阶段(1993—1999 年)：实现统一市场，建立经济同盟

《马斯特里赫特条约》对欧盟提出了更新与更高一级的目标：最迟到 1999 年完成欧洲货币统一，组成统一的政治联盟，实现区内的政治一体化。

4. 第四阶段(1999 年以后)：实现统一货币目标，向政治经济一体化目标迈进

在 1999 年诞生的欧元给欧盟的经济发展再一次插上翅膀，使得欧盟成为世界上经济最活跃的地区之一。1999 年 1 月 1 日开始发行欧元，成立欧洲中央银行，15 个欧盟国家中 12 个国家参加。加入欧元区的条件一是国内财政赤字不能超过 GDP 的 3%；二是债务不能超过 GDP 的 60%；此外还包括利率和物价标准，同时强调必须参加联合浮动。欧盟的国家中英国、瑞典、丹麦不愿意加入欧元区，希腊当年的债务太高，经过努力，2001 年被批准参加了单一货币。1999 年 1 月 1 日至 2002 年 1 月 1 日为三年过渡期，2002 年 1 月 1 日至 2002 年 3 月 1 日为欧元实体货币和其他 12 国货币共同存在时期，最终在 2002 年 3 月 1 日只剩下唯一的货币欧元。这样欧盟形成了一个市场、一种货币、一个同盟；欧洲形成了三个同心圆：欧盟为中心圆，欧洲自由贸易联盟为中环，东欧各国通过签订协定为外环。

从欧盟的发展来看，遇到了许多意想不到的困难，比如英法在“共同农业政策”上的争吵旷日持久，《欧洲宪法条约》在法国和荷兰受阻等。然而作为迄今为止最成功的地区经济一体化组织，欧盟的统一大势可以说是不可逆转，而且得到世界各地的纷纷效仿和支持。尤其在欧元成功发行以后，大家共同认识到欧洲在一体化的道路上越走越远，越来越成功。

二、美洲

（一）北美自由贸易区

欧盟的成功和世界范围内贸易集团化趋势的兴起对美国造成很大冲击。为与众多贸易集团对抗，保住自己的势力范围，美国加紧在美洲大陆构建以自己为中心的经济圈，以与欧盟等相抗衡。从1965年美国、加拿大的《汽车自由贸易协定》到1992年美国、加拿大、墨西哥三国签署《北美自由贸易协定》，北美自由贸易区（NAFTA）的产生经历了近30年的历程。

根据《北美自由贸易协定》，美、加、墨自由贸易区准备分4个阶段在15年内实现货物、人员、资金的自由流通。美、加、墨三国建立自由贸易区的主要目的，是为三国货物与服务等贸易提供广阔的统一市场，提高其工商企业在国际市场上的竞争力。相应地，自由贸易协定的目标就定为：废除关税及非关税贸易壁垒，实现公平交易；保护知识产权，改善竞争条件，增加相互间投资机会；发展区域性经济合作，建立协调贸易冲突的机制以确保贸易自由化进程的顺利进行。

《北美自由贸易协定》一共包括19个主要条款，约2万条规定。为了实现上述目标，在贸易、服务、投资、知识产权、政府采购等方面都作了规定，还专门就制成品、农产品、能源、运输、环境及文化等方面作了较为详细的规定。概括起来，北美自由贸易协定主要有以下一些内容：

1. 市场准入

在关税和非关税方面，规定了分期减免关税的时间表。协定生效后，三国间约65%的农业产品将立即或在5年内取消关税，15年内分批开放玉米、牛奶等农产品进口市场，在10年内逐步取消其他畜产品的进口关税；美国对从墨西哥进口的橘汁、大豆等农产品也将逐步取消关税。成员国还将取消进口许可证制度或配额限制等非关税壁垒。

美、加、墨三国在对内降低并取消关税、非关税壁垒的时候，却规定了严格的“原产地原则”，以防止其他国家利用墨西哥向美国和加拿大市场渗透。协定规定，只有“北美成分”达到规定比例的“北美商品”才能享受成员国之间的免税待遇。例如，客车和轻型卡车地区成分的比例应达到62.5%，其他车辆要达到60%（这一比例高于美加自由贸易协定中的50%）才有资格享受免税待遇。

2. 放宽对外投资的限制

协定同时还要求取消产品配额、许可证等各种非关税壁垒。墨西哥同意在 1996 年开始允许外国资本在合资企业享有 100% 股权,美、加公司在许多领域都得到了墨西哥的平等对待。同时,美、加也进一步放宽对墨西哥资本的限制,允许它在大多数领域进行投资,并给予适当的优惠条件。

3. 开放金融市场

成员国一致同意给予所有的北美金融公司以"国民待遇",与本国公司同等对待。为了与美、加保持同步,协定要求墨西哥在 7 年内取消对美、加银行及保险公司的限制,在 10 年内取消对证券公司的限制,开放封闭的金融服务市场,允许美国银行和证券公司建立独资附属机构。

4. 公平招标

在供应产品和服务招标方面,美国及加拿大公司与墨西哥公司在整个自由贸易区内享受同等待遇。

5. 保护知识产权

《北美自由贸易协定》向三国规定了比任何其他双边或多边协定更严格的知识产权保护。三国均同意严格遵守《国际知识产权保护法》的规定,对成员国登记的药品及其他专利产品至少保护 20 年。

协定还首次在贸易协定中加入了环境保护的条款,给其他国家或地区进入北美市场设置了障碍。

北美自由贸易区成立以来,取得了许多重要的成果。到 1998 年 12 月,北美三国的贸易额已由成立当初的 1 500 亿美元,迅速增加到 5 200 亿美元。三国之间在私人投资方面增长很快,1994 年,美国和加拿大对墨西哥私人直接投资为 80 亿美元,到 1997 年已上升到 120 亿美元。

在美、加、墨决定组成北美自由贸易区后,美国政府提出了"美洲倡议",意在把自由贸易的范围扩大至拉丁美洲,建立美洲自由贸易区。1994 年 12 月,在美国的召集下,在美国迈阿密举行了由北美、南美和加勒比(古巴除外)共 34 个国家参加的会议,讨论建立美洲自由贸易区。会上通过了《原则声明》和《行动计划》,决定在 2005 年完成美洲自由贸易区的谈判。1995 年 7 月,美洲 34 国举行部长级会议,通过了行动纲领,成立了 7 个技术专家工作组,将实地考察各国现行的法律和各项制度,并向部长会议报告;1998 年 4 月 18 日开幕的第二届美洲国家首脑会议上,美洲自由贸易区也成为中心议题。

北美自由贸易区的建立,不仅产生了当时世界上最大的经济集团,在其他方面也具有深远的意义。首先,与欧盟这种类型的发达国家之间的经济一体化以及中美洲共同市场、东南亚国家联盟等发展中国家之间的经济一体化组织不同,北美自由贸易区是世界上第一个由发达国家和人口众多的发展中国家组成的互补性贸易集团；其次，北美自由贸易协定不仅涉及了商品贸易的自由化，也涉及了服务贸易，并保证生产要素在三国间的平等流动，同时还包括了美加协议中不曾有的仲裁条款。因此，北美自由贸易协定不仅对北美三国的经济发展产生巨大的影响，而且对一体化及世界经济的发展也将产生不可低估的影响。

（1）对美国的影响。从出口角度来说，与墨西哥的自由贸易使美国产品更多地进入这一潜在的大市场，这对于美国的农产品、电信、能源、环保、金融及其他服务等产品、技术的输出十分有利，据测算美国每多出口 10 亿美元商品就可创造 22 000 个就业机会。从进口角度来说，美国从墨西哥大量进口廉价的劳动密集型产品，使本国消费者大为受益。此外，墨西哥的低廉劳动力成本也促使美国增加在墨的直接投资，从而降低美国产品的生产成本，增强对日、欧的国际竞争力。

（2）对加拿大的影响。北美自由贸易区也同样有助于加拿大的外贸与经济增长。美加自由贸易协定已经使加拿大的木材、运输、通信和能源等行业因贸易壁垒的降低或消除而扩大了对美出口，墨西哥广阔市场的加入使其出口产品获得更大的规模经济优势，同时也可以从墨西哥获得更多的廉价劳动密集型产品，但由于加、墨之间被美国隔开，运输及其他方面的成本使加拿大的贸易得益不如美国大。

（3）对墨西哥的影响。从某种意义上来说，墨西哥是北美自由贸易区的最大受益者。原来在与东亚及东南亚竞争上处于劣势的墨西哥，现在由于美、加这两个大市场的自由开放转而处于得天独厚的地位。由于废除了关税，墨西哥的众多劳动密集型产品如纺织品、鞋类、皮革制品、玻璃制品等现在可以以更为低廉的价格进入美国市场，扩大了出口，对其出口导向型经济的发展起到了极大的推动作用。同时，美、加大量投资的流入对于其历经 8 年经济危机之后的工业部门无疑是一场“及时雨”。据估计，北美自由贸易区建成后，流入墨西哥的外资增长了一倍。在中国加入世贸组织的双边谈判中，中国与墨西哥的双边谈判之所以迟迟谈不下来，主要原因就是因为墨西哥把中国“入世”看做是与它争夺美国这个最大的消费市场，不利于它今后的经济发展和吸收直接投资，因此，对中国“入世”心存疑虑。然而，任何利益的获得都要付出代价，墨西哥将在更大程度上受到美、加经济兴衰的周期性影响，外资的大量流入使墨西哥的金融市场受制于人，一有风吹草动，这些“热钱”就迅速抽走，使金融体系的不稳定性增大，这在 1995 年初爆发的墨西哥金融危机中显露无遗。总之，北美自由贸易区的建立扩大了成员国相互之间的市场与贸易，带来了“贸易创造”效应，使其资源配置更为有效，推动了三成员国的经济增长。目前，美国国内对北美自由贸易区的反对意见主要表现在两个方面：开放市场后墨西哥的廉价产品进入美国市场，会令一些竞争力相对较弱的美国同类劳动密集型生产部门受到冲击，一部分工人会因此失业；此外，墨西哥的廉价劳动力更会大量进入美国，抢夺美国本土工人的“饭碗”，所以美国的劳工组织和工会（labor unions)对此一直持激烈的反对态度。而一些环保主义者则担心美国会把那些污染环境程度大的工厂迁往墨西哥,从而破坏墨西哥的生态环境。

(4) 对亚洲地区的影响。墨西哥与亚洲国家和地区具有相似的资源禀赋结构,墨西哥对美、加出口的产品如纺织品、成衣、钢铁等其结构也与亚洲国家和地区大体一致。这样北美自由贸易区形成后,由于区内废除关税,墨西哥劳动密集型产品取得价格优势,相当一部分进口贸易将从亚太地区转向墨西哥,使亚洲国家和地区在北美的市场份额减少。此举打击最大的是一些以美国为主要市场、以劳动密集型产品为主要出口商品的国家,如中国、“亚洲四小龙”、泰国、马来西亚等。据世界银行估计,亚洲劳动密集型产品每年对美、加的出口可能减少4亿美元,而世界其他地区的同类产品对美、加出口的减少也许仅1 000万美元。此外,原先可能从美、加流入亚洲国家或地区的大量资金和技术现在将转流到墨西哥,给拉美注入活力,使亚洲经济增长受阻。这种严峻的挑战必将促使亚洲国家和地区加快提高产品质量和建立亚太经济合作新机制的步伐。

(5) 进一步推动世界经济区域化、集团化。继欧盟之后,北美自由贸易区的建立,为蓬勃发展的地区经济一体化鼓劲加油,促使世界其他国家加紧经济整合,尤其是日本力争仿效前两者,构筑以自己为核心的经济圈,三足鼎立以与美、欧抗衡,这也是日本近来如此热衷建立“东亚经济圈”的根本原因。然而这一区域集团化的浪潮也使世界经济被割裂,成为几大集团堡垒之间的互动,贸易保护主义进一步抬头,各大贸易集团之间的“贸易战”将更趋激烈。

(二) 中美洲共同市场

中美洲共同市场(CACM)是由危地马拉、洪都拉斯、尼加拉瓜、萨尔瓦多和哥斯达黎加5个国家于1960年建立的关税同盟,此后墨西哥、巴拿马和委内瑞拉又先后与之签订了贸易协定。中美洲共同市场不仅确立了在5年内建成自由贸易区并实施共同对外关税政策的目标,而且创建了中美洲经济一体化银行,为区内的工业和基础设施建设提供资金。但区域内各国普遍比较贫穷,因此地区经济一体化目标实现起来比较困难。中美洲共同市场的创始5个国中,人口共1 000万,但出口咖啡总量还不及越南,市场需求量不及墨西哥一国;在危地马拉只有1/5人口能读得起中学。中美洲共同市场今后单一货币希望是美元。

(三) 安第斯集团

1969年5月,哥伦比亚、智利、厄瓜多尔、秘鲁、委内瑞拉、玻利维亚6个国家在哥伦比亚的卡塔赫那签署《安第斯条约》,正式成立了安第斯集团(Andian-Pact)。该集团从20世纪70年代起,开始削减区内关税,计划在10年内实现零关税,欠发达的厄瓜多尔和玻利维亚则不受此时间表限制。由于受20世纪80年代债务危机和国际收支赤字影响,计划未能如期实现,1991年底集团再次明确提出了建立安第斯自由贸易区的目标,并于次年5月就共同对外关税达成一致,在全部应税商品中,1/3的项目征收

5%—10%的最低关税,40%的项目征收15%的关税,其他项目征收20%的关税。

(四) 南方共同市场

根据1991年3月在巴拉圭首都亚松森签订的《亚松森协定》,南方共同市场(简称南锥体,MERCOSUR)于1995年1月1日正式启动,原始成员为阿根廷、巴西、巴拉圭和乌拉圭,后又增加了智利和玻利维亚两国,是仅次于欧盟、北美自由贸易联盟、APEC的世界第四大区域经济组织,也是仅次于欧盟的全球第二大关税同盟。根据《亚松森协定》,在1991年至1994年6月30日期间,成员国以每半年减低7个百分点的速度将区内关税降为零,同时于1995年1月1日起,对85%的进口商品实行税率为0—20%的统一对外关税。同盟还充分考虑到了成员国发展水平的差异,对巴拉圭作了区别对待,阿根廷和巴西在1994年12月前实现零关税,而巴拉圭和乌拉圭推迟到1995年12月。

三、大洋洲

澳大利亚、新西兰、巴布亚新几内亚三国签署的《澳—新密切经济关系贸易协定》规定,在1987年全部取消关税,到1990年取消所有的配额限制,在自由贸易区全部取消出口补贴,并且统一技术、健康和安全标准,在政府的采购和工程合同招标中,给予同等待遇。但自澳、新两国签订贸易关系协定以后,两国之间的贸易发展速度不理想,主要是由于两国的进出口贸易结构相似,两国经济的互补性较差。例如,在澳大利亚出口的产品中,金属矿石占11.4%,煤炭占10.3%,黄金占7.4%,这些产品的相当大的部分出口到日本,日本在澳大利亚出口总额中占23%,排在第一位;而在进口的产品中,汽车占10.3%,自动化机器设备占7.7%,电器占6.8%,美国在澳大利亚的进口比重中占21.9%,排在第一位。可见,澳大利亚的出口产品不是新西兰所需要的,其进口也不是新西兰所能供应的。巴布亚新几内亚是由于特殊的地理优势,澳新集团决定把它纳入集团内部。

四、非洲

非洲成立的集团较多,但缺乏行之有效的集团。非洲共有54个国家,1991年32国首脑在阿布贾签订《非洲经济共同体》条约,1994年1月1日生效,准备32年过渡期,到2025年建立共同体。目前,西非经济共同体是最成功的,它以尼日利亚为中心,包括冈比亚、加纳、几内亚、利比里亚、塞拉利昂,欧元成功后仿效欧元于2003年1月1日发行共同货币。2001年7月,在赞比亚首都卢萨卡召开的第37届非统组织会议上,在利比亚总统卡扎非的倡议下,非洲7亿人民共同决定把非统组织改名为非洲联盟,推动非洲经济一体化的进程。

五、亚洲

(一)东南亚国家联盟

东南亚国家联盟于1967年8月在曼谷成立,总部设在印度尼西亚的首都雅加达,其前身是由马来西亚、菲律宾和泰国三国于1961年7月31日在曼谷成立的东南亚联盟。1967年8月7日至8日,印度尼西亚、新加坡、泰国、菲律宾四国外长和马来西亚副总理在泰国首都曼谷举行会议,发表了《东南亚国家联盟成立宣言》,即《曼谷宣言》,正式宣告东南亚国家联盟(简称东盟,Association of Southeast Asian Nations,ASEAN)的成立。成立几十年来,东盟已日益成为东南亚地区以经济合作为基础的政治、经济、安全一体化合作组织,并建立起一系列合作机制。现任东盟秘书长王景荣(新加坡)。

东盟的宗旨和目标是本着平等与合作精神,共同促进本地区的经济增长、社会进步和文化发展,为建立一个繁荣、和平的东南亚国家共同体奠定基础,以促进本地区的和平与稳定。

东盟成立之初只是一个保卫自己安全利益及与西方保持战略关系的联盟,其活动仅限于探讨经济、文化等方面的合作。1976年2月,第一次东盟首脑会议在印尼巴厘岛举行,会议签署了《东南亚友好合作条约》以及强调东盟各国协调一致的《巴厘宣言》。此后,东盟各国加强了政治、经济和军事领域的合作,并采取了切实可行的经济发展战略,推动经济迅速增长,逐步成为一个有一定影响的区域性组织。除印度尼西亚、马来西亚、菲律宾、新加坡和泰国5个创始成员国外,20世纪80年代后,文莱(1984年)、越南(1995年)、老挝(1997年)、缅甸(1997年)和柬埔寨(1999年)5个国家先后加入东盟,使这一组织涵盖整个东南亚地区,形成一个人口超过5亿、面积达450万平方公里的10国集团。巴布亚新几内亚为其观察员国。东盟10个对话伙伴是:澳大利亚、加拿大、中国、欧盟、印度、日本、新西兰、俄罗斯、韩国和美国。

为了早日实现东盟内部的经济一体化,东盟自由贸易区于2002年1月1日正式启动。自由贸易区的目标是实现区域内贸易的零关税。文莱、印度尼西亚、马来西亚、菲律宾、新加坡和泰国六国已于2002年将绝大多数产品的关税降至0~5%。越南、老挝、缅甸和柬埔寨四国将于2015年实现这一目标。

(二)中国—东盟自由贸易区

2001年11月,中国与东盟提出了在10年内建成自由贸易区("10+1"自由贸易区)的目标,这个自由贸易区建成以后将覆盖全球30%的人口,拥有世界大约40%的外汇储备,国内生产总值和对外商品贸易额分别占世界总额的10%左右。2004年东盟已经成为中国的第五大贸易伙伴。按照协议,自2005年开始,在5年过渡期内,中国与东盟老六国互相免除关税,在10年过渡期内与东盟所有成员互相免除关税。2004年,中国与印度尼西亚、马来西亚、菲律宾、新加坡、泰国和文莱的蔬菜和水果互相免除关税,同时利用自由贸易协议促进区域内吸引外资、稳定货币,促进经济增长。中国—东盟自由贸易区还包括政治目标的合作,主要是打击跨国犯罪、毒品走私、划分地理界限等方面。"10+1"自由贸易区如果成功,会成为世界上继欧盟、北美自由贸易区后的第三大自由贸易区。中国—东盟自由贸易区部分关税消减时间表见表10-2所示。

表10-2　中国—东盟自由贸易区部分关税消减时间表

年份	关税税率	覆盖关税税目	参与的国家
2000	东盟区域内部平均关税3.87%	全部	东盟所有成员国家
2000	对所有东盟成员0~5%	85%以上	新加坡、印度尼西亚、马来西亚、菲律宾、文莱、泰国(以下简称东盟老成员)
2001	平均关税14%左右	全部	中国
2001	对所有东盟成员0~5%	90%	东盟老成员
2002	对所有东盟成员0~5%	全部	东盟老成员
2005	对所有世贸组织成员平均关税11%左右	全部	中国
2006	对所有东盟成员0~5%	82%以上	越南
2008	对所有东盟成员0~5%	82%以上	老挝、缅甸
2010	对所有东盟成员0~5%	82%以上	柬埔寨
2011	5%以下		中国—东盟自由贸易区所有成员
2015	对所有东盟成员0	全部	东盟老成员
2018	对所有东盟成员0	全部	所有东盟成员
2020	5%以下		中国、新加坡、印度尼西亚、马来西亚、菲律宾、越南、泰国

(三)曼谷协定

曼谷协定签订于1975年,全称为《亚太经社会发展中成员国贸易谈判第一协定》,是在联合国亚太经社会支持下在发展中成员国之间达成的贸易优惠安排,现有成员为印度、韩国、孟加拉国、斯里兰卡、老挝和中国。至今已完成了两轮谈判,至1999年底,成员国相互交换了663个HS税号(协调制度税号)的优惠关税减让,并对最不发达国家提供了74个HS税号的特惠减让,在原产地规则方面,对签字国适用50%的增值标准,对最不发达国家适用40%的增值标准。中国于1994年在联合国亚太经社会第五十届年会上,正式宣布申请加入曼谷协定。中国已就634项税目商品减让与其他国家达成协议。2000年4月3—5日,曼谷协定第十六次常委会一致同意中国加入曼谷协定,按照有关程序,自2001年5月23日起,中国已经成为曼谷协定的成员国。这是中国加入的第一个具有实质性优惠安排的区域贸易协议。中国加入后，通过相互提供优惠关税和非关税减让，将进一步促进与曼谷协定成员国之间的贸易，也将增强曼谷协定的活力，吸引更多的国家申请加入曼谷协定，从而进一步增强曼谷协定的作用。按照中国的承诺，中国"入世"后对曼谷协定成员国开始履行关税减让承诺。

(四) 南亚区域合作协会

由印度、巴基斯坦、孟加拉国、斯里兰卡、尼泊尔与马尔代夫组成的南亚区域合作协会于1993年4月11日在孟加拉国举行首脑会议，签署优惠贸易安排，但由于域内产业趋同，所以进展比较缓慢。

(五) CEPA:《内地与香港关于建立更紧密经贸关系的安排》(包括澳门)

CEPA涵盖了中国内地与中国香港、澳门货物贸易、服务贸易和贸易投资便利化等诸多内容。在货物贸易方面，2005年1月1日起，对原产于中国香港的货物分两批实行零关税。2004年，第一批270多种商品零关税进入中国内地，此外还包括对来自中国香港、澳门的服务贸易、投资便利化措施。

亚洲的各个地区经济集团组织与欧盟比较起来并不十分紧密，主要原因在于：① 这一地区与美国接触密切，许多国家对美国市场的出口占20%～50%，例如，中国出口商品的30%、菲律宾出口商品的37%都进入美国市场，如果离开美国，其他国家不可能吸收这些商品。日本直接投资的40%流入美国，和美国联系紧密。② 这个地区经济差距很大，日本人均GDP超过38 000美元，中国2004年才1 200美元，日本这个唯一的发达国家不想背负这些沉重的包袱。③ 这一地区的政治制度不同，特别是对中国威胁论的宣传不利于中国，使很多国家都对中国有戒心。④ 历史原因。这一地区历史上恩怨太多，日本不可能成为这一地区的领导者，因为除历史的、政治的原因外，它的市场太封闭，不可能带动其他国家经济发展；而中国目前没有驾驭全部地区经济的能力。⑤ 东南亚联盟内部意见不一致，印度尼西亚同意让东帝汶和巴布亚新几内亚加入，2002年建成东盟自由贸易区；新加坡同意让中国、日本和韩国加入，加强与欧洲和北美抗衡的力量。从以上分析可以看出，目前在亚洲建成洲际集团的可能性不大。

六、跨洲经济合作组织

(一) 亚太经合组织

亚洲太平洋经济合作组织(Asia-Pacific Economic Cooperation, APEC)，简称"亚太经合组织"，成立之初是一个区域性经济论坛和磋商机构，经过十几年的发展，已逐渐演变为亚太地区重要的经济合作论坛，在推动区域贸易投资自由化、加强成员间经济技术合作等方面发挥了不可替代的作用，成为世界经济的一大主角。

1. 亚太经合组织的成立

(1) 1989年1月，澳大利亚总理霍克访问韩国时在汉城发出倡议，建议召开"亚洲及太平洋国家部长级会议"。

(2) 1989年11月5日至7日,在澳大利亚首都堪培拉召开"亚洲及太平洋经济合作会议"第一届部长级会议。

(3) 1991年11月,在韩国汉城举行第三届部长级会议并通过了《汉城宣言》,正式确定宗旨和目标为:相互依存,共同受益,坚持开放的多边贸易体制和减少区域内贸易壁垒。

(4) 1993年1月,在新加坡成立了常设秘书处,负责该组织的日常事务性工作。

(5) 1993年6月,改名为亚太经济合作组织。亚太经合组织的性质为官方论坛,秘书处对其活动起辅助作用。其议事采取协商一致的做法,合作集中于贸易投资自由化和经济技术合作等经济领域。

2. 亚太经合组织的成员

到目前为止,亚太经合组织共有21个成员。

(1) 创始国12个,分别是澳大利亚、文莱、加拿大、印度尼西亚、日本、韩国、马来西亚、新西兰、菲律宾、新加坡、泰国和美国。

(2) 1991年11月,中国以主权国家身份,中国台北和香港(1997年7月1日起改为"中国香港")以地区经济名义正式加入亚太经合组织。

(3) 1991年11月,墨西哥和巴布亚新几内亚加入。

(4) 1994年,智利加入。

(5) 1998年11月,秘鲁、俄罗斯、越南加入。

东南亚联盟、太平洋经济合作理事会和太平洋岛国论坛为该组织观察员,可参加亚太经合组织部长级及其以下各层次的会议和活动。APEC接纳新成员需全部成员的协商一致。1997年,温哥华领导人会议宣布APEC进入10年巩固期,暂不接纳新成员。

3. 历次领导人非正式会议

亚太经合组织领导人非正式会议是亚太经合组织最高级别的会议。会议就有关经济问题发表见解,交换看法,会议形成的领导人宣言是指导亚太经合组织各项工作的重要纲领性文件。首次领导人非正式会议于1993年11月在美国西雅图召开,此后每年召开一次,在各成员间轮流举行,由各成员领导人出席(中国台北只能派出主管经济事务的代表出席)。

1992年4月,澳大利亚总理首次提出以亚太经合组织为基础,举行一次亚太首脑会议。1993年,美国作为亚太经合组织会议的东道主,正式提出在亚太经合组织第五届部长级会议之后召开一次首脑会议。由于没有得到全体成员的赞同,美国建议召开的首脑会议被定名为"领导人非正式会议"。1993年11月19日至20日,首次领导人非正式会议在美国西雅图的布莱克岛举行。除马来西亚外,该组织其余14个成员的领导人或代表出席了这次会议。会议期间,所有领导人不着西服,而穿休闲装,为的是营造一种较为轻松的气氛。领导人的讲话内容须经本人同意才能公开。会议结束后通过一项领导人宣言。这种形式成为以后亚太经合组织领导人非正式会议的模式。

每年举行一次的领导人非正式会议清楚地反映了 APEC 的发展历程。

小资料：历次亚太经合组织领导人非正式会议

亚太经合组织领导人非正式会议是亚太经合组织最高级别的会议，每年举行一次，在各成员间轮流举行。

第一次领导人非正式会议于 1993 年 11 月 20 日在美国西雅图的布莱克岛举行。会议讨论了 21 世纪亚太地区经济展望、促进亚太经合组织内部及区域间的合作以及有关机制和手段等 3 个议题，并发表了《亚太经合组织领导人经济展望声明》。中国国家主席江泽民在会上就促进亚太经合组织内部及区域间的合作提出五点建议。

第二次领导人非正式会议于 1994 年 11 月 15 日在印尼茂物举行。会议通过的《亚太经合组织经济领导人共同决心宣言》（简称《茂物宣言》），确立了在亚太地区实现贸易和投资自由化的目标，提出发达成员和发展中成员分别不迟于 2010 年和 2020 年实现这一目标的时间表。江泽民主席在会上对亚太经济合作的未来提出了五项原则建议。

第三次领导人非正式会议于 1995 年 11 月 19 日在日本大阪举行。会议讨论和制定了旨在顺利实现《茂物宣言》的行动方针，并为区域内的长期合作构筑框架。会议发表了《亚太经合组织经济领导人行动宣言》（简称《大阪宣言》），通过了实施贸易投资自由化和开展经济技术合作的《大阪行动议程》。江泽民主席在会上阐述了中国关于亚太经济合作的五点主张。

第四次领导人非正式会议于 1996 年 11 月 25 日在菲律宾苏比克举行。会议的主要议题是落实根据亚太经合组织贸易和投资自由化时间表所制定的单边行动计划和集体行动计划，讨论加强成员间的经济技术合作问题。会议通过了《马尼拉行动计划》《亚太经合组织经济领导人宣言：从憧憬到行动》以及《亚太经合组织经济技术合作原则框架宣言》。会议还首次确认了中国倡导的以自主自愿、协商一致为特点的“亚太经合组织合作方式”。江泽民主席在会上就经济技术合作问题发表了几点意见。

第五次领导人非正式会议于 1997 年 11 月 25 日在加拿大温哥华举行。会议讨论了贸易投资自由化、经济技术合作以及东南亚发生的金融危机等问题。会议通过了《亚太经合组织经济领导人宣言：联系大家庭》。江泽民主席就加强亚太地区经济技术合作提出四点意见，并建议制定《走向21世纪的科技产业合作议程》。

第六次领导人非正式会议于1998年11月18日在马来西亚的吉隆坡举行。会议的主要议题包括克服金融危机、恢复经济增长、改善国际金融体制、推进贸易和投资自由化、加强经济和科技合作等。会议通过了《亚太经合组织经济领导人宣言:加强增长的基础》、《走向21世纪的亚太经合组织科技产业合作议程》和《吉隆坡技能开发行动计划》等重要文件。江泽民主席就促进国际金融稳定发展和推动建立国际金融新秩序提出了三点主张。

第七次领导人非正式会议于1999年9月13日在新西兰奥克兰举行。会议就进一步推进亚太地区经济合作、亚太经合组织如何为即将启动的新一轮全球贸易谈判作贡献以及亚太经合组织的未来走向等问题展开了讨论。会议最后通过了《亚太经合组织经济领导人宣言:奥克兰挑战》,并批准了《亚太经合组织加强竞争和法规改革的原则》和《妇女融入亚太经合组织框架》等文件。

第八次领导人非正式会议于2000年11月16日在文莱首都斯里巴加湾举行。会议主要讨论了经济全球化、新经济、次区域合作、经济技术合作、人力资源开发和石油价格等问题。会议最后通过了《亚太经合组织经济领导人宣言:造福社会》和《新经济行动议程》。江泽民主席以2001年会议东道主的身份在会上就世界和亚太地区经济形势、经济全球化、新经济、亚太经合组织的作用、人力资源开发等问题发表了看法和主张。

第九次领导人非正式会议于2001年10月21日在中国上海举行。中国国家主席江泽民主持会议并发表了题为《加强合作,共同迎接新世纪的新挑战》的重要讲话,全面阐述了中国对当前世界和地区经济形势的看法,以及对推进APEC合作进程的主张。与会领导人以“新世纪、新挑战:参与、合作,促进共同繁荣”为主题,就当前世界经济形势以及“9·11”事件对经济发展带来的影响、人力资源能力建设和亚太经合组织未来发展方向等问题深入交换意见,达成了广泛的共识。会议通过并发表了《领导人宣言:迎接新世纪的新挑战》和《上海共识》等文件。与会各成员领导人还利用午餐会就反对恐怖主义问题交换了意见,并发表了《亚太经合组织领导人反恐声明》。

第十次领导人非正式会议于2002年10月26日至27日在墨西哥的洛斯卡沃斯举行。会议就全球和亚太地区经济发展、加强多边贸易体制、执行上海会议成果及反恐合作等问题进行了讨论。会议发表了《领导人宣言》和《反恐声明》。江主席在会议上就亚太经合组织顺应时代潮流发挥自身优势、开展广泛合作阐明了中国的原则立场和主张。江主席还就反恐问题作了重要发言,在亚太经济合作组织工商领导人峰会上发表了演讲,并出席了与工商咨询理事会代表的对话会。

第十一次领导人非正式会议于2003年10月在泰国首都曼谷举行。议题是国际和地区形势、推动多哈回合谈判、促进贸易投资、推动亚太经济增长、反恐合作、亚太经合组织改革等,通过了《领导人宣言》,决定加强伙伴关系,推动贸易投资自由化与便利化,保障民众和社会免受安全威胁,并能从自由开放的贸易中充分受益。

2004年11月,第十二次领导人非正式会议在智利圣地亚哥举行。会议通过了《圣地亚哥宣言》,重申通过贸易和投资自由化促进发展。与会领导人围绕会议主题“一个大家庭,我们的未来”,主要讨论了贸易投资自由化、人类安全、可持续发展等议题。胡锦涛主席在会上发表重要讲话。

第十三次领导人非正式会议于2005年11月在韩国釜山举行。会议主要讨论了投资贸易自由化和加强经济技术合作等问题,审议了关于亚太经合组织茂物目标进展的中期报告,强调扩展各成员围绕经济安全的合作领域,敦促世贸组织多哈贸易谈判取得进展。会议发表了《亚太经合组织第十三次领导人非正式会议釜山宣言》、《亚太经合组织领导人关于世贸组织多哈发展议程谈判的声明》、《亚太经合组织流感大流行防控倡议》等文件,承诺通过釜山路线图在亚太地区实现贸易投资自由化和便利化的茂物目标,尽力弥合区域鸿沟,缩小差距。

第十四次领导人非正式会议于2006年11月在越南首都河内举行。会议主题是“走向充满活力的大家庭,实现可持续发展与繁荣”。会议议题是支持多哈回合谈判、实现茂物目标、区域贸易安排、经济技术合作、亚太经合组织改革等,通过了旨在实现茂物目标的《河内行动计划》。与会领导人还签署了《河内宣言》,呼吁成员推动多哈回合谈判,稳步实施《河内行动计划》,以实现茂物目标。胡锦涛主席在会上发表重要讲话。

第十五次领导人非正式会议于2007年9月在澳大利亚悉尼举行。会议的主题为“加强大家庭建设,共创可持续未来”。议题是气候变化和清洁发展、区域经济一体化、支持多哈回合谈判、贸易投资自由化和便利化等。会议发表了《亚太经合组织领导人关于气候变化、能源安全和清洁发展的宣言》,并达成了在2030年前将亚太地区能源强度降低25%的意向性目标。胡锦涛主席在会上发表重要讲话。

第十六次领导人非正式会议于2008年11月22日至23日在秘鲁首都利马举行。会议的主题是“亚太发展的新承诺”,主要议题是讨论如何应对金融危机、推进贸易投资自由化和便利化等。会议发表《利马宣言》和关于全球经济的声明,重点阐述了各成员就世界经济金融形势、多哈回合谈判、粮食安全、能源安全、区域经济一体化、企业社会责任、气候变化、防灾减灾等问题达成的共识。中国国家主席胡锦涛出席会议,发表题为《坚持开放合作　寻求互利共赢》的重要讲话,在亚太经合组织工商领导人峰会上发表题为《携手共同努力　推动经济发展》的重要演讲。

第十七次领导人非正式会议于2009年11月14日至15日在新加坡举行。会议的主题是"持续增长,区域联合",会议的议题是应对国际金融危机、气候变化、反对贸易保护主义和亚太经合组织未来发展等问题。会议发表了《新加坡宣言》。中国国家主席胡锦涛出席。胡锦涛主席先后就支持多边贸易体制、合力应对挑战、推动持续发展、坚定合作信心、振兴世界经济发表重要演讲。特别是胡主席所强调的亚太经合组织经过20年发展自身面临的新挑战和问题,以及提出的三点建议。

2011年,第十八次亚太经济合作组织领导人非正式会议将于当年11月12日至13日在美国夏威夷州檀香山举行。

(二) 上海合作组织

上海合作组织是2001年6月15日由中国、俄罗斯、吉尔吉斯斯坦、哈萨克斯坦、塔吉克斯坦、乌兹别克斯坦成立的跨欧亚两大洲组织。合作范围包括政治、经贸、文化、教育等领域,每年夏天召开一次最高元首会议。在成立宣言中,六国元首坚持团结、开放、互利、互信的宗旨,在经贸、教育、环保、能源等领域广泛合作。根据2001年9月在哈萨克斯坦的阿拉木图六国总理签署的《"上海合作组织"成员国间关于开展区域经济合作基本目标和方向及启动贸易投资便利化进程的备忘录》,启动贸易投资便利化进程被列为现阶段该组织内开展区域经济合作的重要任务。上海合作组织开展区域经济合作包括以下几个方面的内容:

(1) 区域经济合作基本目标:发挥成员国经济的互补性以促进其经济的共同发展;扩大贸易和投资规模;促进经营主体间合作生产和经营活动的发展;改善贸易和投资环境,为逐步实现商品、资本、服务和信息的自由流动创造相应的条件;协调各国对外经济活动方面的法律;根据各国现行法律鼓励和支持成员国行政区域间建立多种形式的直接联系;有效利用交通和通信领域的现有基础设施,进一步开发过境运输能力;发展服务贸易领域的合作;保障合理利用自然资源,实现共同的生态规划和项目;建立和发展实施区域经济合作机制。

(2) 实现贸易投资便利化的途径:分步骤消除贸易和投资障碍;为实现货物和旅客的运输,包括过境运输,确保法律、经济、组织和其他条件;发展口岸基础设施;协调商品和技术标准;扩大法律法规信息交流;吸引和保护相互投资。

(3) 贸易投资便利化的重点合作领域:能源、交通、电信、农业、旅游、银行信贷、水利和环保等领域。

(4) 建立上海合作组织框架下的总理定期会晤机制及经贸部长级会晤机制。

(5) 决定制定多边经贸合作的长期纲要,明确合作的具体方向、优先领域、范围和项目。

（三）亚欧会议

1994 年，新加坡总理吴作栋在访问法国时倡议建立亚欧会议论坛。亚欧会议的成员国原来包括亚洲 10 国（泰国、马来西亚、菲律宾、印度尼西亚、文莱、新加坡、越南、中国、日本、韩国）和欧盟 15 国（意大利、德国、法国、荷兰、比利时、卢森堡、丹麦、爱尔兰、英国、希腊、西班牙、葡萄牙、奥地利、芬兰、瑞典）。2004 年 10 月，在越南河内举行的第五届亚欧领导人会议正式批准亚欧机制吸收新成员。扩大的亚欧会议吸纳了欧盟的 10 个新成员（塞浦路斯、马耳他、波兰、匈牙利、立陶宛、捷克、斯洛文尼亚、爱沙尼亚、拉脱维亚、斯洛伐克）和东盟的 3 个欠发达国家成员（老挝、柬埔寨、缅甸），共有成员国 38 个，外加欧盟理事会共 39 个成员。它是东南亚联盟与中、日、韩以及欧盟的协调会，每两年召开一次会议，轮流在亚洲和欧洲举行。1996 年，第一届会议在泰国召开，此后分别在英国、韩国、丹麦、越南召开。亚欧会议的目标是：在亚欧两大洲之间建立旨在促进增长的新型、全面伙伴关系，加强相互之间对话、了解、合作，为经济和社会发展创造有利条件，维护世界和平稳定。论坛的原则是：各成员国之间在对话的基础上应该相互尊重、平等，保护基本权力，遵守国际法规定的义务，不干涉他国的内部事务，进程应是开放和循序渐进的，所有行动应在协商一致的基础上进行，扩大新成员应由国家和政府首脑协商一致决定，通过对话增进相互了解和理解，以确定优先开放领域并共同合作。

亚欧会议是比 APEC 更为松散的论坛，为了推动亚欧国家之间的经贸合作，亚欧会议提出了贸易投资便利化计划，其主要内容包括《亚欧贸易便利行动计划》和《亚欧投资促进行动计划》。《亚欧贸易便利行动计划》规定 1998—2000 年期间在下述领域推进便利化措施：海关程序；标准和一致化；政府采购；动植物检疫程序；知识产权；商务人员流动和其他贸易活动。《亚欧投资促进行动计划》分为两大支柱：投资促进措施与投资政策和法规。投资促进的主要内容包括：制订亚欧网上信息交流计划；设立企业决策者圆桌会议，促进伙伴关系；制订亚欧企业间交流计划等。投资政策和法规涉及的问题有：现有的商务争端解决程序和机制，包括磋商、调节和仲裁；相互认可和认证；商标、版权和知识产权保护；技术交流的环境和技术转让的障碍；支持世贸组织在投资领域的合作。

（四）欧亚经济共同体

2000 年 10 月，俄罗斯、白俄罗斯、吉尔吉斯斯坦、哈萨克斯坦和塔吉克斯坦五国元首在哈萨克斯坦首都阿斯塔那签署了《关于成立欧亚经济共同体的条约》，提出在 2004 年五国建立自由贸易区和统一的经济空间。欧亚经济共同体的发展目标是：在外贸和海关政策方面实施自由贸易制度、统一的关税税率和非关税管理措施；实现一致的特惠制度；制定产品和服务贸易及进入内部市场的共同规则；协调成员国对世贸组织和其他国际经济组织的立场；实行一致的外汇调节和外汇管制办法；建立使支付结算关系能够有效发挥作用的机制；建立统一的海关管理体系；实行统一的海关报关和监督程序及海关制度；确保共同体外部边境的经济安全，打击走私和其他形式的通关违法行为，巩固和加强共同体外部边境实施建设。目前,欧亚经济共同体已统一了60%的商品的关税,实现了统一的增值税和统一的协调铁路运价。

TIME = MONEY

小资料:建立中华自由贸易区的探讨

(1) 效果:在中国疆域内实现经济一体化,增强中华大地整体经济实力和国际竞争力。

(2) 特点:① 是在世贸组织框架下的主权国家内组成的自由贸易区,中国大陆、港、澳、台四方存在经济互补性;② 港、澳是自由港,进出口基本不设限,中国大陆和台湾在与港、澳统一税率后,利益让渡存在不均衡性;③ 服务贸易阻力相对较小,可先行。

(3) 难点:① 市场开放需有时序梯度;② 区内各方利益要进行充分协调;③ 区内和区外的利益也要加强协调;④ 最大的难点是政府功能协调,可采取先中国大陆、港、澳三方,再扩展到海峡两岸。

思考:

1. 建立中华自由贸易区应先从哪里入手?
2. 建立中华自由贸易区哪个方面可以先行?
3. 建立中华自由贸易区总体应采用什么推进方法?

第四节　区域经济一体化对国际贸易的影响

区域经济合作与经济一体化已是当今世界一个引起广泛注意的新趋向。经济一体化不仅在贸易上实施自由化,也包括生产资本和企业活动的国际化,甚至向货币、社会政治政策和外交与防务等更大范围的一体化方向发展。这一趋势反映了现代生产力发展与经济生活国际化、全球化的要求,也体现了各国通过国际经济合作发展经济、提高经济效益的愿望,这对经济增长和发展无疑会发挥重要作用。

一、区域经济一体化对世界经济贸易的影响

(一) 促进新的世界经济关系格局的形成

区域经济一体化,特别是欧洲、北美和东亚三个经济集团的形成和发展,使世界经济日益呈现"块式"结构和"网络"状态的新格局。所谓"块式"是指这个大区域一体化

形成三个经济圈；这三个大区域经济集团又与非洲、中南美、中欧、北欧和东南亚等其他大、小区域一体化组织组成一个互相对峙、抗争而又联系合作的世界经济网络。

这样一种新的世界经济关系格局对世界各国的对内、对外经济都会发生重要影响。一方面，各国对外经济关系的重点发生转移，二战后以原殖民地体系下各国关系为基础形成的国与国之间的经济关系和对外贸易格局被区域经济合作以及区域国际贸易所代替。各国必须更多地以自己所处的区域经济的发展为依托，谋求自身的发展和构筑对外经济贸易格局。另一方面，这种经济关系格局促使各国更加注重自身经济的发展，经济发展成为各国的基本战略。

（二）推动经济国际化加速发展

经济一体化的发展最终的结果是形成一个商品、资本、人员与服务自由流动的经济区域。这不仅在集团内部使竞争机制更进一步完善，推动规模经济发展，以发挥潜在的效率、优化资源的配置，同时也会加速国际经济技术合作，推动世界经济的国际化发展。

因此，自由市场的建立也必然会推动和加强集团外国际垄断资本在这些市场的竞争。在一些大区域经济一体化组织形成过程中，跨国直接投资高潮的兴起就是最好的证明；固然受益者首先是集团内部的企业，但外部的资本为了得到大市场的机会和担心大市场的形成而产生的排他性，也纷纷到这些大区域集团去投资。随着集团化的发展，目前西欧、北美和东亚已成为国际直接投资增长最快的地区。而且，发达国家跨国资本之间的收购兼并已成为进入新市场的主要方式和手段。世界直接投资的高速增长，不仅推动了国际资本的互相渗透和交融，也使国际化生产进入了一个新的发展时期。

（三）贸易保护主义加强，世界市场竞争更加激烈

经济一体化组织一般均以对内部商品自由流通和对外关税壁垒与非关税壁垒保护为条件，内外有别的贸易政策实质上是一种贸易歧视。以欧洲统一大市场为例，欧共体实施的补贴、配额和反倾销规则等非关税壁垒，已妨碍了第三国对欧共体的出口。统一大市场形成以后，为保护其落后的成员国利益，保护措施将更为严格。又如，大市场内部行政、技术等标准的统一，势必造成一种新的壁垒，导致外来商品的竞争力下降。另外，内部市场的扩大和逐步完善，使投资和贸易更多地转入内部市场，对外投资和贸易增长缓慢也将会损害其他贸易伙伴的利益。集团的贸易保护主义性质对贸易自由化的影响，较之其他国家实施的保护主义更广泛，对世界贸易自由化发展的危害更甚。值得注意的是，集团化贸易保护主义会导致区域间的贸易战，使新贸易保护主义更趋活跃，严重影响世界贸易组织所倡导的自由贸易。由于三大经济区域的形成，国际垄断资本势必围绕这三大区域展开投资活动，这必然发展成一场新的世界市场竞争。由于20世纪80年代的科技革命不断创造了经济、科技等实力竞争的条件和基础，新一轮的世界市场竞争将围绕产品价格、质量及相关的金融、保险和其他服务全面展开。但应指出，对不同的国家，由经济一体化的发展所带来的竞争条件是不同的。统一市场创造和改

善了投资、贸易环境,但这种环境的改善是在一种强化竞争的背景下实现的。因此,在绝大多数情况下,只有发达国家那些拥有雄厚资本和高新科技的富有竞争力的企业才能充分得益于一个广阔的市场;而以原材料等初级产品出口为主且负债累累、资金短缺的发展中国家,则难以打入欧、美的贸易和投资市场,即便进入,也无法适应千变万化的市场要求,因此必然在竞争中处于劣势。

(四) 经济一体化将会拉大南北差距

经济一体化无疑会促进成员国的经济增长。由于成本降低、销售费用下降、竞争加剧所导致的效益提高、技术创新加快、产业结构调整等因素,经济将会加快增长。对于发达国家这一效益是明显的,但对于发展中国家则不同。虽然发展中国家经济也因一体化而有起色,但历史上形成的对发达国家市场、资金的依赖短期内难以改变,而发达国家的市场,特别是欧共体和北美自由贸易区,如在统一大市场建成后更难进入,发达国家的资金又更多地流向欧美经济圈。即便是对劳动密集型的投资,也从发展中国家转向其他落后的成员国,如西班牙、葡萄牙、希腊和墨西哥。扩大对外贸易面对的保护主义和吸引外资的艰难,对增长迟缓的发展中国家经济无疑是雪上加霜,加上发展中国家固有的基础设施差、经济结构单一、人口众多而又素质差等问题,发展中国家经济增长的潜力远不如发达国家。因此,南北之间经济差距会进一步扩大,而差距拉大又反过来影响世界经济格局及世界经济增长。

(五) 区域经济一体化增大了国际经济贸易关系的协调困难

区域经济一体化无疑加强了集团的力量,经济集团对外用同一个声音讲话,以同一种政策对外,势必增强其在国际经济贸易协调中的地位,同时也增大在协调中的困难。一方面,成员国在协调对外立场时,因经济发展水平、经济结构所导致的利益差异而产生分歧,致使国际经济协调的阻力加大;另一方面,市场的统一扩大,成员国内部的经济往来,对集团外的依赖程度降低,集团对外来压力的抵抗能力和市场竞争中的力量增强,在国际经济协调中不愿作出某些妥协与让步。这种负面影响突出地反映在关贸总协定乌拉圭回合贸易谈判之中。乌拉圭回合谈判因美欧在削减农产品价格补贴上的分歧而拖延,而欧共体之所以坚决不让步,不与美国妥协,这无疑与欧共体本身因一体化而力量壮大有密切关系。欧共体中法国一直持更为坚决不妥协的态度,无疑也加大了欧共体在这个问题上的协调困难。

21 世纪,世界经济出现的美欧日三极将进一步扩大各自的势力范围,扩大以自己为中心的区域性集团。因此,世界经济区域集团化、一体化的趋势将进一步发展。这在一定程度上将助长贸易保护主义,对世界经济的发展产生一定的消极影响。但从发展的眼光看,区域集团化是世界经济一体化的一个阶梯。在区域化经济内部,生产要素自由流通,资本相互渗透,国际分工与相互依存加深,生产流通和资本国际化加快,从而也就加快了整个世界经济一体化进程。正因为如此,区域集团化、一体化趋势的发展,既对各国提出挑战,也给各国带来机会。趋利避害,争取主动,是当前许多国家必须认真加以研究并采取相应对策的战略性问题。

二、区域经济一体化对成员国内部经济贸易的影响

(一) 有利于成员国间贸易的发展

在经济一体化中,各成员国加强了互利性,扩大了互补性和生产要素流动的广泛性,推动经济贸易集团内部经济和贸易的发展,集团内部贸易在成员国对外贸易总额中占有较高的比重,如表 10-3 所示。

表 10-3 世界主要经济贸易集团内部贸易比重(%)

	1980 年	1990 年	2000 年	2003 年
欧洲联盟(15 国)	60.2	65.9	62.1	61.4
北美自由贸易区	33.6	41.4	55.7	56.1
拉美南方共同市场	11.6	8.9	20.7	11.8
东南亚国家联盟	17.4	19.0	23.0	21.2
亚太经合组织	57.9	68.4	73.8	72.7

资料来源:夏恩德,罗明.国际贸易概论.第 2 版.北京:高等教育出版社,2006:100

(二) 改善了成员国的贸易地位

区域经济一体化改善了成员国在世界贸易地区分布中的地位,扩大了对外经贸交往,增加了贸易谈判力量。

(1) 在世界贸易地区分布中,主要经济贸易集团所占比重多呈上升趋势。集团内部贸易在世界贸易中的比重,欧盟 12 个成员国从 1975 年的 18.5% 增长到 1992 年的 24.3%。欧盟东扩后,60% 的进出口贸易都是在其内部市场完成。

(2) 辐射能力加强,影响世界贸易格局。在世界经济一体化中,正形成三大贸易圈。在欧洲,以欧盟为中心的贸易圈在形成。从美加自由贸易协定开始,美洲自由贸易区也酝酿成立。中、日、韩与东盟 10 国组成的"10 + 3"自由贸易区也在酝酿之中。

(3) 区域经济一体化促进了贸易集团内部的贸易自由化。通过签订优惠贸易协定等形式,在不同程度上扩大了各成员国对内贸易自由化。以欧盟为例,根据"欧盟条约"(通称《罗马条约》)的规定,对内在成员国之间分阶段削减直到全部取消工业品关税和其他进口限制,实现工业品的自由流通。同时,在农产品领域实行共同农业政策,规定逐步取消内部关税和统一农产品价格,实现农产品的自由流通。

三、区域经济一体化对非成员国的影响

经济贸易集团内部实行贸易自由化,生产要素流动障碍的逐步消除,客观上形成了

保护性与排他性，出现以下几种趋势：第一，贸易集团内部国家贸易发展速度超过对非集团国家的贸易发展速度。1950—1995年，欧盟出口贸易的年均增长速度为11.5%，而世界贸易的年均增长速度仅为11.1%。第二，对发展中国家不利影响较大。大多数发展中国家的出口商品结构还比较落后，竞争能力不强，进入西欧、北美更加困难。集团化导致直接投资流向在大的发达国家的经贸集团之间进行，流入发展中国家的直接投资相对减少。第三，经济一体化的浪潮为加强和扩大区域贸易安排作出的努力，势必削弱多边贸易谈判的注意力，不利于多边贸易体系的改善，从而影响世界贸易的宏观环境。

本章小结

本章首先介绍了区域经济一体化的含义和组织形式，然后讨论了关税同盟理论、大市场理论、协议性分工理论等与区域经济一体化发展相关的理论学说，接着介绍了欧洲、美洲、大洋洲、亚洲、非洲及跨洲际的区域经济一体化组织的发展，最后讨论了区域经济一体化对国际贸易的影响。

阅读材料

自由还是保护

自由贸易协定(FTA)是区域经济一体化最常见的形式，几乎占了RIA(Regional Integration Agreement，区域一体化协定)的90%。自由贸易区的一个关键性基石就是原产地规则，在原产地规则下，出口商品要想获得优惠关税待遇，就必须保证产品价值的一定比例来自当地，或者生产过程是在自由贸易区内部，这就很可能导致贸易转移。

以北美自由贸易区为例，为了实现北美自由贸易区内货物的贸易自由化，《北美自由贸易协定》规定了严格的原产地规则，以确保自由贸易协定的优惠只给予北美地区生产的商品，而不给予全部或大部分在其他国家加工的商品。例如，只有当其投入品100%来源于北美市场的时候，墨西哥生产的服装才可能享受进入该市场的零关税待遇；电视机想要享受零关税待遇，其显像管就必须是在北美生产的，这使得日本和韩国企业在北美自由贸易区建立以后，不得不在北美筹建电视机显像管工厂。即使是番茄酱的生产商也受到了影响。例如，让智利感到沮丧的是，随着加拿大—美国自由贸易协定(CUSFTA)演变成北美大贸易自由区(NAFTA)，与番茄酱有关的规定发生了变化。

在 CUSFTA 框架下，番茄酱只要在进口国进行加工，就可以享受内部贸易的零关税；但在 NAFTA 框架下，番茄酱要想免关税进入市场，就必须在北美自由贸易区(NAFTA)的某一成员方内进行生产。在 1992 年，智利是美国番茄酱进口的主要外国供应商，番茄酱享受着 CUSFTA 规定的零关税进口条件。墨西哥和智利占据了美国番茄酱进口市场的 80%，而这两个国家也基本上平分秋色。但在 NAFTA 框架下，由智利番茄汁生产的番茄酱不再享受免除关税待遇，智利的市场份额跌落到了 5%，而墨西哥的市场份额却上升至 75%。

这一例子很好地说明了区域经济一体化组织实质上是一种排他性的俱乐部，是“自由”与“保护”的矛盾体。在区域内实行自由贸易，促使区域内成员国之间贸易量迅速增加，但贸易转移却会给区域外的国家带来损害。为了避免非成员国的商品通过税率较低的成员国进入其他成员国而采用的原产地规则，在区域外的国家看来，无疑是一种贸易保护的手段，这实际上弱化了国际贸易自由化的程度。

资料来源：Maurice Schiff L. Alan Winters 著，郭磊译. 区域一体化与发展

复习思考题

1. 区域经济一体化的含义是什么？其基本组织形式有哪些？
2. 经济一体化有哪几种理论？
3. 试述关税同盟理论的主要内容。
4. 建立中国—东盟自由贸易区对双方经济发展有何影响？
5. 经济一体化对国际贸易有什么影响？

第十一章

跨国公司与国际贸易

学习目标

知识目标：掌握跨国公司的基本概念、特点；掌握跨国公司对外直接投资的主要理论；了解跨国公司对国际贸易的影响。

技能目标：明确对外直接投资基本理论产生的背景和作用，学会用理论内容分析现实问题。

篇前案例

跨国生产——世界的主流

英国的“罗尔斯·罗伊斯”公司专门生产喷气式发动机，用于美国、法国和其他国家制造飞机。美国公司广泛地供应外国电器设备和零部件，如美国电子计算机产品出口中，有30%以上是零部件。美国的波音747飞机，有450万个零部件，是六个国家的1.1万家大企业和1.5万家中小企业协作生产的。美国的福特汽车公司，在比利时生产传动装置，在英国生产发动机和液压装置，在美国生产变速齿轮系统，然后互相提供部件，装配成拖拉机销往世界各地。法国的“雷诺”公司从1959年起为意大利“阿尔法—罗梅奥”公司装配的“多芬”型汽车提供零件；反过来，“阿尔法—罗梅奥”公司又为“雷诺”公司提供汽车发动机。正如美国前劳工部长在《商业的成功》中所描述的一样，一个美国人花10 000美元买了一辆通用汽车公司的新牌号汽车，其中，3 000美元给了韩国装配工人；1 700美元支付日本公司的研究开发费用，700美元给了德国的设计师；400美元用于支付香港和新加坡等地的零部件供应，而200美元用于支付英国的广告商和售后服务。现在，跨国协作生产已成为世界经济结合的流行方式，其产品已经成为“世界产品”。

思考：

1. 为什么跨国协作生产会成为目前世界的主流？

2. 跨国经营的基本特征是什么?

第一节　跨国公司概述

一、跨国公司(transnational corporations)概念

跨国公司又称为多国企业(multinational enterprises)、国际公司(international corporations)、国际企业(International business)、全球企业(global enterprises)和宇宙公司(cosmic corporations)等,1974年后,联合国统称为跨国公司。各个国家分别从结构标准、营业实绩标准、行为标准等标准和尺度出发,给跨国公司下了多个定义,互不统一。1986年,联合国《跨国公司行为守则草案》对跨国公司的定义如下:跨国公司指由在两个或更多国家的实体所组成的公营、私营或混合所有制企业,不论这些实体的法律形式和活动如何;该企业在一个决策体系下运营,通过一个或一个以上的决策中心得以具有一致的政策和共同的战略;该企业中各个实体通过所有权或其他方式结合在一起,从而其中一个或更多的实体得以对其他实体的活动施加有效的影响,特别是与别的实体分享知识、资源和责任。

二、跨国公司的三要素

(1) 跨国公司必须是一个工商企业,并且在两个或两个以上国家或地区从事生产经营活动。

(2) 企业须有一个中央决策体系,有共同的政策。

(3) 企业的各个实体分享资源、信息,同时分担责任。

三、跨国公司的特征

(一) 拥有巨额资本,规模宏大,实力雄厚

小资料:埃克森美孚公司

埃克森美孚公司是世界领先的石油和石化公司,由约翰·洛克菲勒于1882年创建,总部设在美国得克萨斯州爱文市。埃克森美孚通过其关联公司在全球大约200个国家和地区开展业务,拥有8.6万名员工,其中包括大约1.4万名工程技术人才和科学家。

埃克森美孚公司是世界最大的非政府油气生产商和世界最大的非政府天然气销售商；同时也是世界最大的炼油商之一，其分布在25个国家的45个炼油厂每天的炼油能力达640万桶；在全球拥有3.7万多座加油站及100万个工业和批发客户；每年在150多个国家销售大约2 800万吨石化产品。

公司连续85年以上获得3A信用等级，是世界上保持这一记录为数不多的公司之一。在《财富》杂志年度美国最大上市公司排名名单中，暴涨的能源价格把埃克森美孚推到了2006财富500强的首位。

（二）经营多样化

虽然在19世纪末期，很多跨国公司就营业额来说已经具有当今世界公司的雏形，但真正实行复数产品生产的产品结构的公司，也就是综合型多种经营的跨国公司，从20世纪70年代以后才得以迅猛发展，其业务经营的范围形象地说，就是“从方便面条到导弹”，几乎无所不包。例如，美国杜邦公司和联合化学公司，联邦德国巴登苯胺苏打公司和赫希斯染料公司，英国柯尔兹化学公司，日本朝日化学公司和住友化学公司等化学工业公司，除了经营化学工业产品以外，还兼营制药、食品、化妆品、首饰工艺品、纺织、冶金、电子、化肥、农药、运输和旅馆业等各种行业。

思考：跨国公司为什么要多样化经营？

（三）通常具有行业内的技术创新和技术领先优势

跨国公司之间竞争的核心就是技术的竞争，谁拥有了最先进的技术谁就会在竞争中取得优势，因此，控制和对技术保密就成为跨国公司首先要考虑的问题。愈是高新技术产业，外商投资企业愈是要对企业控股，愈是技术先进的企业，跨国公司愈是倾向于采取独资方式。目前占75% ~80%的全球民用研究与开发费用是由跨国公司承担的，西方发达国家500家最大的跨国公司控制和集中了这些国家90%的生产技术和75%的技术贸易，美国全部专利的75% ~85%被美国跨国公司所拥有。

（四）实行全球战略

所谓全球战略是指跨国公司将其全球范围的经营活动视为一个整体，其目标是追求这一整体利益的最大化，而不考虑局部利益的得失。为实现公司全球利益最大化，公司要合理地安排生产，要在世界范围内考虑原料来源、劳力雇佣、产品销售和资金利用；要充分利用东道国和各地区的有利条件；要应付世界市场上同行业的垄断竞争。为实现公司全球战略，需要统一指挥，协调步骤，母公司与子公司、子公司与子公司之间相互配合协作，从而形成整体。跨国公司的管理体制多种多样，但原则上都是集中决策，分散经营。例如，埃克森公司的全球策略是：在发展中国家取得廉价原油，在发达国家和国内提炼加工，就地销售以取得最大利润。美国波音飞机公司将绝大部分部件分散在世界 140 多个合作厂家生产，然后运回其总部组装安排销售。

（五）内部一体化

跨国公司为了保证实现全球战略，在公司的组织管理上实行（大小）集中的管理体制。公司的最高决策机构是董事会，子公司的投资、资金筹措、人事安排等重大问题都由总公司决定，凭借现代化的交通和通信工具，跨国公司把分散在世界各地的子公司组成一个整体，形成内部一体化的独特的经营体系。例如，采购一体化、生产一体化、营销一体化，新产品新技术一体化，财务一体化。所有国内分支机构和子公司的经营活动都必须服从总公司的利益，在总公司的统一指挥下，遵循着一个共同的战略，合理利用人、物、财，实现全球性经营活动。近几年来，跨国公司日益向混合型多种经营方向发展，使国外经营业务更为复杂，这就更加要求跨国公司的经营管理权高度集中在母公司手中，由母公司的最高决策机构总管理处掌握整个公司的产权、财权和人权。各分支机构的生产组织、产品销售、利润分配、资产措施与运用以及人事安排等方面的决策，都必须经过总管理处才能作出决策。

（六）内部贸易不断扩大

跨国公司内部贸易指一家跨国公司内部的产品、原材料、技术与服务在国际间流动，主要表现为跨国公司的母公司与国外子公司之间以及国外子公司之间在产品、技术和服务方面的交易活动。跨国公司内部贸易迅速发展的原因，主要有：内部贸易是技术进步和国际分工进一步发展的结果；贸易内部化可以防止技术优势的扩散；贸易内部化是跨国公司追求利润最大化的必然结果；内部贸易降低外部市场造成的经营不确定风险；内部贸易可以充分利用转移价格攫取高额利润。转移价格是指跨国公司内部、母公司与子公司、子公司与子公司之间相互约定的出口和采购商品、劳务和技术时所规定的价格。该价格在一定程度上不受市场供求关系法则的影响，它不是独立各方在公开市场按“独立竞争”原则确定的价格，而是根据跨国公司的全球战略目标和谋求最大限度利润的目的，由总公司上层决策者确定的。

转移价格的作用主要有：

1. 减轻所得税负担

跨国公司的子公司分布在世界各地，它们必须按照利润的大小向东道国政府缴纳所得税，而各国的所得税法规和税率有较大差别。因此，公司为实现其利润最大化，可以要求在所得税高的国家的子公司，以较高的转移价格从所得税率低的国家的子公司调进生产资料和产品，以较低的转移价格向其他子公司调出生产资料和产品。这样，能够增加在高所得税国家子公司的成本，降低其利润，减少在低所得税国家的子公司的成本，提高其利润，进而从总体上减轻了子公司的所得税负担。一些跨国公司“微笑着亏本”，其中道理就在于此。

2. 逃避关税

设置关税的目的是保护本国的利益(本国市场),增加政府的收入。一些国家征收的关税较高,这不但会增加子公司进口原材料和零部件的费用,而且还会削弱子公司产品在当地市场的竞争力。在这种情况下,公司可以以较低的转移价格向设在高关税国家的子公司提供原材料和零部件,降低征收起点,减少缴纳关税的支出。一些国家对产成品征收较高的关税,对半成品或原材料征收较低的关税。针对这样的关税结构,公司可分别以较低的转移价格向子公司提供产成品,以较高的转移价格向子公司提供半成品或原材料,灵活地绕开高关税壁垒,节约关税支出,而当地所在国政府的税收却受到了损失。

有些资本主义国家和地区,如瑞士、巴拿马、巴哈马群岛、开曼群岛等,为了引进外资,发展国际贸易,专门设立了供各国自由贸易的避税港。外国公司在避税港缴纳的税率低或根本不缴纳税金;当地政府对跨国公司的法律管制极为松弛,公司的资金调拨和利润分配有极大的自由。跨国公司为了利用转移价格逃避东道国政府的税收,纷纷在避税港设立象征性的分支机构(根本不需要实在资本,有时仅需要一个人员和一部电话就可以注册登记),有计划地利用转移价格,以逃避东道国的税收。例如,美国的跨国公司有一批零部件需要出口到德国的子公司,可以开出低价卖给设在巴哈马群岛的子公司,再由巴哈马群岛的子公司用高价卖给德国公司。实际上,货物可能由美国直接运到德国。但经过这样一转账,使在美国的跨国公司因"低价"出售而无盈利(产品销售收入低),德国的子公司因"高价"收购而无盈利。这样,两者的盈利都集中在避税港,整个公司就可以降低税收负担。

3. 克服外汇风险

在浮动汇率制下,外汇市场上的汇率变化较大,很可能使跨国公司蒙受经济损失。采用转移价格,公司可以减少或避免这种风险。例如,公司可以适当地用转移价格把位于外汇风险大或币值下跌国家子公司的产品调往汇率稳定或币值上升国家的子公司,由它在当地市场上销售出去,获得坚挺或稳定的货币。如果公司发现某一东道国的货币将要贬值,公司就可以采用转移价格加快在那里的子公司向母公司或其他子公司的付款速度;反之,公司则可以采取转移价格放慢在那里的子公司向母公司或其他子公司的付款速度,及时躲避外汇风险。另外,在实行外汇管制的国家,子公司很可能因为得不到足够的外汇进口原材料或零部件而不能从事正常的生产经营。为了子公司正常的生产经营,公司可以降低转移价格水平,使子公司能用有限的外汇进口较多的原材料或零部件,满足生产经营的需要。

四、跨国公司法律组织形式

(一) 母公司

母公司指拥有其他公司的股份,从而控制其经营活动,使其成为自己的附属公司的公司(主要通过控股权、非股权、销售渠道、生产资金的安排)。母公司是本国政府注册的法人团体。

(二) 子公司

它是指受母公司控制,但法律上独立的法人组织,是根据东道国法律组织的。它拥有自己的公司名称和章程,实行独立核算,可独立进行核算业务活动和法律诉讼活动。

(三) 分公司

它是指总公司在国外的派出机构,是总公司不可分割的一部分,不是独立的经济实体,其资产为公司完全拥有,其欠债责任不限于分公司,而是总公司,没有自己的公司名称和章程,以总公司的名义受总公司的委托进行业务活动。实际上,它只是受委托代表母公司在其所在国进行各项业务,它是非独立经济实体。

(四) 避税地子公司

它是指跨国公司利用某些国家和地区对其境外的公司所得实行免税或低税的优惠政策,而在那里设立的公司。

第二节　跨国公司的基本理论

一、垄断优势理论

垄断优势理论是一种以不完全竞争为前提,依据企业特定垄断优势开展对外直接投资的理论,是基于产业组织理论的一种分析。1960 年,美国学者海默在其博士学位论文《国内企业的国际经营:关于对外直接投资的研究》中,首次提出了垄断优势理论。后经其导师金德尔伯格以及约翰逊等学者的补充,发展成为研究跨国公司直接投资最早的、最有影响的理论。

(一) 垄断优势理论基本观点

海默认为,传统的国际资本流动理论说明的是证券资本的国际流动,它不能解释二战后发达国家企业技术和管理才能的转移。他深入研究了美国企业的对外直接投资行为,指出一个厂商进行对外直接投资,其真正原因并不在于各国利率的差异,而是以不完全竞争为前提的市场不完全性为对外直接投资打开了大门。如果产品和各种生产要素的市场运行是完全有效的,则对外直接投资就不可能发生,对外直接投资是市场不完全的副产品。基本观点是,国内、国际市场的不完全性和企业的垄断优势是跨国公司对外直接投资的决定性因素或根本原因。

1. 对不完全市场的假定

在市场完全的条件下(即市场具有效率,信息不产生费用,没有贸易障碍,市场主体完全公平竞争)，国际贸易是企业参与国际市场或对外扩张的唯一方式，企业根据比较利益原则从事进出口活动。但是，现实生活中的市场是不完全的，即不完全竞争，是指由于规模经济、技术垄断、商标、产品差别以及由于政府课税、关税等限制性措施引起的偏离完全竞争的一种市场结构，寡头占有是不完全竞争的主要形式。这种产品和生产要素市场的不完全性为对外直接投资打开大门。市场的不完全性表现在以下几个方面：

(1) 政府政策干预经济造成的不完全性。

① 存在关税、进口限额和其他非关税贸易限制。例如，对进口商品的管制等。在其他条件相同的情况下，这些限制因素对企业在被保护国从事对外直接投资(而不是出口)起重要的促进作用。

② 税收。对外直接投资可产生于两国税法的不同。如果母国税法允许国外投资利润递延缴纳，将有利于企业在国外的对外直接投资。例如，子公司的利润实际汇回到母公司时才向所属母国缴纳所得税。

③ 政府其他管制。例如，价格管制、利润管制、反托拉斯法等。(东道国不管制)这些管制促进国内企业纷纷到世界各地开办企业。

(2) 自产资源和要素市场的不完全性。

这种"非自然"和自然的市场不完全性严重地阻碍了国际贸易，减少了贸易带来的益处，从而导致跨国公司通过对外直接投资参与国际市场。在这种情况下，跨国公司代替了自由贸易，对外直接投资代替了商品和劳物的进出口。

2. 垄断优势使跨国公司具备对外直接投资的能力

只有当跨国企业获得高于当地企业的利润时，直接投资才有可能发生。当地企业虽然拥有熟悉本国消费者偏好、了解法律法规、信息灵通等优势，跨国企业要承担远距离经营的额外成本和面临更多的不确定性风险，但由于市场不完全而使跨国企业拥有和保持一定的垄断优势，这种垄断优势所带来的收益超过了因跨国经营而额外增加的成本和风险并取得了超过当地企业的利润。跨国公司垄断优势的形式主要有：

(1) 技术优势。即技术专利：产品开发和更新能力、先进的生产工艺流程等。狭义的技术优势为产品优势。技术优势包括特殊的销售技巧、优越的组织结构和管理技术，以及优质的产品和先进的生产工艺流程等。这是跨国公司最重要的垄断优势。跨国公司有极强的科研能力，并投入巨资，开发新技术，与单纯的技术转让相比，它更倾向于拥有先进的技术并且内部化使用，以保持垄断地位，并获得最大利润。

小资料:"捆绑销售"被指垄断

业界巨头索尼公司被告上了法庭的起因是指甲大小的锂电池。索尼数码摄像机和数码照相机每一块电池上使用了智能识别技术。所谓"智能识别技术",是指索尼在自己的数码产品电池上附加的智能密钥识别系统。这意味着,其他品牌的电池在未解码的情况下,无法应用到索尼数码摄像机、照相机上,消费者一旦购买索尼的数码产品,则只能选择索尼电池。

"索尼的做法是垄断行为。他们利用自身的市场优势,在自己的产品上设置一个技术壁垒,阻止我们生产的合格产品应用到他们的机器上去。"德先科技新闻发言人姚臻先生说。作为国内数码产品电池的领先厂商,四川德先科技因此在2004年11月提出起诉,要求索尼在中国立即停止在"索尼"锂电池上使用智能识别技术,同时要求索尼在生产数码摄像机和数码照相机时停止使用智能识别技术。"索尼其实是利用技术谋取垄断利益。"姚臻表示,日本在电子电器产品研发方面进行了大量投入,绝对不会满足于仅仅依靠销售产品本身赚取利润。

据德先科技有关负责人介绍,索尼电池与其他品牌电池之间价格差异极大,同一型号的电池,索尼与德先的价格大多相差2至3倍,如在王府井新东方商场,索尼NP-FP90原装电池售价为890元,而德先科技生产的类似电池售价只有283元。以283元到890元的价格差,索尼55万多台数码设备仅电池就能产生超过3.3亿元的巨大利润空间。按照锂电池的淘汰速度,在1到2年之后,这批电池的更新换代又将产生一个庞大的市场。

以目前的性价比,国内电池企业无疑处在上风,所以索尼设立技术壁垒,不但令消费者必须花费更高的价格购买索尼的产品,也损害了其他电池企业的市场。

(2)对某些原材料的垄断。

(3)先进的管理经验。与拥有的先进技术相适应,跨国公司在长期的生产经营过程中,总结出一套优越的组织结构和管理技术经验,对生产经营活动实行高效率的管理和控制。

(4)雄厚的资金实力。一方面,大公司一般都能以较低的成本获得贷款,并且具有广泛的渠道获得资金来源,此外还有跨国银行等与之相配套,从而使得跨国公司在金融和货币上形成优势。另一方面,跨国公司自己还可以在各子公司之间灵活调度数额庞大的资金,这是一般国内企业无法比拟的优势。

(5)信息优势。大型跨国公司拥有先进的通信设备,分支机构遍布世界各地,信息灵通。总部可以根据新的经济信息,随时作出决策。

(6) 国际声望。大型跨国公司历史悠久,声名显赫,其产品更容易打入国际市场。

(7) 有独立的销售网络。有自己独立的销售系统,而且与国际包销商有长期固定的业务,对销售渠道有较强的控制能力。在销售成本和速度方面占有优势。

(8) 规模经济优势。这是指跨国公司在某个工厂的规模经济效益挖掘已尽的情况下,可以通过增加企业经营数量来减少单位经营成本,获取多厂经营规模节约收益。而当国内市场的容量不足以容纳最大限度获取多厂经营收益的工厂数量时,企业通过向外扩展来开拓新的市场范围,其产品单位成本比本地企业的要低。

(二) 垄断优势理论的完善

20世纪60年代和70年代初,西方学者在海默、金德尔伯格的理论基础上,进一步发展了垄断优势理论。约翰逊指出,"知识的转移是直接投资过程的关键",对知识资产如技术、诀窍、管理与组织技能、销售技能等无形资产的占有是跨国公司垄断优势的来源。知识资产的特点是生产成本很高,但是供给富有弹性,可以在若干地点同时使用。在直接投资中,子公司可以以较低的成本利用总公司的知识资产,而当地企业为获取同类知识则要付出全部成本。凯夫斯(R. E. Caves)认为,跨国公司拥有的垄断优势主要体现在利用其技术优势使产品发生异质化,既包括质量、包装及外形等实物形态的差异,也包括商标、品牌等消费者心理感受的差异。产品的异质化使得跨国公司保持了产品市场的不完全竞争和其垄断优势。尼克博格(Frederick T. Knickerbocker)进一步发展了跨国公司的寡头占有反应行为模式。他指出,国际直接投资在很大程度上取决于主要竞争者之间的相互约束与反应。寡头企业把相互追随进入新的国外市场作为一种防御性战略,一旦有一个寡头到国外建立制造业子公司,其他寡头就会追随而至,以抵消领先者可能得到的任何优势,从而保持市场均势。

(三) 对于垄断优势理论的评价

垄断优势理论提出了研究对外直接投资的新思路,从而将国际直接投资理论与国际贸易理论和国际资本流动理论独立开来,较好地解释了第二次世界大战后一段时期美国大规模对外直接投资的行为,对后来的理论研究产生重大影响。

但该理论也有一定的局限性,一是不能解释为什么拥有技术优势的企业一定要对外投资。二是不能解释跨国公司在直接投资中的地理布局和区位选择问题。三是无法解释发展中国家的对外直接投资,特别是发展中国家向经济发达国家的直接投资。这些缺陷导致一些经济学家从另外的角度探讨国际直接投资问题。

二、内部化理论

"内部化"这一概念是由美国学者科斯首先提出来的。英国里丁大学学者巴克莱、卡森和加拿大学者拉格曼将其应用到国际直接投资领域,形成市场内部化理论。该理论以市场不完全为假设，将交易成本学说在国际直接投资领域进一步发挥。交易成本包括：① 市场信息成本，即有关收集和传播市场信息的费用，其中最主要的是关于价格信息的费用。② 合同谈判成本，即为订立合同而进行谈判所支出的费用。③ 合同履行成本，即为使合同得以履行而必须支出的费用，如制度与执行经济法和进行诉讼的费用。④ 运输成本。

（一）内部化理论基本内容

公司在其经营活动中，面临各种市场障碍。为了克服外部市场障碍或弥补市场机制的内在缺陷（市场存在缺陷和障碍的原因并非仅是规模经济、寡头占有或关税壁垒，更重要的是市场失效和某些产品的特殊性或垄断势力的存在。内部化理论强调知识等中间产品市场的不完全性），保障自己的经济利益，就将交易改在公司所属各个企业之间进行，从而形成一个内部化市场。当内部化过程超越了国界，跨国公司便产生了。

该理论将重点放在知识资产等中间产品市场上，而不是最终产品市场上。他们认为，内部化意愿取决于四种决定因素：一是国家特定因素，即国家的政治、金融制度等；二是地区特定因素，即地理上距离、文化、差异、社会特点等；三是行业特定因素，它与产品特点、外部市场结构和规模经济有关；四是企业特定因素，即组织结构、管理控制、知识和能力等。这四种因素中，行业特定因素最为关键，其中知识资产又最为重要。知识资产为什么要内部化？这是因为，首先，知识资产（包括信息、知识、技术、商誉等）属中间产品，其市场是不完全的，或是知识产品市场失效，其供求在外部市场上，由于买方缺乏认识而与卖方出现诸如性质、价值等方面的不均等，从而引起买方的不确定性，买方不愿意出合理的价格，买卖双方很难协调一致而往往产生剧烈波动，因而要克服这种不完全性就必须内部化。其次，知识提供垄断，如果要使买方确信这些产品的价值，那就必须让买方更多甚至非常详细地了解这些产品，这样违背了知识产品需要严格保密的原则，企业利用自己的差别性定价要比通过发放许可证能更好地利用这些产权知识。跨国公司为避免外部化市场销售知识产权而引起的优势散失风险，便组成自己的内部化市场，使企业内跨国界的生产组织、资源调配和内部定价相互依赖，结成一体，发挥整体功能，使跨国公司获取更高的收益。再次，知识产品的形成需要长期的研究与开发努力，在知识成果转化为实际生产力之前，如果企业打算出售这种知识，则很难估计和确定价值，而这个问题却可以通过公司内部的转移价格得到解决。如果跨国企业在所有可能的市场上开发并利用知识优势，并使利用知识的收益保持在企业内部，就可以补偿创造知识所花费的成本。

（二）对于内部化理论的评价

内部化可以为跨国公司带来多方面的收益，包括：通过内部市场，可以把内部资源转移的交易成本最小化；可以把相互依赖的经营活动置于统一的控制之下，从而协调其不同阶段的长期供需关系；消除买卖双方的不确定性，消除市场的不利影响；通过前后向投资或兼并，充分利用中间产品市场的势力，形成垄断优势；通过对有形产品和无形产品的转移价格，规避政府的干预，转移资金，逃避税负。

同时，内部化也存在一些弊端：① 由于跨国公司的综合优势的不断加强，尤其是垄断优势的加强，不利于东道国的自主发展和自主创新能力的提高。② 在一定程度上弱化了东道国的相对优势。廉价劳动力、原材料丰富等相对优势都很有可能被跨国公司的各种优势所弱化。③ 减少了东道国的税收收入，他们的内部化转移，在一定程度上可以规避一定的税收和政府的管制。

思考：内部化理论对我国企业跨国经营有何启示？

三、国际生产折中理论

20世纪70年代中后期，英国里丁大学教授邓宁首先提出国际生产折中理论。1981年，邓宁出版了名为《国际生产与多国企业》的论文集，对其折中理论进行了系统的整理和阐述。邓宁认为，自20世纪60年代以来，国际生产理论可以分为产业组织理论、厂商理论和金融理论三大类，但它们对国际生产的解释都不够全面。邓宁在吸收上述三种理论主要观点的基础上，结合区位理论，形成了一种被广泛接受的理论。

国际生产折中理论认为，企业从事国际直接投资是由该企业自身拥有的所有权优势、内部化优势和区位优势三大因素综合作用的结果，这就是跨国公司直接投资的所谓OIL(ownership-internalization-location)模式。

所有权优势主要指企业拥有或能够得到他国企业没有或者无法得到的无形资产和规模经济优势。一是资产性所有权优势，指对有价值资产(原材料、先进生产技术等)的拥有或独占；二是交易性所有权优势，指企业拥有的无形资产(技术、信息、管理、营销、品牌、商誉等)。邓宁在此更为强调的是知识资产这类无形资产的优势。企业拥有所有权优势的大小直接决定了其从事国际直接投资的能力。

内部化优势是指企业为了避免外部市场的不完全性对企业经营的不利影响而将企业优势保持在企业内部。外部市场的不完全性包括结构性的市场不完全性(如竞争壁垒、政府干预等)和自然性的市场不完全性(如知识市场的信息不对称性和高交易成本等)。外部市场的不完全性会使企业的所有权优势丧失或无法发挥，企业通过内部化可以使其优势获得最大收益。

区位优势是指生产地点的政策和投资环境等方面的相对优势所产生的吸引力。包括东道国的地理位置、生产要素的相对价格、现实的与潜在的市场需求、运输与通信成本、基础设施、市场体系的发育程度、政府的调节与干预程度、优惠政策、文化差距，等等。当东道国的区位优势较大时，企业就会从事国际生产。邓宁认为，区位优势不仅决定着企业从事国际生产的倾向，也决定着企业国际直接投资的部门结构和国际生产类型。

邓宁认为，上述的所有权优势和内部化优势是对外直接投资的必要条件，而区位优势是对外直接投资的充分条件。简而言之，邓宁的国际生产折中理论可以用简单公式直观地表示出来：

所有权优势 + 内部化优势 + 区位优势 = 国际直接投资优势

国际生产折中理论进一步认为，所有权优势、区位优势和内部化优势的组合不仅能说明国际企业或跨国公司是否具有直接投资的优势，而且还可以帮助企业选择国际营销的途经和建立优势的方式（见表 11-1）。

表 11-1　跨国公司经济活动方式与国际直接投资优势比较

经济活动方式	所有权优势	内部化优势	区位优势
国际直接投资	√	√	√
出　口	√	√	×
技术转让	√	×	×

注："√"代表具有或应用某种优势；"×"代表缺乏或丧失某种优势。

四、"边际产业扩张"理论

20 世纪 70 年代中后期，日本一桥大学教授小岛清提出比较优势投资理论，又称为边际产业扩张理论。这是一种利用国际分工的比较优势原理，分析和解释日本型对外直接投资的理论模型，称为"小岛清模式"。

小岛清认为，国际直接投资不能仅仅依靠从微观经济因素出发的跨国公司垄断优势，还要考虑从宏观经济因素出发的国际分工原则。美国的对外直接投资主要集中在制造业，从事对外直接投资的企业是美国具有比较优势的产业部门，这些部门的大量对外投资导致美国出口减少，贸易逆差增加，是一种"逆贸易导向"的投资。相反，日本的对外直接投资，除了资源开发型之外，制造业的投资一般为在日本已经丧失了比较优势的部门，这些投资在成本较低的东道国仍然具有比较优势，日本则集中发展比较优势更大的产业。日本的对外直接投资由于符合比较成本与比较利润率相对应的原则，直接投资的结果是扩大了双方比较成本的差距，因此日本的对外直接投资与贸易是互补的，属于"顺贸易导向型"的投资。

（一）"边际产业扩张"理论的基本内容

（1）对外直接投资可以划分为四种类型。国际直接投资的发生和发展从微观（企业自身）方面进行国际直接投资的经济动机分析角度来看，可以分为以下几种类型：① 自然资源导向型。为了获得东道国丰富的自然资源，产品在国内无法生产。② 劳动力导向型。利用国外廉价的劳动力、土地等资源，降低生产成本。③ 市场导向型。维持和开拓市场的投资。④ 生产和销售国际化型。

（2）小岛清的基本观点：对外直接投资应该从本国已经处于或即将处于比较劣势的产业及边际产业依次进行；而这些产业又是东道国具有明显或潜在的比较优势的部门，如果没有外来的资金、技术和管理经验，东道国这些优势就不能被利用。这样，投资国对外直接投资就可以充分利用东道国的比较优势并扩大两国的贸易。

（二）"边际产业扩张"理论的评价

"边际产业扩张"理论的优势在于：首先，使投资国和东道国达到"双赢"。其次，日本由于在一些国家的出口较多，所以导致了贸易摩擦的加剧，使得对方采取贸易保护政策限制日本的出口，因此日本改变了传统的出口方法，采取了对外直接投资，就地生产、销售的"间接出口"方法，绕过东道国的"门槛"，促进了日本经济的发展。

"边际产业扩张"理论的局限性主要表现在：一是只能解释经济发达国家与发展中国家之间的以垂直分工为基础的投资，难以解释经济发达国家之间的以水平分工为基础的投资。二是该理论以投资国为主体而不是以跨国公司为主体，实际上假定了所有跨国公司都有相同的动机并且也是投资国的动机，难以解释复杂的国际环境下的对外直接投资行为。三是低估了发展中国家接受高新技术的能力，对发展中国家不具有指导意义。

五、跨国公司全球战略理论

所谓跨国公司全球战略，是指围绕全球长期目标，在世界范围内统一协调公司的内外部资源，安排投资、生产、销售、服务和技术开发等活动，使有限的资源得到更有效的利用。基于全球战略的投资与基于国别竞争战略的投资最大的区别就是前者追求全球范围内的最大限度的收益，而不是一时一地的盈亏。

跨国公司全球战略理论是在国际贸易自由化、金融国际化和生产一体化、交通便利化和低廉化、计算机网络化的背景下出现的，并促进上述趋势的进一步发展。跨国公司全球战略理论从企业微观角度出发分析其投资和生产活动，强调其全球性、整体性和协同性，使对跨国公司投资行为的分析不再囿于东道国利益的最大化，使对跨国公司投资行为的分析更加贴近实际，并可在一定程度上解释研发全球化以及跨国公司并购和战略联盟等行为。

六、厂商增长理论

随着与垄断竞争理论不同的思路发展起来的厂商增长理论，是侧重从厂商的行为角度去解释对外直接投资动因的。厂商增长理论把对外直接投资活动看做是厂商经营规模扩张的一种表现，而这种追求规模扩张的倾向是企业本身所具有的性质。而对外直接投资、建立跨国企业，又是厂商追求增长最大化的必然结果。厂商增长理论所论及的情况比较符合跨国公司的特点：厂商经理具有独立经营权力，跨国公司具有较强的扩张实力，厂商倾向于扩大在国外市场的销售额以获取超额利润。同时，跨国公司在国际市场上具有较强的垄断实力，这些公司的规模大到足以能使经理们抵制来自分散的股东们要求利润最大化，从而增加红利分配的压力。因此，厂商增长理论是从厂商经理对扩大规模的偏好以及经营管理动机对跨国公司经营战略的影响，来解释对外直接投资的动机及跨国公司的形成的。但是，对外直接投资的动机和这一过程的实现是极其复杂的，导致跨国公司对外直接投资的因素是多方面的。厂商的偏好和经理的经营管理动机可能使某一企业进行对外直接投资，发展成为跨国公司，但仅从厂商增长理论的视角解释所有的对外直接投资现象显然是有局限性的。

上述国际直接投资理论对企业的投资行为作了微观上的详细的阐述，分析了跨国公司对外直接投资的基础、动因和流向。所有这些理论都可以在一定程度上解释特定历史条件下的某一类或某几类的直接投资现象。虽然学者们都力图使得自己的理论由特殊推向一般，但国际直接投资的迅速发展无论是在广度上、深度上还是在具体的形式上都大大超出了任何一种直接投资理论所能涵盖的范畴。

第三节　跨国公司对国际贸易的影响

一、跨国公司的发展促进了国际贸易的增长

随着跨国公司的发展，跨国公司在国际贸易中的地位日益提高，对国际贸易起着越来越举足轻重的作用。据联合国统计，到 20 世纪 90 年代初，跨国公司已控制了 80% 的国际贸易额，而跨国公司内部贸易额已占世界 GDP 的 1/10 和世界贸易出口的 1/3 以上。目前，跨国公司的总产值占资本主义世界总产值的 1/3，全世界对外直接投资总额达 10 万亿美元，绝大部分是由跨国公司进行的。

跨国公司数量的增长、规模的扩大、实力的雄厚、销售额的不断增长，大大地促进了国际贸易总额的增长。第二次世界大战后，国际贸易额的迅速发展是同跨国公司的发展密切相关的。

二、跨国公司影响国际贸易商品结构

跨国公司对外投资主要集中在资本和技术密集型的制造业部门，这就直接影响着国际贸易商品结构的变化。它集中反映在国际贸易商品结构中制成品的比重上升，初级产品的比重下降。

在制成品贸易方面，少数跨国公司控制着许多重要制成品贸易。20 世纪 80 年代，

22 家跨国汽车公司控制了资本主义汽车生产的97%，其中美国的国外汽车产量占国内产量的59.2%。以法国通用电器公司为首的12 家动力设备跨国公司控制了世界动力设备贸易；11 家最大农机公司的销售总额占世界农机销售总额的70%以上。高科技产品领域更是如此。10 家跨国公司控制了世界半导体市场，美国公司在世界计算机市场上所占的份额为75% ~80%。日本、美国、瑞典和德国跨国公司控制着世界机器人生产和销售的73%，而日本一国即占50%。

2004 年，中国加工贸易高新技术产品达到1 479 亿美元，同比增长49.4%，占加工贸易出口的45.1%。其中99%的笔记本电脑、99%的彩色视频投影机和微型计算机、98%的等离子彩电、97%的DVD 均以加工贸易方式出口，这直接影响了中国的对外贸易商品结构。

三、跨国公司影响国际贸易地区分布

跨国公司海外投资的3/4 集中于发达国家和地区，其设立的海外子公司有2/3 位于此。跨国公司通过内部贸易和外部贸易（与其他外部公司进行的贸易）促进了发达国家之间的贸易，带动了这些国家对外贸易的发展。20 世纪80 年代，发达国家贸易额占国际贸易总额的70% ~80%。发展中国家和地区吸收了跨国公司海外直接投资总额的1/4，海外子公司数的1/3。跨国公司在发展中国家生产的产品大多为附加价值较低的劳动密集型产品和初级产品，因而使其在国际贸易中的份额较小，与其吸收海外投资的比重相当。

四、跨国公司促进了国际技术贸易的发展

跨国公司是国际技术贸易中最活跃、最有影响的力量。它控制了西方国家世界工艺研制的80%、生产技术的90%。国际技术贸易的75%以上属于与跨国公司有关的技术转让。

因此，战后国际技术贸易的快速发展，使国际技术贸易额从1965 年的30 亿美元上升到1975 年的110 亿美元，再上升到1995 年的1 500 多亿美元；30 年时间增长了50 倍。21 世纪初，国际技术贸易额上升到5 000 亿美元左右。这在很大程度上得益于跨国公司技术与技术转让的发展。以技术贸易最大的顺差国美国为例，在技术贸易的专利和专有技术使用费收入中，跨国公司占85%。

五、跨国公司影响发达国家对外贸易

世界跨国公司的母公司绝大部分是在发达国家，这些跨国公司对发达国家对外贸易极其有利。

1. 绕过贸易壁垒

随着世界市场竞争的加剧,对外出口会遇到各种关税和非关税壁垒,采用直接投资可以绕过贸易壁垒,进入它们以前的出口市场,在那里建立生产和销售网络。例如,美国跨国公司通过在西欧投资设厂,使其产品在那里自由移动。西方跨国公司的资本输出是增加利润及阻止利润率下降、垄断和争夺世界市场、绕过贸易保护主义的有效手段,又是适应不断变化的世界经济形势以加强对外经济联系的桥梁。

2. 提高产品的竞争能力

跨国公司通过对外直接投资,就地生产和销售产品,减少了运输成本和其他费用;充分利用东道国的廉价资源,降低产品成本;更好地使产品适应当地市场的消费需求;缩短交货时间;易于提供售前和售后服务,提高产品的竞争能力。

3. 减少对发展中国家的依赖

以前,发达国家的原材料供应主要依靠发展中国家。随着新技术的研究和开发,各种合成材料、替代能源纷纷出现,对发展中国家的依赖日益减少。随着发达国家的居民购买力日益提高,发展中国家由于经济发展的缓慢,技术进步慢,市场购买力提高缓慢,这样发达国家对发展中国家市场的依赖也在减弱。

六、发达国家跨国公司对发展中国家经济的影响

(一) 积极影响

1. 在一定程度上弥补了发展中国家的资金短缺

资本是经济发展的一个重要条件,没有足够的资金,发展中国家的各种经济计划就难以实施(巧妇难为无米之炊)。发达国家对发展中国家的国际直接投资既是对发展中东道国国内储蓄的补充,又可缓解其外汇短缺问题。

作为发达国家对发展中国家进行国际直接投资的主要载体,跨国公司在资金筹措方面具有发展中国家企业无法比拟的优势。无论是从内部筹集资金,还是到外部金融市场上融通资金,发达国家的跨国公司都可能以较低的成本获得,银行和其他金融机构都愿意以优惠的条件向大型跨国公司贷款,而发展中国家的企业则很难以自己的力量在国际金融市场上获得长期贷款。

另外,私人资本以直接投资形式进入,往往能带来发达投资国政府向发展中东道国提供援助和贷款。

但是在跨国公司投入资金上,现在出现这样的情况,即跨国公司投入的资金大部分是外部资金。据美国政府的统计,美国公司在发展中国家制造业投入的自有资金仅为公司掌握资金的15% ~20%,而大部分外部资金主要在东道国的金融市场或银行筹集,这样,跨国公司带入的资金就大大减少。另外,跨国公司的子公司在东道国营业后,除了向股东发放红利外,一部分利润要汇回国内,一部分做再投资,而利润再投资记入

对东道国的投资总额。从投资总额看是增加了，但跨国公司并没有投入新的资金。跨国公司在发展中国家利润很高，用利润作为再投资的比重很大，因此新投入的资金就比较少。一般情况是，在发展中国家经营活动较长的跨国公司，往往流出的资金大于流入的资金，这种跨国公司为东道国提供资金的作用就相对减弱或不存在这方面的作用。

2. 有效地帮助发展中国家引进国外的先进技术和科学管理经验

技术进步在发展中国家的工业发展中起着举足轻重的作用，一些经济学家称之为"发展的命脉"。但是发展中国家在许多先进技术领域没有能力独立创新。直接引进国外先进技术，不仅能节省科研经费，而且能节约研究时间，取得跳跃性的发展。通过利用发达国家的直接投资是引进新技术最快最有效的途径，与单纯的技术转让（技术许可证贸易）相比，发达国家对发展中国家直接投资带动的技术转让在适用性、技术的吸收、改进和创新方面都具有无可比拟的优势（发展中国家通过许可证贸易引起的技术为数也不少，大约占世界技术贸易支付总额的10%。这种技术转让不涉及股份）。由于信息不充分，发展中国家在通过单纯技术转让引进新技术时，往往不能充分了解技术的先进程度和对本地的适用性，比较盲目。而通过利用发达国家直接投资引进的技术则不同，透明度高，适用性高。另外，通过单纯技术转让引进技术，完全依靠发展中国家自身的力量消化吸收，改进创新也有很大的困难。而发达国家的跨国公司对外直接投资时，则能根据当地的需要和特点，对生产规模、工艺和设备等加以调整和改进，更易吸引和创新。单纯技术转让方式不易控制技术的扩散，所以许多先进技术往往只能通过引进直接投资方式获得。跨国公司向发展中国家转让的技术一般都是成熟的技术，所谓先进的技术只是相对于发展中国家原来的技术水平而言的。对国际上的先进技术，跨国公司是决不会轻易转让的。

3. 使发展中国家出口额增加，优化出口商品结构

在发展中国家的经济发展中，国际贸易占有极其重要的地位，有的经济学家称之为"发展的引擎"。发达国家的跨国公司对外直接投资对发展中国家出口贸易的作用是双重的：一是出口量的扩大。发达国家企业对发展中国家大多进行垂直投资，即投资于最终生产所需的零部件生产和加工工业。这些行业大多数是劳动密集型的，适合于发展中国家劳动力丰富的要素结构。作为最终生产投入，这些零部件一般出口到投资国，用于生产。二是贸易结构的改善。发达国家投资于制造业，带来了生产技术，提高了劳动生产率，从而增强了制成品的出口竞争力。另外，外资企业一般都掌握有商品销售技术和广泛的国际销售渠道，从而有助于进入国际市场，这样，国际直接投资使发展中国家工业制成品在出口总值中的比重有所增加，在一定程度上改变了只出口原料、燃料等初级产品的状况，优化了出口商品结构。

4. 促进新兴工业部门的建立，改变了发展中国家落后的经济结构

过去，发展中国家多半是单一生产农矿原料的国家或农业国，制造业基础薄弱。通

过利用发达国家的对外直接投资，发展中国家发展了加工制造业，形成了一些新兴工业部门，从而改善了经济结构。例如，新加坡，过去它基本是一个以转口贸易为主的国家。战后通过大量引进外资，现已发展成新兴工业化国家。巴西的新兴工业部门如钢铁、汽车、造船、石油化工、电子和航空工业等，也基本上都是外资发展起来的。

另外，跨国公司对员工进行职业技术培训，在客观上为东道国培训了一批能应用先进技术的熟练工人和一定能力的企业管理干部。通过人员的流动产生扩散效应，促进了东道国企业的优化发展。

5. 为发展中国家创造了就业机会

创造就业机会是发展中国家经济发展目标之一。发展中国家如何解决农业剩余劳动力向工业转移一直是一个难题，甚至成为经济发展的瓶颈。发达国家对发展中国家的投资有相当大的比重是投资于劳动密集型的第一产业和服务，在制造业中投资于劳动密集型的工业行业比重也相当大。这样就为发展中国家创造了就业机会。

跨国公司的活动对东道国的就业会产生间接作用，如生产的发展，会引起消费的增加，消费增加又促进生产发展，就业也随之扩大。

（二）消极影响

1. 发展中国家必须付出很大的经济代价，承受一定程度的剥削

跨国公司不是慈善机构，是资本家经营的企业，他们到国外投资就是为了取得利润。跨国公司在发展中国家取得的利润相当惊人，从 1970 年至 1978 年，西方跨国公司对发展中国家投资 22 亿美元，而同期从发展中国家取得的利润高达 1 002 亿美元，取走的利润比投资额高出许多倍。可见发展中国家引进外资需要付出很大的代价。

2. 发展中国家工业发展易受发达国家的左右

东道国经济发展的目标易受跨国公司左右。跨国公司有全球战略，什么地方供应原材料，什么地方进行加工制造，什么地方销售，都由母公司统一安排。而发展中国家发展经济，关键是建立自己独立的工业体系，但从跨国公司的全球安排则可能成了原材料供应地或加工装配的基地，这与发展中国家的发展目标相矛盾。如果对跨国公司管理不善，除了东道国的民族经济会被排挤、受打击外，发展中国家经济发展方向可能会被跨国公司制约。另外，跨国公司的投资项目可能脱离当地的消费水平。

一些行业被控制，造成了东道国对跨国公司的依赖性。特别是在跨国公司进入比较多，投资行业集中，生产、销售、技术完全控制在跨国公司手中，东道国的这一行业往往容易被跨国公司控制。有的发展中国家大量引进跨国公司后，出现了工业迅速发展的局面，实际上，一些主要工业完全被跨国公司控制。

3. 发展中国家外债负担日益加重

发达国家对发展中国家进行直接投资时，其投资主体跨国公司并非完全使用自有资金，往往通过一些融资手段在国际金融市场上筹集部分资金，这一部分借贷资本，增

加了发展中国家的外债负担,使外债危机日益严重。庞大的外债金额使发展中国家出口创汇的相当大的部分用于偿还外债本息,严重阻碍了发展中国家的经济发展。

4. 经济渗透,干涉所在国内政

个别的跨国公司另有图谋,它们不仅在发展中国家的东道国搞经济渗透,而且还干涉所在国的内政,甚至策划搞颠覆活动。东道国应充分揭露,并与之作坚决的斗争。

西方发达资本主义国家的有些实力雄厚的跨国公司,对政治环境不只是单纯的选择和适应,有时还反过来施加影响。例如,对东道国的议员或行政官员进行合法的游说,或非法的收买(行贿),使东道国政府实行有利于本公司的政策。少数公司甚至采取直接干预东道国内政的手段,搞跨不利于本公司利益的政治势力或政府。历史上最突出的例子就是,美国的国际电话电报公司(ITT),为了保护它在智利的投资利益,曾在1973年出资100万美元,与中央情报局合作,帮助智利的反对派推翻了阿连德政府。这一事件的幕后活动后来被一名记者披露于世,成为著名的国际丑闻。

本章小结

本章主要介绍了跨国公司的概述以及跨国公司对外直接投资的理论,主要内容如下:

1. 跨国公司的概念:跨国公司指由在两个或更多国家的实体所组成的公营、私营或混合所有制企业,不论这些实体的法律形式和活动如何;该企业在一个决策体系下运营,通过一个或一个以上的决策中心得以具有一致的政策和共同的战略;该企业中各个实体通过所有权或其他方式结合在一起,从而其中一个或更多的实体得以对其他实体的活动施加有效的影响,特别是与别的实体分享知识、资源和责任。

2. 跨国公司的三要素:跨国公司必须是一个工商企业,并且在两个或两个以上国家或地区从事生产经营活动;企业须有一个中央决策体系,有共同的政策;企业的各个实体分享资源、信息,同时分担责任。

3. 跨国公司的基本理论:垄断优势理论;内部化理论;国际生产折中理论;“边际产业扩张”理论;跨国公司全球战略理论;厂商增长理论。

阅读材料

吉利收购沃尔沃

“中国在海外最大的并购行为”“中国快速发展的汽车工业进程中里程碑式的事件”“全球化的典范”……2010年3月28日,吉利收购沃尔沃正式签约之后,国内舆论一片叫好，包括路透社、彭博新闻社等海外媒体，也都对这一并购案给予了高度肯定。

然而，由于双方在技术、品牌、文化和管理上的相融度较低，从吉利竞购沃尔沃消息公布的那一天起，业内对并购的前景就褒贬不一。伴随着收购案尘埃落定，舆论逐渐由最初的激动转而平静，专家也开始由大谈收购案意义转为善意提醒……那么，吉利玩转沃尔沃究竟要过几道坎呢？

"两兄弟"如何帮衬——实现品牌同步提升

"吉利与沃尔沃不是父子，而是兄弟！我相信这对兄弟已经做好了应对挑战的一切准备！"吉利公司董事长李书福在北京记者招待会上雄心勃勃的表态刚过去几天，一则海外媒体的报道就引起了人们的关注。

据美国汽车行业公布的3月份全美汽车销售报告，3月份福特旗下主要的品牌福特、林肯和水星的总体销售量上升了43%，但沃尔沃3月在美国市场的销售却下降了18%。福特方面称这是"因为沃尔沃品牌卖给中国汽车制造商吉利所致"。

姑且不去评论福特的上述表态是否有失大家风度，不容否认的是，沃尔沃被吉利收购后，其豪华车的品牌形象是否会受到削弱，进而影响到其在传统市场的销量，确实是个值得考虑的问题。

当年联想收购IBM个人电脑，被业界一致看好的就是ThinkPad这一全球笔记本电脑市场高高在上的"第一品牌"。5年过去了，虽然ThinkPad在技术革新上并未退步，相继推出了超越苹果iBook Air的世界最轻薄电脑等拳头产品，但遗憾的是，由于种种复杂原因，ThinkPad的品牌影响力和市场占有率，不仅在美国等海外主流市场出现下降，在中国亦"跌落凡间"。

一则由新浪网友参加的调查，同样传递出了上述担忧。在回答"你认为吉利收购后生产的沃尔沃，是否应该标注'吉利沃尔沃'的标志"问题时，48%的被调查者选择了"不应该，会影响沃尔沃的品牌"。在回答"吉利收购沃尔沃后是否会影响你购买沃尔沃品牌的汽车"这一问题时，虽然有67.3%的被调查者表示，"不会，品质和技术还在，只是易主"，但同样有22.6%的人认为，"当然会，有中超降甲A的感觉"。而在回答"随着沃尔沃被收购，先进技术的导入，你会考虑购买具有沃尔沃血统的吉利车吗"这一问题时，66.4%的被调查者作出了肯定的回答。

很显然，在吉利品牌形象借收购案得以大幅提升的同时，如何尽早恢复并提升沃尔沃固有的品牌力，是摆在吉利面前的一道难题。

"协同效应"如何体现——助沃尔沃早日扭亏

"我们有信心在两年内让沃尔沃扭亏为盈。"在李书福看来，拥有众多先进科技的沃尔沃，之所以没有形成强大竞争力和强劲生命力，最大的问题是规模太小。与奔驰、宝马百万辆的年销售量相比，沃尔沃只有它们的1/3，而研发投入却差不多。收购完成后，沃尔沃将拥有中国和瑞典两大本土市场，加上中国低成本采购的优势，无疑将大大提升其对抗市场风险的能力。

李书福对沃尔沃未来的信心,建立在收购后产生的巨大协同效应上。在清华大学经济管理学院金融系主任李稻葵看来,吉利的品牌目前属于中国汽车产业的低端,而沃尔沃却占据着中高端,如果不进行彻底改革,沃尔沃的研发很难直接搬到吉利上来用,采购体系与吉利也不匹配。双方唯一可能实现协同效应的,就是通过大规模扩大中国的生产份额,进而降低成本。

据悉,沃尔沃员工薪资、福利至少高出中国汽车行业6至8倍。按当地法律规定,沃尔沃无论花落谁家,生产线都不能转出瑞典;为沃尔沃工作的瑞典工人的平均月薪必须在2万瑞典克朗(约等于2万人民币)以上;每月还要为每名员工支付2万多瑞典克朗的福利金;等等。

显然,要养活沃尔沃这个“烧钱机器”,无论谁做东家,都必须用外部的大规模、低成本,填补沃尔沃规模小、成本高形成的“窟窿”。这也就不难解释,为什么沃尔沃在成本高企的福特手上11年,始终没能实现盈利。而以成本控制见长的吉利,完全可以通过扩大沃尔沃在中国市场的产销量,平衡欧洲部分的高成本。

中国社会科学院工业经济研究所工业发展室主任赵英认为,在世界汽车市场不景气的情况下,使沃尔沃实现盈利并不容易。虽说近年来中国豪华车市场成长很快,但与奥迪、宝马、奔驰等相比,沃尔沃的品牌还不够响,产品线还不够丰富,以代工形式在长安福特工厂生产的沃尔沃S80和S40两款车型在品质上还有差距……所有这些,都给吉利做大沃尔沃产品系列、扩大销量的计划,带来了不确定性。

文化如何融合——决定收购成败

“出现文化冲突、与工会矛盾激化的根源是没能推动企业更好发展。企业发展起来,什么事都解决了,如果原地踏步甚至越来越差,即便原先不是问题的都会成为问题。”在3月30日召开的记者招待会上,面对记者提出的文化融合问题,李书福用“发展论”轻松化解。

然而,这似乎并不能消除各界专家对吉利与沃尔沃文化融合的担忧。

“所有失败的企业并购都是文化融合的失败。”李稻葵认为,吉利是本身控制成本的文化,沃尔沃是注重安全、长久耐力的文化,这两个文化如何融合是一个挑战。

瑞典工程师联合会主席桑德默此前也曾经表示,他们对吉利竞购沃尔沃最主要的担忧,来自于吉利是否理解沃尔沃的文化——沃尔沃品牌价值、沃尔沃员工的工作方式,这对在未来作出正确的决定非常重要。

国务院发展研究中心企业研究所副所长、研究员张文魁也强调指出,吉利收购沃尔沃能否成功,关键看产业整合,而在产业整合的过程中,文化融合尤为重要。

李稻葵认为,为了完成文化融合,吉利必须保证沃尔沃企业文化的相对独立性,才能留住沃尔沃的研发人员,维持住沃尔沃的管理体制,进而让沃尔沃的研发和品牌延续。而对于吉利目前在消费者心目中形成的低端品牌形象，李稻葵认为必须尽快提升，否则会阻碍两家公司的文化整合。

“上汽并购双龙，从收购完毕到基本失败，用了 4 到 5 年，人们才看清楚结果。”赵英认为，对于吉利的收购，大家也不妨多等等，给吉利一些时间。历史会作出最好的评判。

资料来源：收购案尘埃落定，吉利沃尔沃究竟要过几道坎. 人民日报 2010.4.12

复习思考题

1. 请问当代跨国公司在世界市场上的竞争优势主要表现在哪些方面？
2. 跨国公司的法律形式有哪四类？
3. 垄断优势的基本观点是什么？
4. 跨国公司为什么要进行内部贸易？
5. 简述跨国公司对当今国际贸易的影响。

第十二章

国际服务贸易

学习目标

知识目标：了解国际服务贸易的概念、国际服务贸易的发展阶段，掌握国际服务贸易的方式、内容、迅速发展的原因。了解服务贸易总协定的主要内容。了解国际知识产权的内容、转让和使用，掌握国际知识产权的特征，了解知识产权协定。

技能目标：明确国际服务贸易产生的背景，学会用理论内容解决现实问题。

篇前案例

从商务部获悉，"十一五"期间中国服务贸易规模迅速扩大，服务出口的世界排名已经从2005年的第八位升至2009年的第五位。

统计显示，2005年至2009年，中国服务贸易进出口总额从1 571亿美元增长到2 868亿美元，增长了约1.8倍，年均增长16.2%。其中，服务出口年均增长14.9%，是同期全球服务出口平均增速的两倍。2010年上半年，中国服务贸易进出口继续大幅增长，总额为1 656亿美元，同比增长31.7%。

在规模迅速增长的同时，中国服务贸易结构渐趋优化，旅游、运输等传统行业在服务贸易进出口总额中的占比逐年下降，保险、计算机和信息服务、咨询等新兴行业的占比逐步上升，目前已经占中国服务出口总额的近一半。

来自商务部的统计显示，2005年至2009年，中国电信、金融、计算机和信息服务出口额年均增长分别为25.4%、28.9%和37.1%。

加入世界贸易组织以来，中国按照承诺逐步取消服务领域对外资在地域、股权和业务范围等方面的限制，服务贸易各领域实际利用外资呈现良好的发展势头。

2010年前9个月，中国服务业吸收外资占全国吸收外资总量的比重达到45%，较上年同期上升5.3个百分点。环境服务、金融服务、社会服务等行业吸收外资分别上涨

318%、159%和122%。

资源来源:中国发展门户网. http://cn.chinagate.cn/economics/2010-10/25/content_21193880.htm

思考:

1. 我国服务贸易发展迅速的原因有哪些?

2. 我国应采取哪些积极的措施更好地发展我国的服务业?

第一节 服务贸易概述

一、国际服务贸易的概念

国际服务贸易是指不同国家之间所发生的服务交易的活动,这种服务是指以提供活劳动的形式而满足他人需要并获取外汇报酬的活动。

二、国际服务贸易方式

(一) 过境交付

服务的提供者与消费者都不移动,服务在出口国生产,经过国际间的交易在进口国消费,通过电讯、邮电、计算机联网等实现,至于人员和物资在现代科技环境下一般无须过境。例如,国际金融中的电子清算与支付、国际电信服务、信息咨询服务、卫星影视服务等。

(二) 境外消费

在一成员方境内向另一成员方的服务消费者提供服务。例如,本国病人到外国就医、外国人到本国旅游、本国学生到外国留学等。

(三) 商业存在

一成员方的服务提供者通过在另一成员方境内的商业实体提供服务,它是四种服务提供方式中最主要的方式,也是服务贸易活动中最主要的形式。它主要涉及市场准入和直接投资,即允许一成员方的服务提供商在另一成员方境内投资设立机构并提供服务,包括投资设立合资、合作和独资企业,该机构的服务人员既可以从提供商母国带来,也可以从东道国雇佣。例如,外国公司到中国来开酒店、建零售商店和开办律师事务所等。

(四) 自然人流动

一成员方的服务提供者通过自然人的实体在另一成员方境内的商业现场提供服务。进口方允许个人入境来本国提供服务。例如,外国教授、工程师或医生来本国从事个体服务。

三、国际服务贸易的内容

（一）国际运输服务贸易

运输服务贸易是指以运输服务为交易对象的贸易活动，即贸易的一方为另一方提供运输服务，以实现货物或人在空间上的位移。运输服务贸易按运输的对象，可分为货物运输服务贸易和旅客运输服务贸易；按贸易主体的性质，可分为国际运输服务贸易和国内运输服务贸易。

在运输服务贸易中，其主体是服务的需求者与提供者。运输服务贸易的需求者是托运货物的贸易商或其他托运人。运输服务贸易的提供者是拥有船舶、火车、汽车、飞机等运输工具，按客户的要求将货物从启运地运至目的地的承运人。运输服务贸易的主体双方构成了运输服务贸易的市场。

国际运输是国际货物贸易业务过程中必不可少的重要环节之一，是国际货物贸易的桥梁和纽带，国际货物贸易中的一切商品都必须通过运输才能从出口地移到进口地。运输环节开展的顺利与否，运输的快速性、准确性、安全性、可靠性如何以及运价的高低，都对货物贸易的范围与规模产生影响。

（二）国际旅游服务贸易

旅游服务贸易是指一国（地区）旅游从业人员向其他国家（地区）的旅游服务消费者提供旅游服务并获得报酬的活动，包括本国旅游者的出境旅游和外国旅游者的入境旅游，即国际支出旅游和国际收入旅游。按世贸组织服务贸易理事会对服务贸易的分类规定，旅游及相关服务包括以下几项：宾馆与饭店，旅行社及旅游经营者提供的服务，导游服务和其他旅游服务。另外，还有服务贸易中的自然人提供的服务等。

旅游服务贸易与传统商品贸易相比，其最大的特点是就地商品出口和就地服务出口，其所提供的商品和服务具有综合性和整体性。

国际旅游服务贸易是国际服务贸易的重要组成部分，可为国家增加外汇收入、创造就业机会、优化产业结构，对发展一国的国民经济起着十分重要的作用。

（三）国际金融服务贸易

1．国际金融服务的概念

国际金融服务贸易是服务贸易的一个重要构成部分，是指由一国（地区）成员方的金融服务提供者向另一国（地区）成员方金融服务的接受者提供的任何金融方面的服务。

2．国际金融服务的种类

（1）国际保险服务。国际保险作为国际服务贸易的一个主要项目，为进行国际贸易的交易方提供安全保障服务，它特有的经济保障和经济补偿功能使其在世界经济发展中的地位和作用日益显著。瑞士再保险公司发布的最新研究报告表明，全世界保险保费收入在2007年实际增长3.3%，达到40 610亿美元；亚洲的保费收入达8 410亿美元，实际增长4.5%，其中中国香港保费增长22.9%，达到240亿美元，中国大陆保费增长19%，达到920亿美元，台湾地区保费增长16.2%，达到600亿美元。

国际保险市场根据不同的分类方式分为不同的类型。按市场交易的风险层次分类，可分为国际原保险市场和国际再保险市场。按市场交易的保险业务性质分类，可分为国际寿险市场和国际非寿险市场。按市场交易的区域分类，可分为英国市场、北美市场、欧洲大陆市场、东欧市场、发展中国家市场等。

（2）国际银行服务。银行服务贸易指的是按照所有从事国际贸易、国际投资、国际旅游和其他一切国际经济交易的客户要求提供的一切服务项目。近年来，国际银行服务业有了重大的进展，服务范围已遍及100多个国家和地区，收入明显增加，内容不断出新，银行数目成倍增长，银行国际服务收益占其全部收益的比重越来越大。有些银行在国际业务中所获利益已达到甚至超过其利润总额的一半。

国际银行服务的基本职能有：第一，货币转换，即外汇交易；主要是向从事国际性交易的当事人供应所需的外汇；第二，国际财政，资金供应和分配，资金调拨和再转换，如银行同业间的转账、资金调拨；第三，国际贷款，信用分析和批准信用，确定和监督借款，如国际银团贷款；第四，资金融通，如为出口商提供出口押汇、打包贷款等服务；第五，信用证服务（具体内容详见本专业今后所讲授的国际贸易实务课程），为进口商提供开立信用证和其他的风险管理工具，以满足当时规避国际商务风险的需要；第六，国际支付和结算，如汇票、支票的结算；第七，为进出口贸易提供结算渠道，如汇付、托收；第八，国际间信托咨询、财务管理。这些职能实质上是银行各类国内业务向国外的延伸。

（四）国际通信服务贸易

通信服务贸易是指以通信服务为交易对象的贸易活动。通信服务贸易包括邮政服务和电信服务两种方式。现在的邮政服务是指借助班轮、班机、班车、旅客列车等运输方式，利用邮政网路，承担信函和报刊杂志的传递、包裹的运送以及部分金融业务。电信服务是指以光、电为载体，将语言、文字、数据、图像等各种非电信息转换成电信号，用电气手段将电信号由甲地传送到乙地，然后再还原成原来的信息符号，传递到接受人手里。随着电子技术和光电技术装备的发展，现代的电信服务已不再限于传输，还包括对信息的存储、处理、编辑、转换、综合等多功能服务。

通信服务贸易具有以下特点：第一，通信服务主要是以传输含有信息的物件为主。第二，电信服务能以最快的速度传递信息，并能够提供信息的多功能服务。第三，由于人和社会化大生产都必须运用通信手段来调控，任何政府都要用通信手段来宣传其政策主张、管理国家，人们要利用通信手段来开发智力和交流信息，因此，通信服务已超越了单纯的通信而直接介入到社会经济、政治和科技等各方面。

国际服务贸易的方式除以上介绍的之外，还包括国际咨询服务贸易、国际会计服务贸易、国际律师与公证服务贸易、国际医疗服务贸易、国际工程承包等一些专业服务贸易。

四、国际服务贸易的特征

国际服务贸易自身的复杂性及其与货物贸易的差异，使其具有以下几方面的主要特征：

（一）国际服务贸易中大多数服务具有无形性

众所周知，就货物贸易而言，在特定的时间和确定的地点，人们可以看见货物、资本或信息的跨国界移动。但是，人们要想亲眼看见服务出口或进口却是相当困难的。因为服务的物质及组成服务的元素，在很多情况下是无形的。随着科学技术的发展，虽然有相当一部分服务可以借助现代科技表现出来，但是我们很难亲眼看见服务出口或进口，比如，一个人跨国界讲学、出国演出、提供咨询服务等。如果不做广泛调查，边境人员是无法知道什么是服务的出口或进口的。

另外，我们在认识服务的无形性时，一定要区分服务本身和服务加以表现的形式，比如，厨师的烹调行为是服务，但是厨师使用的原料并不是服务，而是服务所借助的物质，烹调出来的菜也不是服务，而是服务的成果，服务正是通过这种成果表现出来的。

（二）国际服务贸易中部分服务具有生产和消费的同时性

一般说来，与货物贸易相比，服务贸易中部分服务贸易的交换的标的物——服务，是不能储存的，服务的生产过程与消费过程同时进行，服务消费在生产过程中完成，并要求服务提供者和使用者存在某种形式的接触。它具有不可分离的特征。如果没有消费者接受服务，原则上服务并不发生。比如，开演唱会，随着演唱会结束，服务也提供完毕，而作为服务消费者的听众消费也就完毕。因而，服务的使用价值不能脱离服务出口者（生产者）和服务进口者（消费者）而固定于某一耐久货物中。当然，有些服务，或者说有些服务活动或劳动也可能体现在某一货物中，或者说可以和生产者、服务出口者分离。但是，服务贸易的不可储存性仍然广泛存在。

（三）国际服务贸易交易标的物的多样化

国际服务贸易与货物贸易比较，其交易标的物不是单纯的货物，而是呈现出多样化的特点。例如，技术贸易作为服务贸易的内容之一，其交易标的物是专利、商标及专有技术。除此之外，很多服务贸易的交易标的物难以货物贸易形式的标的物体现。如运输服务、旅游服务、金融服务、保险服务，这类服务贸易的交易标的物我们自然不能认为是提供运输服务的承运人或飞机、轮船、火车、汽车，也不能认为交易标的物是旅游景点等。所以，国际服务贸易交易标的物具有多样化和无形性的特点。

（四）国际服务贸易服务质量的差别性

国际货物贸易货物的品质和消费效果通常是相同的，同一品牌的家电或汽车，除去假冒产品，其品质和消费效果基本上差别不大。而同一种服务的质量和消费效果往往存在显著差别。这种差别来自供求两方面：第一，服务提供者的技术水平和服务态度，往往因人、因时、因地而异，他们的服务随之发生差异；第二，服务消费者对服务也时常提出特殊要求。所以，同一种服务的一般与特殊的差异是经常存在的。统一的服务质量标准只能规定一般要求，难以确定特殊的、个别的需要。

（五）国际服务贸易涉及法律的复杂性

国际服务贸易与货物贸易相比，涉及的法律要复杂得多。货物贸易主要适用合同法、买卖法、国际货物销售合同公约等，相对而言较简单。但是，国际服务贸易涉及的国内外法律及国际法要广泛得多、复杂得多。例如，技术贸易合同所涉及的法律，除了适用货物买卖法、合同法外，还要受工业产权法、专利法、商标法、反托拉斯法、公平贸易法、高技术出口管制法等法律规范的约束。国际服务贸易是通过国内法、国际法规定进行管理的，管理的对象主要是服务提供者，这主要涉及市场准入和管理外国投资等问题。因此，国际服务贸易涉及的法律较为复杂。

（六）国际服务贸易标的物的使用权和所有权呈现复杂性

与货物贸易相比，国际服务贸易标的物的使用权与所有权在交易过程中比较复杂。在货物贸易中，交易过程一旦结束，货物的使用权和所有权同时转让，即卖方失去对货物的所有权和使用权，卖方无权支配和使用该货物。但是，在国际服务贸易中却比较复杂。一般说来，国际服务贸易中服务提供者与消费者原则上是一种标的物的所有权和使用权相分离的贸易。例如，技术贸易是技术许可方（服务出口者）在一定条件下，将技术贸易标的物的使用权转让给技术接受方（服务进口者）使用，而没有将其所有权转让给服务进口者。知识产权的交换都存在这种特点。然而，由于服务贸易标的物又存在无形性的特征，很多国际旅游中，作为服务消费者的旅客所消费的服务是涉及旅游的各种服务内容，在消费过程中实现和满足他的服务要求。但是，我们却很难用一种物化的媒介物说明该服务消费者获得了某种使用权或所有权。

五、国际服务贸易的发展

（一）国际服务贸易发展阶段

国际服务贸易的发展大致可以分成三个时期：

1. 作为货物贸易附属的服务贸易（20 世纪 70 年代之前）

在这一时期，当时世界各国还未意识到服务贸易作为一个独立实体的存在。实际经贸活动中，服务贸易基本是以货物贸易附加的形式进行的，如仓储、运输、保险等服务。在这一时期，尽管事实上存在着服务贸易，但独立于人们的意识之外，所以对服务贸易缺乏具体的数量统计。

2. 服务贸易快速增长时期(1970—1994 年)

服务贸易从货物贸易附庸地位开始独立出来,并得到迅速发展。对服务贸易的确认始于 20 世纪 70 年代。1972 年 10 月,经合组织(OECD)最先在一份报告中正式使用服务贸易这一概念。1974 年,美国贸易法第 301 条第一次提出了世界服务贸易的概念。服务贸易在这一阶段随着人们重视程度的提高而快速发展。根据国际货币基金组织统计,从 1970—1980 年间,国际服务贸易平均增长率为 17.8%,与同期货物贸易的增长速度大体持平;服务贸易在 70 年代中后期开始超过货物贸易的增长速度。1980—1990 年间,国际服务贸易年平均增长率为 5.02%,而同期货物贸易年平均增长率为 3.69%。

3. 服务贸易在规范中向自由化方向发展阶段(从 1994 年至今)

1994 年 4 月,规范服务贸易的多边框架体系《服务贸易总协定》(具体内容见本章第二节)签署后,服务贸易的发展进入了一个新的阶段。根据世贸组织秘书处统计的数据,目前服务业约占世界国内生产总值的 65%。在 1992 年至 2002 年的 10 年间,世界服务贸易年均增长率几乎达到 5.5%。随着科学技术的进步、经济服务化程度的提高和全球一体化的进一步发展,服务贸易的发展前景非常广阔。

在当前的国际服务贸易中,西方发达国家的服务业发达,在国际服务贸易中处于绝对优势的地位,占绝大部分;新兴工业化国家和地区的服务业发展迅速,处于重要地位;而发展中国家服务业较落后,处于次要地位。

(二) 国际服务贸易迅速发展的原因

1. 服务业在各国经济中的地位上升

服务贸易的迅速发展反映了服务业交换的扩大,也是服务业在国民生产总值(GNP)或国内生产总值(GDP)比重上升的客观反映。20 世纪 60 年代以来,世界各国经济结构的重心开始转向服务业,2006 年世界服务业的产值占世界国内生产总值的比重已达到 69%,其中发达国家服务业的产值占国内生产总值的比重为 72.4%,美国为 76.7%,发展中国家这一比重为 54.6%。服务业吸收劳动力就业比重,发达国家普遍在 70% 左右,少数国家在 80% 以上。

2. 科学技术的发展使服务业日益专业化

许多服务项目由制造业分离出来而成为独立的服务行业,其目的是应对国内和国际市场上激烈的非价格竞争。以知识密集型服务为例,由于面临国内与国际市场的激烈竞争,知识密集型服务必须不断地把技术进步转化为生产能力和国际竞争力,因而在生产的各个阶段不断出现对专门服务的需求。在生产的“上游”阶段,要投入的专门性服务有可行性研究、产品概念与设计、市场调研等。在生产的“中游”阶段,有的服务与货物生产本身相结合,如质量控制、设备租赁、后勤供应、保存和维修;有的服务与生产“中游”并行出现。公司运行需要各种专门服务,如会计、人事管理、电讯、法律、保险、金融、安全、伙食供应等。在生产的“下游”阶段，需要广告、运输、销售、人员培训等。一个生产企业在世界市场上保持竞争地位的关键是保持“上游”“中游”和“下游”三个阶段服务的反馈，以保证其产品的生产和销售的扩大。

3. 跨国公司的迅速发展加强了服务的国际化

跨国公司的大量增加，提高了服务国际化的速度。信息技术的发展有助于加速服务范围的扩大，更便于为外国市场提供服务。跨国公司在金融、信息和专业服务上都是重要的供应者，其中许多公司迅速扩大，向全球提供服务。2005 年《财富》500 强共涉及 51 个行业，其中 28 个属于服务行业，从事服务业的跨国公司有 281 家；在其他 500 强制造业企业中其服务业务的收入已经接近或超出了制造业的收入。

4. 国际服务合作的扩大促使服务贸易扩大

国际服务合作是指拥有工程技术人员和劳动力的国家与地区，通过签订合同，向缺乏工程技术人员和劳动力的国家与地区提供所需要的服务，并由接受服务的一方付给报酬的一种国际经济合作形式。国际服务合作主要有以下几种方式：① 承包外国各类工程；② 劳务输出；③ 各种技术性服务出口或生产技术合作，如出口各种技术、专利、科技知识、科研成果、工艺等知识形态的服务；④ 向国外出租配有操作人员的各种大型机械；⑤ 向国外提供咨询服务等。

5. 国际旅游业的迅猛发展加快了服务贸易的发展

第二次世界大战后，旅游业的发展速度超过了世界经济中的许多部门，成为蓬勃发展的行业。1970 年以来，国际旅游业成为仅次于石油和钢铁工业的第三大产业。2007 年是世界旅游业连续第四个快速增长的年份，国际游客人数比 2006 年增加 5 200 万，增长 6.2%，超出了 4.1% 的长期预测。2007 年，全球旅游收入已达 8 000 亿美元，国际跨境旅游人数达到了 9 亿人次。2007 年，由于游客比上一年增长 10%，亚太地区成为世界上游客量位列第二的地区，而发展中国家的增长速度达 8%。

小资料：

服务正向脑力化方向发展，提供劳务已不仅仅是使客户浅层满意，而且是提供脑力服务使客户深层地内心满意。如了解客户需求，设计出客户意想不到的商品；创新营销方法和手段，使客户获得超值服务；树立企业品牌和服务文化，使客户在购买和使用商品的过程中获得透明、诚信、规范、务实的人文关怀，得到内心的愉悦和满足。而这一切需要经营者与客户心灵沟通，用心思去构思、策划、设计服务。商品正从过去那种没有思想、没有感情的物体，上升为一个充满人性的载体。一句话，用超凡的智力把服务送到客户心坎上,是服务贸易发展的新特点。

问题:

1. 依据服务贸易发展的新特点,如何更新观念?
2. 我国企业应该怎样利用服务贸易发展的新特点,做好商品服务?

第二节 服务贸易总协定

一、服务贸易总协定的产生

《服务贸易总协定》(General Agreement on Trade in Services GATS)是乌拉圭回合的主要成果之一。GATS 是迄今为止服务贸易领域第一个较系统的国际法律文件。它的产生扩大了多边贸易法制的调整范围,是国际服务贸易法的重要里程碑。

服务贸易几乎是与货物贸易同时产生的,但它作为货物贸易的辅助项目,一直没有能够形成一个独立的商业领域。直到第二次世界大战后,随着社会经济的发展,特别是科学技术的发展,服务贸易才开始崭露头角。由于在经济生活中发挥着越来越重要的作用,服务贸易渐渐不再是货物贸易的被动服务者,而是与其并重的国际贸易不可或缺的部分。随着服务贸易的迅猛发展,服务贸易问题也日益突出。早在 1982 年关贸总协定东京回合谈判时,美国就积极提倡进行服务贸易谈判,但终因各国反应冷淡而作罢。在 1986 年关贸总协定埃斯特角城部长会议上,发展中国家和发达国家出于自身利益的考虑,同意就服务贸易问题进行谈判。回顾乌拉圭回合服务贸易谈判历程,大致可将其分为以下三个阶段。

(一) 第一阶段

从 1986 年 10 月 27 日正式开始谈判至 1988 年 12 月部长级中期评审会议上发表《蒙特利尔宣言》为止。谈判的主要内容如下:服务贸易定义;适用于服务贸易的原则、规则;服务贸易谈判及协定的多边框架范围;服务贸易谈判与现行国际规则、协定的关系;有利于或限制服务贸易发展的措施和行为。在这一阶段,各国最大的分歧集中在对国际服务贸易如何界定的问题上。美国等发达国家主张将国际服务贸易定义宽泛化,即将所有涉及不同国民或国土的服务贸易归为国际服务一类。而发展中国家基于自身的考虑,要求将国际服务贸易的定义狭窄化,即将跨国公司内部交易和诸如金融、保险、咨询、法律规范服务等不必跨越国境的交易排除在外。最终,多边谈判基本采取了欧共体折中意见,即不预先确定谈判的范围,根据谈判需要对国际服务贸易采取不同定义。

(二) 第二阶段

从中期审议至1990年6月止。在加拿大蒙特利尔举行的中期审议会上,谈判的重点集中在透明度、逐步自由化、国民待遇、最惠国待遇、市场准入、发展中国家更多参与、保障条款和例外等服务贸易的基本原则上,此后的工作主要集中于通信、建筑、交通运输、旅游、金融和专业服务各具体总则的谈判。与此同时,各国代表同意采纳一套服务贸易的准则以消除服务贸易中的诸多障碍,并分别提出了自己的方案。其中,1990年5月4日,中国、印度、喀麦隆、埃及、肯尼亚、尼日利亚和坦桑尼亚几个亚非国家向服务贸易谈判组联合提交了"服务贸易多边框架原则与规则"提案,对最惠国待遇、透明度、发展中国家更多参与等一般义务及市场准入、国民待遇等特定义务予以区分。

(三) 第三阶段

从1990年7月至1993年12月。在这一阶段,GATS经历了由框架内容基本明朗到最终协议明确定形的过程。在1990年12月的布鲁塞尔部长级会议上,服务贸易谈判组修订了"服务贸易总协定多边框架协议草案"文本,其中包含海运、内陆水运、公路运输、通信、劳动力流动、视听、广播、录音、出版等部门的草案附件。但是,由于美国与欧共体在农产品补贴问题上存在重大分歧,谈判最终没能圆满结束。经过进一步谈判,1991年年底GATS草案诞生。该草案分为6个部分,共35个条款和5个附件,规定了最惠国待遇、透明度、发展中国家更多参与、市场准入、国家待遇、争端解决等重要条款,基本上确定了协定的结构框架。经过各国的继续磋商谈判,在根据各国的要求作了进一步修改后,协议草案于1993年12月5日最终通过。在GATS通过前,贸易谈判委员会搁置了数项一时难以解决的具体服务部门的谈判。GATS的制定与生效是国际服务贸易的一个重要里程碑,它不仅扩大了GATT机制的管辖范围,而且是迄今为止服务贸易领域内第一个较系统的国际法律文件。GATS于1995年1月1日正式生效。

二、服务贸易总协定的性质

《服务贸易总协定》的具体内容分为六个部分,即范围和所涉及的领域、一般责任与纪律、具体义务、逐步自由化、组织条款和最后条款。该方案规定,各国在市场准入和国民待遇方面,要按照不同的服务行业分门别类地作出具体承诺,并列入各国的减让表;同时,允许各国依据国内立法对有关服务行业的开放作出限制和保留。因此,这个协议在要求参加国尽可能开放服务市场的同时,也允许发展中国家保护本国的服务产业部门,从这个角度来看,《服务贸易总协定》是相对独立的一份国际多边协议。

三、服务贸易总协定的内容

关于服务贸易的关贸总协定多边谈判从1986年开始,持续了7年,在1993年12月5日结束的乌拉圭回合最终谈判中,经各方努力,达成了《服务贸易总协定》。1994

年4月15日,在马拉喀什有111个世贸组织成员国家和地区的代表正式签署了该协定。

《服务贸易总协定》由序言、6个部分、29项条款和8个附录构成,其内容由三大块组成:一是框架协议条款本身,即管理服务贸易的基本原则和纪律;二是部门协议,即附录;三是各国市场准入的初步承诺减让表。

(一)框架协议条款

GATS本身共有6个部分、29项条款,前面28项条款主要讲管理服务贸易的基本原则和纪律,第29项条款专讲8个附录。

1. GATS的适用范围

GATS从四个方面对国际服务贸易进行了规定:即过境交付、境外消费、商业存在和自然人流动(见本章第一节)。GATS适用于以商业为基础的提供服务的私有部门、企业以及政府公司,但在行使政府权限时提供的服务(如驻外使领馆人员提供的服务)除外。为履行协定所列的义务和手续,GATS要求各成员应采取所有可能的措施以确保其境内的地方政府或当局及非政府机构(如行业协会、商会、同业公会等)遵守该协定。也就是说,服务贸易的范围包括除政府当局实施政府职能所提供的服务以外的所有部门的一切服务。

2. GATS的主要原则

GATS条款中的一些概念和原则多来自《关税与贸易总协定》,但是由于服务贸易与货物贸易的特点不同,这些概念也有了特定的含义。

GATS的条款中所规定的义务有两种:一是一般义务,二是具体承诺义务。一般性义务适用于各个部门,不论服务贸易总协定的成员是否开放这些部门;具体承诺的义务是指必须经过双边或多边谈判达成协议后才承担的义务,这些义务(市场准入和国民待遇)只适用于各成员承诺开放的服务部门。这种将一般性义务与具体承诺的义务区分开来的做法,是服务贸易总协定的一个重要特点。下面对主要原则分别予以介绍。

(1)最惠国待遇。这一原则是多边贸易体制的基础,也是多边服务贸易的基础,为各国所普遍接受。最惠国待遇条款规定,各缔约方应立即和无条件地给予他方服务和服务提供者,以不低于其给予其他国家相似服务和服务提供者的待遇。这一原则适用于服务贸易的各个部门,不论成员方是否将某个服务贸易部门对外开放,在采取有关的管理措施时都必须遵循最惠国待遇原则。任何成员方在是否开放某一服务贸易部门,在何种程度上开放以及对来自国外的服务和服务提供者实行何种限制等问题,都不能使另一成员方处于低于第三方的地位。

如果某一缔约方无法取消与上述规定不符的措施,则应申请最惠国待遇的例外。最惠国待遇的例外有:① 任何成员方可开列一个具体的不遵守最惠国待遇的清单,但该清单在5年后要进行定期审议,其最长有效期(即过渡期)不超过10年;② 成员方与毗邻国家为方便边境服务交换而彼此提供的优惠;③ 经济一体化组织内部成员国彼此给予对方的优惠待遇;④ 政府采购,即政府机构为政治目的而非商业转销目的的采购或服务。

(2) 透明度。GATS 条款规定各成员方应立即向世贸组织其他成员公布其采取的所有与服务贸易有关或对服务贸易协议产生影响的法律、法规或管理条例等措施。GATS 要求每一成员建立一个或多个咨询点,以便尽快地回答其他成员方的询问。为了帮助发展中成员方的服务提供者,GATS 呼吁发达国家建立联系点,并特别要求这些联系点要为发展中成员方的服务提供者提供如下信息:服务技术的情况;提供服务的商业技术情况;如何登记、承认和得到专业资格。

(3) 发展中国家更多地参与。GATS 承认发达国家成员和发展中国家成员服务业发展是不平衡的,这一情况在服务贸易自由化的谈判中应予以考虑。为帮助发展中国家发展服务业,GATS 规定:① 发达国家成员对于发展中国家成员具有出口利益的交付方式和服务部门给予自由准入的优先权;② 发达国家将建立一些联系点,向发展中国家的服务提供者提供市场准入的有关信息等;③ 允许发展中国家根据国内政策目标和服务业发展水平,逐步实现服务贸易自由化,逐步扩大市场的开放程度;④ 允许发展中国家对于外国服务或服务提供者进入本国市场设置条件。

(4) 东道国国内规定。服务贸易的特性决定了对服务的进出口流量无法实行有效的海关监管。在服务贸易没有关税管理的情况下,国内的相关规定成为影响和控制服务贸易活动的最有效手段。GATS 尊重各国国内法规,但要求成员方有关国内法规应在合理、客观和公正的原则基础上实施,以免国内的有关规定影响服务贸易的正常进行或对服务的提供者构成不必要的障碍。

(5) 对服务提供者所需资格的相互承认。提供服务的公司和个人需要取得允许进入行业的证书、许可或其他授权。由于各国对于学历和工作经历的不同要求,外国服务提供者往往难以得到此种授权。为了克服这种困难,GATS 规定这种相互承认的体系应是开放的,如果其他成员的国内标准和要求与该体系涉及的标准和要求相匹配,应允许其加入。

(6) 市场准入。市场准入是 GATS 的一个关键条款,它是一种经过谈判而承担的义务,实施对象既包括服务也包括服务提供者。每一成员方给予其他成员方服务和服务提供者的待遇,应不低于根据其承担义务计划安排表中同意和规定的限制条件。在承担市场准入义务的服务部门中,成员方不得在某一地区或整个国境内采取或维持六项市场准入的限制措施,包括四项数量准入的限制,一项对法律实体形式的限制,一项对外资份额的限制。除非各国将与上述限制有关的各项措施列入承诺单,否则不能实施。条款中所列限制以外的其他限制,只要不是歧视性的,不在协定管辖范围之内。

(7) 国民待遇。GATS 的第 17 条国民待遇条款也是一项重要条款,与货物贸易领域的国民待遇不同,服务贸易领域的国民待遇不是一般义务,而是一项特定义务,各成员方只在自己承诺开放的服务部门中给予外国服务和服务提供者以国民待遇。即成员方以其承诺单中所列服务部门或分部门及所列条件和限制为准,所采取的与提供服务有关的措施给予外国服务和服务提供者的待遇,不应低于给予本国相同服务和服务提供者的待遇。不论这些待遇在形式上是否相同,只要不造成对其他成员方服务提供者事实上的歧视,就不违反该条款。反之,如果形式相同或不同的待遇改变了竞争条件,使其有利于国内服务和服务提供者,就被认为实施了歧视待遇而违背了该条款。

(8) 逐步推进贸易自由化进程。世贸组织协定生效之日起5年内,所有成员方应定期进行连续的多轮谈判,不断减少或取消不利于服务贸易市场准入的各种措施。服务贸易谈判应在互利的基础上促进所有成员方的利益,实现权利和义务的总体平衡,以推进服务贸易自由化。贸易自由化进程取决于各成员方相应的国家政策目标及成员方整体和个别服务部门的发展水平。根据发展中国家的经济发展水平,对发展中国家各成员方在少开放一些部门、对较少的交易方式实行自由化和逐步扩大市场准入等方面给予适当的灵活性。当发展中国家给予外国服务提供者市场准入时,应把重点放在市场准入的条件方面,以使发展中国家更多地参与服务部门的开放。

(9) 争端解决(第23条)。这一条中最为重要的是第4款(非违法之诉)。对这个条款,许多国家持谨慎态度。争端解决程序中包括了服务部门之间、服务与货物部门之间的交叉报复手段。

在GATS的各项原则中,市场准入和国民待遇是服务业对外开放的基础和核心,它决定着一国服务业是否对外开放和对外开放程度。最惠国待遇和透明度原则是一般性原则,也是每个成员方必须遵守的基本原则。国内规定原则是在最大限度上尊重东道国的主权,允许一国根据本国经济发展的实际需要来决定某个领域的开放程度。发展中国家更多参与的条款,为广大发展中国家在国际服务贸易过程中创造与发达国家平等的竞争条件发挥作用。

(二)《服务贸易总协定》的附录

《服务贸易总协定》的附录共有八个,其中一个是关于最惠国待遇例外申请的附录,另外七个都是关于具体服务部门的附录,分别是关于自然人员移动、空运服务、金融服务(共二个)、海运服务、电讯服务(共二个)部门的附录。这些附录是《服务贸易总协定》的组成部分之一,目的是对上述部门如何实施总协定的原则或规则作出更为具体的规定。

1. 自然人提供服务活动的附录

适用于各缔约方提供服务的自然人,以及受雇于服务提供者的自然人。该附录允许成员方政府可就适用于GATS的提供服务自然人临时逗留的具体承诺进行协商,但不适用于以移民为目的,寻求在一国长期居留或长期就业的人员。凡是在具体承诺范围内的自然人,应被允许根据具体承诺的条件提供服务。同时,该附录不阻止一成员实施相应措施对自然人进入或临时居留境内进行管理,包括为保护其边境的完整和确保自然人有秩序跨境流动所必需的措施,只要这类措施不致损害或阻碍依据具体承诺的条件予以的其他任何成员的利益。

2. 空中运输服务的附录

这个附录适用于影响空运服务和相应的辅助服务贸易措施。它将运输权利和可能影响运输权利谈判的有关活动排除在 GATS 的范围之外。但该附录适用于飞机修理和维修服务、推销空运服务和电脑预约系统服务。

3. 金融(含保险)服务的附录

金融服务有两个附录。第一个附录首先界定了政府为行使行政职能而提供的金融服务的范围;确立了各国政府有权采取谨慎措施以保证金融体制的实施性和稳定性,但是这些措施在与《服务贸易总协定》的有关条款不相符合时,不能用以逃避自己的承诺与义务;规范了金融服务的定义:金融服务是由一成员方的金融服务提供者所提供的任何有关金融方面的服务,金融服务包括保险和与保险有关的服务,以及所有银行和其他金融服务。第二个附录允许各参加方在《服务贸易总协定》生效 4 个月起的 60 天内,列出其最惠国待遇的例外清单,并可改进、修改或撤销其减让表中有关金融服务的全部或部分具体承诺。

4. 海运服务谈判的附录

这个附录规定《服务贸易总协定》生效后,各方再就海运服务部门进行谈判。在此之前,各参加方可以随意撤销其在该部门的承诺,无须给予补偿。

5. 电讯服务的附录

主要目的在于约束各缔约方在提供电讯服务时,不应限制其他缔约方的服务提供者的行为,或对提供服务的行为造成障碍。

(三) 初步承诺减让表

初步承诺减让表,即初步承诺单,是各国在谈判的基础上提交的开放市场的承诺,是《服务贸易总协定》不可分割的部分,具有法律约束力。初步承诺单的内容是各参加方在双边谈判基础上承诺的关于国民待遇和市场准入的义务。初步承诺单注明各方对于他方服务和服务提供者实施国民待遇和市场准入的限制条件。乌拉圭回合谈判的各参加方曾进行了长时间的初步承诺的谈判,只有提交初步承诺单,才能成为服务贸易总协定的成员。

第三节　国际知识产权贸易

一、国际知识产权贸易概述

(一) 知识产权的概念

知识产权是指公民或法人对其在科学、技术、文化、艺术等领域的发明、成果和作品享有的专有权,也就是人们对自己通过脑力活动创造出来的知识成果所依法享有的权利。

知识产权贸易,有广义与狭义之分,狭义的知识产权贸易是指以知识产权为标的的贸易,主要包括知识产权许可、知识产权转让等内容,即企业、经济组织或个人之间,按照一般商业条件,向对方出售或从对方购买知识产权使用权的一种贸易行为。广义的知识产权贸易,是指含有知识产权的产品(知识产权产品、知识产品),特别是附有高新技术的高附加值的高科技产品,如集成电路、计算机软件、多媒体产品、视听产品、音像制品、文学作品等的贸易行为。

(二) 国际知识产权的内容

以世界各国在 1967 年 7 月 14 日缔结的《建立世界知识产权组织公约》为例,该公约第二条第八项列出的知识产权包括以下几项内容:

(1) 关于文学、艺术等科学作品有关的权利;

(2) 关于表演艺术家的演出、录音和广播的权利;

(3) 关于在一切领域中因人的努力而产生的发明;

(4) 关于科学发展的权利;

(5) 关于工业品式样的权利;

(6) 关于商品商标、服务商标、厂商名称和标记的权利;

(7) 关于制止不正当竞争的权利;

(8) 关于在工业、科学及文学艺术领域的智力创作活动所产生的权利。

(三) 知识产权的特征

知识产权作为一种财产权,与普通意义上的财产权不同,具有以下基础特征:

1. 客体的无形性

知识产权的客体是基于智力活动而形成的创新成果,是无形财产。因其不占据一定的空间,难以实际控制,而且知识产权所有权人即使在其权利全部转让后,仍有利用其创造的智力成果获取利益的可能性。因此,法律上有关知识产权的保护、知识产权侵权的认定、知识产权贸易等变得比货物贸易复杂。

但是知识产权的"无形性"必须通过一定的物质载体表现出来,才能使人们感受和了解。但知识产权保护的法律体系着重于这些智力劳动成果本身,而不在于这些物质载体上。如著作出版后,读者可购买该著作,并拥有所有权,但没有该著作的著作权。

2. 主体的专有性

知识产权的专有性是指权利人对其智力成果享有垄断性的专有权,非经权利人同意或法律规定,其他任何人均不得享有或使用该项权利,知识产权人以外的任何单位或个人无权干预或妨碍知识产权人行使其权利。

各国法律对于权利人的这种独占的专有权都实行严格的保护。除通过依法规定的条件和程序,适用"强制许可"对权利人的专有权加以变更外,任何侵犯专有权的行为均构成侵权。专有权是知识产权最基本的法律特征,也是知识产权制度存在的保证和发展的动力。

3. 有效期的时间性

知识产权具有时间性的特点,即知识产权仅在一个法定的期限内受到保护。法律对知识产权的有效期作了限制,权利人只能在一定的期限内对其智力劳动成果享有专有权,超出这一期限,权利即告终止,其智力成果便进入公有领域,成为人类共享的公共知识、成果,任何人都可以合法使用。这样既能促进科技和文化成果的传播,又能保护智力劳动者的合法权益,达到保证智力创新活动存在和发展的基本目的。由于各国对知识产权不同对象的保护期限存在差别,因而同一知识产权对象在不同国家可能获得的保护期限是不同的。例如,有的国家对发明专利的保护期为 15 年,有的国家则为 20 年。

各国对商标虽然规定了有效期,但允许商标所有权人到期后申请延续,对延续次数没有限制。例如,可口可乐等一些历史较长的商标可能经历了数十年,甚至上百年。

4. 专有权的地域性

知识产权的地域性是指按照一国法律获得确认和保护的知识产权只在该国具有法律效力,其他国家对一国知识产权没有保护义务。但签有国际公约或双边互惠协定,则属例外。

19 世纪后,随着知识产权国际保护合作的范围日益扩大,区域性、全球性知识产权协定的签署及实施,某项知识产权经过一定的国际间合作方式,可以在更多的国家与地区范围内得到保护。

5. 国家机构的认可性

知识产权因国家主管机关依法确认或授予而产生,这是由其无形性的特点所决定的。知识产权所有者想正常地按自己意愿行使对其知识产权的占有、使用、处分权,就必须通过国家主管机关授权或认可,以得到国家法律的保护。此外,对知识产权进行审查、注册,也可把一些不符合创新性等法定标准的智力成果排除在保护范围之外。注册时对知识产权人、法律保护期、具体知识产权内容进行明确记录，也有利于知识产权侵权纠纷的解决。

（四）国际知识产权的转让和使用许可

1. 国际专利权的转让和使用许可实施

专利权转让也是专利技术的转让。这种转让实际指的就是专利权的使用形式，也就是指受许可方从专利权人那里通过签订专利许可实施合同而取得专利许可实施权。

专利许可实施权主要有独占许可实施权、普通许可实施权和排他许可实施权三种形式。所谓独占许可实施权，就是指在专利权的有效期限内，被许可方在一定的地域内对某项专利拥有独占的使用权；普通许可实施权与独占实施权不同，它不具有排他性，即专利人自己可以实施，而且还可以再许可他人实施同一专利；排他许可实施权与普通许可实施权不同，享受禁止专利权人在一定地区范围内向第三者出售相同内容的许可实施权。

获得专利许可实施权者在取得专利许可实施权时，必须向专利权所有人支付专利许可实施费用，这种费用额的多少，由订约双方考虑专利的技术水平、企业批量生产的难度、产品的市场前途以及市场独占能力等多种因素后协商确定。这种专利许可实施费用的计算方法分为基本提成法、构成要素法和经济预测法。基本提成计算方法即入门费和提成额；构成要素计算方法根据纯收益中的资本、经营能力和专利发明三者所占份额来确定专利使用费；经济预测计算方法根据实际许可证贸易的实施情况加入经济繁荣予以修正，以更好地平衡专利权人同专利实施者之间的经济利益关系。

专利权人同专利实施者在签订许可实施合同时，除商定支付许可实施费用之外，还必须把专利使用费的缴纳期限、专利使用权的转让、专利权无效、专利标志等有关问题的商定都写入合同之中，以进一步明确双方的各项具体权利和义务。

2. 国际商标的转让

商标是一种无形资产，也是可以转让的。商标的转让在各国的商标法中都有规定。

商标权转让分两种：一种是连同转让，即商标必须连同企业一起转让；另一种是自由转让，即商标和企业可以不连同转让，也可以连同转让。转让要经过法定程序，并付给商标所有权人一定的转让费，即转让商标使用权的报酬。

商标转让费的确定，取决于企业每年所销售的该商标项下的商品经营额的多少、商标使用的年限、商标信誉和声誉的高低、商标注册地域和商标注册的商品的多少等许多因素。因此，世界各国对商标转让价的计算方法各不相同。

3. 国际版权的转让和使用许可

国际版权转让和使用许可即国际版权贸易，指的是与版权有关的经济权利的转让与许可。它不包括版权的精神权利。

国际版权的转让有部分转让和全部转让两种。部分转让，即由著作人通过签订合同转让著作权中部分经济权利;全部转让,即卖版权。但有些国家的版权法中禁止全部转让,因为全部转让既包括了经济权利(即财产权),又包括了精神权利(即人身权),也就是说著作人只能转让作为经济权利的财产权的一项或多项,而不能转让作为精神权利的人身权。

国际版权的许可使用可分为集体许可证合同和版权贸易代理两种,前者又有“一揽子许可合同”和“中心组织许可合同”之分,后者中的版权代理人在版权贸易中起中介作用。国际版权的许可使用是通过版权贸易合同的签订实现的。这种合同包括许可使用的方式、权利、种类、范围、期限、付酬标准以及违约责任等。

二、与贸易有关的知识产权协定

(一)《与贸易有关的知识产权协定》产生的原因

随着科技发展和经济的进一步全球化,各国之间知识产权保护标准的巨大差异给国际贸易的发展带来严重的不利影响。造成该问题的主要原因有三点:

首先,科研与技术在工业生产中的地位日益突出。发达国家出口产品中高科技和创造性投入的比重越来越大。发达国家主张将知识产权纳入到《关贸总协定》的谈判中,使其出口产品时,专利权受到东道国的保护,以便能补偿研究和开发费用。

其次,发达国家通过许可或合资方式在发展中国家生产专利产品的机会增多,而这种意愿在很大程度上取决于东道国的知识产权机制。

最后,伴随国际贸易产品的技术改进而出现的技术进步已经使得复制和仿制简单而经济。因此,在知识产权保护制度不完善的国家里,冒牌与盗版产品生产猖獗,这极大地损害了正当权利人的利益。所以,越来越多的国家认识到,加强知识产权的保护对促进经济发展意义重大,《与贸易有关的知识产权协定》就是在这一背景下产生的。

(二)《与贸易有关的知识产权协定》的构成

《与贸易有关的知识产权协定》(简称为《知识产权协定》,英文缩写为 TRIPS 协议)是乌拉圭回合谈判取得的成果之一。由 1 个序言和 7 个部分组成,共 73 条。第一部分规定总则与基本原则;第二部分规定知识产权的效力、范围及使用标准;第三部分规定知识产权在国内的执行;第四部分规定知识产权的取得、维持及相关程序;第五部分规定知识产权争端的防止与解决;第六部分规定过渡期的安排;第七部分规定机构安排与最后条款。

(三)目标

《知识产权协定》的序言说明了本协定的目标:为减少国际贸易中的扭曲和阻力,有必要促进对知识产权进行充分、有效的保护,保证知识产权执法的措施与程序不至于变成合法贸易的障碍。

（四）知识产权的效力、范围及使用标准

从第 9 条到第 40 条，《知识产权协定》对七大类知识产权的效力、范围进行了规定。

1. 版权和相关权利

版权是指作者对其文字、艺术和科学作品依法所享有的权利。狭义的版权包括著作人身权与著作财产权。著作人身权又称“精神权利”，是指作者使其著作权为人们所承认，并防止其作品被扭曲或损毁性篡改的权利。具体包括：① 决定作品是否公之于众的发表权；② 表明作者的身份，在作品上署名的署名权；③ 修改或授权他人修改作品的修改权；④ 保护作品不受歪曲、篡改或其他更改或贬抑的保护作品完整权。而著作财产权包括：① 复制权与发行权；② 表演权；③ 播放权；④ 展览权；⑤ 改编、摄制电影、电视录像权；⑥ 翻译权；⑦ 注释权与整理权；⑧ 编辑权；⑨ 其他著作财产权。

广义的版权除了著作人身权和著作财产权外，还包括著作相关权利（又称著作邻接权）。版权的保护期为自该作品经授权出版（或完成）的日历年年底起算不得少于 50 年；表演者和录音制品制作者的权利应至少保护 50 年；传媒的权利应至少保护 20 年。

2. 商标

商标是指一企业的产品或服务，与其他企业的商品或服务区分开的标记或标记的组合。这些标记包括人名、字母、数字、图案、颜色的组合等。

注册商标的所有权人享有专有权，以阻止所有第三方未经该所有权人同意，在贸易过程中使用与注册商标相同或类似的标记来标示相同或类似的商品。驰名商标应受到特别保护。在认定驰名商标时应考虑公众对该商标的了解程度，包括在该成员领土内因促销而获得知名度。

商标的首次注册及每次续展期限都不得少于 7 年。商标注册应可以无限续展。如果以没有使用商标为由撤销商标注册，条件是该商标连续 3 年未使用。

商标所有权人可以转让或许可该商标，并有权将商标与该商标所属业务同时或不同时转让。

3. 地理标记

地理标记用于标示某商品来源于某成员领土内，或来源于该成员领土内的某地区或某地点，该货物的特定质量、信誉或其他特征实质上归因于地理来源。

从定义中可以看出，地理标识包括三种可能的方式：① 缔约方领土，如法国香水；② 该领土内的一个地区，如中国东北大米；③ 该领土的某地区内的一个地方，如庐山云雾茶。

《知识产权协定》规定，各成员方应对地理标记提供保护，包括对含有虚假地理标记的商标拒绝注册或宣布注册无效，防止公众对商品的真正来源产生误解或出现不公平竞争。

《知识产权协定》对葡萄酒和烈酒地理标记提供了更为严格的保护。该协定规定，成员方应采取措施，防止将葡萄酒和烈酒的专用地理标记用于来源于其他地方的葡萄酒和烈酒。

4. 工业设计

《知识产权协定》中的工业设计是指工业外观设计，即对产品的形状、图案、色彩或者其结合所做出的富有美感并适用于工业上应用的新设计。受保护的工业品外观设计的所有人有权制止未经许可的第三方，出于商业目的制造、销售或进口带有受保护设计的仿制品。工业品外观设计的保护期应不少于10年。

由于纺织品设计具有周期短、数量大、易复制的特点，因而得到了特别重视。知识产权协定规定，对纺织品设计保护设置的条件，特别是费用、审查和公布方面的条件，不得影响这些设计获得保护。

5. 专利

一切技术领域中的任何发明，不论是产品发明还是方法发明，只要其具有新颖性、创造性并适合于工业应用，均可获得专利。但是如果某些产品发明或方法发明，会对公共秩序或公共道德产生不利影响，包括对人类、动植物的生命健康或环境造成严重损害，则成员方可以不授予专利。另外，对人类或动物的诊断、治疗和外科手术方法，微生物以外的动植物，以及不包括非生物、微生物在内的动植物的人工繁育方法，也可不授予专利权。但对于植物新品种，如果不允许授予专利，则必须通过其他方式给予有效的保护。

专利所有人对该专利享有专有权。对于产品，专利所有人应有权制止未经许可的第三方制造、使用、销售，或为上述目的而进口该产品；对于方法，专利所有人应有权制止未经许可的第三方使用该方法的行为，以及使用、销售或为上述目的进口依该方法直接获得的产品。专利的保护期是自递交申请之日起，应持续至少20年。

各成员的法律可以规定，在特殊情况下，允许未经专利持有人授权即可使用（包括政府使用或授权他人使用）某项专利，即强制许可或非自愿许可。但这种使用必须有严格的条件和限制，如以合理商业条件要求授权而没有获得成功，并且要支付合理的报酬。

6. 集成电路布图设计（拓扑图）

集成电路是指以半导体材料为基片，将两个以上元件（至少有一个是有源元件）的部分或全部互连集成在基片之中或之上，以执行某种电子功能的中间产品或最终产品。布图设计是指集成电路中的两个以上元件（至少有一个是有源元件）的部分或全部互连的三维配置，或者为集成电路的制造而准备的上述三维配置。

成员方应禁止未经权利所有人许可的下列行为：为商业目的进口、销售或以其他方式发行受保护的布图设计；为商业目的进口、销售或以其他方式发行含有受保护的布图设计的集成电路;为商业目的进口、销售或以其他方式发行含有上述集成电路的物品。此外,如果当事人不知道或不应知道商品中含有非法复制的布图设计,其行为不得被视为非法。但如果当事人在被告知侵权后出售了剩余货物,则有责任向权利人支付一笔合理费用。集成电路布图设计的保护期至少是10年。

7. 未披露信息的保护

未披露信息包括商业秘密和未公开的实验数据。把商业秘密列为知识产权的一种,这在以往的国际公约中从没出现过。《知识产权协定》所保护的未披露信息需要满足三个条件:① 属于保密性质;② 因保密而具有商业价值;③ 为保密已经采取合理步骤。 合法拥有该信息的人,有权防止他人未经许可而以"违背诚实商业行为"的方式,披露、获得或使用该信息。"违背诚实商业行为"是指违反合同,或违背信任。为获得药品或农药的营销许可而向政府提交的机密信息也受到保护,以防止不公平的商业利用。

8. 对协议许可中限制竞争行为的控制

国际技术转让中的限制竞争行为,例如,独占性返授(即技术的转让方要求受让方将其改进的技术的使用权只授予转让方,而不得转让给第三方)、禁止对有关知识产权的有效性提出异议或强迫性的一揽子许可(即技术的转让方强迫受让方同时接受几项专利技术或非专利技术),可能对贸易具有消极影响,并可能阻碍技术的转让与传播。各成员可采取适当措施防止或控制这些行为。有关成员还可就正在进行的限制竞争行为和诉讼进行磋商,以在控制这些行为方面进行有效的合作。

(五) 知识产权的获得、维持及有关程序

(1) 各成员可以提出要求,获得或维持《知识产权协定》中所指的知识产权的条件之一是,履行符合该协定规定的合理程序和手续。

(2) 各成员应保证,有关知识产权如果符合获得权利的实质性条件,应在合理期限内授予或注册,以避免无端地缩短保护期限。

(3)《巴黎公约》中关于商标注册的规定,也适用于服务标记。

(4) 获得或维持知识产权的有关程序,以及成员法律中行政撤销和当事人之间有关异议、撤销与注销等程序,应遵循《知识产权协定》中"知识产权执法"所规定的一般原则。

(5) 通常情况下,根据上述任何程序作出的行政终局裁决,应受司法或准司法机构的审议。但在异议或行政撤销不成立的情况下,只要行使这种程序的理由可依照无效诉讼的程序处理,成员方则无义务提供机会对这种行政裁决进行复议。

(六) 争端的防止与解决

各成员所实施的同《知识产权协定》内容相关的法律、法规以及普遍适用的司法终审判决和行政终局裁决,都应以该国文字公布,并及时通知给知识产权理事会。根据

《世界知识产权组织与世界贸易组织协议》,成员就立法向一个组织作出通知,被视为向另一个组织发出通知,不必重复履行通知的义务。成员方就《知识产权协定》实施所发生的争端,应适用世贸组织的争端解决机制。

本章小结

本章主要介绍了国际服务贸易的相关知识,主要内容如下:

1. 国际服务贸易是指不同国家之间所发生的服务交易的活动,这种服务是指以提供活劳动的形式而满足他人需要并获取外汇报酬的活动。国际服务贸易方式有:过境交付、境外消费、商业存在、自然人流动。

2. 国际服务贸易的内容有:国际运输服务贸易、国际旅游服务贸易、国际金融服务贸易、国际通信服务贸易、国际咨询服务贸易、国际会计服务贸易、国际律师与公证服务贸易等。国际服务贸易迅速发展的原因有:服务业在各国经济中的地位上升,科学技术的发展使服务业日益专业化,跨国公司的迅速发展加强了服务的国际化,国际服务合作的扩大促使服务贸易扩大,国际旅游业的迅猛发展加快了服务贸易的发展。

3. 服务贸易总协定(英文缩写为 GATS)由序言、6 个部分、29 项条款和 8 个附录构成,其内容由三大块组成:一是框架协议条款本身,即管理服务贸易的基本原则和纪律;二是部门协议,即附录;三是各国市场准入的初步承诺减让表。GATS 适用于以商业为基础提供服务的私有部门、企业以及政府公司,但在行使政府权限时提供的服务(如驻外使领馆人员提供的服务)除外。

4. 知识产权是指公民或法人对其在科学、技术、文化、艺术等领域的发明、成果和作品享有的专有权,也就是人们对自己通过脑力活动创造出来的知识成果所依法享有的权利。国际知识产权的特征有客体的无形性、主体的专有性、有效期的时间性、专有权的地域性、国家机构的认可性。

5. 知识产权协定由 1 个序言和 7 个部分组成,共 73 条。第一部分规定总则与基本原则;第二部分规定知识产权的效力、范围及使用标准;第三部分规定知识产权在国内的执行;第四部分规定知识产权的取得、维持及相关程序;第五部分规定知识产权争端的防止与解决;第六部分规定过渡期的安排;第七部分规定机构安排与最后条款。知识产权的效力和范围包括版权和相关权利、商标、地理标记、工业设计、工业品外现设计、专利、集成电路布图设计(拓扑图)。

阅读材料

世界贸易组织网上公布美国投诉银联内容　中方并未违背承诺

世界贸易组织(WTO)近日在网站上公布了美国贸易代表署投诉中国银联垄断一案的具体内容,该投诉称中国对希望在华提供电子支付服务的他国供应商设置了市场准入限制。

在呈递给世界贸易组织的文件中,美国贸易代表署认为,中国违背了其在《服务贸易总协定》中所作出的关于市场准入和国民待遇方面的承诺,因此美国按照《关于争端解决规则与程序的谅解》提起了这一投诉。

美方称,目前针对在中国境内以人民币进行交易的支付卡,只有中国银联被允许提供电子支付服务,而其他成员国的服务提供商则只能为以外币交易的支付卡提供服务。中国要求所有商家的支付卡处理设备需与中国银联的系统相一致,此举使得其他国家的支付服务提供商不得不和商家谈判以获取接入途径。

同时,中国要求包括双币卡在内的所有在中国境内发行的人民币支付卡必须具有银联标识,而美方认为以上这些要求实际上是对中国供应商和外国供应商实行差别对待。

面对美国的指责,中国商务部此前作出的回应是,中国有关银行卡电子支付的措施符合对世界贸易组织的承诺。目前,银联和中国人民银行相关部门对美方的这一投诉均未作出回应。

按照世界贸易组织的规定,针对美国提出的磋商请求,中国有10天的时间进行回应;磋商期为60天。磋商结束后,美国可以向世界贸易组织请求成立争端解决小组以对这一问题作出裁定。

资料来源:中国门户发展网. http://cn. chinagate. cn/economics/2010 - 09/28/content _ 21022834. htm

复习思考题

1. 国际服务贸易的概念和内容分别有哪些?
2. 国际服务贸易的方式有哪些? 请分别一一解释,并举例说明。
3. 国际服务贸易的特征有哪些?
4. 试述国际服务贸易迅速发展的原因。
5. 国际服务贸易总协定由哪些内容构成?

6. 国际服务贸易总协定的主要原则有哪些?
7. 试述知识产权的转让和使用许可。
8. 知识产权协定有几部分构成?分别是什么?
9. 试述知识产权的效力、范围和使用标准。

参 考 文 献

1. 黎国英,张新亚.国际贸易概论[M].北京:北京大学出版社,中国农业大学出版社,2009

2. 郭宝林.国际贸易[M].北京:北京理工大学出版社,2007

3. 夏恩德,罗明.国际贸易概论[M].第2版.北京:高等教育出版社, 2007

4. 李左东.国际贸易理论、政策与实务(第二版)[M].北京:高等教育出版社, 2006

5. 薛岱,任丽萍.国际贸易[M].北京:北京大学出版社,2006

6. 彭光明,邓安球.国际贸易概论[M].长沙:中南大学出版社,2004.7

7. 李良波.国际贸易概论[M].成都:电子科技大学出版社,2007.11

8. 陈同仇,张锡嘏.国际贸易[M].第3版.北京:对外经济贸易大学出版社,2009.6

9. 姚东旭.现代国际贸易[M].北京:经济管理出版社,2006.7

10. 薛荣久.国际贸易[M].北京:对外经济贸易大学出版社,2006.2

11. 林康.国际贸易[M].北京:对外经济贸易大学出版社,2004.4

12. 贾金思,姚东旭等.国际贸易——理论、政策、实务[M].北京:对外经济贸易大学出版社,2005.1

13. 龚晓莹.国际贸易理论与政策[M].北京:经济管理出版社,2008.5

14. 张锡嘏.国际贸易[M].第4版.北京:对外经济贸易大学出版社,2009.10

15. 李左东.中国对外贸易教程(第2版)[M].北京:北京大学出版社,2007.8

16. 吴东泰,董忠敏.国际贸易理论与实务[M].北京:人民交通出版社,2007.9

17. 赵晶媛,兰昌贤.国际贸易理论与实务[M].北京:北京邮电大学出版社,2008.6

18. 赵居礼.国际贸易[M].北京:机械工业出版社,2004.6

19. 唐春根,陈红艳.国际贸易[M].北京:化学工业出版社,2007.8

20. 赵建娜.国际贸易[M].北京:人民邮电出版社,2003.8

21. 金焕.国际贸易概论[M].北京:电子工业出版社,2010.1